珍藏本
纪念版

汉译世界学术名著丛书

经济学原理

下卷

〔英〕马歇尔 著

陈良璧 译

2017年·北京

Alfred Marshall

PRINCIPLES OF ECONOMICS

The Macmillan Company

London, 1938

根据伦敦麦克米伦公司 1938 年版译出

汉译世界学术名著丛书
（120年纪念版·珍藏本）
出 版 说 明

2017年2月11日，商务印书馆迎来120岁的生日。120年前，商务印书馆前贤怀揣文化救国的理想，抱持“昌明教育，开启民智”的使命，立足本土，放眼寰宇，以出版为津梁，沟通中西，为中国、为世界提供最富智慧的思想文化成果。无论世事白云苍狗，潮流左右激荡，甚至战火硝烟弥漫，始终践行学术报国之志，无改初心。

迻译世界各国学术名著，即其一端。早在20世纪初年便出版《原富》《天演论》等影响至今的代表性著作，1950年代后更致力于外国哲学和社会科学经典的译介，及至1980年代，辑为“汉译世界学术名著丛书”，汇涓为流，蔚为大观。丛书自1981年开始出版，历时三十余年，迄今已推出七百种，是我国现代出版史上规模最大、最为重要的学术翻译工程。

丛书所选之书，立场观点不囿于一派，学科领域不限于一门，皆为文明开启以来，各时代、各国家、各民族的思想与文化精粹，代表着人类已经到达过的精神境界。丛书系统译介世界学术经典，引领时代思想，为本土原创学术的发展提供丰富的文化滋养，为推动中国现代学术和现代化进程做出了突出的贡献。

为纪念商务印书馆成立120周年，我们整体推出“汉译世界学术名著丛书”120年纪念版的珍藏本，寄望既利于文化积累，又便于研读查考，同时向长期支持丛书出版的译者、编者和读者致以敬意。

两甲子后的今天，商务印书馆又站在了一个新的历史时间节点上。我们不仅要铭记先辈的身影和足迹，更须让我们的步伐充满新的时代精神。这是商务人代代相传的事业，更是与国家和民族的命运始终紧密相连的事业。我们责无旁贷，必须做好我们这代人的传承与创造，让我们的努力和成果不仅凝聚成民族文化的记忆，还能成为后来人可以接续的事业。唯此，才能不负前贤，无愧来者。

商务印书馆编辑部

2017年10月

目　　录

第五篇　需求、供给与价值的一般关系

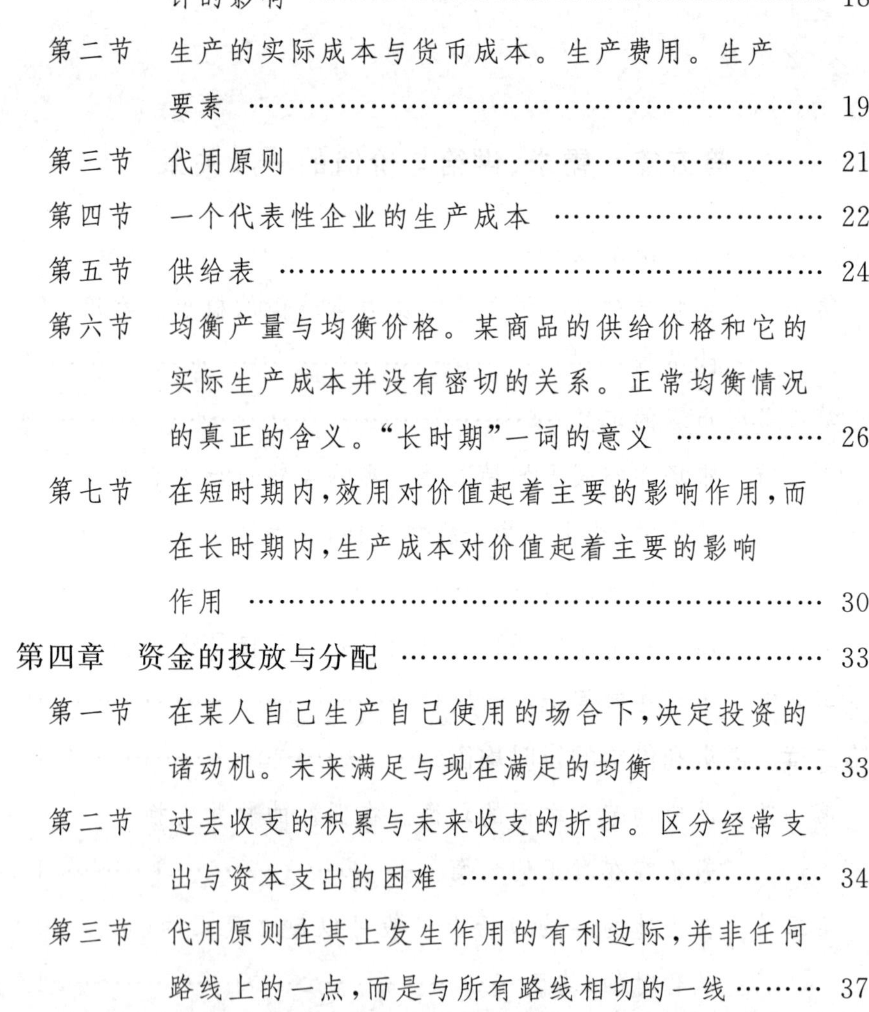

第六篇　国民收入的分配

第五篇

需求、供给与价值的一般关系

第一章　引论。论市场

第一节　生物学和机械学关于相反力量均衡的概念。本篇的范围

一个企业成长、壮大，以后也许停滞、衰朽。在其转折点，存在着生命力与衰朽力之间的平衡或者均衡。第四篇的后几章讨论过的主要是使人口增减或工商业方法兴衰的那类力量的均衡。随着我们研究工作的逐渐深入，我们越来越有必要认为经济力量相似于那样一些力量，这些力量使青年人成长到壮年，此后，他逐渐僵硬，不爱活动，直到最后让位于其他生气勃勃的人。但是为了给这种高深的研究作好准备，首先我们就需要观察一下比较简单的力量均衡，这种均衡是和一条弹线所系的一块石子或一个盆中彼此相依的许多小球所保持的机械均衡大体上一致的。

现在我们必须研究需求和供给的一般关系；特别是和供求借以保持"均衡"的那种价格的调节相关的那些关系。均衡这个名词是一个通用的名词，而且现在可以不加特殊解释地来使用。但这个名词牵涉到许多的困难，而这些困难只能逐步地加以解决。事

实上，本篇中的很大的篇幅就用在讨论这些困难了。

例证有时将取自某一类经济问题，而有时将取自另一类经济问题，但是主要的推理过程和任何特定种类所特有的那些假设无关。

这样，它既不是叙事的，也不积极地解决实际问题。它揭示了我们关于支配价值的因素的知识的主要理论根据，从而，为下篇行将建立的结构做好准备。它的目的与其说是为了获得知识，毋宁说是为了获得和整理关于迫使人类进行经济上的劳作和牺牲以及使他终止的那两组相反力量的知识的能力。

首先我们必须对市场加以简略的叙述：因为它是使本篇和下篇中的概念更加精确所必要的。但是市场的组织不论在原因或结果上都是和货币、信用与对外贸易密切地联系着的。因此，对它的充分研究，就只好留待下一卷。在那里，市场将同工商业的变动结合起来，同生产者和商人的联盟与雇主和雇工的联盟结合起来加以研究。

第二节　市场的定义

当谈到供求的相互关系时，它们所指的市场当然必须是同一个市场。如古尔诺所说，“经济学家所说的市场，并不是指任何一个特定的货物交易场所，而是指任何地区的全部，在这个地区中，买主与卖主彼此之间的往来是如此自由，以致相同的商品的价格有迅速相等的趋势”。[①] 又如杰文斯所说：“起初，市场是城中出售粮食和其他物品的一个公共场所，但是这个字的意义曾被推广，从

① 《财富理论中数学原理的研究》，第四章。又见第三篇，第四章，第七节。

而指任何一群商业上有密切关系并进行大量交易的人。一个大城市有多少重要行业，就可以有多少个市场，而这些市场可以有也可以没有固定场所。市场的中心是交易所，市集或售卖所，商人们都约定在那里相会和进行交易。伦敦的股票市场、小麦市场、煤炭市场、糖市场和许多其他市场都各有各的固定场所；曼彻斯特的棉布市场、废棉市场和其他的市场也是如此。但场所上的这种区分是不必要的，交易者虽散布于全城或郊区，但他们仍能形成一个市场，如果他们借助于市集、约会、已公布的价单、邮政和其他办法而彼此取得密切联系的话。”①

因此，一个市场越完全，则市场的各个部分在同一时间内对同种商品支付相同价格的趋势也越强。当然，如果市场很大，则把货物运给不同买主的费用也必须酌加在内；各个买主，除市场价格外，还一定得支付一宗特别的运费。②

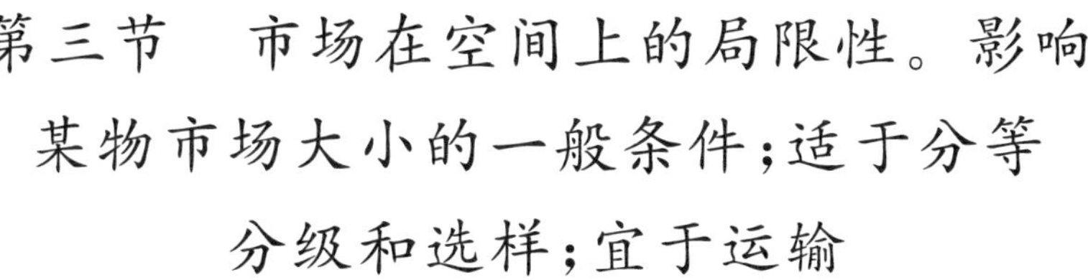

第三节　市场在空间上的局限性。影响某物市场大小的一般条件；适于分等分级和选样；宜于运输

把经济学的推理运用于实践时，往往很难确定某地供求变动在多大程度上受着他地供求变动的影响。很显然，电报、印刷机和

① 《政治经济学理论》，第四章。

② 例如，常见笨重货物都被规定在某港某船上交货不纳运费的价格，各买主必须自己负担运回货物的费用。

蒸汽运输的一般趋势是扩大这些影响的作用范围，并加强它们的势力。整个西方世界，从某种意义上来说，可以被看成是各种股票证券和贵金属的市场，小而言之，可以被看成是毛、棉，甚至小麦的市场；当然必须酌加运费，其中包括货物通过海关时所交纳的关税。因为在所有这些场合下，包括关税在内的运费不足以阻止西方世界各地的买主彼此竞购相同的供应品。

有许多的特殊原因，它们可以扩大或缩小某特定商品的市场。但是差不多所有那些拥有广大市场的商品都具有普遍的需求，且易为人所识别。例如，棉布、小麦和铁都是满足迫切的、几乎是普遍的需要的。它们易于识别，所以，它们能够由那些彼此相隔很远，以及和商品相隔也很远的人们来买卖。如有必要时，可以从这些商品中选取真正典型的样品：它们甚至可以由一个专门家来"分级"，像美国对谷物所分的等级那样；因此，买主可以确保他所买的商品将达到一定的标准，虽然他从来没有见过他所要买的商品的样本，而如果他见过样本，则他也许不能作出判断。①

拥有广大市场的那些商品，也必须是经得起长途运输的商品：它们必须有相当的耐久性，同时它们的价值和体积相比要大得多。某商品是如此笨重，以致在离产地很远的地方销售时它的价格势必有所提高，这样的商品照例只有很狭隘的市场。例如，普通砖的市场实际上只限于砖窑附近的地区，它们几乎不堪通过陆路而运

① 例如，某公仓或私仓的经理收到农户的粮食，把它分成不同的等级，再按他所交的粮食的数量和等级发给他凭据。然后便把他的粮食和其他农户的粮食混在一起；在到达真正要验收粮食的那个买主手中以前，他的凭据多半要转几次手，而该买主所收到的粮食很少是或完全不是凭据的原主的农场上所生产的粮食。

输到那些没有自己砖窑的地区。但某些特种砖则在英国大部分地区拥有自己的市场。

第四节　组织完善的市场

让我们进一步考察那些东西的市场，这些东西是用特殊的方式来满足普遍的需求，具有易于识别和便于携带等条件的。它们，如我们所曾提到的，就是有价证券和贵金属。

某公司的任何一张股票或债券，某政府的任何一张公债票，同任何其他一张收益相同的股票或债券完全具有相同的价值。买主究竟购买哪一种，对他来说是没有区别的。有些证券主要是那些规模较小的煤业公司、轮船公司和其他公司的证券，需要有关当地情况的知识，除了在附近城镇的交易所中是很难推销的。但是整个英国就是它的一个大铁路公司的股票和债券的市场。平时一个经纪人即使没有米德兰铁路的股票，他也会出售这种股票；因为他知道这种股票总是流入市场，并且确信他能买到它们。

但最有力的事例是那些证券的事例，这些证券叫做“国际”证券，因为世界各地都需要它们。它们是：一些主要国家的债券和大公司如苏伊士运河公司和纽约中央铁路公司的债券。对于这类债券来说，电报使全世界交易所中的价格保持在几乎完全相同的水平上。如果其中一种债券的价格在纽约、巴黎、伦敦或柏林有所上涨，则仅涨价的消息就有使其他市场的价格上涨的趋势；如果由于某种原因价格上涨受到阻碍，则别的市场多半会立即将该特定种类的债券用电报预售的办法在价格高的市场上抛售，而头一个市场的经纪人将在别的市场进行电报预购。一方面卖,另一方面买,就加强价格到处趋于一致的倾向;除非有些市场处于非常状态,这种倾向就立刻成为不可抗拒的。

在交易所中,一般说来,商人也能确保按照同买价差不多相等的价格出售证券;他往往情愿以低于他在同一刹那所能卖的价格的0.5%,或0.25%,或0.125%,有时甚至0.0625%的价格购买头等股票。如果有两种同样保险的证券,其中一种是发行额大的债券,而另一种是同一个政府发行额小的债券,从而,头一种债券不断流入市场,而后一种债券却很罕见,那么,仅仅因为这个缘故,商人们所取的卖价和买价之差在后一场合要比前一场合大些。[①] 这正说明了这个伟大的法则:某种商品的市场愈大,一般说来,它的价格变动愈小,而商人在经营此商品中所取的周转利率也愈低。

可见,证券交易所曾经是,现在仍然是借以形成各种易于识别、便于携带和满足普遍需求的产品的市场的范例。但在最大程度上具有这些性质的商品是黄金与白银。正是由于这种原因,它们曾被选作货币使用,以代表其他东西的价值。世界金银市场组织得十分完美,它可以提供我们所讨论的那些法则的作用的许多奇妙例证。

---

① 在无名的小公司的股票的场合下,某经纪人所愿出的买价和售价的差额可以达到售价的5%或5%以上。如果他买了这种股票,他在出卖给另一个人以前,也许要存一个很长的时间,在这期间,该股票也许跌价;而如果他预售他自己没有而又不是每天在市场上出现的那种证券,则没有很大的操劳和费用也许是不能履行他的合同的。

第五节　即使一个小市场也往往受远处的间接影响

在和国际证券与贵金属的市场相反的另一极端，首先是适合某些人的那些定做的东西，如合身的衣服；其次是那些容易腐烂而体积很大的东西，如新鲜蔬菜之类，这些东西不便于长途运输。前者很难说有一个批发市场，它们价格由以决定的那些条件是零买和零卖的条件，而对这些条件的研究可略而不论。①

第二类商品的确拥有批发市场，但它们只限于很小的范围。我们可以在乡镇出售较普通的蔬菜中找到我们的典型事例。附近的菜商也许在双方几无外部干扰的条件下准备把菜卖给镇中居民。卖方和可向别处购买的买方对过高的价格可以有某些节制；但通常这种节制不起作用，而可能发生的是，在这种场合下，菜商们能够联合起来，从而规定一种人为的垄断价格；这就是说，这种价格与生产成本几无直接关系，而主要是由对市场的负担能力的考虑所决定的。

另方面，很可能，有些菜商和第二个乡镇的距离几乎一样远近，有时他们把菜送到这个镇，有时又送到那个镇；而有时在头一个镇买菜的人也同样可以到第二个镇去买；价格上极小的差异，将使他们愿意到较好的市场去，从而，使两个镇中的交易在某种程度

① 一个人在小额的零买上也许不过分计较：他在一个铺子里也许用两个半先令买一沓纸，而这纸在另一个铺子里用二个先令就可以买到。但批发价格则不然。某厂商不能以六先令的价格出售他的邻厂只卖五先令的一令纸。因为纸商们差不多完全知道可以买到纸的那种最低价格，而不愿支付超过这种行市的价格。该厂商非按同市价相近的价格，也就是说，按同其他厂商在同一时间所取的售价相近的价格出售他的纸不可。

上相互依存起来。也很可能，第二个镇和伦敦或其他中心市场有密切的联系，因此，它的价格是由中心市场的价格所决定；在这种场合下，第一个镇的价格也必定有很大的变动，以便和它们相一致。随着消息的一传十，十传百直到消息远散各处，因此，即使偏僻的市场也动辄为本市场未曾觉察的那些变动所影响，而这些变动是来自远方，逐渐波及各个市场的。

可见，在一个极端是世界市场，其中直接来自世界各地的竞争起着作用；而在另一个极端是那些偏僻的市场，其中没有来自远方的各种直接的竞争，虽然在这些市场上甚至也可以感受到间接的传来的竞争。而绝大多数的市场却处于这两个极端的中间，经济学家和企业家必须研究它们。

第六节　市场在时间上的局限性

此外，市场不但因地区而异，而且也因使供求力量彼此达到均衡所需要的时间的长短不同而有所不同。这种时间因素比空间因素当前需要更加充分的注意。因为均衡本身和决定它的那些因素的性质都以市场所占用的时间的长短为转移。我们将知道，如果时期很短，则供给局限于现有的存货；如果时期较长，则供给将或多或少受该商品生产成本的影响，而如果时期很长，则这种成本将又或多或少受生产该商品所需要的劳动和物质资料的生产成本的影响。这三类当然是交织在一起的。我们首先讨论第一类；并在下章中考察那些供给和需求的暂时均衡，其中供给实际上只指市场上可供出售的存货，因此，它不能直接受生产成本的影响。

第二章　需求和供给的暂时均衡

第一节　欲望和劳作之间的均衡。在偶然的物物交换中一般不存在真正的均衡

一个人用自己的劳动来满足自己的一种需要时，就可以发现欲望和劳作之间的均衡的简单例证。当一个小孩采摘黑莓以供自己食用的时候，采摘工作本身也许暂时觉得有趣，时间稍长，吃的快乐除补偿采摘工作的辛苦外，而绰绰有余。但是当他大吃了一顿以后，就不愿多吃了。对采摘工作开始产生厌倦，它也许是一种单调的而不是疲劳的感觉。最后当他的玩兴和对采摘工作的厌恶与吃的欲望相抵消时，就达到了均衡。而他从采摘黑莓所能得到的满足达到了最高限度。因为，直到那时，每次采摘使他得到的满足多，而失去的满足少，那时以后，任何一次采摘都使他得到的满足少，而失去的满足多。[①]

在一个人和另一个人的偶然交换，例如在两个林中居民以枪交换小船的时候，所谓真正的供求均衡是极其罕见的。因为双方

① 参阅第四篇，第一章，第二节与数学附录中注12。

也许都有满足不足的情况，头一个人如果不能用别的方法得到船的时候，除枪外他也许愿意用某种东西交换小船；而第二个人在必要的时候也许用船以外的其他东西来交换枪。

在物物交换制下出现真正的均衡，的确是可能的；虽然物物交换在历史上比买和卖早些，但在某些方面是更加复杂的；而在较高文明阶段的市场上，可以看到真正均衡价值最简单的事例。

我们可以把那类曾经引起许多讨论的交易撇开不谈，因为它们实际上并不重要。它们和名画、古钱与无法“分级”的其他东西有关。其中各种东西的售价将取决于欣赏它的富人是否在场，如不在场，它也许被那些指靠它牟利的商人买去。同一张画在前后售卖时的价格差异虽然很大，但如果没有职业买主的稳定影响，也许还要大得多。

第二节　在当地的谷物市场上一般可以建立真正的（虽然是暂时的）均衡

那么，让我们来讨论现代生活中的日常交易并以某镇的谷物市场为例。为简单起见，让我们假定，市场上所有的谷物都是相同质量的。各个农户或别的卖主以任何价格所销售的数量，是由他需要现款和他对与自己有关的市场的目前情况和未来情况的估计所支配的。有些价格没有一个卖主会接受，而另外一些价格没有一个卖主会拒绝。此外，还有一些介于两者中间的价格，按这些价格许多卖主或所有的卖主都愿出售较多或较少的数量。人人力图摸透市场情况，并以此来支配自己的行动。让我们假定，实际上谷物所有者愿以三十五先令的低价出售的谷物只有六百夸脱。但是三十六先令会使谷物所有者多卖一百夸脱,三十七先令会使他们再多卖三百夸脱。我们再假定,三十七先令这一价格诱引买主只买六百夸脱,按三十六先令可以多买一百夸脱,按三十五先令还可以多买二百夸脱。这些事实可用表说明如下:

价格	卖主愿意卖的数量	买主愿意买的数量
三十七先令	一千夸脱	六百夸脱
三十六先令	七百夸脱	七百夸脱
三十五先令	六百夸脱	九百夸脱

当然,在那些实际上情愿接受三十六先令而不愿一无所售就离开市场的人们中间,有些人并不会立即表示是乐于接受那个价格的。同样,买主们也将有所防备,假装不十分热中的模样。因此,价格就像一个毽子,随着一方或另一方在“讨价还价”上得势而摆来摆去。但是除非他们势力悬殊,例如,除非一方对对方的力量估计不足,或不幸而估计不中的话,则价格多半与三十六先令相去不远;几乎可以背定,收市时价格大致接近三十六先令。因为如果某卖主认为买主们实际上将能以三十六先令买到他们按该价格所愿买的全部谷物,则他将不愿放弃比该价格相当高的任何机会。

买主方面也将作同样的估计;不论什么时候价格如大大超过三十六先令,则他们将认为在该价格下供给将比需求大得多。因此,甚至那些宁愿支付该价格而不愿空手回家的买主也有所等待;而由于等待,他们促进价格的下降。另一方面,如价格远在三十六先令之下,则甚至那些宁愿接受该价格而不愿一无所售就离开市场的卖主，也将认为在该价格下需求将超过供给。所以，他们将有所等待，而由于等待，他们促进价格的上涨。

可见，三十六先令这一价格堪称真正的均衡价格。因为如果开始时就选定了这个价格，并且始终保持不变，则它恰使供求相等（亦即买主们以该价格所愿买的数量恰等于卖主们以该价格所愿卖的数量）；因为各个掌握市场情况的交易者也希望有那样的价格。如果他所见到的价格与三十六先令相去很远，则他预期不久将有所变动，由于这种预期，他促进该价格的迅速实现。

对我们的论证来说，买主与卖主都必须完全掌握市场情况确实是不必要的。买主中有许多人也许对卖主们的出售意向作了过低的估计，从而，暂时价格保持在可以找到买主的最高水平上；因此，在价格没有降到三十七先令以下，就可以出售五百夸脱。但后来价格势必下降，结果很可能再出售二百夸脱，并以三十六先令左右的价格收市。因为在出售七百夸脱之后，除了按高于三十六先令的价格，没有一个卖主急于想多卖一些，除了按低于三十六先令的价格，也没有一个买主急于想多买一些。同样，如果卖主对买主出高价的意向作了过低的估计，他们中间的有些卖主也许按他们所愿索取的最低价格开始出售，而不愿使他们的谷物留在自己手中，在这种场合下，按三十五先令的价格就会销售很多的谷物；但市场也许将以三十六先令的价格和七百夸脱的销售总额而告结束。[①]

① 这个例证指出看法对交易者的行动，从而对市场价格的影响的简单形式；至于它的较复杂的发展，我们以后还要详细讨论。

第三节　在谷物市场交易的过程中，对货币需要的强度通常没有显著的变化。但在劳动市场上确实有这种变化。参阅附录六

上面的例证暗含着一个符合大多数市场实际情况的假设，但是这个假设应当加以明辨，以便使它不致潜入那些不应有的场合。我们曾暗中假定，买主们购买第七百夸脱谷物所愿付的货币额和卖主们出售第七百夸脱谷物所愿收取的货币额，是不受以前按较高或较低的价格成交这一问题的影响的。我们考虑到买主们对谷物的需要（它对他们的边际效用）随着购买量的增加而减少，但我们未曾考虑在他们不愿出手货币（它的边际效用）方面有任何显著的变化；我们曾假定不论以前支付的款额是多是少，货币的边际效用实际上是不变的。

就我们实际上所涉及的大多数市场交易来说，这个假设是站得住脚的。当一个人为了自己消费而购买某种东西的时候，他用在那种东西上的钱只占他总资金的一个很小的部分，而当他为了经商而购买的时候，他还要再卖它，因此，他的潜在资金并没有减少。无论在哪个场合下，在他出手货币的意向方面是没有显著的变化的。这对有些人来说也许并不适用。但肯定有一些拥有大量

货币的人在场，他们的影响对市场起着稳定作用。[①]

在商品市场上，这些例外很少，也不重要；但在劳动市场上，它们却屡见不鲜，而且也是重要的。如果一个工人有枵腹之虞，则他对货币的需要（货币对他的边际效用）是很大的。如果开头他在议价方面处于劣势，并以低工资受雇于人，则他对货币的需要仍然是很大的，他也许继续按低工资出卖他的劳动。这种可能之所以越大，是由于在劳动市场上议价方面的优势往往处于买主方面，而不处于卖主方面，但在商品市场上买方和卖方多半都有分沾这种优势的机会。劳动市场和商品市场的另一个区别是由于各劳动卖主只有可出售的一个劳动单位这一事实。这是许多事实中的两件事实，我们在讨论过程中用它们将会大体说明工人阶级对经济学家特别是对雇主阶级把劳动看作是商品而把劳动市场看作是一般商品市场的那种做法的本能的反抗。其实劳动市场和商品市场的区

① 例如，某买主有时因缺乏现金，不得不放弃那些毫不逊于他曾乐于接受的别的交易。因为他自己的款已经用完，除了按把交易乍看起来所提供的全部利益吞尽的条件，他也许是不能借到钱的。但是如果交易真正是一宗有利的交易，则不缺乏现金的其他买主差不多总是要买的。

此外，很可能，在那些被认为准备按三十六先令的价格出售的卖主中间有几个卖主是情愿出售的，唯一的原因是由于他们急于需要一定数量的现金；如果他们能以高价销售一部分谷物，则现金对他们的边际效用也许会有显著的下降；因此，他们也许拒绝按三十六先令一夸脱的价格出售过去完全按三十六先令所愿出售的谷物。在这种场合下，卖主们由于在市场开始时的交易中占了优势，也许会把高于真正均衡价格的那种价格坚持到底。收市时的价格是一种均衡价格，虽然它不是真正的均衡价格，但和真正均衡价格却相去无几。

相反地，如果市场开始时对卖主们有很大的不利，并且他们以很低廉的价格出售了一部分谷物，从而他们仍然急需现金，则货币对他们的最后效用也许始终是如此之大，以致他们继续按远低于三十六先令的价格出售谷物，直到买主们买到他们所愿买的数量为止。该市场在没有达到真正的均衡价格时也许就会收市，但和它也许相去不远。

别,虽从理论的观点来看并不是根本的,但是十分显著的,而在实践中也往往是很重要的。

因此,当我们计及边际效用既取决于商品量又取决于货币量的时候,交易理论就变得更加复杂了。这种考虑的实际重要性并不是很大的。但在附录六中我们曾把物物交换和在每次交换中一方总以一般购买力形式出现的交易加以对比。在物物交换中,某人所交换之商品量必须密切适应他个人的需要。如果他的存量太多,他也许没有适当的用途。如果他的存量太少,他也许很难找到满足其所需而用其所余的那样一个人。但是不论什么人,只要他拥有一般的购买力,一旦遇到有多余东西的人,就能获得他所需要的那种东西:他无须找到一个“一身而二任焉”的人,他可以供其所需,而取其所有。因此,各个人特别是经商的人,能存得起大量的货币,从而,能大量购买,而不会用尽他的存款,或使它的边际价值有很大的变动。

第三章　正常需求和正常供给的均衡

第一节　差不多所有不易毁坏的商品的交易都受对未来估计的影响

其次我们必须研究的是，什么原因决定供给价格，亦即卖主们对各种不同数量所愿接受的那些价格，上章中我们只观察了一日的交易；并假定待售的谷物数量是已经存在了的。当然，这些数量取决于头年所播种的谷物的数量，而这多半又以农户对他们在本年内所能得到的谷物价格的推测为转移。这就是我们在本章中所要讨论的重点。

甚至在市日的一个镇上的谷物交易所中，均衡价格也受着那些对生产和消费的未来关系的估计的影响。在欧美的主要谷物市场上，期货买卖已占优势，并且迅速地把全世界谷物贸易的主要路线紧密地联系在一起。“期货”买卖中有些纯系投机；但它们大体上是由一方面对世界消费量的估计和另方面对现有数量与南北半球未来收获量的估计所决定的。商人们所考虑的是，各种谷物的播种面积，作物的早熟及其收成，充作谷物代用品的那些东西的供给，和谷物可以作为它们代用品的那些东西的供给。例如，在买卖大麦时，他们要考虑像糖这一类东西的供给，因为在酿造业中它可以充作大麦的代用品，同时也要考虑各种饲料的供给，因为饲料的缺乏会提高农场所用大麦的价值。如果世界某地某种谷物的种植者被认为一直是在亏本，并且该谷物的未来播种面积势必减少；则人们可以推断，一旦该谷物出现，价格势必上涨，因为它的缺乏是有目共睹的。价格上涨的预期对期货的预售发生影响，而这反过来又影响现价；因此这些价格间接地受着对未来供应品生产费用的估计的影响。

但在本章和以下几章中，我们特别要讨论的是在那些时期内的价格变动，而这些时期比最有远见的期货商人一般所能逆料的时期还要长些。我们必须考虑使自己和市场状况相适应的生产量和决定于正常需求与正常供给的稳定均衡位置的正常价格。

第二节　生产的实际成本与货币成本。生产费用。生产要素

在这种讨论中，我们将不得不经常使用**生产成本**和**生产费用**这些名词；而在进一步展开讨论以前，我们必须对这些名词加以简略的叙述。

我们可以重申某种商品的供给价格和它的需求价格的类似点。在假定生产效率完全以工人的努力为转移时，我们曾看到，“引起生产任何一定数量的某种商品所必要的努力而需要的价格，可以叫做那一数量（当然指的是一定单位时间内的数量）的供给价格”。[①] 但

① 参阅第四篇，第一、二节。

是我们现在必须考虑这样一个事实，即生产一种商品一般都需要许多不同种类的劳动并以各种形式使用资本。直接或间接用于生产商品的各种不同的劳作，和节欲或储蓄商品生产中所用资本所需要的等待；所有这些劳作和牺牲加在一起，就叫做商品生产的**实际成本**，对这些劳作和牺牲所必须付出的货币额叫做商品生产的**货币成本**，或为简单起见，叫做商品的**生产费用**。生产费用就是为了引出生产商品所需要的各种劳作和牺牲的适当供给而必须付出的价格；换言之，生产费用就是商品的供给价格。[①]

商品生产费用的分析可以追溯得很远，但这种做法是不值得的；例如，把用于任何生产中的各种不同原料的供给价格当作最后事实，而无须把这些供给价格分解成它们由以构成的几种成分，往往就够了。否则我们的分析也许永无止境。我们可以把生产某商品所需要的东西划成某些种类，怎样方便就怎样划分，并把它们叫做商品的**生产要素**。这样，当生产任何一定数量的某种商品时，它的生产费用就是它的生产要素的相应数量的供给价格。而这些供给价格的总和就是该商品那一数量的供给价格。

---

① 穆勒和其他经济学家按照日常生活中对“生产成本”一词用法的两种意义，有时指生产一种东西的困难，有时又指为引诱人们克服这种困难并生产这种东西所必须支付的货币。但是他们从一种用法转向另一种用法，而不对读者作明白的交代时，就引起许多误解和无谓的争论。在凯恩斯的《基本原理》一书中对穆勒关于生产成本和价值的关系的学说的攻击，是在穆勒死后不久发表的；遗憾的是，他对穆勒文句的解释一般被认为是权威的解释，因为他被认为是穆勒的弟子。但在拙著《穆勒的价值理论》一文（《双周评论》1876 年 4 月）中曾指出，凯恩斯误解了穆勒，实际上他比穆勒所知道的真理不是更多，而是更少。

任何数量的某种原料品的生产费用最好是根据不付租金的“生产边际”来计算。但这种说法对那些遵守报酬递增规律的商品来说是有许多困难的。顺便提到这点似乎就够了，以后特别是在第十二章中对它还将加以充分的讨论。

第三节　代用原则

典型的现代市场往往被看成是那样一种市场，在这种市场上，厂商把货物按照其中几乎没有商业费用的价格售与批发商。但是从较广泛的角度来看，我们认为一种商品的供给价格是行将售与我们所考察的需要该商品的那群人的价格，换言之，也就是我们所考察的市场上的价格。至于供给价格中有多少是商业费用，这要看那个市场的性质。[①] 例如，加拿大林区附近的木材的供给价格往往几乎完全是由伐木工人的劳动价格构成的。但伦敦批发市场上同一种木材的供给价格其中有很大一部分是运费；而它对英国一个镇上的零星买主的供给价格，有一半以上是铁路运费和把他所需要的东西送上门并存有该种木材以供他买的那些中间人所收的费用。此外，某种劳力的供给价格由于某种原因可以分成培养费、普通教育费和专门教育费。这种可能的结合是无数的；虽然各种结合都可以有它自己的枝节，而在彻底解决和它有关的任何问题时对这些枝节都需要加以分别对待，但所有这些枝节，就本篇的一般推理而论，是可以忽略的。

在计算某商品的生产费用时，我们必须考虑下述事实：即甚至在没有新发明的时候，产量的变动动辄引起商品的几种生产要素

① 我们已经知道（第二章），“生产”一词在经济学上的使用包括因把一种东西从需要较小的地方运往需要较大的地方，或因有助于消费者满足自己的需要而生产的新的效用。

相对数量的变动。例如，如生产规模大，则多半要用马力或蒸汽机来代替手工劳动。原料多半从较远的地区大量地运来，从而，增加了生产费用，这些费用等于搬运工人的工资和各种中间人与商人所收取的费用。

就生产者的知识和经营能力所及，他们在每一场合下都会选择那些最适合他们用的生产要素。所使用的生产要素的供给价格的总和，一般都小于可以用来替代它们的任何其他一组生产要素的供给价格的总和；每当生产者发觉情况并不如此，一般说来，他们总会设法代以那种费用比较低一些的方法。以后我们将会看到，社会如何采取大同小异的办法，用一个企业主来代替另一个企业主，因为就后者向社会索取的代价而言其效率是比较低的。为了便于引证，我们可以把它叫做代用原则。

这个原理几乎可运用在经济研究的各个领域之中。[1]

第四节　一个代表性企业的生产成本

我们的出发点是：我们在它们最一般的形态上考察正常需求和正常供给的均衡；我们撇开不谈经济科学中特殊部门所特有的那些特点，而把我们的注意集中在差不多全部经济科学所共有的那些一般关系上。因此，我们假定：需求和供给自由地起着作用；买方或卖方都没有密切的结合，每一方都是单独地行动着，存在着很大程度的自由竞争；这就是说，买主一般都是自由地同买主竞

① 参阅第三篇，第五章与第四篇，第七章，第八节。

争，卖主一般都是自由地同卖主竞争。虽然人人都是单独地行动，但是我们假定他对于别人在做些什么，一般地都有足够的认识，使他不致比别人要较低的价格或出较高的价格。暂时假定这适用于各种成品及其生产要素，适用于劳动的雇佣和资本的借贷。这些假设和现实生活究竟吻合到什么程度，我们在某种程度上已有所研究，并且将进一步加以研究。但在目前我们是就这一假设出发的；我们假定在同一个时间内市场上只有一个价格；这其间还有一点是不言而喻的，那就是必要时，我们还要考虑到货物被运给市场各处的交易人的手里时运费方面存在着种种差别；而如果它是一个零售市场的话，我们还须考虑到零售业务那些特殊费用。

在这个市场上，商品的各种数量都有一个需求价格，也就是说，有一个价格，按照这个价格该商品的每一特定数量在一日、一周或一年内都能找到买主。而支配该商品的任何一定数量的价格的那些情况，在性质上因问题的不同而有所不同；但是在各个场合下，一个市场上被提供出卖的东西愈多，行将找到买主的那种价格也就愈低；换句话说，每蒲式耳谷物或每码布的需求价格是随着被提供出卖的数量的每一增加而递减的。

时间单位可根据各个具体问题的情况加以选择：它也许是一日、一月、一年甚或一个世代。但是不论在哪种场合，相对于所述市场的期间来说，它必然是短促的。我们将假定，在此期间市场的一般情况始终不变；例如，没有式样或趣味上的变动；没有影响需求的新的代用品，没有扰乱供给的新的发明。

正常供给的情况是比较不确定的；而对它们加以充分研究只好留待以后各章。它们因所述时期的长短不同而细节上也有所不同；主要的原因是由于机器与厂房的物质资本和营业技能与组织的非物质资本都是慢慢地成长和慢慢地衰亡的。

让我们回想一下那个“代表性企业”，它在生产上的内部经济和外部经济取决于它所生产的商品的生产总量。[①] 暂时不谈这种依存性的所有进一步研究，让我们假定该商品的任何数量的正常供给价格可以看作是该厂对它的正常生产费（包括经营方面的毛利）。[②] 这就是说，我们假定它是这样一种价格，这种价格的预期恰足以维持现有的生产总量；这时有些企业正在兴起，产量不断增加，而有些企业则正在没落了而不断减少产量，但生产总量却仍旧不变。比它高的价格会促进正在兴盛企业的发展，缓和（但是不会挽回）正在衰落企业的瓦解，其净结果是生产总量的增加。反之，比它低的价格会加速正在衰落企业的瓦解，削弱正在兴盛企业的发展；总的来说减少生产。价格的上涨或下降，对那些往往停滞不前而很少垮台的大股份公司也有相同的、虽然程度不等的影响。

第五节　供给表

为了使我们的概念明确，让我们以毛织业为例。我们假定，一个熟习毛织业的人想要查明年产数百万码某种毛布的正常供给价格是多少。他势必要计算（1）织造这种毛布时所用的羊毛、煤炭和其他原料的价格，（2）厂房、机器和其他固定资本的磨损和折旧，

① 参阅第四篇，第十三章，第二节。

② 参阅第四篇，第十二章的最后一段。

(3)全部资本的利息和保险费,(4)工厂员工的工资,(5)承担风险、规划并监督业务的人们在经营上的毛利(其中包括损失保险费)。当然,他会根据所用的各种要素的数量来计算它们的供给价格,并假定供给情况是正常的;他把这些供给价格加在一起,就求出毛布的供给价格。

我们假定,供给价格表(或供给表)是用和我们的需求价格表相同的方法制定的。① 一年或任何其他单位时间内的商品的各种数量的供给价格,都要和该数量并列起来。② 随着商品年产量的

---

① 参阅第三篇,第三章,第四节。

② 与在需求曲线的情况相同,以 Ox 测量商品的数量,以 Oy 测量价格,在 Ox 的任一点 M 作一垂线 MP,测量数量 OM 的供给价格,它的极点 P 可以做供给点;价格 MP 是由数量 OM 的各种生产要素的供给价格所构成的。p 的轨迹可以叫做供给曲线。

例如,这家代表性企业生产毛布 OM 数量时,我们可以把它的生产费用分成:(1)Mp_1 即生产它所使用的羊毛和其他流动资本的供给价格,(2)p_1p_2,即厂房、机器和其他固定资本的相应的耗损和折旧,(3)p_2p_3,全部资本的利息和保险费,(4)p_3p_4,即工厂员工的工资,(5)p_4P,即承担风险和监督经营者的总报酬之类。从而,随着 M 从 O 向右方移动,p_1、p_2、p_3、p_4 都各成为一条曲线,由 P 所成之最后供给曲线也可以用把毛布的各生产要素的供给曲线向上加而成。

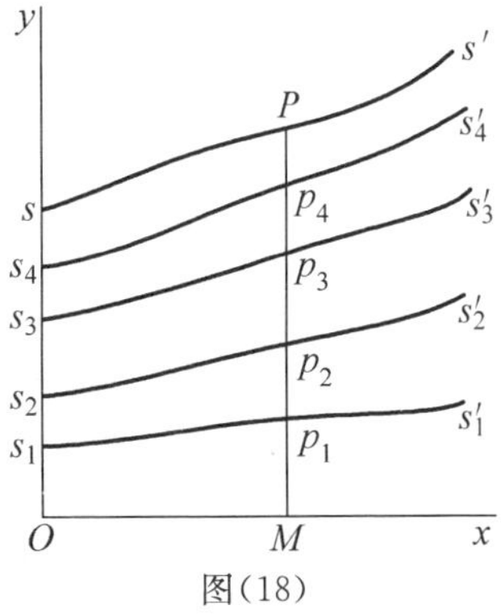

图(18)

绝不能忘记,这些供给价格并不是几种生产要素的单位的价格,而是生产一码毛布所需要的那些要素的数量的价格。例如,p_3p_4 并不是任何一定量劳动的价格,而是生产总产量 OM 码中的一码毛布所用的劳动量的价格(参阅上面第三节)。在这里我们无须考虑工厂地租是否必须另列一类;这是属于以后所要讨论的一组问题。我们没有注意各种税捐,而这些他当然必须要加以计算的。

增加，供给价格可以增加，也可以减少，甚至交替增减。[①] 因为如果自然对人向它索取更多原料的努力给予顽强的抵抗，同时在那个时期工业中又没有采用新的重要经济方法的余地，则供给价格将上升；但是如果生产量较大，大量采用机器以代替手工劳动也许有利可图，则生产量的增加势必降低我们这个代表性企业的生产费用。但是供给价格随产量增加而下降的情况，又必然给它们自己造成特殊困难；这些困难当在本篇的第十二章中加以讨论。

第六节　均衡产量与均衡价格。某商品的供给价格和它的实际生产成本并没有密切的关系。正常均衡情况的真正的含义。“长时期”一词的意义

因此，如产量（在一个单位时间内）是使需求价格大于供给价格的产量，则卖主的所获不仅足以使他们认为值得把这样一个数量的货物运往市场去卖，而且会多拿出一些，这时就有一种倾向于增加出售数量的积极力量起着作用。反之，如产量是使需求价格小于供给价格的产量，则卖主的所获就不足以使得他们认为值得把这样一个数量的货物运往市场；因此，那些处在怀疑的边际，

① 这就是说，沿着供给曲线向右移动的一点可以上升或下降，甚或可以交替升降；换言之，供给曲线可以是上升的，也可以是下降的，甚或它的某些部分是上升的，而另一些部分却是下降的（参阅本书上卷第三篇，第三章，第五节的脚注）。

正在犹豫是否应当继续生产的人，就会决定停止生产，从而就有一种倾向于减少出售数量的积极力量起着作用。当需求价格等于供给价格时，产量没有增加或减少的趋势，它处于均衡状态之中。

当供求均衡时，一个单位时间内所生产的商品量可以叫做均衡产量，它的售价可以叫做均衡价格。

这种均衡是稳定的均衡；这就是说，如价格与它稍有背离，将有恢复的趋势，像钟摆沿着它的最低点来回摇摆一样。我们将会看到，所有稳定均衡都有这样一个特点，那就是，在均衡状态中，需求价格大于供给价格的那些数量，恰恰也就是小于均衡数量的那些数量，反之亦然。因为当需求价格大于供给价格时，产量有增加的趋势。因此，如果需求价格大于供给价格的那些数量恰恰是小于均衡产量的那些数量，这时如果生产规模暂时减至稍低于均衡产量，则它就有恢复的趋势；可见，就向着那个方向移动而论，均衡是稳定的。如果需求价格高于供给价格的那些数量恰恰也就是小于均衡数量的那些数量，那么，大于均衡数量的那些数量的需求价格必然低于供给价格。因此，如果生产量多少扩大到均衡数量以上，则它将有恢复的趋势；而就向着那个方向发生的变动而论，这种均衡也将是稳定的。

当供求处于稳定均衡时，如有任何意外之事使得生产规模离开它的均衡位置，则将有某些力量立即发生作用，它们有使它恢复均衡位置的趋势；正如同一条线所悬着的一块石子如果离开了它的均衡位置，地心引力将立即有使它恢复均衡位置的趋势一样。

生产数量围绕着它的均衡位置发生的种种动荡，具有相同的性质。①

但是在现实生活中，这种摆动很少像一条线任意悬着的石子的摆动那样有节奏。假如这条线是悬在水车沟的混水中，沟中的河水有时可以自由地流着，而有时却被部分割断，则这种比较也许是更加确切的。这种错综复杂也不足以说明纠缠经济学家和商人的那种种干扰。如果持线人用部分有节奏的和部分任意的动作摆动他的手，这个例证也不会克服有些真正实际价值问题上的困难。因为实际上需求表和供给表并不是长期不变的，而是不断变动着的；它们的每种变动都使均衡产量与均衡价格有所变动，从而，给了产量和价格借以摆动的一个新的中心。

上述考虑表明时间因素对于供求有着巨大的重要性，这是我们现在就要研究的。我们将逐渐发现下述原理的许多不同的限

① 比较第四篇，第一章，第一节。为了用图形表示供求的均衡，我们可以一道作出供给曲线和需求曲线（如图 19）。如果 OR 代表生产实际上进行的速率，又如需求价格 Rd 大于供给价格 Rs，则生产十分有利，并将有所增加。我们所谓的产量指标 R 将向右移动。反之，如果 Rd 小于 Rs，则 R 将向左移动。如果 Rd 等于 Rs，也就是说，如果 R 正位于供求曲线的交点之下，则供求均衡。

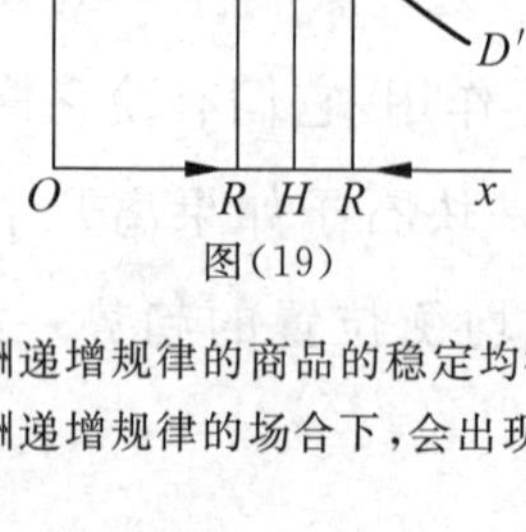

图(19)

这个图解可以被看成是遵守报酬递减规律的商品的典型图解，如果我们把 SS' 画成一条平行的直线，我们就可以表示“报酬不变”的场合，其中供给价格对该商品的各种数量来说都是相同的。如果我们把 SS' 画成向下倾斜的，但斜度小于 DD'（这个条件的必要性以后会充分表现出来）则我们就求得遵守报酬递增规律的商品的稳定均衡场合，不论在哪种场合下，上述推理却只字不变；但在报酬递增规律的场合下，会出现一些困难，这些困难当留待以后讨论。

制：即一种东西可依以生产的价格代表它的实际生产成本，也就是说，代表那直接地和间接地用在它的生产方面的种种努力和牺牲。因为在我们这样一个变化得很快的时代，正常需求和正常供给的均衡和从某商品消费中所得到的满足总量与生产它所用的努力与牺牲总量是不一致的。即使正常收入和利息——即付给这种努力和牺牲的货币报酬是努力和牺牲的精确尺度时，上面这两个东西也不会是完全一致的。经常被援引和经常被歪曲的亚当·斯密和其他经济学家的那个原理的真正含义是，商品的正常价值或“自然”价值是由于种种经济力量“在长时期内”倾向于使之产生的价值。那正是经济力量将会产生的那种平均价值，如果一般生活状况保持静态的时间长得足以使这些力量充分发挥它们的作用的话。[①]

但是我们不能完满地预测将来，料想不到的事是会发生的；现有的各种趋势，在它们来不及发挥现在看来似乎是它们的充分作用的时候，也是可以改变的。一般生活状况不是静态的这一事实，是把经济学原理运用于实际问题时所遇到的许多困难的源泉。

当然，正常并不意味着竞争。市场价格和正常价格同样是由许多影响所造成的，其中有些是建立在道德基础上面，有些是建立在物质基础上面，有些是竞争的，而有些却不是竞争的。当我们区别市场价格和正常价格以及区别正常价格一词的广义和狭义的用法时，要注意的正是所考虑的那些影响的持久性及其发生作用所必需的时间。[②]

① 参阅以下第五篇，第五章，第二节与附录八，第四节。

② 参阅本书第一篇，第三章，第四节。

第七节　在短时期内，效用对价值起着主要的影响作用，而在长时期内，生产成本对价值起着主要的影响作用

本书其余各章将主要讨论的是解释商品的价值在长时期内有等于它的生产成本的趋势这一原理，并对这个原理加以限制。特别是本章所曾初步讨论的均衡概念在本篇的第五章和第十二章中将加以更仔细的研究。关于“生产成本”或“效用”决定价值的争论将在附录一中加以讨论。但是关于最后这个问题，在这里略叙一二，也许不是无益的。

我们讨论价值是由效用所决定还是由生产成本所决定，和讨论一块纸是由剪刀的上边裁还是由剪刀的下边裁是同样合理的。的确，当剪刀的一边拿着不动时，纸的裁剪是通过另一边的移动来实现的，我们大致可以说，纸是由第二边裁剪的。但是这种说法并不十分确切，只有把它当作对现象的一种通俗的解释，而不是当作一种精确的科学解释时，才可以那样说。

同样地，当一种成品必须销售时，人们对它所愿支付的价格将由他们要想得到它的那种愿望和他们对它所能花费的数量来决定。他们想要得到它的那种愿望部分地取决于这一机会，即如果他们不买这个东西，则他们将能按同样低廉的价格买到另外一种和它相似的东西。这种机会取决于支配着后面这一种东西供给的那些因素，而它的供给又取决于生产成本。但是待售的数量有时实际上是一个固定的数量，例如，鱼市场就是如此，在鱼市场上，当

天的鱼价差不多完全是由鱼案上同需求比较起来的鱼的数量来决定的。如果某人姑且假定鱼的数量就是这么多，说价格是由需求支配的，那么，只要这种说法并不自命是一种严格的确切的说法，则他的这种简单说法也许是可以原谅的。同样地，如认为克利斯蒂售卖行前后出售珍本书时所取的价格不同完全是由需求所决定的，这也是可以原谅的，但这说法绝不是十分确切的。

举一个相反的极端的例证，我们看到有些商品是遵守收益不变规律的，这就是说，不论商品的产量是大是小，它们的平均成本大致相等，在这种场合下，市场价依以波动的正常水平将是这样明确的和固定的（以货币表现的）生产成本。如果偶尔需求很大，则市场价格暂时将超过正常水平，但结果生产将有所增加，而市场价格将下降。如果需求在某一时间内降至它的正常水平以下，情况就会与此相反。

在这种场合下，如果某人情愿忽略市场的种种波动，姑认无论如何对某商品都会有足够的需求以保证该商品某一或多或少的数量可以在价格等于这种生产成本的情况下找到买主，那么，他虽然忽略需求的影响把（正常）价格说成是由生产成本决定的东西，也是可以原谅的，只要他不自命他在他的这一说法方面的措辞具有科学上的精确性并在适当的场合说明需求的影响的话。

因此，我们可以得出结论说，就**一般而论**我们所考虑的时期愈短，我们就愈需要注意需求对价值的影响；时期愈长，生产成本对价值的影响将愈加重要。因为生产成本变动对于价值的影响与需求变动的影响比较起来，一般需要更长的时间才能表现出来。任何时候的实际价值，即一般所谓的市场价值，受那些一时的事件和一些间歇性和短期性的因素的影响往往比受那些持久性的因素的影响要大些，但在长时期内这些无常间歇性和不规则的因素所产生的影响在很大程度上是相互抵消的；因此，在长时期内持久性因素完全支配着价值。但是即使持久性最强的那些因素也易于发生变动。因为整个生产结构是变动的，从这一代到另一代各种东西的相对生产成本都会不断地发生变化。

当我们从资本家雇主的观点考察成本时，我们当然要用货币来衡量它们。因为他同工人为完成工作而必须作出的努力的直接关系，是在他必须付出的货币报酬方面。而他同他们的努力以及这种努力所必须有的训练的实际成本的关系只是间接的，虽然如我们以后将要看到的，对某些问题来说，他用货币来衡量自己的劳动也是必要的。但是当我们从社会的观点考察成本，并研究达到一定结果的成本是不是随着经济条件的变化而增加或减少时，与我们有关系的则是各种不同性质的努力的实际成本和等待的实际成本了。如果用努力来计算的货币购买力大致不变，如果等待的报酬率也大致不变，则用货币衡量的成本和实际成本相一致；但我们永远都不应当轻易假定二者是相等的。这些考虑一般地也足够阐述下文中“成本”一词，虽然在上下文句里未予清楚指明。

第四章　资金的投放与分配

第一节　在某人自己生产自己使用的场合下，决定投资的诸动机。未来满足与现在满足的均衡

在我们研究正常价值时，必须阐明的头一个难题是关于支配那些为了未来的收益而投资的动机的性质。首先不妨来观察一下那样一个人的行为，这个人既不买他所需要的东西，也不卖他所生产的东西，而只是自己给自己劳动；因此，他所权衡的一方面是他的劳作和牺牲，另方面是他从这些劳作和牺牲中所能预期的满足，其间不参与任何的货币报酬。

那么，让我们就举这样一个事例罢：有一个人为自己建造房屋，他所用的土地和建筑材料都是自然界所恩赐的；动工时他自己制造工具，而制造工具的劳动被算作建造房屋的一部分劳动。他势必要计算按照某既定方案进行建筑所需要的劳作；并几乎本能地酌加一个各种劳作至房屋落成所经过的时间按几何比例（一种复利）增加的数量。落成以后，房屋对他的效用不但将补偿他的各

种劳作，而且也将补偿他的等待。[①]

如果两种动机（一个是望而生畏，另一个是迫不及待）似乎是势均力敌，那么，他就会处于踌躇不决之中。就房屋的某些部分来说，他所得的利益也许比他所用的“实际”成本大得多。但是当他愈来愈转向更加庞大的计划时，他最后就会发现任何扩大所带来的利益为它所需要的劳作与牺牲所抵消；而那种扩建就处于他投资的外限（outer limit），或它的有利边际。

建造房屋的各个部分也许有几种方法；例如，有些部分既可以使用木料，又可以使用石块，而质量几乎相等。按照各种设计对房屋的各个部分进行投资要与它所提供的利益加以比较，并把各种投资一直推到它的外限或有利边际为止。从而，也许有很多的有利边际：其中每个边际是和提供各种房屋的各种设计一致的。

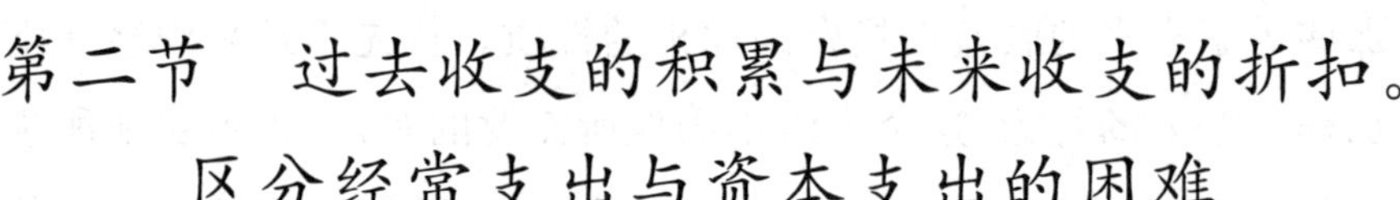

第二节　过去收支的积累与未来收支的折扣。区分经常支出与资本支出的困难

上述例证可以使我们懂得：作为某种东西的实际生产成本的

① 因为他可以把这些劳作或与其相等的劳作用来提供当前的满足；而如果他宁愿要延期的满足，那是因为他甚至在计及等待的不利之后，仍把这些满足看作是超过它们所能代替的那些先前的满足。因此，使他不倾向于建筑房屋的动力是他对这些劳作总和的估计，其中每种劳作的不利或负效用是依相应的等待时间按几何比例（一种复利）增加的。另一方面，迫使他建筑房屋的动力是他从房屋落成后所获得的那种满足的预期；而这又可以归结为他从其使用中预期获得的多少遥远和多少一定的许多满足的总和。如果他认为房屋给他提供的这种未来满足的折现值总和除补偿他所用的各种劳作和等待，尚绰绰有余，那么，他就决定建筑房屋（见第三篇，第五章，第三节；第四篇，第七章，第八节，与数学附录中注 13）。

劳作和牺牲是成为它的货币成本的那些费用的基础。但是如上所说，现代企业家不论对工资或原料一般都是用货币来支付的；从不过问这些货币报酬作为劳作和牺牲的尺度究竟精确到什么程度。他的经费一般都是一点一点支出的。对任何支出的收益期待的时间越长，此项收益就越多，以便对他有所补偿。而预期的收益未必是百发百中的；在这种场合下，他还须酌加损失风险。酌加之后，此项支出的收益预计必须超过支出本身，所超过之额不以他自己的报酬为转移，而是按复利比例于他等待的时间增加的。① 在这个项目下，还须加上各个企业在建立它的商业往来上所必须支出的直接或间接的巨额费用。

为简便起见，我们可以把加上复利的任何支出（包括企业家自己的报酬在内）要素叫做累积要素。如同我们用贴现一词来表示未来满足的现值一样。因而各种支出要素从它被使用到它获得收益的期间势必是累积的。而这些累积要素的总额就是企业的总支出。各种劳作和它们所产生的满足可以结算到我们认为相宜的任何一天。但不论选择的是哪一天，一个简单的准则是必须遵守的：从那天以前开始的每一要素，不论是劳作，或是满足，都必须给它加上这个时期的复利。而从那天以后开始的每一要素都必须具有这个期间从该要素折成的复利。如果那天是企业开张以前的一天，则各种要素都必须折成现值。但是如果那天，像这些场合所常

① 如果我们愿意的话，我们可以把企业家的劳动价格看作原始支出的一部分，并与其余支出一并计算它的复利息。或我们可以用“复利润”来代替复利息。这两种方法并不完全相同，以后我们就会知道，在某些场合第一种方法较好，而在另一些场合第二种方法却较适用。

见的，是劳作结束和房屋落成的一天，则劳作必须有直到那天的复利，而满足也必须都折成那天的现值。

等待是成本的一种要素，如同劳作是成本的要素一样真实，当累积起来以后，它就被列入成本：因此，它当然不是分别加以计算的。同样，相反地，不论任何时期的货币或对满足的支配的收益是该时期收入的一个组成部分：如果那个时期是在结账日以前，则它必须被累积到那一日；如果在结账日以后，则它必须被折成那日的现值。如果它不是用于直接的享受，而是被存起来以便取得未来收入，则这种收入绝不能当作投资的追加报酬。[①]

如果这个企业比方承揽了开掘船坞的工程，一俟竣工即便付款；如果用于此项工程的厂房设备在施工过程中假定被用得破烂不堪，从而工程完毕时变得不值一文；那么，如果直到付款时期所积累的支出总额恰恰等于此项款额，则该企业恰恰够本。

但销售所得照例是逐渐进来的；我们必须拟作一个瞻前顾后的资产负债表。向后看，我们应当把各种纯支出加起来，并把各支出要素的累积复利加进去。向前看，我们应当把各种纯收入加起来，并从各个值中减去它延期的复利。这样折算的纯收入总额势必与累积支出的总额相等：如果二者恰相等，则企业恰恰够本。在

① 总的说来，来自储蓄的收入在数量上一般将比储蓄要大些，所大之数等于利息（即对储蓄的报酬）。但是因为这种收入在用于满足上所需要的时间比原有的储蓄要长些，所以，它的贴现时间将较长；如果它代替原有的储蓄而被列入投资借贷对照表中，则它所代表的恰是原有的储蓄（对被储蓄的原始收入和它以后所赚取的收入都要征收所得税；所根据的理由和对勤劳的人应征较多的所得税，而对懒惰的人应征较少的所得税的那些理由相似）。本节的主要论点在附录十三中有所表述。

计算支出时,企业负责人必须把自己劳动的价值计算进去。[①]

第三节　代用原则在其上发生作用的有利边际,并非任何路线上的一点,而是与所有路线相切的一线

在创业的时候,和在以后的各个阶段,机警的企业家力图修改他的计划以便用一定的支出获得较大的成果,或用较少的支出获得相等的成果。换句话说,为了增加他的利润,他不断地运用着代用原则;而在这样做的时候,他总会提高全部工作效率,增进人类用组织和知识控制自然界的能力。

各个地方都有它自己的特点,而这些特点以不同的方式影响着该地所从事的各类商业的组织方法:甚至在同一个地方和同一

① 差不多各个行业在估计投资的价值和资本由于磨损,由于时间因素,由于新的发明和由于贸易方向的改变而产生的折旧和贬值方面都有它自己的困难和习惯。新的发明和贸易方向的改变可以暂时提高某些固定资本的价值,同时也可以降低其他固定资本的价值。而性情不同或在这个问题上兴趣各异的那些人对下述问题的看法往往有很大的差异,即在使厂房设备适应商业情况的变动所需要的支出中有哪些部分可以被看作是新的投资,而有哪些部分应当看作折旧,在决定企业所获得的纯利润或实际收入以前,从当时收入中作为支出加以扣除。就用于建立企业往来的投资而言,这些困难和由此而产生的意见分歧是极其严重的,而适当估计一个企业的商誉或它"作为一个有利厂"的价值的方法亦复如此。关于这个问题的全貌,请参阅马迪生所著《工厂的折旧及其估价》一书。

其他一些困难来自货币购买力的变动。如果货币的购买力有所下降,或换言之,如果一般物价有所上涨,则一个工厂的价值表面上似乎是上涨了,而其实仍旧不变。由此而产生的混乱在计算各种企业的实际赢利程度方面所引起的错误比最初看起来要大些,但是在我们没有讨论货币理论以前,我们只好把所有类似的问题撇开不谈。

种职业中，追求同样目的的两个人所采取的方法也将不是完全相同的。差异的趋势是进步的一个主要原因；任何行业中的企业家越能干，这种趋势就越强。在某些行业例如棉纺业中，可能的差异只限于很狭隘的范围；一个人如在各部分工作中不使用机器，和不使用差不多最新式的机器，他就无法立足。但在其他行业例如木业和五金业的某些部门以及农业与零售业中，就会有很大的差异。例如，在从事于同业的两个厂商中，一个厂商也许将支付较多的工资总额，而另一个厂商却支付较大的机器用费；在两个零售商中，一个零售商积压在存货上的资本较大，而另一个零售商在广告和建立有利的商业往来的非物质资本上所用的钱却较多。至于细节上的差异，那是数不胜数的。

各人的行动既受着他的特殊机会和资金的影响，也受着他的个性和联想的影响：但是各人考虑着他自己的资金，将把资本投向他的企业中的各个方面，直到他认为似乎达到了外限或有利边际为止；也就是说，直到在他看来没有充分理由认为在该特定方面进一步投资所带来的利益会补偿他的支出为止。有利边际，甚至就同一工业部门或分部来说，也不能被看作是任何可能投资的固定线上仅有的一点；而是被看作和各种可能投资线相切的一条不规则形的界线。

第四节　家庭经济与企业经济中资源分配的对照

这个替代原理是和那种根据一般经验在某方面过多地运用了资源或精力而引起的报酬递减率的趋势是密切地联系着的，而且部分地确实也是以此为基础的。从而它和古典经济学中起着重要作用的那个在早开发国家的土地上不断增加投资而来的报酬递减这一普遍趋势联结起来。替代原理和因增加支出而一般地引起边际效用的递减这一原理是如此相似，以致这两个原理的某些运用几乎是相同的。前面已经讲过，新的生产方法创造新的商品，或降低旧商品的价格，以便使为数更多的消费者有能力来消费它们。另一方面，消费方法和消费量的变动使生产有新的发展，使生产资金有新的分配。虽然最有助于人类高尚生活的某些消费方法对物质财富的生产如有所促进，也微乎其微，但是生产和消费毕竟是密切相关的。[①] 但我们现在要仔细考虑的是，生产资金在各种不同工业部门之间的分配如何反映了消费者在各种不同种类商品之间的购买额的分配。[②]

让我们再来看一看那个原始的家庭妇女吧，她“从本年所剪的羊毛制成的毛线为数是有限的，她考虑家庭衣着方面的各种需要，并力求把毛线在这些需要上分配得尽可能有助于家庭的幸福。如果分配以后，她有理由来惋惜她没有用较多的毛线做短袜和较少的毛线做背心，那么，她将认为她是失败了。但相反，如果她用得恰到好处，则她恰恰做了这样多的短袜和背心，以致她从做短袜用的和做背心用的最后一束毛线中获得了相等的利益”。[③] 如果做一件背心适有两种方法，而这两种方法就其结果来说是同样令人

---

① 见本书上卷第二篇第三章和第三篇第一、二章。

② 本节的部分内容在以前各版中曾列入第六篇，第一章，第七节。但是为了给第五篇的一些基本章节作准备，似乎有必要把它放在这里。

③ 见第三篇，第五章，第一节。

满意的，但是其中的一种方法比另一种方法所用的毛线稍多，而所引起的麻烦却稍少；那么，她的问题就会成为较大企业界的问题的典范。这些问题所包括的决定有三：第一，关于不同目的的相对重要性的决定；第二，关于达到各个目的所用的各种不同手段的相对优势的决定；第三，关于以这两组决定为基础的，她能最有利地把各种手段用于各种目的的那种边际的决定。

企业家必须在较大的规模上作出这三类决定，而在作出每一个决定之前，他要反复权衡和多方调整。[①] 试以建筑业为例。让我们看一看从正当意义理解的"投机建筑商"的工作吧：这就是说，他是一个预料到普遍需求而从事建造真正房屋的人；他的判断错误，他自食其不良后果，如果他的判断正确，则他和社会同受其利。假定他在考虑究竟建筑住宅，还是建筑货栈、工厂或商店。他对最宜于每类建筑的工作方法都能同时提出很好的意见，并能大致估计它的成本。他估计适合每类建筑的各种不同地基的成本：并且他把他对任何地基所必须支付的价格算作他的资本支出的一部分，正如他把奠基等费用列入这种支出一样。他把这种成本估计和他从该建筑物及其地基所能得到的价格的估计加以比较。如果他发现没有一种场合能使需求价格超过他的支出，足以给他提供合理的利润，并补偿风险，则他也许不会动工。或者为了留住他那些最可靠的工人并使他的厂房设备和助手有工可做，他也许可能

① 本节其余内容和数学附录中注 14 中之前半部十分相似；读者可以参考数学附录来读它。这是一个微积分用语（并不是它的推理）特别有助于思想明确的问题。但是用日常用语也可以把它的主要内容表达出来。

冒着某些风险动工建筑:不过这点以后还要详细讨论。

假定他现在断定在他所能买的一块地基上建筑的某种式样的别墅可以给他提供适当的利润。这样,主要追求的目的既已决定,他就开始细心地研究这种目的借以达到的手段,与此同时,还要考虑他的设计细节方面各种可能的修改。

待建的房屋的一般性质既已确定,他将必须考虑的是,按照什么比例使用各种不同的建筑材料如砖、石头、钢、水泥、灰泥和木料等等,才能收到与其成本相较最能增进房屋在满足买主的艺术趣味和他们的舒适方面的效益。在这样决定把他的资金最妥善地分配在各种不同的商品之间时,他所处理的问题和那个原始的家庭妇女本质上是相同的,这个妇女必须考虑把她的毛线最经济地分配在全家各种不同的需要方面。

和她一样,他不得不想到的是,任何特定用途所产生的利益直到某一点是相对地大的,以后会逐渐有所减少。和她一样,他必须把他的资金分配得使它们在各种用途上都具有相同的边际效用:他必须把这里削减一点经费所受的损失和那里增加一点经费所得的利益加以比较。实际上他们所遵循的方针和指导农场主的那些方针相同,这些方针使得他把资本和劳动投于土地时既不会使土地在能提供丰富报酬的那种额外耕作上受到限制,亦不会因投资过多而引起报酬递减趋势在农业中发生强烈作用的危险。[①]

因此,如上面所说,正是那机警的企业家,他“把资本投向他的企业中的各个方面,直到他认为似乎达到了外限或有利边际为止;

① 见以上第三篇,第三章,第一节,与本书上卷第四篇,第三章,第二节最后一个脚注。

也就是说，直到在他看来没有充分理由认为在该特定方面进一步投资所带来的利益会补偿他的支出为止”。他从不认为迂回的方法终归是有利的。但是他总在寻找一些迂回的方法，这些方法比直接的方法能生产出更大的(相对于其成本而言)效果。他采用其中最好的方法，如果他力所能及的话。

* * *

第五节 直接成本与补充成本的区分，因所述事业的时间长短不同而不同：这种差异是我们所以难以研究边际成本和价值的关系的主要原因

这里可以讨论有关成本的几个术语。当企业家经营某种企业而进行投资的时候，他期待的是从该企业的各种产品的价格中得到补偿；他企求在正常情况下对其中每一种产品都能索取一个充分的价格；也就是说，这种价格将不仅补偿特殊成本、直接成本或主要成本，而且也将分担它所应分担的一部分企业上的一般费用；而这些费用我们可以叫做它的一般成本或补充成本。主要成本和补充成本合起来就成为它的总成本。

企业上对主要成本一词的用法是极不一致的，但这里所指的是狭义的用法。补充成本包括大量企业资本所曾投入的那些机器厂房上的维修费用，以及高级职员的薪水。因为企业的这种薪水支出一般是不能迅速地适应他们工作量的变动的。此外只剩下生产商品时所用的原料的(货币)成本和所用的那部分劳动的计时工

资或计件工资与机器设备的额外耗损的(货币)成本。这是厂商在他的工厂部分开工时和当商业清淡时他计算最低价格时他要考虑的特殊成本;这种最低价格使他觉得值得接受某种订货,而不顾他的行为对损害未来订货市场可能发生的任何影响。但实际上他通常一定得考虑这种影响:因为即使在商业清淡的时候,使他觉得值得生产的那种价格,实际上一般都比这种主要成本高得多,如我们以后将看到的那样。①

第六节　续前

在短时期内,补充成本一般必须由售卖价格在很大程度上加以补偿。而在长时期内就必须加以全部补偿;因为如果不这样,生产就会减少。补充成本具有许多不同的种类,其中有些和主要成本只有程度上的区别。例如,假使某机械厂正在犹疑是否按相当低的价格来承制一辆机车,那么,绝对的主要成本包括原料的价值和制造机车的技工和工人的工资。但关于领薪水的职员却没有明确的准则。因为如果工作不忙,则他们也许有一些空余的时间;因此他们的薪水普遍都被列入一般或补充成本中。但是这种界限往往含糊不清。例如,工头和可靠的技工仅因工作暂时不多而被解雇者实不多见。因此,即使偶然订货的价格不能补偿他们的工资,

① 特别是在第五篇,第九章中,"有许多主要成本制度在流行……我们所谓的主要成本,如实际上这个词所指的,只是指原始生产成本或直接生产成本;而在某些行业中,在生产成本中包括一部分间接费用和厂房设备的折旧费,也许是一种方便的事情,但是它绝不应该包括资本的利息或利润"(葛尔克、费尔斯合著:《工厂会计》,第一章)。

为了使他们有事可做也会接受这种订货。这就是说，在这种场合下，不能把它们看成是主要成本。但办公室的人员在某种程度上当然可以和该厂工作的变动相调节，办法是在生产任务不忙的时候不增人，甚至精简一些不称职的人；而在生产任务繁忙的时候临时添人或把一部分工作委托给他厂。

如果我们从这些工作转向较大的需时较长的工作任务例如履行几年以内逐渐交出许多机车的合同时，那么，和订货相关的大部分行政工作必须被看作它所特有的工作：因为如果没有接受这种订货而又没有别的订货来代替它，则行政人员薪水项下的这笔费用几乎会有相应的减少。

如我们考虑的是任何一种主要工业品在长时期内的一个相当稳定的市场，则上述例证就显得格外突出。因为在那种场合下配备专门技能和设置组织以及长期的行政人员与车间耐久装备所需要的支出，都可以看成是生产过程所必要的成本部分。那种支出将一直被增加到某种边际，在该边际此工业部门对它的市场来说似乎有发展过快的危险。

下章将继续讨论第三章和本章的论点。要更加详细指出的是，对供给，从而对价格最有影响的那些成本在承制一部机车的场合下如何局限于狭隘而武断的范围；但在不断供应一个相当稳定的普通市场的场合下，它们的范围要大得多，而且和工业经济的一般特点也更加一致：生产成本对于价值的影响除在比较长的时期内不能明显地表现出来；这种成本是就整个生产过程，而不是就某特定机车或某特定组的货物加以计算的。至于那些由生产工具的投资利息（或利润）构成的主要成本与补充成本的性质因所述市场期间的长短不同而有所不同，将在第八至第十章中加以类似的研究。

同时不妨指出，主要成本和补充成本的区别存在于各个文明阶段，虽然除在资本主义阶段它多半不会引起广泛的注意。和鲁滨孙·克鲁索有关的只是实际成本和实际满足：不买不卖的旧式农家把现在的“劳作和等待”用于未来的收益时也采取几乎相同的方式。但是如果他们都正在怀疑出外采摘野果时是否值得使用一个梯子，那么，所要比较的就只是主要成本和所期待的利益了。除非它在许多细小工作的总量中所预期提供的服务足以补偿它的生产成本，那它是不会被制造的。在长时期内它必须补偿它的总成本，即主要成本和补充成本。

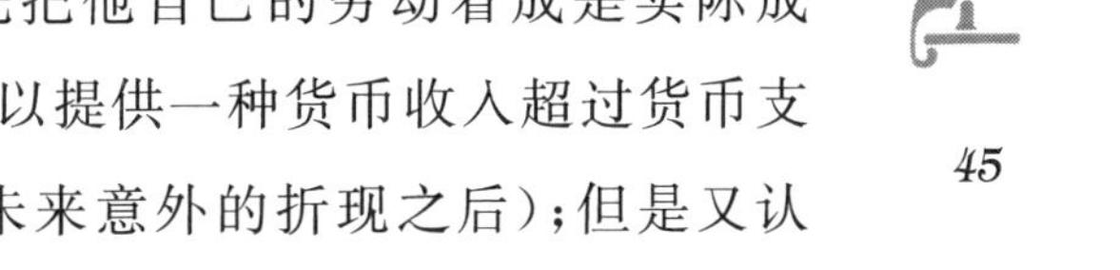

即使现代的雇主也必须首先把他自己的劳动看成是实际成本。尽管他认为某种事业多半可以提供一种货币收入超过货币支出的剩余（适当地酌减风险与对未来意外的折现之后）；但是又认为这种剩余的数量将小于他在此项事业上所用的操劳的货币等价，而在这种场合他将回避这种事业。[①]

① 工厂主预期有可能加在产品主要成本上的那些补充成本，是行将给他提供准租的一种来源。如果它们达到他的预期，那么，他的企业就会提供适当的利润，如果它们远在预期之下，则他的企业就有江河日下的趋势。但是他的论断只和长期价值问题有关，而就这方面来说，主要成本和补充成本的区别并没有特殊的意义，它们之间区别的重要性只限于短期价值问题。

第五章　正常需求和供给的均衡(续)，关于长期与短期

第一节　正常一词作为日常用语和作为科学用语的差别

第三章中曾指出，正常一词的范围因所述时期的长短不同而有所不同。现在我们要更加仔细地来研究它们。

在这个场合，像在其他场合一样，经济学家只揭示那些日常谈论中所潜伏的困难，以便通过正视这些困难，可以使它们得到彻底的克服。因为在日常生活中人们惯于因时期的不同而对“正常”一词的用法也有所不同，而让语义来说明从一个时期到另一个时期的过渡。经济学家遵循着日常生活中的这种做法，但是在煞费苦心来指出这种过渡的同时，他有时似乎造成他实际上所揭示了的那种复杂性。

例如，当人们说，某日的羊毛价格高得不正常，虽然全年平均价格低得不正常，1872 年矿工的工资高得不正常，而 1879 年却低得不正常，十四世纪末工人的(实际)工资高得不正常，而十六世纪中叶却低得不正常时，每个人都懂得，在这些不同的场合，“正常”

一词的范围是不同的。

最能说明这点的是那些加工工业,在这些加工工业中机器设备的寿命很长,而产品的寿命却很短。当某种新的纺织品最初流行,并且适合于生产它的机器设备很少时,在几个月内,它的正常价格也许是那些生产上同样困难但有着大量适用的机器设备和技术的其他纺织品的价格的两倍。考察长时期时,我们可以说,它的正常价格和其他纺织品的正常价格相等。但是,如果在头几个月有大量这种纺织品由破产者销售,即使它的售价为其他纺织品的一半,我们也会说,它的价格是低得不正常的。每个人都认为在各该场合下语意表明了"正常"一词的特殊用法,而正式的注释是不必要的,因为在日常谈话中误解是能够通过问答来立即消除的。但是让我们更慎重地考察这个问题吧。

我们已经知道,[①]毛布生产者必须根据生产毛布所需要的各种不同要素的数量来计算这些要素的生产费用;并首先假定供给情况是正常的。但我们还必须考虑这样一个事实:即他应当根据他所预料的时间较远或较近,而给予正常一词以较广或较狭的范围。

例如,在计算那引出使用某类织机的适当的劳动供给所需要的工资时,他也许采用附近地区内同样工作的现时工资,或者他也许认为,附近地区该特定种类的劳动供给很缺,它的现时工资比英国其他地方高些,在展望未来几年以便酌加劳动者的流入时,他也许采用一种比当时当地现行工资略低的正常工资率,最后,或者他也许认为,由于五十年以前人们对于毛布的前途过分乐观,全国织

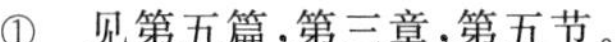

① 见第五篇,第三章,第五节。

工的工资比同级劳动的其他工人是低得不正常的。他也许认为，这个行业的人过多，父母们已开始替他们的子女选择那些纯利益较大，而又不很困难的职业；因此，几年以后织工的劳动供给将有所减少，所以，在展望未来一个很长的时期时，他势必采用一种比现行平均工资略高的正常工资率。①

此外，在计算羊毛的正常价格时，他许会采用过去几年的平均价格。他会估计到多半能影响最近将来羊毛的供给的任何变动。他要考虑像澳大利亚和其他地方不时发生的干旱现象的后果；因为干旱是经常的现象，不能把它看成是不正常的。但是他在这里并不考虑我们卷入一次可能使澳大利亚羊毛的供应中断的大战的机遇；他认为任何这种筹算应当列入非常的企业风险项下，而在计算羊毛的正常供给价格中是无须计及的。

他也许同样对待那由于国内暴动或劳动市场上具有非常性质的任何激烈而长期的扰乱而引起的风险。但是在他计算在正常情况下从机器等所能攫取的工作量时，他很可能计及因劳资纠纷而引起的那些小小的中断，而这些纠纷经常出现，从而应看成是事物的常态，这就是说，不把它看作是不正常的。

在所有这些计算方面，他没有特别追究人类受自利或自尊的动机的专门影响有多大。他也许知道，愤怒与虚荣心和嫉妒与自尊心的伤害，像追逐金钱利得一样，差不多成为罢工和怠工的普通

① 企业家为实际目的须料得这样远，并使正常一词的范围包括一整世纪的场合确不多见；但在经济科学的广泛运用中，甚至进一步扩大范围并考虑那些在数世纪内影响各业劳动供给价格的缓慢变动，有时也是必要的。

原因:但那并不在他的计算范围之内。他所要知道的有关它们的一切,是它们的作用是否具有充分的规则性,以便使他能够适当地计及它们对于工作中断和提高产品正常供给价格所产生的影响。①

第二节　正常价值这一复杂问题必须加以剖析。第一步静态的虚构;它的修正有可能使我们通过辅助性的静态假设来处理价值问题

时间因素是经济研究中所遇到的那些困难的一个主要原因,而这些困难使能力有限的人循序渐进就成为必要;把一个复杂的问题分成几部分,一次研究一部分,最后把他的局部解决综合而成整个问题或多或少的全面解决。在把问题分成几部分时,他把那些一出现就不方便的干扰因素暂时搁置在所谓其他条件不变的这一范围之内。某些趋势的研究是在其他条件不变这一假设的基础上进行的,其他趋势的存在并不否认,但它们的干扰作用是暂时予以忽略的。这样,问题搞得愈小,对它的处理就愈能精确,但是它和现实生活也就愈不符合。不过,每次精确地处理一个小问题,有助于处理包含它的那些大问题,而这种处理比在其他情况下要精确得多。逐步使更多的东西可以摆脱其他条件不变这一范围的限制;精确的讨论能比前一阶段进行得较不抽象,而现实的讨论也能

① 比较第一篇,第二章,第七节。

进行得较为精确。[①]

研究时间因素对生产成本和价值之间的关系的影响，首先要考虑其中很少受上述影响的那个有名的“静态”假定；并把其中所发现的结果同现代世界中的结果加以比较。

静态一名的来源是由于这一事实：即在这种状态下生产和消费以及分配和交换的一般条件是静止的；但它却充满着运动；因为它是一种生活方式。人口的平均年龄可以不变，虽然各个人都从青年成长到壮年，然后又到老年。许多世代，按人口平均的等量产品是由相同的阶级用同样的方法生产出来；因此，生产工具的供给有充分的时间来适应稳定的需求。

当然，我们可以假定，在我们的静态中，每个企业始终具有相同的规模，和相同的商业往来。但是我们无须那样做；我们认为下述假设就够了：即有的企业在上升，有的企业在衰退，但是，像处女林中的典型树一样，“代表性企业”总是具有几乎相同的规模，因此，该企业资源所产生的经济不变，因为生产总额不变，附近辅助工业所引起的经济也不变等等（这就是说，“代表性企业”的内部经济和外部经济不变。其预期恰能引人加入该业的那种价格，在长时期内必须足以补偿建立商业往来的费用；其中一定的比例部分必须列入总生产成本）。

在静态下，那个显而易见的规律是：生产成本决定价值。各种

① 如序言所述，本书主要讨论的是正常状态；而这些状态有时被称作静态。但是按照我的看法，正常价值问题属于经济动力学：部分原因是由于静力学实际上只是动力学的一个分支，部分原因是由于有关经济静止（静态是其中主要的假设）的一切意见只是暂时的，只是用来说明论证中的特定阶段，一俟完毕，当即抛弃。

结果主要归于一个原因,因果之间不存在许多复杂的作用和反作用。各种成本要素是由"自然"规律所决定,受着固定习惯的某种控制。需求的反作用是不存在的;在经济原因的直接结果和后来结果之间是没有根本的区别的;总之,如果我们假定在那个单调的世界中收获是一致的,就没有长期正常价值和短期正常价值的区别了:因为代表性企业的规模总是相同的,并且总是用同样的方法,在相同的程度上做着同类的交易,既没有旺季,也没有淡季,正常供给价格借以决定的它那正常费用总是相同的。需求价格表总是不变的,供给表也不变;从而正常价格永远不变。

但是,在我们生活于其中的世界里,这是不真实的。在现实世界中,每种经济力量在围绕着它起作用的其他经济力量的影响下,不断改变着自己的作用。在这里,生产量、生产方法和生产成本的变动始终是相互制约的;它们总是影响着需求的性质和程度,并且也为后者所影响。此外,所有这些影响都需要时间来表现自己,而一般说来,没有两种影响是齐头并进的。因此,在现实世界里,任何一种关于生产成本、需求和价值之间关系的简易学说是必然错误的:因巧妙叙述而使它的外观越易懂,则它的害处也越大。某人多半是一个较好的经济学家,如果他相信自己的常识和实际直观,而不自认为研究价值理论并坚决认为它是容易的话。

第三节　续前

上述静态是其中人口不变的静态。但是几乎所有它的那些显著特征都可以在这样的地方表露出来,那里人口和财富都在增长着，假定它们的增长率大致相等，同时土地也并不稀缺；再假定生产方法和商业状况很少有所改变，尤其是那里人的性格是一个不变的量。因为在这样的状态下，生产和消费以及交换和分配的最重要条件仍具有相同的性质，它们彼此之间的一般关系也相同，虽然它们在量的方面都在增长着。①

这样放宽纯静态的严格限制，就使我们同现实生活接近一步；放宽得愈多，我们也就愈加接近。这样，我们逐步解决那无数经济原因相互作用的困难问题。在静态下，生产和消费的一切条件都被化为静止状态，但我们可以用所谓静态方法（这种称呼虽不十分确切）作一些比较不严重的假设。用那种方法我们把我们的注意力集中在某中心点上：我们暂时假定把它纳入静态之中，进而研究和它相关的、影响它周围事物的那些力量以及使这些力量趋于均衡的任何趋势。许多这样的局部研究，可以解决那些困难得不能一举而加以解决的问题。②

第四节　正常需求和正常供给的均衡的研究，可以分为关于长期均衡和短期均衡的研究

我们可以把和渔业相关的问题大致分成几类，一类是因非常迅速的变化像天气变化无常而引起的问题，另一类是受时间相当

---

① 参阅以下第五篇，第十一章，第六节；并参照凯恩斯：《政治经济学的范围与方法》，第六章，第二节。

② 比较序言与附录八，第四节。

长的变动的影响,例如牛瘟之后一二年内因肉类缺乏而造成的对鱼的需求的增加所引起的问题;或者最后,我们可以设想,由于需用脑力的工匠人口的迅速增长,可能造成在整个一个世代里对于鱼的需求的激增。

因天气的变化无常和其他相类似的原因而引起的鱼价的天天变动,在现代英国,像在我们所假定的静态中一样,受实际上相同的原因的支配。我们周围一般经济条件的变化是迅速的;但是它们快得还不足以显著地影响价格天天涨落所围绕的短期正常水平。在研究这种价格涨落的时候,它们是可以被忽略的(置于其他条件不变的范围内)。

让我们继续前进,并假定鱼的需求有很大的增加,比方说,由于发生家畜传染病而使肉类成为昂贵而危险的食物达几年之久,以致引起对鱼的一般需求的巨大增加。我们现在把那些天气所造成的变动置于其他条件不变的范围之内,暂时略而不论,因为这些变动是如此迅速,以致很快会彼此抵消,所以,就这类问题来说,它们是不重要的。由于相反的原因,我们也不管那些被培养成渔民的人数的变化,因为这些变动太慢,在肉类缺乏的一两年内不能产生很大的影响。暂时不管这两类变化,我们便集中注意于这样一些影响:如给船员以适当的工资,以引诱他们在一两年内仍从事渔业,而不致去航船上另谋出路。我们认为,有些旧渔船,甚至那些不是特制的渔船是能够加以整修并用来捕一两年鱼的。我们所求的任何一日的鱼的供给的正常价格,是这样的价格,它迅速吸引到渔业中的劳动和资本足以在捕获量中常的一个捕鱼日内得到那种供给;鱼价对渔业中可用资本和劳动的影响是由像这样一些狭隘的原因决定的。在需求特大的这几年里，价格围绕着波动的那个新水平显然比以前要高。这里我们看到一个几乎普遍的规律的例证，这个规律是，在正常一词是用以指短时期的条件下，需求量的增加提高正常的供给价格。这个规律甚至对那些在长期内遵守报酬递加规律的工业来说也几乎是普遍有效的。[①]

但是如果我们转而考察长期的正常供给价格，我们就会发觉这种价格是由不同的原因所支配，同时有着不同的结果。因为假定不食肉使得人们永远厌弃肉类，并假定对鱼的已增加的需求持续的时间很长，足以使支配鱼的供给的力量得以充分发挥其作用（当然，逐日和逐年的波动会继续，但我们可以把它们放在一边）。海中的鱼源也许有枯竭的迹象，而渔户可能必得到更远的海岸和更深的海洋去捕鱼，因为自然界对增加一定效率的劳动和资本，给予递减的报酬。在另一方面，那些人也许是正确的，他们认为人只对鱼的不断减少负极小的责任；在那种场合，一只装备有同样好的工具和同样效率的船员出发去捕鱼的船，似乎在渔业总规模扩大后，可以得到和以前差不多好的收获。无论如何，在渔业已确定为现在所增大的规模以后，以有能力的船员装备一只好船所用的正常成本一定不会比以前高，或许还会低些。因为既然渔民所需要的只是有训练的技能，而不需要任何特别的天赋，他们的人数用不到一代就几乎可以增加到适应需求所必要的任何程度；而和造船、织网等相关的工业现在的规模都比较大，可以比较彻底地和经济地组织起来。因此，如果海里的鱼源没有枯竭的象征，经过足以使

① 参阅第五篇，第十一章，第一节。

经济原因的正常作用自行发挥的时间,便能够以比较低的价格产生出更多的供给。并且,如果正常这个名词是指长期而言,则鱼的正常供给价格会随着需求的增加而减少。[①]

这样,我们可以强调所曾指出的平均价格和正常价格之间的区别:平均价格可以取自一日、一周、一年或任何其他时间内的任何一组销售额的价格。它可以是任何时候许多市场上的销售额的平均数,或者可以是许多这样的平均价格的平均数。但是对任何一类售卖是正常的条件,似乎未必就是对其他类售卖是正常的条件。所以,平均价格就是正常价格,只是偶然现象;这是某一组条件所促成的价格。如上所述,只有在静态下,正常一词的意义才始终一致。在这种状态中,也只有在这种状态中,"平均价格"和"正常价格"才是同义语。[②]

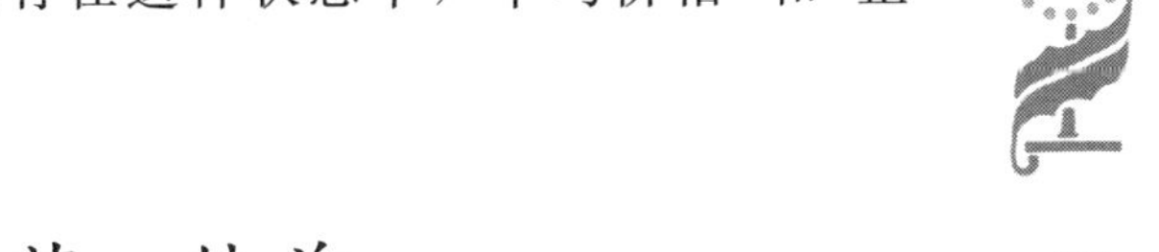

第五节　续前

现在从别的方面来考察这个问题。市场价值是由需求和市场

① 杜基(《物价史》,第 1 卷,第 104 页)告诉我们说:"有某些特种商品。用于海军和军事目的的对它们的需求占总供给的比例部分是如此之大,以致个人消费的减少是赶不上政府需求的即时增加的;因此,战争爆发有使这类物品的价格提高到相当高度的趋势。但是即使这类物品的消费按累进比例的增加不是如此迅速,以致相对高价刺激下的供给不能和需求并进,也有使产量增加,从而使价格复归原位的趋势(假定在生产或进口方面没有自然或人为的障碍)。因此,从价格表可以看出,硝、麻、铁等的价格在因军用而需求大大增加的影响下暴涨之后,只要需求不是节节上升,则又会下降。"可见,需求的节节上升可使一物的供给价格甚至上涨几年;虽然该物需求的不断增加(不是按供给赶不上的那种速率)会降低价格。

② 第五篇,第三章,第六节。此区别将在第五篇,第十二章和附录八中进一步加以讨论。并参阅凯恩斯:《政治经济学的范围与方法》,第七章。

上现有商品的关系所决定；同时多少与“未来”的供给有关系，同行协议也不无某种影响。

但是现时的供给，它本身一部分是由于生产者过去的活动而产生的，而生产者是把他们的商品所可望得到的价格同他们为生产这些商品所花费的费用作了比较才决定进行这种生产活动的。他们所考虑的费用范围，取决于他们是仅仅考虑用他们现有设备来进行某种额外生产的额外费用，还是考虑为此目的而增建新设备。例如，在我们刚讨论过的那个定做一台机车的场合，[①]调整设备以适应需求的问题几乎是不会产生的。主要问题是是否可以从现有设备做出较多的工作的问题。但是由定制许多机车，在几年中陆续交货来看，为这个目的而“特别”扩充一些设备，并因此确实把这种扩充看作是主要边际生产成本，几乎肯定应该仔细地加以考虑。

看起来有市场的新生产无论是大还是小，一般的规律是，除非预期的价格非常低，只用很少的直接生产成本便能够最容易地生产出来的那一部分供给将会被生产出来：这一部分生产大概不是在生产边际上的。当预期价格有所起色时，增加的那一部分生产将会得到盈余，大大超过其直接成本，而生产边际将向外伸延。原则上预期价格每有增加，都会引诱那些在其他条件下不生产任何东西的人，也来生产一点；并且使那些在价格较低时生产一些东西的人，在价格较高时多生产一点。按照这种价格对于他们是否值得生产，正处在这种怀疑边际的人的那一部分生产，应当与怀疑究竟是不是去生产的人们的那一部分生产，包括在一起；两者合起来

① 本书下卷第五篇，第四章，第六节。

便构成在那种价格时的边际生产。那些怀疑是否要生产一点的人,可以说是完全处在生产边际(或耕作边际,如果他们是农业经营者的话)上的。但是他们的人数通常不多,他们的行为没有那些在任何情况下总要生产一些东西的人们的行为那样重要。

不论所指的是短期还是长期,正常供给价格一词的一般含义总是不变;但就细微的地方来说,却有很大的差别。在每一种场合,都指一定的总生产率;亦即指每天或每年的一定生产总量。在每一种场合,价格都是预期足以并且适足以使那些竭力想去生产那个总量的人们得到补偿的那个价格。在每一种场合,生产成本都是边际成本,亦即那些处于全然不生产的边际,以及如果预期从它们所得到的价格再低,便不会生产的那些商品的生产成本。但是决定这个边际的原因,是随着所讨论的时期的长短而改变的。就短期来说,人们把现有的生产设备数量看作是实际上差不多是固定的。他们是受他们的预期需求的支配来考虑运用这些设备的活动程度。就长期来说,人们竭力想去调节这些设备的数量,使适合它们所帮助生产的货物的预期需求。让我们仔细地考察一下这种区别吧。

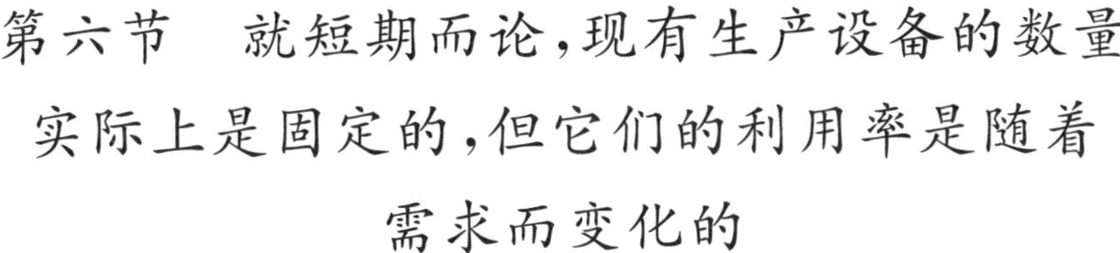

第六节　就短期而论,现有生产设备的数量实际上是固定的,但它们的利用率是随着需求而变化的

预期会涨价的直接结果是使人们积极运用他们全部的生产设备,在全部时间,甚或超过规定时间来运用它们。那时供给价格是那部分产品的货币生产成本,这部分产品的生产迫使雇主用如此高

的工资雇用效率如此低的工人(也许由于加班加点而疲惫不堪),并使他自己和别人如此紧张和不便,以致使他开始怀疑生产那部分产品是否值得。预期会跌价的直接结果是使许多生产设备闲置起来,同时也放松其他生产设备的工作;如果生产者不怕破坏他们的市场,那么,就是暂时以仅足以抵补其直接生产成本及足以报酬他们的烦劳的任何一种价格来进行生产,对于他们也是值得的。

但事实上他们一般都等待较高的价格;人人都怕妨碍他以后从自己的顾客那里获取较好的价格的机会,或者如果他是为一个大的和公开的市场而生产的话,那么,他多少害怕他如若不必要地按照一种损坏大家的共同市场的价格出卖,会引起其他生产者的怨恨。在这种场合,有一些人每当价格有一点下落,无论是由于考虑他们自己的利益,或者由于与其他生产者所订的正式或非正式的协议,总会暂时停止生产,以免进一步损坏市场;这些人的生产,便是在这种场合的边际生产。由于这些原因,生产者刚刚拒绝生产的那个境界的价格,便是真正的短期边际供给价格。这种价格差不多总是高于,而且一般地大大高于原料、劳动和设备的磨损(稍微增多使用那些没有充分利用的设备立刻直接引起的磨损)的专用成本即直接成本。这一点需要进一步加以研究。

在一个使用价值很大的生产设备的行业里,商品的直接成本只不过是其总成本的一小部分。一宗远比正常价格为低的订货,还可以超过它们的直接成本,多出大量的盈余。但是如果生产者由于急切地想免除他们的设备被闲置而接受这种订货,那么,他们便使市场存货充斥,并且会妨碍价格的恢复。不过事实上他们很少经常地、无节制地采取这种政策的。如果他们这样做,他们就会使该业中的许多人破产,说不定连他们自己也在内;在这种场合,需求的恢复很少在供给上有所反应,并会急剧提高该业产品的价格。这种极端剧烈的变动,归根到底,既不利于生产者,也不利于消费者;社会舆论并不全然反对这种商业道德惯例:即它谴责任何人由于轻易接受一种仅能抵偿他的货物直接成本,并且大大不足以抵补他的一般费用的价格因而"损坏市场"的那种行为。[①]

例如,如果一捆布在某一个时候的直接成本(就其最狭义而论)为一百镑;如果该布应担的企业一般费用(包括企业主的正常利润)又需要一百镑,那么,在一般情况下,即使就短时期来说,实际上有效的供给价格或许不见得会降至一百五十镑以下;当然,在对一般市场没有多大的影响下,按较低的价格做几笔特别的生意还是可以的。

这样看来,虽然除了直接成本以外,再没有必然地直接构成短期供给价格的因素,但是补充成本确实也间接地发生一些影响。一个生产者往往不把他出产的每一个个别的小部分产量的成本分离开来;他往往把大部分产量,甚至在某些场合把全部产量,多少当作一个单位来对待。他研究是否值得在他现有的业务方面增加某种新的业务,是否值得采用新机器,等等。他预先多少是把从这种变动所提供的额外产量当作一个单位;后来他又多少参照被当作一个

① 在有强大企业同盟(明的或暗的)的地方,生产者有时可以在很长时期内规定价格,而很少考虑生产成本。如果同盟的领导者是那些拥有优等生产条件的人,那么,可以断言(表面上和李嘉图的学说相对立,但实际上不然),价格是由最容易生产的那部分供给来决定的。但事实上,财力最弱,为了免于破产而不得不继续生产的那些生产者,往往把他们的政策强加于其他盟员,因此,在美国和英国有这样一句谚语:最弱的盟员经常是同盟的统治者。

单位的额外产量的全部成本，提出他乐于接受的那种最低的价格。

换句话说，在他的大多数的交易中，他是把他的生产过程中的增加部分，而不是把他产品的个别部分当作一个单位的。如果分析经济学家密切联系实际，他一定得效法。上述考虑有使价值理论的轮廓模糊的趋势，但它们并不影响它的本质。[①]

就短期而言，可总结如下：特殊的技能和才干、适用的机器与其他物质资本的供给和适当工业组织的供给，都来不及充分地适应需求；但是生产者必须利用他们现有的生产设备尽量来使他们的供给适应需求。一方面，如果生产设备的供给不足，由于时间太短，也来不及增加它们；另一方面，如果供给有余，它们也会有一部分只能被局部地利用着，因为时间太短，来不及使它们逐渐地耗损或改变它们的用途而大量地减少它们的供给。由这些设备而来的收入的种种变化，在短时间内对供给的影响还不显著，对它们所生产的那些商品的价格也没有直接的影响；这种收入是总收入超过直接成本的那部分剩余（这就是说，它具有像第八章中所详述的租的某种性质）。但是，除非它在长期内足以补偿企业中一般成本的一个适当部分，则生产就会逐渐减少下去。这样，那些隐藏在长期中的因素，就会对短期价格的相对迅速的变动发生一种控制性的影响；而且害怕“损害市场”的心理往往也会使这些因素比在其他条件下更快地发生作用。

① 对大多数场合，这种一般的叙述也许就够了，但是在第十一章中，对代表性企业生产过程的边际增加额这一极其复杂的概念将加以较周密的研究；同时特别是当我们考虑那些出现报酬递增趋势的工业的时候，有比较详细地解释我们的推理是针对代表性企业的那些条件的必要的。

第七节　但是在长期中,生产所需要的设备的数量是根据对这些设备的产品的需求而加以调整的;生产单位是一个过程,而不是一组商品

另一方面,在长时期内,为了提供物质设备和商业组织,以及为了取得职业知识与专门技能而投入的全部资本和努力,都有足够时间来根据人们可望挣得的那些收入来予以调整。因此,对那些收入的估计就直接决定着它们的供给,形成了那些被生产出来的商品的真正的长期供给价格。

投入某一企业的资本,有一大部分一般地是用于建立它的内部组织和外部的商业联系上的。如果这个企业不振,即使从它的物质设备的出售可以收回它的原有成本的一个相当部分,组织和联系上所花的那部分资本仍会全部化为乌有。不论谁打算在任何一业中创办一个新企业,都必须估计到这种损失的可能性。如果他本人于此类工作具有正常才干,他也许可以希望不久他的企业会成为一个有相当程度的大规模生产经济的代表性企业(就我们所用该词的意义而言)。如果据他看来,这样一个代表性企业的净收益比他在其他行业方面有机会投入同样资本所能获得的净收益要大一些的话,那么,他就会选择这个行业。由此可见,在某行业里在长期中左右着所产商品价格的投资,一方面是由对创办和经营一个代表性企业所需要的支出的估计来决定,另方面是由根据这一价格在一个长时期里所能获得的种种收入的估计来决定。

在任何一个时间里，有些企业是在上升着，而有些企业却在衰退着。但是当我们广泛地考察决定正常供给价格的因素时，我们无须过问巨潮表面的这些漩涡。生产的任何增加也许是由于有一个新的制造家与困难搏斗，以不足的资本，含辛茹苦，希望着逐步建立起一个兴旺的企业。也许是由于有一个富裕的工厂，扩大其不动产而获得了种种新的大规模生产经济，从而在相对低廉的成本上增加了产量。同时，由于与这个行业的生产总量比较起来，这部分新增加的产量是相对的小，不会使价格跌落多少；所以，这个企业由于成功地适应它的环境取得了很大的收获。但是，当某些个别企业的命运发生种种变化时，作为生产总量的增加的直接后果，长期的正常价格是可以有稳步降低的趋势的。

第八节　价值问题的简单分类

当然，在“长期”和“短期”之间并没有一条截然的分界线。自然在现实经济生活中并没有划出这种分界线；在处理实际问题时也不需要它们。正如同我们把开化种族和未开化种族加以比较，虽然对于二者并不能作严密的区分，但可确立有关他们各自的许多一般命题一样，所以我们拿长期和短期加以比较，并不企图在二者之间作任何严格的界线。如果为了阐明一种特殊论点必须把某一事件截然分别开来的话，那么，我们可以通过一个特别的解释语句来达到这一目的，但是必须这样做的场合，既不常见，也不重要。

可以分为四类。在每一类中，价格都是由供给和需求的关系来支配的。就市场价格而言，供给是指手里现有的，无论如何也是指“行将有的”某一商品的数量而言。就正常价格而言，如果我们把

"正常的"这个词当作关系到几个月或一年这样的短期来看,那么,供给是指在所说的这种价格情况下,以现有的,包括人员在内的配备,在指定的时间里可以生产出来的那个商品数量。再就正常价格而言,如果正常一词是指几年之长期的话,供给是指在这一时期内以其本身可以有利地被生产出来并投入生产的那些新的和旧的生产设备所能生产的那个商品数量。最后是那种处于逐渐性的或长久性运动中的正常价格,这种运动是由于一个世代到一个世代知识、人口和资本的逐渐增长以及需求和供给的变化而发生的。[①]

① 比较本章第一节。当然,几种生产要素适应需求所需要的时期也许是很不同的;例如,熟练排字工的人数不能增加得几乎同铅字和印刷机的供给一样快。只是这个原因就很难严格地区分长期与短期。但事实上,理论上完全的长期必须给予这样的时间,它不仅足以有可能使商品的生产要素和需求相适应,而且也使那些生产要素的生产要素和需求相适应等等;而这点如照逻辑推下去,将引出工业静态的假设,其中未来一代之所需可无限期地事先加以逆料。这种假设如果在李嘉图自己的叙述中没有,但的确无意识地暗含于李嘉图价值理论的许多通俗解释中;我们认为正是由于这种原因而使其轮廓朴素分明,而这又是本世纪前半期所流行的经济学说获得魅力和它们所具有的大多数可导致错误的实际结论的趋势的原因。

相对的短期和长期问题一般地遵循着相同的方式。在具体研究某组关系时二者都使用部分或全体隔离的那种卓越的方法;二者都有机会分析和比较类似事件,并使其相互辉映;以及排列整顿那些具有同一性和在同一性中显出差别性的材料。但二者之间存在着显然的区别。在相对的短期问题上,把那些不特别加以考虑的力量暂时看作是不起作用的这种假设,是无大妨碍的。但是在,比如说,一整世代内由于那些广泛的力量对于所讨论的问题只具有间接的关系而把它们置于其他条件不变的范围内,是有很大的妨碍的。因为即使间接的影响如果恰巧是积累性的,那么,在一世代的过程中,它们也会产生巨大的后果;在实际问题上即使暂时忽略它们而不加以具体的研究,也是不安全的。因此,在关于很长时期的问题上使用静态方法是危险的;步步都需要谨慎,明辨与节制。这种工作的困难与危险,在关于遵守报酬递加规律的那些工业中达到了顶点;而正是在这些工业中这个方法才被应用得津津有味。这些问题我们必须留在第十二章和附录八中加以讨论。

但这里必须回答一个反对意见,这个意见是,因为"经济世界处于不断变化之中,而且变得越来越复杂,……时间越长,也越没有纠正的希望"。因此,谈论价值在长时期内趋于达到的那种位置,就等于把"变数当作常数"(德伐斯:《政治经济学》,第4篇,第5章)。我们暂时把变数当作常数,这是事实。但这是科学在处理物质世界或精神世界中的复杂而多变的材料方面曾经取得巨大进步所凭借的唯一方法,这也是事实。

本书其余部分主要讨论的是上述第三类：即讨论在相当长时期内工资、利润和价格等的正常关系。但偶尔也涉及那些持续许多年的变动；有一章即第六篇的第十二章是用来探讨“进步对于价值的影响”，亦即用来研究价值的长期变动的。

第六章　连带需求与复合需求，连带供给与复合供给

第一节　间接的派生需求。连带需求。建筑业中劳资纠纷的例解。派生需求规律

面包直接满足人的需要。它的需求叫做直接需求。但是借以制造面包等的面粉机和烘炉间接满足人的需要，它们的需求叫做间接需求。一般说来：

原料和其他生产资料的需求是间接的，是从借助它们而生产出来的那些可以直接使用的产品的需求中派生出来的。

面粉机和烘炉的服务共同联结在成品面包中，因此，它们的需求叫做连带需求。此外，蛇麻和麦芽是相互辅助的，是一道用来制造麦酒的……因此，在几种辅助品中，对每种辅助品的需求是来自它们生产某种成品，如一块面包或一桶麦酒时所共同提供的那些服务的。换句话说，有一种对其中任何一种辅助品在生产某种直接满足需要、从而有直接需求的产品时所提供的服务的连带需求。成品的直接需求实际上可分成生产它所用的那些东西的许多派生

需求。[1]

试另举一例来说明。房屋的直接需求引起对各种不同的建筑劳动、砖、石料和木材等的连带需求。而这些都是各种建筑工作的，或为简单起见叫做新房屋的生产要素。其中对任何一种要素，例如像泥水匠的需求，只是一种间接或派生需求。

让我们把劳动市场经常发生的那类事件同上例联系起来加以考察；劳资纠纷延续的时期是短期，我们所必须考虑的作为调节供求的那些因素只是在短期内起作用的因素。

这个事例具有重大的实际意义，因此需要我们特别加以注意。但是我们应该看到，既然指的是短期，所以，它是本章和以下几章中的一些场合我们选例准则的例外，在那些场合有足够的时间使供给力量发挥充分长期的作用。

让我们假定，房屋的供求处于均衡状态，一群工人，比方说，泥水匠举行罢工，或有某种其他障碍影响泥水匠劳动的供给。为了把对该要素的需求抽出来而加以单独研究，我们首先假定，新房屋需求的一般条件不变(这就是说，新房屋的需求表仍然适用)，其次假定，其他要素的供给的一般条件不变，其中二者当然是营造商的营业能力和企业组织(亦即我们假定它们的供给价格表也有效)。那么，泥水匠劳动供给的暂时减少，将使建筑量有相应的减少：已

① 比较第三篇，第三章，第六节。要记住：具有现成使用形式的东西曾被叫做一级财货，或消费财货；用以生产其他财货的生产要素曾被叫做生产财货，或二级财货，或中间财货：财货何时真正完成，也是很难说的，在它们真正用于消费之前，有许多东西一般都当作已制成的消费财货，例如面粉。见第二篇，第三章，第一节。工具财货(被视作价值由其产品而来的那些财货)这一概念的含混见第二篇，第四章，第十三节。

减少的房数的需求价格将比以前高些，而其他生产要素的供给价格将不变。[①] 从而，那时新房屋所能出售的价格，除超过建造房屋所需其他要素的买价总额还有相当的剩余，此剩余就是泥水匠劳动价格可能增加的限界，假定泥水匠的劳动是不可缺少的话。这种和泥水匠劳动供给的不同程度的减少相适应的不同数量的剩余，是由这一准则来决定的：就某商品的各种不同数量来说，对用于生产该商品的任何要素所提供的价格是以那个价格的差额为限，此差额是该商品数量能找到买主的价格减去生产它所用的其他相应要素得以供给的那些价格的总和。

用专门术语来说，某商品的任何生产要素的需求表可以从该商品的需求表求出来，办法是从该商品的各种不同数量的需求价格减去其他要素相应数量的供给价格总额。[②]

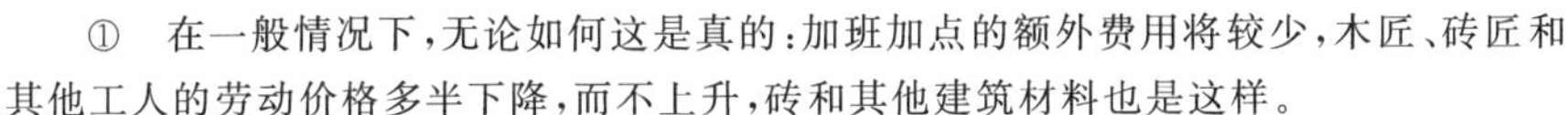

① 在一般情况下，无论如何这是真的：加班加点的额外费用将较少，木匠、砖匠和其他工人的劳动价格多半下降，而不上升，砖和其他建筑材料也是这样。

② 文中的一般叙述对于大多数场合也许就够了；一般读者似应删去本章其余脚注。

必须记住，这种派生表除在下述假设条件下是不能成立的，这些假设是：我们抽出这一要素以便单独研究；它的供给条件受到扰乱；当时没有影响问题中其他成分的独立干扰；因此，在其他各生产要素的场合下，售价总与供给价格相等。

为了简短起见，用图说明时，不妨把某商品的生产费用分成构成它的那二种东西的供给价格。让我们把一把刀的供给价格看作是刀身和刀柄的供给价格之总和，并把镶刀柄于刀身的费用撇开不谈。设 ss' 为刀柄的供给曲线，SS' 为刀的供给曲线；因 M 为 Ox 上任意一点，垂线 MqQ 交 ss' 于 q，交 SS' 于 Q，所以，Mq 为刀柄 OM 之供给价格，qQ 为刀身 OM 之供给价格，MQ 为刀 OM 之供给价格，设 DD' 为刀之需求曲线，交 SS' 于 A，AaB 如图所示，系一垂线。那么，在均衡状态时，OB 数量的刀按价格 BA 出售，其中 Ba 归于刀柄，aA 归于刀身。

（在这个例解中，我们可以假定有充分的时间使支配供给价格的那些力量有可能充分地发挥作用；因此我们就可以使我们的供给曲线向下倾斜。这种变动并不影响我们

第二节　供给的减少可以大大提高一个生产要素的价格的一些条件

但是，当我们把这个理论应用到现实生活中的时候，重要的是记住这一事实：即如果一种生产要素的供给受到扰乱，则其他生产

的论证；但是一般说来，在我们的典型事例中最好是使用向上倾斜的供给曲线。）

现在假定我们要单独研究刀柄的需求。从而我们假定刀的需求和刀柄的供给遵守着其曲线分别代表的那些规律：并假定刀柄的供给曲线仍然有效，并代表刀柄正常供给的种种情况，虽然刀柄的供给暂时受到干扰。设 MQ 交 DD' 于 P，则 MP 为 OM 刀的需求价格，Qq 为 OM 刀柄的供给价格。在 MP 上取一点 p，使 Pp 等于 Qq，因此 $Mp=MP-Qq$；则 Mp 为 OM 刀柄的需求价格。设 dd' 为 p 之轨迹；则 dd' 为刀柄的派生需求曲线。当然它通过 a。现在我们可以把图中其余曲线撇开不管，而只注意 dd'，ss'，并在其他情况不变的条件下，也就是说，在没有影响刀柄供给规律和刀的需求规律的那些干扰因素的条件下，把这两条曲线看作是代表刀柄的需求和供给关系。那么，Ba 为刀柄的均衡价格，市场价格在供求（供给表由 ss'；需求表由 dd' 所代表）的影响下按着上章中所考察的那种方式围绕着它摆动。已经指出，一般的供求曲线除在均衡点的附近并不具有实际的价值。这甚至更适用于派生需求方程式。

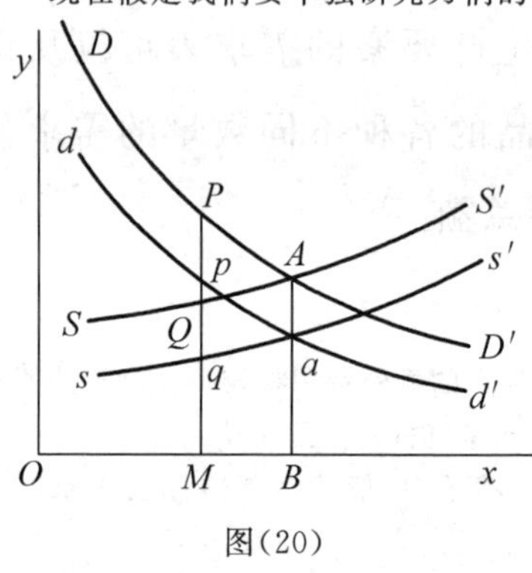

图(20)

（因 $Mp-Mq=MP-MQ$，所以，A 是稳定均衡点，a 点的均衡也是稳定均衡。但是如果供给曲线是向下倾斜的，则这种说法略需加以修正，见附录八。）

在上例中，不论商品的产量如何，生产要素中各要素的单位不变，因为每把刀总是需要一个刀身和一个刀柄；但是当商品产量的变动引起生产单位商品所需要的各要素数量的变动时，则用上述方法所作出的要素需求曲线和供给曲线就不能用该要素的固定单位来表示了。而在使它们适于一般使用以前，必须把它们还原成固定的单位（见数学附录中注 14（乙））。

要素的供给也多半要受到扰乱。特别是当供给受到扰乱的那种要素是同一种劳动像泥水匠的劳动时，则雇主的报酬一般地起着缓冲作用。这就是说，损失首先落在他们的肩上；但是通过解雇他们的一部分工人和降低其他工人的工资，他们最终把大部分损失分配给其他生产要素。实现这点的过程的细节是不同的，是取决于商业同盟的行动，取决于市场上的议价和其他的原因，而这些我们此刻不拟讨论。

让我们研究什么是那些条件，在这些条件下，一种东西的需要不是为了直接使用，而是当作某商品的一种生产要素，这种东西的供给减少可以使它的价格急剧上升。第一个条件是这种要素是生产该商品所必要的，或几乎是必要的，因为按相宜的价格买不到适当的代用品。

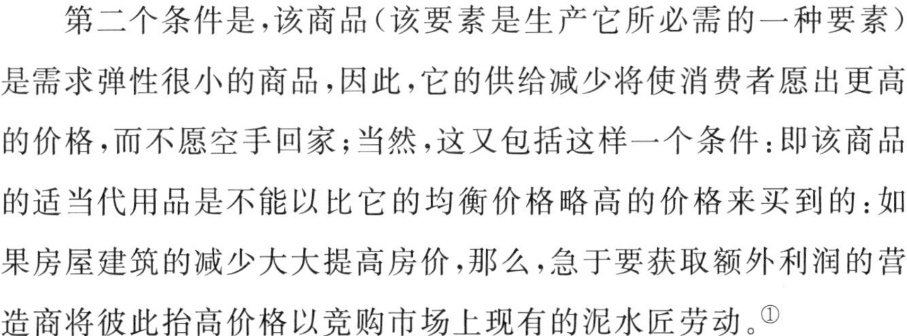

第二个条件是，该商品（该要素是生产它所必需的一种要素）是需求弹性很小的商品，因此，它的供给减少将使消费者愿出更高的价格，而不愿空手回家；当然，这又包括这样一个条件：即该商品的适当代用品是不能以比它的均衡价格略高的价格来买到的：如果房屋建筑的减少大大提高房价，那么，急于要获取额外利润的营造商将彼此抬高价格以竞购市场上现有的泥水匠劳动。[①]

第三个条件是，这种要素的价格只占该商品生产费用很小的

① 我们必须研究在什么条件下 pM 与 aB 的比率将最大，其中 pM 为所述生产要素从供给由 OB 减至 OM（亦即减少 BM 数量）后的需求价格。第二个条件是 PM 应该很大；因为需求弹性为 $\frac{BM}{PM-AB}$，所以 PM 愈大，在其他条件不变情况下，需求弹性愈小。

一部分。既然泥水匠的工资只占一所房屋的建筑费用总额的一小部分，即使工资增加百分之五十，对该房的造价也只能增加一个很小的比例部分，从而对需求的节制极小。①

第四个条件是，即使需求量略有减少，也会使其他生产要素的供给价格大大下降；因为这将增加用来给该要素支付高价的差额。② 例如，如果砖匠和其他工种的工人或雇主找不到别的工作，又赋闲不得，那么，他们也许情愿为比以前低得多的报酬工作，而这将增加用来给泥水匠支付较高工资的差额。这四个条件是独立的，而最后三个条件的结果是累积性的。

如果不用灰泥或以低廉价格雇用粉刷业以外的人来做这种工作是可能的，那么，泥水匠工资的上涨就会受到限制。在有些场合，某商品的一种生产要素通过派生需求的作用对其他要素的压迫，由于替代原理而得到缓和。③

此外，在取得成品生产要素中的某要素方面遇到的严重困难，往往可以用改变成品的性质来克服。有些泥水匠的劳动也许是不可缺少的；但是房中究竟值得使用多少粉刷工作，人们往往是犹疑不决的，如果它的价格上涨，则他们所用的粉刷将较少。他们因所

---

① 第三个条件是，如 PM 按一定比率超过 AB，则 pM 也得按较大的比率超过 Ba。在其他条件不变情况下，那就需要使 Ba 仅是 BA 的一小部分。

② 这就是说，如果 Qq 过去比现在要小些，则 Pp 过去会小些，而 Mp 会大些。见数学附录中注 15。

③ 庞巴维克的名著《经济财货的价值论纲要》(《经济学与统计学年鉴》，第 13 卷)中指出，如果除某商品的一种生产要素外所有的要素都有无限可用的代替品，因此它们的价格固定不变，则其余要素的派生需求价格将等于成品的需求价格与其余诸要素由此而规定的供给价格的总和之差。这是上述规律的一个有趣的特殊场合。

用粉刷稍少而失去的那种满足的强度，就是它的边际效用；为了使用它而他们恰愿支付的价格是用到该使用量的泥水匠工作的真正需求价格。

在麦酒方面，麦芽和蛇麻的连带需求也是这样。但它们的比例是可以改变的。只因含有较多的蛇麻而和其他麦酒相区别的那种麦酒，能够得到较高的价格。这一差价代表蛇麻的需求。[①]

泥水匠和砖匠等人之间的关系，在相近行业的职工会的联合和斗争的历史上，充分表现了那种既有教益又富于浪漫情调的现象。但是连带需求中的绝大多数的事例是对某原料和加工工人需求的事例；例如像棉、麻、铜或铁和使这几种原料得到加工的工人。此外，各种不同食品的相对价格因厨师熟练劳动供给的不同而有很大的不同：例如，在美国许多种肉和蔬菜的许多部分几乎是没有价值的，因为那里熟练的厨师很缺，而且工资很高，但在法国它们却具有适当的价值，因为那里炊事技术十分普及。

第三节　复合需求

我们已经讨论过[②]，任何商品的总需求是怎样由需要它的那些不同集团的需求所组成。但是现在我们可以把复合需求这一概念推广到几组生产者所需要的生产必需品上。

几乎各种原料和几乎各种劳动都被应用在许多不同的工业部

① 见数学附录中注16。

② 见以上第三篇，第四章，第二、四节。

门,生产出许多各式各样的商品。其中每种商品都有它自己的直接需求;从那种需求中可以求出它生产中所用的任何一种东西的派生需求,而这种东西照我们所曾述的方式[①]“分配在它的各种不同的用途上”,这些不同的用途是彼此竞争的;相应的派生需求是彼此竞争的需求。但是在同产品供给的关系上,它们是相互合作的;“合成”那汲尽供给的总需求,如同几个社会阶级对成品的局部需求加在一起合成它的总需求一样。[②]

第四节　连带供给。派生供给价格

现在我们可以考虑连带产品:这就是说,它们是不易独自生产的;是并存于同一来源的,因此,可以说具有一个连带供给,像牛肉

① 见以上第三篇,第五章。

② 例如,设一个生产要素有三种用途。设 d_1d_1' 为其第一种用途的需求曲线。自 Oy 上任意一点 N 作 Np_1 平行于 Ox,并交 d_1d_1' 于 p_1。则 Np_1 为第一种用途在价格 ON 下的需求量。延长 Np_1 至 p_2,继而延长至 P,并使 p_1p_2 与 p_2P 的长度分别代表第二种用途和第三种用途在价格 ON 下对该要素的需求量。随着 N 沿着 Oy 移动,设 p_2 所画出的曲线为 d_2d_2',设 P 所画出的曲线为 DD'。这样,d_2d_2' 就成为该生产要素的需求曲线,如果它只有第一种和第二种用途的话。而 DD' 是它用于三种用途时的需求曲线。按着什么次序排列这几种用途是无关紧要的。在所述场合下,第二种用途的需求价格开始时比第一种用途的要低些,而第三种用途的需求价格开始时却比第一种用途的高些(见数学附录中注 17)。

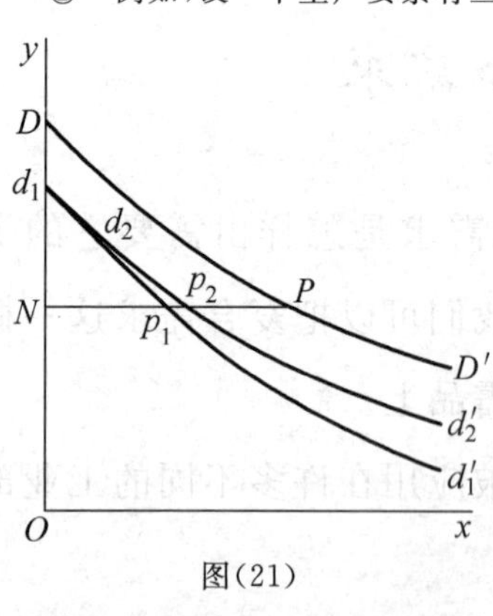

图(21)

与牛皮或小麦与麦草。[①] 这种场合是和有连带需求的那些东西的场合一致的，只要用“供给”代替“需求”，几乎可以用相同的词句加以讨论，反之亦然。如同那些共同使用在同一个目的上的东西有连带需求一样，具有同一来源的那些东西也有一个连带供给。出于同一来源的单一供给可以分成许多来自它的那些东西的派生供给。[②]

---

① 杜斯诺普教授(《美国经济评论》附刊，1914 年，第 89 页)认为，“凡产品由一个厂生产时的总生产成本小于由几个厂生产时的生产成本总和，都可以叫做连带产品。”这个定义不及我们在本节末所述的那个定义普遍；但就某些特殊场合来说，它是方便的。

② 如果想把连带产品的供求关系分开，那么，派生供给价格的求法正如同在类似需求场合下某生产要素的派生需求价格的求法一样。但必须假定其他条件不变(这就是说，必须假定整个生产过程的供给表仍旧有效，除分出去的以外，连带产品中每个的需求表也必须有效)。派生供给价格的求法是，它必然等于整个生产过程的供给价格超过所有其他连带产品的需求价格总和之差；其中各种价格完全对各种相应数量而言。

我们可以再举一个简单的例子来说明，其中假定二连带产品的相对数量不变。设 SS' 为提供固定数量的肉和皮的牛的供给曲线，dd' 为牛肉的需求曲线。于 Ox 上任意一点 M，作垂线 Mp 交 dd' 于 p，并延长至 P 使 pP 代表 OM 皮的需求价格。则 MP 为 OM 牛的需求价格，而 P 之轨迹 DD' 为牛的需求曲线。它可以叫做总需求曲线。设 DD' 交 SS' 于 A；作 AaB。那么，在均衡时，按价格 BA 所生产和销售的牛为 OB，在价格 BA 中 Ba 归于肉，而 aA 归于皮。

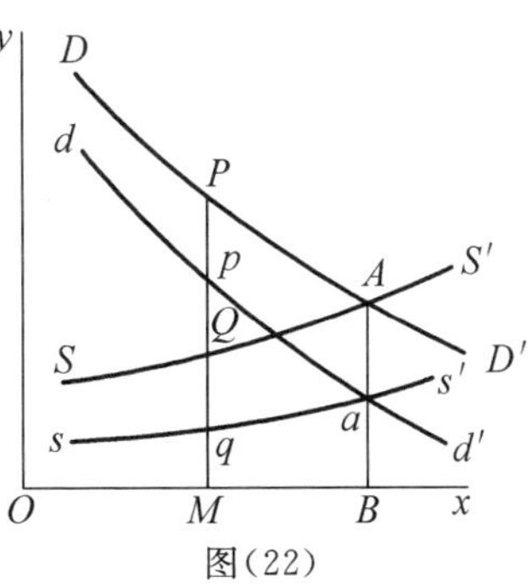

图(22)

设 MP 交 SS' 于 Q。自 QM 取截线 Qq 等于 Pp；则 q 为肉的派生供给曲线上的一点。因为如果我们假定 OM 皮的售价总是等于相应的需求价格 Pp，那么由此可以推知，既然生产 OM 牛中每头牛所需的费用为 QM，则所余价格 $QM-Pp$，亦即 qM 将为 OM 肉中每头牛的肉所负担。而 q 之轨迹 ss' 与 dd' 为肉的供求曲线(见数学附录中注 18)。

例如，自从谷物条例废除以来，英国所消费的大部分小麦是从国外输入的，当然不带任何麦草。这就引起了麦草的缺乏，而麦草的价格因此上涨。种植小麦的农户指望从麦草得到这种作物的大部分价值。可见，在小麦输入国里，麦草的价值较高，而在小麦输出国里则较低。同样地，在澳大利亚的产毛区，羊肉的价格有一个时候是很低的。羊毛输出，羊肉只得留在本国消费；因为羊肉的需求不大，所以羊毛的价格不得不抵偿几乎全部肉与毛的共同生产费用。后来，低廉的肉价刺激了肉类加工出口工业的发展，现在澳大利亚的肉价比以前有所提高。

连带产品二者同时生产所用的成本和单独生产其中一个所用的成本完全相等的场合，是十分罕见的。如某企业的任何产品具有市场价值，则它上面曾用过特殊的操劳和费用几乎是肯定的，如果该产品的需求将急剧下降，则这种操劳和费用就会减少或省掉。例如，如果麦草不值钱，则农户比平常更加努力以便使麦穗尽可能大得和麦秆相称。又如外国羊毛的输入曾使英国羊用适当杂交和选种的方法加以改良，以便使它早期增加体重，甚至不惜以降低毛的质量为代价。只有当同一生产过程所生产的两种东西中的一种不值钱，卖不掉，而剔除又无须任何费用的时候，才没有改变它的数量的那种引诱。也只有在这些例外场合，我们才无法确定连带产品中各自的供给价格。因为如果改变这些产品的比例是可能的，那么，通过改变这些比例，使其中一种产品的数量略有减少而不致影响其他产品的数量，我们就能确定在生产过程的全部费用中有那部分被节省下来。这部分费用就是该产品边际因素的生产费用；它正是我们所求的供给价格。①

但这些都是例外场合。一个企业，甚至一种工业往往认为尽量利用相同的设备、技术和企业组织来制造几类产品是有利的。在这些场合下，几种用途中所使用的任何一种东西的成本，必须由它在这些用途中所生产的成果来抵偿；但是很少有任何的自然规律来决定这些用途的相对重要性，或总成本借以分配的比例：许多都以市场的变迁特点为转移。②

第五节　复合供给

现在我们可以讨论类似于合成需求的复合供给问题。一种需求根据替代原理，往往可以通过几种途径中的任何一种来满足。这些不同的途径是彼此竞争的；从而相应的商品供给也是彼此竞争的供给。但它们在对需求的关系上是彼此合作的；"复合"成满足需求的总供给。③

如果支配它们生产的原因大致相同，则在许多场合它们可以被看成是一种商品。④ 例如，在许多场合，牛肉和羊肉可以当作一种商品的变种；但是在其他场合，例如在讨论毛的供给问题时，它们就一定得分别对待；不过，竞争品往往不是制成品，而是生产要

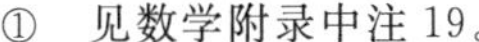

① 见数学附录中注19。

② 这个问题在下章中略加讨论，将来在《工业与商业》中再作充分的讨论。

③ "竞争品"一词见用于费希尔教授的名著《价值与价格理论中的数学研究》中，此书对本章所讨论的问题有很大的发挥。

④ 比较杰文斯《政治经济学理论》，第145—146页，并参阅本书上卷第三篇，第三章，第六节和第三篇，第四章，第二节之注。

素，例如，用于制造普通印刷用纸的纤维就有许多种。如上所述，当需求由可以替代它的那种竞争品的竞争供给得到满足时，对几种辅助品供给中的一种像对泥水匠劳动供给的派生需求的强烈作用，是怎样易于受到削弱的。①

① 所有竞争品趋于满足的那种需要是由复合供给来满足的，在任何价格下的总供给是按该价格的部分供给的总和。

例如，于 Oy 上任意一点 N 作 Nq_1q_2Q 平行于 Ox，使 Nq_1，q_1q_2，和 q_2Q 分别代表按价格 ON 所能供给的第一种、第二种和第三种竞争品。则 NQ 为该价格下的总合成供给，而 Q 之轨迹为满足所述需要的手段的供给曲线。当然各竞争品的单位必须选择得都能满足等量的需要。在图所代表的场合下，按那种价格所能供应市场的第一种竞争品的数量很少，这种价格太低，不能引出其他两种竞争品的供给，按低得不能引出第三种竞争品供给的那种价格而供应市场的第二种竞争品的数量也很少（见数学附录中注 20）。

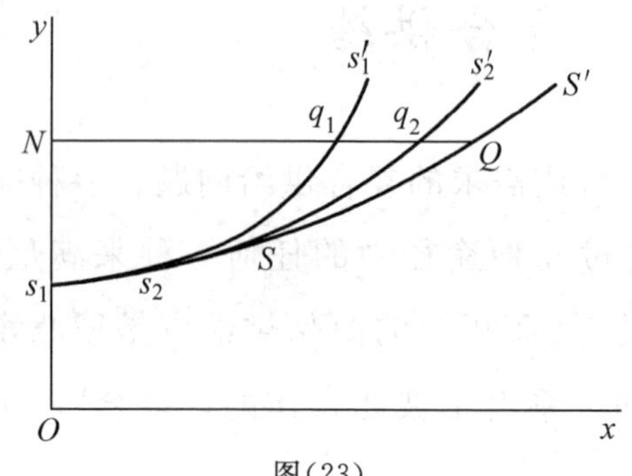

图(23)

只有当各竞争品的供给没有一种是受报酬递加规律的支配时，持续的竞争照例才是可能的。只有当其中没有一种能够驱逐其他竞争品时，均衡才是稳定的；如所有竞争品都遵守着报酬递减规律，则情况便是如此。因为如果那时有一种竞争品暂时取得优势，而对它的使用有所增加，则它的供给价格势必上升，其他竞争品开始以低于它的价格出售。但是如果其中的一种遵守的是报酬递加规律，则竞争会立即停止；因为它一旦暂时取得优势，增加了对它的使用就会降低它的供给价格，从而增加它的销售量，而它的供给价格继续下降，余此类推。这样，它对其他竞争品的优势继续增加，直至它把它们逐出这一领域而后止。的确，这个准则是有明显的例外的；遵守报酬递加规律的那些商品有时在这一领域充作竞争品的时间似乎确实很长。如各种不同的缝纫机和电灯泡。但是在这些场合下，那些东西实际上并不满足相同的需要，它们多少适应不同的需要或趣味；关于它们各自的优点仍有不同的看法；或其中有些东西也许取得专利权，或通过另外的途径为特定厂所垄断。在这种场合下，习惯和广告的作用可以使许多竞争品长期留在这一领域；特别是如果生产那些按生产费用来说实际上质量是最佳的东西的生产者不能有效地登广告和用行商及其他代理人来推销自己的商品。

第六节 诸商品之间的错综复杂关系

所有本章所述的这四个主要问题和几乎决定每种商品的价值的那些因素都有某些关系。在各种商品价值之间最重要的交错关系中，许多关系都不是一望而知的。

例如，在炼铁方面一般使用木炭时，皮革的价格在某种程度上取决于铁的价格；制革者曾请求不用外国铁，为的是英国炼铁者对橡制木炭的需求可使英国橡树生产继续维持，从而使橡树皮的价格不致腾贵。[①] 这个事例可以使我们认识到这一情况，即：某种东西的过度需求可以使它的供给来源受到破坏，从而使它可以有的那些连带产品感到缺乏；因为英国炼铁者对木炭的需求导致英国许多森林的严重破坏。此外，对羊羔的过度需求被认为是几年以前普遍缺乏羊的一个原因。但有些人却持有相反的看法。他们认为，售与富人的春羔所得的价格越高，养羊就越有利，从而供应人民食用的羊肉也就越便宜。事实是，需求的增加可以产生相反的结果，这要看它所发生的作用快得是否阻止生产者使其生产与之相适应而定。

其次，对某业如美国某些地区的小麦种植业和其他地区银矿业有利的铁路及其他交通工具的发展，大大地降低了那些地区的几乎其他各种产品的主要生产费用。此外，苏打、漂白材料和食盐作为主要原料的其他工业品的价格，几乎因那些工业中所使用的

① 托因比：《工业革命》，第 80 页。

生产方法的每次改进，而有相对的变动；而那些价格的每次变动又影响许多其他商品的价格，因为食盐工业的各种不同产品在许多加工工业部门中是多少带有重要性的生产要素。

再其次，棉花和棉籽油是连带产品，最近棉价的下降，主要是由于棉籽油加工的改进和使用。此外，如棉荒史所表明的，棉花的价格大都影响毛、麻、布和其他同类商品的价格；而棉籽油也越来越受到同类商品中新的竞争。又如麦草在加工工业中已经找到许多新的用途，而这些发明使美国西部通常被焚毁的麦草获得价值，并有阻止小麦边际生产成本上升的趋势。①

① 此外，因羊与牛竞用土地，所以皮革和棉布在间接需求方面竞用一种生产要素。但是，它们在家具商的店铺中也作为原料竞相满足同一需要。因此，家具商和鞋匠对皮革有复合需求，如鞋的上部由棉布制成，则对棉布也有复合需求：鞋提供了对棉布和皮革的连带需求，而棉布和皮革成为相互补充的供应品，如此类推，纠缠不尽。见数学附录注 21。奥国学派的"分成价值"理论和本章所述的派生价值理论具有共同之点。不论使用哪个名词，重要的是我们应当认识新旧价值理论之间的连续性；我们应当把分成价值或派生价值仅仅当作那样一些因素，这些因素和许多其他因素一道，在分配和交换的一般问题上占据应有的位置。新的名词只是提供了把某些数学上所特有的那种精确表述应用于日常生活的手段。生产者总是考虑，对他们所感兴趣的那种原料的需求是怎样取决于用它所生产的那些商品的需求，而影响它们的各种变动又是如何来影响它的；这实际上是确定造成共同结果的那些力量中的任何一种的效率这一问题的一个特殊事例。用数学来说，这种共同结果可以叫做各种力量的一个函数：其中任何一种力量对这种结果的（边际）贡献，是由该力量的（微小）变化所引起的这种结果的（微小）变化来表示的；也就是说，由于那种力量的结果的微分系数来表示的。换句话说，一种生产要素的分成价值或派生价值，如该要素只用于一种产品，就是关于该要素的那种产品的微分系数；余此类推，如数学附录中注 14—21 中所示。（埃杰沃思教授竭力反对维塞尔的分成价值理论中的某些部分，《经济学杂志》，第 5 期，第 279—285 页。）

第七章　直接成本和总成本同连带产品的关系。销售成本。风险保险。再生产成本

第一节　使混合企业的各部门适当分担生产费用特别是销售费用的困难

现在我们再来考虑直接成本和补充成本，特别着眼于把补充成本适当分配于企业的连带产品。

某企业的一个部门所生产的一种产品往往在另一个部门当作原料使用，从而两个部门的相对赢利只有用精密的复式簿记制度才能加以确定；但实际上靠主观猜测作出概算较为普遍。农业，特别是当同一个农场把永久牧场和长期轮种的耕地结合在一起的时候，是说明这种困难的最好例证。[①]

另一个说明这种困难的事例是船主必须把他船的费用分配给很重的货物和体积大但不很重的货物的事例。他尽量设法载运这两种混合船货；竞争港口生存斗争中的一个重要因素是那些港口

① 各业复式簿记的某些实际困难可以应用上章所述之数学或半数学分析。

所处的劣势，它们只能提供体积大的船货，或只能提供很重的船货；而一个港口，它的主要出口品很重但是体积不大，把能从该港按低廉运费装运出口品的那些工业吸引到自己的周围。例如，斯塔福德郡各陶器厂成功的部分原因是由于按低廉运费把它们的货物由从默尔西河来的载有铁和其他重船货的船装运的缘故。

但是船业中却存在着自由竞争，关于船的大小和形状，以及航路和一般的经营方法，它具有很大的抉择权；因此，在许多方面可以应用下述一般原理，即：某企业的连带产品的相对比例，必须调节得使各产品的边际生产费等于它的边际需求价格。[①] 换句话说，每种船货的载运量有不断趋于均衡点的倾向，在该点该数量的需求价格在正常商业状态下恰够补偿它的运费，这种运费的计算不仅要包括它的直接成本（货币），而且要包括企业在长期内因运输而直接或间接引起的全部补充成本。[②] 在加工工业的某些部门中，任何一类商品的总生产成本的初步计算，通常是用假定它们所负担的企业补充成本的份额和它们的直接成本或生产它们所用的特别工资额成比例的方法进行的。然后再对那些比平均额需要较多或较少的场所，照明或贵重机器的使用的产品加以酌算；余类推。

---

① 比较第六章，第四节。

② 当然，这对铁路运价是不适用的。因为铁路公司在经营方法上的伸缩性极小，并且从外面来的竞争也往往不多，所以力求使它对各种运输所收的运价和这些运输对它的成本相适应的诱因是不存在的。事实上虽然它可以很容易地确定各种场合下的直接成本，但是它不能精确地确定快运输与慢运输，长途运输与短途运输，轻运输与重运输的相对总成本，也不能精确地确定运输繁忙与运输清淡时的额外运输的相对总成本。

第二节　续前

企业补充成本的两个因素在不同部门之间的分配需要加以特别注意。它们是推销成本和风险保险费。

有几种商品是易于推销的;它们拥有稳定的需求,为储备而生产往往是安全的。但正是由于这种原因,竞争使它们的价格锐减,除生产它们的直接成本,不能提供大量剩余。有时候生产和销售这些商品的工作几乎可以成为自动的,以便使它们不致负担多少管理和推销费用。但是实际上往往使这些商品甚至负担少于它们所应担的很小份额,并把它们用于建立和保持商业往来的一种手段,而这种往来将便于推销那些在生产上不易变成为正规化的他类商品;因为就这些商品而论,是没有如此剧烈的竞争的。厂商特别是从事家具业和服装业的厂商以及差不多所有各行业的零售商,经常引为上策的是,利用他们商品中的某一种当作宣传其他商品的手段,并且使第一类商品所负担的补充成本比它们的比例份额少些,使第二类商品所负担的比它们的比例份额多些。他们把那些性质如此一致、消费如此普遍,以致几乎所有买主都熟知它们的价值的商品列作第一类;列入第二类的是这些商品,关于它们,买主在投其所好方面想得多,而在按最低可能的价格购买方面却想得少。

所有这种性质的困难由于供给价格的不稳定而有所加剧,这种不稳定只要在报酬递加的趋势强烈地发生作用时就会出现。我们已经知道,在这些场合寻找正常供给价格时,我们必须选择一个

代表性的企业，它是按正常能力经营的，从而获得工业组织所产生的平均的内部和外部经济，而这些经济虽然随着特定企业的成败而变动不居，但是当生产总量增加时，它们一般地也有所增加。很显然，如果一个厂商生产一种商品，而这种商品增产又会使他得到更多的内部经济，那么，为了在一个新市场努力销售这种商品而有很大的牺牲也是值得的。如果他拥有雄厚的资本，商品又是大量需求的商品，这种推销费用也许是很大的，甚至超过它的直接生产费用。事实上很可能，如果他同时推销着几种别的商品，那么，关于这种费用的分配，有多少是本年它们中间每种销量所应当负担的，有多少是努力为它们建立的未来商业往来所应当负担的，只能作一种大致的估计而已。

实际上，如果某种商品的生产遵守着报酬递加规律，从而给予大生产者以很大的优势，那么，这种生产很容易为少数几家大厂所操纵；而正常边际供给价格是不能用上述方法求出来，因为那个方法是假定有许多具有各种规模的企业的竞争者，其中有些企业是新的，有些是旧的，有些处于上升阶段，有些处于下降阶段。而少数几家大厂的这种商品生产其实在很大程度上具有垄断的性质；它的价格多半取决于那些争取扩大势力范围的竞争对手之间的斗争，很难有一种真正的正常水平。

经济上的进步为在远处推销商品不断提供着新的便利，它不仅降低运费，而且往往更重要的是，它使远处的生产者和消费者彼此挂钩。尽管如此，住在当地的生产者在许多行业中都具有很大的优势。这些优势使他能够同生产方法比较经济的远方竞争者相抗衡。他在他的附近地区能够卖得和他们一样便宜，因为他的商品生产费用虽然高于他们，但是他却省下商品的大部分推销成本。不过，时间是在生产方法更加经济的一边；如果他或某些新厂商不采用他们的先进生产方法，他的远方竞争者将逐渐插足于该地。

尚待仔细研究的是，企业风险保险费和该企业所生产的任何特定商品的供给价格的关系。

第三节　风险保险

厂商和商人通常都保火险和海上损失险；他们所付的保险费属于补充成本，其中一部分必须加在直接成本上，以便决定他们货物的总成本。但是没有一种保险是能够防止大多数企业风险的。

即使就火灾损失和海上损失而论，保险公司也必须估计到可能的不慎和欺骗；因此，除计算它们自己的费用和正常利润以外，还必须收取一笔保险费，这笔保险费比那些管理妥善的建筑物或经营有方的船只所冒风险的实际等价要大得多。但火灾或海上事故所引起的损失（如果发生）多半是如此严重，以致支付这笔额外费用大多是值得的；部分原因是由于特殊的企业理由，而主要原因是由于增加着的财富的总效用不能和它的数量成比例的增加。但是大部分企业风险和该企业的一般管理有着如此不可分割的联系，以致承担它们的保险公司实际上是为该企业负责。因此，就这些风险而论，每个厂都必须充作它自己的保险事务所。在这个项目下所支出的费用是它的一部分补充成本，其中一部分必须加在它的各种产品的直接成本上面。

但是这里有两种困难，在某些场合，风险保险费动辄被忽略，而在另一些场合,又动辄被计算两次。例如,一个大船主有时不愿向海上保险者保他的船险;并至少把他保险时所要缴的一部分保险费放在一边,以便建立他自己的保险基金。但是当计算经营一只船的总成本时,他仍须把保险费加在它的直接成本上。关于那些他无法按合理价格买到保险单来保的风险(即使他想买的话),他必须以这种或那种形式作同样的处理。例如,有时候他的某些船只将在港中闲起来,或只将赚取名义上的运费,而为了使他的企业在长期内有利可图,他必须以这种或那种形式对他那些顺利航行收取一笔保险费,以补偿那些不顺利航行所带来的损失。

但是这样做时,他所用的方法一般不是在他的账上正式记一笔保险费,而是用一种简单的方法,即:求出顺利航行和不顺利航行的平均数;一俟求出平均数之后,这些风险的保险费就不能当作一个单独项目而列入生产成本,否则就会把保险费计算重复了。在决定自冒风险之后,他用于预防风险的费用比他的竞争者所用的平均费用似稍多一些;而这种额外费用按照普通的方法被列入他的资产负债表。实际上它是另一种形式的保险费;因此,他绝不应该单独计算这部分风险的保险费,因为那样他就会计算两次。①

当某厂商算出他在长期内所卖衣料的平均销售额,并以过去的经验作为他未来行动的借鉴时,他已经就计算了那些因新发明而使机器近于陈旧所产生的机器跌价的风险,和因式样改变而使

① 此外,美国有些保险公司按比一般低得多的保价保工厂中的火险,条件是:要履行规定的预防措施,如装置自动灭火机,使墙与地板坚固。这些措施所用的费用实际上是一种保险费。自已预防火险的工厂加在其产品中的保险费,在用这种方法比用一般建筑的条件下,势必要少些。

他的商品贬值的风险。如果他再单独计算这些风险的保险费，他就会把它计算重复了。[①]

第四节　续前

由此可见，当我们计算一个风险性企业的平均收入时，虽然要计算由于不稳定而来的费用，但是我们绝不要再单独计算风险保险费。的确，一种冒险职业如金矿业对于某些人是具有特殊的吸引力的：其中损失风险的阻力小于致富机会的吸引力，即使按保险公司估计员的原则计算的后者之值远不及前者；如亚当·斯密所指出的，具有一种传奇因素的风险性行业往往有人满之患，以致它的平均报酬比无险可冒时还要低些。[②] 但在大多数场合下，风险的影响是向着相反的方向；准付四厘的一张铁路股票的售价比同样可能支付一分，七厘或任何中间额的股票的价格高些。

各业都有它自己的特点，在绝大多数的场合下，不稳定的祸害虽然算不了什么，但是总有些关系：在某些场合，引诱一定支出所需要的平均价格（如系悬殊很大和不稳定的结果的平均数），要略高于那种和该平均数相差极小的该冒险者自信获得的收益。因此，我们一定要把不稳定（如果它是非常大的）的报酬加在平均价

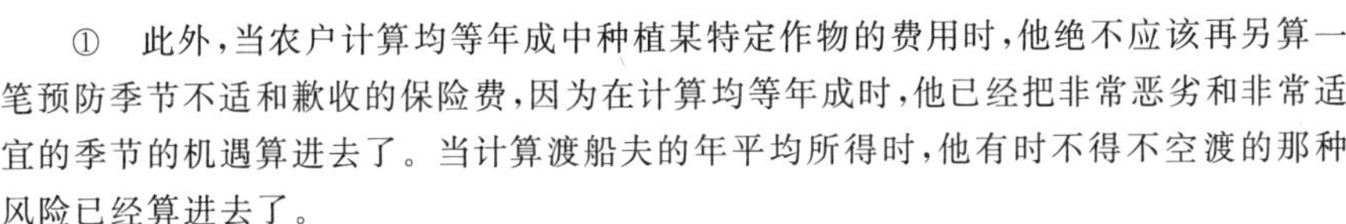

① 此外，当农户计算均等年成中种植某特定作物的费用时，他绝不应该再另算一笔预防季节不适和歉收的保险费，因为在计算均等年成时，他已经把非常恶劣和非常适宜的季节的机遇算进去了。当计算渡船夫的年平均所得时，他有时不得不空渡的那种风险已经算进去了。

② 《国民财富的性质和原因的研究》，第一篇，第十章。

格上；即使我们加上风险保险费，我们也应该把它的较大部分计算两次。①

第五节　再生产成本。本篇某些其余章节可暂时略而不论

关于企业风险的讨论再一次给我们表明这样一个事实，即：一种东西的价值虽然有和它的生产成本（货币）相等的趋势，但是除偶然外，并不是在任何特定时间都与其相一致。凯雷看到这点时，曾建议我们应该说价值和再生产成本（货币）的关系，而不应该说价值和生产成本的关系。

但是就正常价值而论，这种建议是没有意义的。因为正常生产成本和正常再生产成本是同义异语；一种东西的价值有等于它的正常再生产成本（货币），而不是它的正常生产成本的趋势，这种说法并没有实质上的改变。再生产成本一词不如生产成本一词简单，但指的却是一回事。

要求改变的这种论点，即使根据那个易于被接受的事实，也是站不住脚的，即：在某些少数场合下，一种东西的市场价值与其再生产成本的距离小，而与生产那个特定东西实际所用成本的距离大。例如，在炼铁业近来有很大改进以前所造的一只船的现时价格和它的再生产成本（即用现代方法生产同样另一只船的成本）的

① 屠能对大企业风险中不稳定所带来的祸害论述得很好（《孤立国》，第二章，第一节，第82页）。

差距，也许比它和过去生产那只船所用成本的差距小些。但是旧船的价格也许小于船的再生产成本，因为船的设计技术取得了像炼铁方法那样快的进步；此外，钢已经作为造船材料而代替了铁。仍然可以断言，船的价格等于一只按现代设计和用现代方法生产的同样适用的船的成本。但是那和说船的价值等于它的再生产成本并不是一回事，其实，如往往发生的，当料想不到的船的缺乏使运费急剧增加时，那些急于想获取有利生意中的厚利的人，对一只可以航行的船行将支付的价格大大超过造船厂承造另一只同样适用但在以后交货的船所取的价格。除买主能方便地等待新供应品的生产之外，再生产成本对价值的直接影响是微不足道的。

此外，在下述场合下再生产成本和价格是没有联系的；例如，被围困的城市中的粮食，在疟疾流行的岛上供给缺乏的奎宁，拉菲耳的画，无人喜爱的书籍，过时的装甲船，市场供应过剩的鱼，市场几乎没有的鱼，哑钟，不时行的衣料，或废矿区中的房屋。

*　　　　*　　　　*

建议在经济分析上还没有经验的读者最好删去以下七章，直接读第十五章，其中含有本篇的一个简短的结论。的确，讨论边际成本和价值的关系的那四章，特别是第八章和第九章都和“劳动纯产品”一词所含的某些难处有关；而这个名词是在第六篇中使用的。但是那里所作的一般解释暂时足以满足大多数场合的需要；而和它相关的一些复杂情况留待经济研究的高级阶段再加以讨论。

第八章 边际成本和价值的关系。一般原理

第一节 本章和以下三章特别就时间因素的影响进一步研究直接成本和补充成本同产品价值的关系，以及诸产品的派生需求对其生产中所使用的要素的价值的影响

本章和以下三章一方面是研究产品的边际成本及其价值的关系，另一方面是研究边际成本和生产它们时使用的土地、机器与其他生产工具的价值的关系。这种研究同正常条件和长期结果有关。必须时刻记住这个事实。任何东西的市场价值可以大大高于或低于它的正常生产成本：某特定生产者的边际成本在任何时候都可以和正常条件下的边际成本毫不相干。①

在第六章末曾经指出，问题的一部分是不能和其余部分分开

① 边际成本在现代分析中所占的重要地位曾引起许多异议。但其中大多数所依据的论点，在于把指正常条件和正常价值的论断改成指非正常条件或特殊条件的论断而加以非难。

的。相对地说，这样的东西是没有的，它的需求不受使它有用的其他东西的需求的巨大影响。我们甚至可以说，大多数商品的需求不是直接的，而是从它们(作为原料或工具)助成其生产的那些商品的需求中派生出来的。由于这种需求是这样派生的，这种需求又多半取决于和它们共同生产那些商品的其他商品的供给。此外，可用来制造任何商品的任何东西的供给，往往受着那种东西的需求的巨大影响，而这种需求又是从生产其他商品的用途中分出来的等等。在迅速而通俗的有关世界商业的讨论中，可以而且必须忽略这些相互关系。但是任何称得起彻底的研究，对于这些关系的周密考察，是不能避而不谈的。这就要求我们同时记住许多事情，正因为如此，经济学永远不能成为一种简单的科学。①

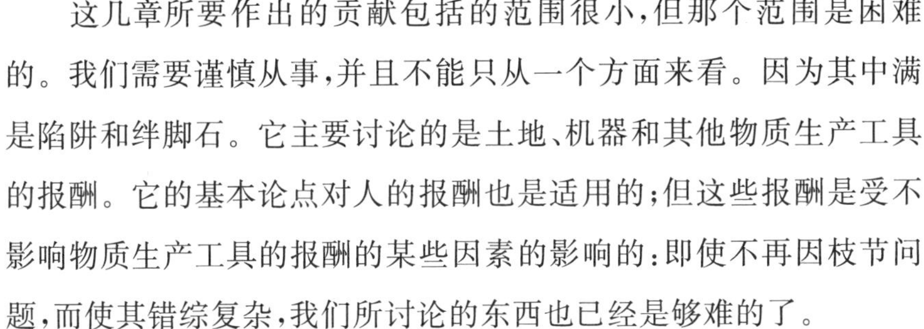

这几章所要作出的贡献包括的范围很小，但那个范围是困难的。我们需要谨慎从事，并且不能只从一个方面来看。因为其中满是陷阱和绊脚石。它主要讨论的是土地、机器和其他物质生产工具的报酬。它的基本论点对人的报酬也是适用的；但这些报酬是受不影响物质生产工具的报酬的某些因素的影响的：即使不再因枝节问题，而使其错综复杂，我们所讨论的东西也已经是够难的了。

第二节　替代原则的又一例解

让我们首先回忆一下替代原理的作用。在现代世界中，差不

① 读者请参阅第五篇，第六章，第六节最后的脚注，特别要参考开始于数学附录中注 14，而完成于注 21 之关于价值中心问题的简要数学表述。

多所有的生产资料都经过那些专门从事于组织居民经济力量的雇主和其他企业家之手。他们每人随时随地都选择那些似乎最适合他用的那些生产要素。他对他所用的那些生产要素所支付的价格总额，照例是小于他对那些可用来替代它们的别组要素所必须支付的价格总额。因为无论什么时候如果事情并非如此，则他将着手用比较廉价的措施或过程加以替代。①

上述论点和日常生活中的俗语相合，如“凡事都有找到自己归宿的趋势”，“大多数人之所得，几等于他们之所值”，又如“假使某人比另一个人多赚一倍，这说明他的工作也多值一倍”，又如“机器将代替手工劳动，只要它能提供廉价的劳务”。这个原理起作用时确实不是没有受到障碍的。它也许受到习惯或法律的限制，也许受到门户之见或工会章程的限制。它也许因企业心的缺乏而减弱，也许因不忍拆伙而缓和。但它总是起着作用，并贯穿在现代世界的全部经济措施之中。

例如，有几种田间作业，用马力显然比用汽力更为相宜，或用汽力显然比用马力更为相宜。如果我们现在可以假定，在马拉农具或动力机器方面没有新的长足进步；因此，假定过去的经验曾使农场主逐渐学会运用替代规律；那么，根据这个假定，汽力的应用势必被扩大到这样的程度，以致再多使用任何一点汽力以代替马力也不会带来纯利益。不过，将留有一个边际，在那个边际，它们都能无差异地加以使用（如杰文斯也许会说的那

① 参考第五篇，第三章，第三节；第五篇，第四章，第三、四两节；与数学附录中注16。

样）；在那个边际，汽力或马力对总产值的纯增益将比例于使用它的成本。[①]

同样地，如果有取得同样结果的两种方法，一种是用熟练劳动，而另一种是用非熟练劳动，那么，效率比成本高的那种方法将得到采用。将有一个边际，在那个边际，每种方法都将被无差异地加以使用。[②] 在那条线上，每种方法的效率和对它所支付的价格成比例，当然不同地区和同一地区的各种不同工厂的特殊情况是要计及的。换句话说，熟练劳动和非熟练劳动的工资比例等于它们在无差异边际上的效率比例。

此外，手工劳动和机器劳动之间的竞争类似于不同种类的手工劳动或不同种类的机器劳动之间的竞争。手工劳动对于某些操作例如对于锄去生长不规则的那些贵重作物的杂草，具有优势，而马力对于锄去一块普通芜菁地的杂草也具有明显的优势；它们每一种在各自领域中的应用将被扩大到再用就不会带来纯利益的程度为止。在手工劳动和马力之间的无差异边际上，它们的价格必须和它们的效率成比例；可见，替代的影响有在劳动工资和对马力所必须支付的价格之间确立一种直接关系的趋势。

① 此边际将因当地条件，农场主个人的习惯、喜好与资源而异。在小块田与崎岖地上使用机器的困难，在劳力缺乏的地区比在劳力多的地区，易于克服；如实际上很可能的，当前者比后者的煤炭较贱，马料较贵时，尤其是这样。

② 熟练的手工劳动一般地用于特殊定货和其中许多都不需要相同规格的产品；而辅以专门机器的非熟练劳动却用于其他产品。在各大工厂的相同工作中，这两种方法是并存的。但二者之间的界点在各厂略有不同。

第三节　纯产品的定义

各种不同的劳动、原料、机器和其他设备以及内部和外部企业组织，照例都是用来生产商品的。经济自由的优越性在这方面表现得尤其突出，即：一个有天才的企业家自冒风险进行试验，以观察某种新方法或各种旧方法的结合是否比旧方法的效率更大。的确，每个企业家都根据他的精力和才能不断地力图了解他所使用的每种生产要素的相对效率，和可能用来代替它们中间某些要素的其他要素的相对效率。他尽量估计额外使用任何一种要素将带来多少纯产品（即他的总产值的纯增益）；所谓纯是指减去由于这种变动而可以间接引起的任何额外费用，再加上随之而来的任何节约。他力图把各种要素使用到那个边际，在这个边际，它的纯产品不再超过他对它所必须支付的价格。他的估计一般是靠久经训练的本能，而不是靠正式计算；但是他的方法和我们在研究派生需求时所指出的方法大致相同；从另一个观点来看，这些方法可以被描述为用一种复杂而精密的复式簿记制度所能办到的方法。①

我们曾经作过某些这类简单的计算。例如，我们曾看到麦酒中的蛇麻和麦芽的比例是怎样可以改变，由于增加蛇麻的分量而

① 他所希求的改变也许只能是大规模的改变；例如某工厂中以机器代替手工劳动；在这种场合，改变会带来某种不稳定和风险。如果我们观察各个别人的行为，那么，不论在生产或消费方面中断是不可避免的。如在一个大市场上对帽子、手表和喜饼的需求是连续不断的，虽然没有哪个人买得很多，同样，总有些行业，其中不用机器的小企业和使用机器的大企业都能获得最大的经济；而中型企业则处于边际。此外，即使在已经使用机器的大厂中，总是有些东西使用手工劳动，而在别处却使用机器，等等。

麦酒所能得到的额外价格是怎样成为决定蛇麻需求价格的一种典型因素。假定增加使用蛇麻并不引起额外的操劳或任何费用，并假定使用这个额外数量的利害得失值得考虑，这样麦酒所具有的额外价值就是我们所求的蛇麻的边际纯产品。在这个场合，像在大多数其他场合一样，纯产品是产品质量的提高，或产品价值的一般增益。它并不是可以和其余产品分开的一个确定的部分，但在例外场合它是可以分开的。①

第四节　任何要素的过分使用会引起报酬递减。这一事实和下述事实类似，但不尽相同，即：投于土地的资本和各种劳动的相应的增加，会引起报酬递减

任何生产要素的边际使用这一概念，意味着由于它的使用递加而有报酬递减的可能趋势。

在企业的各个部门中，甚至可以说，在一切日常生活事务中，为达到任何目的而过度使用任何手段势必要引起报酬递减。我们可以再举一些例子来说明那个曾被论证过的原理。② 在制造缝纫机方面，有些部件用铸铁就可以做得很好，其他部件用普通钢就成了；还有的部件需要特别昂贵的合金钢，而且所有的部件都应该配

① 参阅本书下卷第五篇，第六章，第三节与数学附录中注16。并参阅第五篇，第六、七两章中之其他例证。工资与边际牧者之间的关系及其劳动纯产品的进一步论证，详见第六篇，第一章，第七节。

② 参阅第五篇，第四章，第四节；及本书下卷第六篇，第一章，第九节关于屠能的注。

合得平滑，以便机器运转灵活。如果任何人把不适当的操劳和费用用于选择原料，以满足次要用途的需要，那么，确实可以断言，此项支出提供急剧的报酬递减；把其中一部分用来使机器运转灵活，甚或用来制造更多的机器，对他也许更加有利一些。如果他把过多的支出只是用于涂漆上光，并使用低级金属来代替必要的高级金属，则事情甚至会更糟一些。

这种考虑乍看似乎使经济问题有所简化；恰恰相反，它却是困难和混乱的一个主要根源。因为所有这些不同的报酬递减趋势虽有某些类似之处，但它们毕竟是不同的。例如，由于在特定工作上所应用的各种生产要素的比例不当而产生的报酬递减，和因人口增加而加于生活资料的压力这一明显趋势毫无共同之处。古典学派那个伟大的报酬递减规律的主要应用，并不在任何一种特定的作物上，而是在所有的主要粮食作物上。它认为农场主通常一定是种植那些他们的土地和资源最宜于种植的作物，同时考虑到这些作物的相对需求；此外，它认为他们必然把他们的资源适当地分配给各种不同的用途。它并没有认为他们具有无限的聪明智慧，但是它假定在分配这些资源方面他们显示了相当的慎重和明智。它所指的国家是，它的全部土地已经操纵在现实企业家的手中，他们可以从银行贷款来补充自己的资本，只要他们证明贷款的用途正当，这个规律断言，该国农业总投资的增加将引起一般农产品的报酬递减。这个论点是和下述论点相似，但却截然有所区别，即：如果任何农场主把自己的资源不适当地分配在各种不同的耕作计划方面，那么，他从那些用得过多的支出部分将得到显著的报酬递减。

例如，在某既定场合下，在可以最有利地用于耕地、耙地或施

肥上的支出额之间存在着一定的比例。关于这个问题也许有某些意见分歧，但是分歧不大。一个没有经验的人把一块已经以机械处理相当好的土地耕过许多遍，而对它所急需的肥料施得很少，甚或没有施肥，他一般地会受到指责，因为他耕的次数过多，以致使它引起急剧的报酬递减。但这种误用资源的结果是和一个早开发国家的农业由于耕作中运用适当的那些资源的一般增加而引起的报酬递减趋势毫不相干。的确可以找到十分类似的场合，即：甚至在那些增加的资本和劳动如加以适当的分配就产生报酬递加的工业中，特定的资源如按不适当的比例运用，就会产生递减的报酬。[①]

① 参阅上文第四篇，第三章，第八节。卡弗：《财富的分配》，第二章与本书上卷第四篇，第十三章，第二节的注释。J. A.霍布森在现实社会经济方面是一位积极而有见地的著作家。但是作为一个李嘉图理论的批判者，他往往低估了他所讨论的那些问题的困难。他断言，如果任何生产要素的边际使用遭到限制，那将使生产扰乱，以致其他各要素的功效将比以前有所下降；因此，所引起的总损失将不仅包括该要素的真正边际产品，而且也包括其他要素的一部分产品。但他似乎忽略了下述各点：(1)有一些经常起作用的力量，这些力量有使资源在其各种不同用途方面的分配得到如此调节的趋势，以致任何分配不当不久就会得到纠正。而所述论点并不要求对过分分配不当的例外场合予以适用。(2)当分配得十分恰当时，要素使用比例方面稍有改变，将减少该分配的效率；所减少之量和那种变动比较起来是很小的(用术语来说，它属于"二级小数")，因此，相对于那种变动它是可以不计的(用纯数学术语来说，效率可以视作要素比例的一个函数。如效率达到最大限度，则这些比例中的任何一种的微分系数等于零)。因此，如果不计及霍布森先生所忽略的那些因素，就会犯严重的错误。(3)在经济学如在物理学中一样，变动一般是连续不绝的。急剧的变动的确可以发生，但是它们必须予以分别处理。取自急剧变动的例证不能真正地说明正常稳定的进化过程。在我们面前的那个具体问题上，这种警惕是极其重要的。因为任何一种生产要素供给的急剧减少，可以很容易地使所有其他要素实际上无用武之地；因此，它所引起的损失可以和一直用到下述边际上的该要素的供给因稍有减少而引起的损失全不相称。这个边际是，因稍微多用该要素而带来的额外纯产品是否有利，尚在犹疑不安。对于复杂数量关系方面变动的研究，往往因忽略这种考虑而受到损害，而这点霍布森先生似乎动辄有所忽视；如他在《工业制度》(第110页)中对"边际牧者"所作的评论即为一例。参阅埃杰沃斯在《经济学季刊》(1904年，第167页)与《科学》(1910年，第95—100页)对本注中所提到的两个事例所作的精辟分析。

第五节　各种边际用途指明价值，但并不决定价值。边际用途和价值都是由供求的一般关系来决定的

生产边际的纯产品在现代分配理论中所起的作用往往引起误解。特别是许多有资格的著作家曾认为它代表作为决定全体的价值的一种东西的边际使用。事实并非如此。这个理论是说，我们必须到边际去研究决定全体的价值的那些力量所起的作用。而这完全是另一回事。当然，撤销（比方说）铁的任何必要的使用和撤销它的边际使用对它的价值的影响完全相同，如同一个高压状态下的锅炉中的压力从别处跑气和从任何一个安全气门中跑气所受的影响完全相同一样。但事实上除了通过安全气门气是不会跑出的。同样地，铁或任何生产要素（在一般情况下）除了在它的使用不能提供明显的剩余利润的点上是不会弃而不用的；这就是说，它只是从它的边际使用中被排除出去。

又如一个自动磅秤的指针从表明的意义上说决定所求的重量。同样，从那由代表每平方英寸一百磅压力的弹簧所控制的一个安全气门中的跑气决定锅炉中的压力，也就是说，表明它已经达到每平方英寸一百磅的压力。压力是由热产生的；当气压在现有热度下大得超过弹簧的阻力时，气门中的弹簧通过放气来调节压力。

同样地，关于机器和其他人造生产工具，也有一种边际，通过这种边际，追加的供给是在克服了所谓“生产成本”这一弹簧的阻

力之后进来的。因为如果那些工具的供给和需求比较起来是如此之少，以致从新的供给所预期的报酬除对它们的生产成本（除计算折旧费等外）提供正常利息（或利润，如果经营上的报酬也计算在内的话）外，尚绰绰有余，那么，气门敞开，新的供给进来。如果报酬低于此数，则气门闭而不动。总之，因现有的供给由于使用和时间的消逝而在逐渐毁灭，所以，当气门在关闭的时候，供给总是在减少着。气门是供给和需求的一般关系借以决定价值的那部分机器。但是边际使用并不决定价值；因为边际使用和价值一道是由供求的一般关系决定的。

第六节　利息和利润二词直接适用于流动资本，而根据特定假设只间接适用于生产资本。这几章的中心理论

可见，如果生产者个人的资源采取一般购买力的形式，则他将把每种投资推广到那一边际，在该边际，他从它所期待的纯报酬不再高于他从某种别的材料、机器、广告或增雇某些劳动的投资中所能取得的纯报酬。每种投资仿佛将被推到一个气门，该气门所给予它的阻力等于它的扩张力。如果他投资于材料或劳动，而这又很快地体现在某种可卖的产品上，那么，产品的销售补充着他的流动资本，而这种资本又被投资到那一边际，在该边际，任何追加投资所带来的报酬小得无利可图。

但是如果他投资于土地，或耐久的建筑物或机器，那么，他从

他的投资所得到的报酬可以和他的预期悬殊很大，这将由他的产品的市场来决定。在机器存在的时期，市场的性质多半由于新的发明或时样的改变而发生变化，更不用说土地永存的时期了。这样他从土地和机器的投资中所得到的收入，从他个人的观点来看，是有区别的，这种区别主要在于土地具有较长的寿命。但是从一般生产来看，这两种收入的主要区别在于这一事实，即：土地的供给是固定不变的（虽然在新开发的国家，用来为人们服务的那种土地的供给可以增加）；而机器的供给却可以无限增加。这种区别对于生产者个人是有作用的。因为如果没有巨大的新发明使他的机器作废，而那些机器所生产的东西又有一种稳定的需求，那么，他们将不断地按着大约等于它们生产成本的价格出售；而他的机器大抵将给他提供那宗生产成本的正常利润（减去机器的折旧费）。

这样，利息率是一种比率，它所联结的两种东西是两宗货币额。如果资本是"自由"资本，而这宗货币额或它所支配的一般购买力又已知，则它的预期纯货币收入可以立即同那宗货币用一定的比率（四厘、五厘或一分）表示出来。但是当自由资本已经投在某特定东西上面，它的货币价值，除把它将提供的纯收入资本还原，照例是无法确定的。因此，支配它的原因是和支配地租的原因在不同程度上相似的。

我们已经面临着这部分经济学的中心理论了，即："凡被正确地看成是'自由'资本或'流动'资本或新投资的利息的东西，被当作旧投资的一种租（即准租）是更加正确些。不过，在流动资本和在某特殊生产部门中所'沉淀的'资本之间，在新旧投资之间，不存在着严格的界限。每组投资可以逐渐变成另一组投资。即使地租也不是当作一种自在的东西，而是当作一大类中的一个主要的种看待的；虽然它的确有它自己的特点，而这些特点不论从实际或理论的观点来看都是极其重要的。”①

① 此段引自本书初版序言。

第九章　边际成本和价值的关系。一般原理(续)

第一节　借租税转嫁说明价值问题的种种理由

地租现象是如此复杂，和它们有关的曾引起价值问题中的一些枝节问题的争论的实际问题又是如此之多，以致有必要来补充我们以前用土地所作的例证。我们可以用想象的商品再来论证一遍，这种商品要选择得使它在问题的各个阶段都具有自己的显著特征，而不致引起在地主和佃户的现实关系中不存在这些特点的非难。

但是在我们讨论这点之前，我们可以借租税的归宿从旁说明价值问题。因为大部分经济科学确实是从事于研究主要影响某特定生产或消费部门的那些经济变动在全社会的普及的；几乎没有任何经济原理不能用某种租税“向前”即离开原料和生产工具的生产者而向最后消费者转嫁，或按相反方向而“向后”转嫁的讨论加以适当的说明。而这对于现在所讨论的那类问题是特别适用的。①

① 本节内容摘自对皇家委员会关于地方税所提问题的答复。参阅《会议报告第0528号》，1899年，第112—126页。

有一个普遍原理,即:如果一种税加于某些人用来生产售与其他人的商品或服务的任何一种东西上。那么,这种税有使生产缩减的趋势。这将使大部分租税负担向前转嫁给消费者,小部分向后转嫁给供应这组生产者以生产必需品的那些人身上。同样,任何一种东西的消费税在大小不等的程度上向后转嫁给它的生产者。

例如,对印刷业所征的那种料想不到的重税,会使从事该业的人受到严重的打击,因为如果他们力图大大提高价格,则需求势必急剧下降。但从事该业的各阶层所受的打击是不同的。因为印刷机和排字工人在印刷业外不容易得到雇用,所以,印刷机的价格和排字工人的工资一时降得很低。相反地,厂房和动力设备,以及杂勤人员、工程师与雇员是不会等待通过自然毁灭的缓慢过程使其数量与已减少的需求相适应的;其中有些会很快地在其他行业中找到出路,而长期由仍操该业者所负担的部分极少。此外,很大一部分租税势必由辅助工业如造纸业和铸型业来负担,因为它们产品的销路有所减少。作者和出版商也会受到一些损失;因为他们不是被迫提高书价,从而销数减少,就是让成本汲尽他们的大部分总收入而后已。最后,书商的总销数减少,从而他们也会受到一些损失。

上面曾假定税的分布范围很广,并涉及所述印刷业易于迁入的各个地区。但是如果它只是一种地方税,则排字工人势必迁出租税所及之范围;同时印刷厂主,所负担的税额也许多于,而不是少于那些厂主,他们的资金更加专用,但易于调动。如果这种地方税不能由有吸引人口趋势的任何结果得到补偿,则部分负担将落在当地面包商和杂货商等人的肩上，因为他们的销售量将有所减少。

其次假定所课的税是印刷机税，而不是印刷品税。在这种场合下，如果印刷业者没有他们情愿毁坏或弃而不用的半旧机器，那么，这种税不会打击边际生产。它不会立即影响印刷量，从而不会影响它的价格。它只会中途截取印刷机所有者行将获得的一部分报酬，并降低印刷机的准租。但是它不会影响过去引诱人们把流动资本投于印刷机所必要的纯利润率。因此，当印刷机被用坏之后，这种税会增加边际生产费，亦即会增加使生产者感到犹疑不决而可以自由抉择的那种费用。从而，印刷供给减少，它的价格上涨。而新印刷机的引用只会到达那一边际，在该边际，根据一般印刷业者的判断，它们除能支付租税外，还能给那种支出提供正常利润。当达到这个阶段以后，印刷机税的负担分配和印刷税大致相同，只除去一点，即：从每台印刷机攫取巨大工作量的引诱更为加大。例如，较多的印刷机可以实行双班制，尽管夜班会引起特殊费用。

现在我们就把租税转嫁的这些原理应用到我们的主要例证中去。

第二节　上节所讨论的租和准租与价值的关系之例解

让我们假定，有几千块比钻石硬的大陨石落在一个地方，因此，人们立刻把它们捡起来，再拣就没有了。这些陨石能切削各种东西，势必使许多工业部门发生革命；而陨石的所有者在生产上占有特殊优势，它会提供巨大的生产者剩余。这种剩余一方面完全是由对它们服务的需求的迫切性和大小，另方面是由陨石的数量来决定的。它不会受取得更多供给所用成本的影响，因为按任何价格也不能再生产出一块来。生产成本确实可以间接地影响它们的价值，但那是用硬钢和其他材料制成的工具的成本，而这些工具的供给能随着需求的增加而增加。如果聪明的生产者惯于用任何一块陨石来完成用这种工具同样可以完成的工作，则那块陨石的价值不会大大超过在这些次要用途上和它同样有效的那些工具的生产成本(减去折旧)。

因为陨石是如此坚硬，以致不会受摩擦的影响，所以，它们也许在全部工作日内都在被使用着。如果它们的服务是很有价值的，那么，为了使它们提供最大的服务，加班加点，甚或实行二班或三班制也是值得的。但是它们被用得越厉害，它们每次追加的服务所提供的纯报酬也就越少；从而就说明这一规律，即：不仅土地，而且也有其他各种生产工具，如果被用得过于厉害，势必产生报酬递减。

陨石的总供给是固定不变的。但是当然任何特定厂商要买多少就几乎可以买多少。在长时期内，他预期他用在陨石上的支出提供利息(或利润，如果他自己工作的报酬也包括在内)，正如同仿佛他购买的是一架机器，它的供给可以无限增加，因此，它的价格同它的生产成本几乎一致那样。

但是当他一旦购买陨石之后，诸生产过程或借助于它们所生产的那些东西的需求的变动，也许使它们所提供的收入成为他的预期收入的两倍，或只是二分之一。在后一场合，它类似于从那样一架机器所得到的收入，这架机器没有最新的改良，只能赚取一架成本相等的新机器所能赚取的二分之一。陨石和机器的价值同样都是它们所能赚取的收入的资本还原，而这种收入又是由它们所提供的服务的纯价值决定的。收入获得力，从而各自的价值，并不取决于它的生产成本，而取决于它的产品的一般供求关系。但是在机器的场合下，那种供给是由和它效率相同的新机器的供给成本所制约，而在陨石的场合下，却没有这种限制，只要现有的陨石是用来做任何其他东西所不能做的工作的话。

试用另一种方式来说明上面的论点。因为不论谁购买陨石，都是从其他生产者那里买的，他的购买实质上并不影响陨石所提供的服务的一般供求关系。因此，它不影响陨石的价格；而这种价格仍然是陨石在那些需要最不迫切的用途上所提供的服务之价值的资本还原。断言买主从代表服务价值的资本还原的价格上预期正常利息，等于断言陨石所提供的服务的价值是由那些服务的价值所决定，这是一种循环论。①

① 这种循环推理有时几无妨害，但往往有隐蔽本质问题的趋势。它们有时被公司创办人和力求影响立法以对自己有利的那些特殊利益的维护者加以非法的使用。例如，半垄断企业组织或托拉斯往往“抬高资本价值”。为此把时间选择在与其有关的生产部门极其发达的时候，而某些殷实厂也许只得50%纯利润率，这样弥补过去与未来不景气年月中所得几等于主要成本的缺额。创办人有时甚至商定即将售与公众的企业要有许多价格非常有利的定货，损失由他们和他们所控制的其他公司负担。强调由半垄断的销售和可能由生产上更大的经济所获之利得，从而托拉斯的股票为公众抢购一光。如果最后有人反对托拉斯的这种行为，特别是反对由于高关税或任何其他特权而使它的半垄断地位加强，那么，所得到的答复是，股东们收取的红利很少。这类事例在美国屡见不鲜。在英国，稍微提高某些铁路股票的价值，有时间接地用作防止减低运价而给股东造成损失的手段，因为减低运价有使虚拟资本的红利减至实际资本的合理收益以下的危险。

其次让我们假定,这些陨石并不是立即都被发现,而是散落在公共土地的地面上,只要大力搜寻,还可以在这里或那里找着一块。那么,人们的搜寻陨石只会到达那一点(或边际),在该点,寻找陨石的可能利益,在长时期内恰够补偿所用劳动和资本的支出;在长时期内,陨石的正常价值就是使供求保持均衡的那种价值,而每年所找到的陨石的数量,在长时期内恰是正常需求价格等于正常供给价格的那一数量。

最后,让我们把陨石这一场合和通常用在加工工业中的轻型机器和其他设备的那一场合加以等同对待,办法是假定陨石是易碎的,而且很快就会磨坏;并假定有一种取之不竭的源泉,从它可以按几乎不变的成本迅速而有把握地得到追加的供应。在这个场合,陨石的价值总是和该成本大致相等;需求的变动对它们价格的影响极小,因为价格稍有变动,就会很快地使市场上的陨石存量发生巨大的变动。在这种场合下,从一块陨石所得到的收入(减去折旧)总是和它的生产成本的利息十分接近的。

第三节　续前

上面的许多假设是不断地从一个极端伸向另一个极端的,在一个极端,取自陨石的收入是从严格意义上说的地租,而在另一个极端,它宁可同自由资本或流动资本的利息列入一类。在第一个极端场合下,陨石是不能用坏或毁灭的,而且它的数量也是一成不变的。当然它们有被分配于各种不同用途的趋势,而在这些用途上它们是这样应用的,以致增加陨石的供给以适应某种用途的需要，如不取自它们所提供的纯服务至少具有同样价值的其他用途是不行的。可见，几种用途的应用边际是由陨石的固定数量和在不同用途方面对它们的需求总额的关系来决定的。这些边际一旦如此决定，对其使用行将支付的价格，是由它们在其中任何一个边际所提供的服务的价值来表示的。

加于陨石而征自使用者的等一税，将减少陨石在各种用途上的纯服务，所减之数等于税额。这种税将不影响陨石在几种用途上的分配；也许在由于重新调整的摩擦阻力而引起某些延缓之后，它将全部落在陨石所有者的肩上。

在我们假设链条上的另一个极端，陨石的毁坏是如此之快，按几乎不变的成本得以再生产又是如此之快，以致陨石所能承担的各种用途的迫切性和数量的变动，将迅速引起可用陨石数量的变动，因此，那些服务永不能提供一种大大高于或低于取得追加陨石所用货币成本的正常利息。在这种场合下，当一个企业家计算行将使用陨石的任何定货的成本时，他在行将使用（和耗损）陨石的时期可以把利息（或利润，如果把他自己的工作也计算在内）列入，作为该定货的一部分主要成本或直接成本。在这种情况下对陨石所课的税，会全部落在那个人身上，他甚至在实行这种税不久之后接受了借陨石来生产的一批定货。

假定陨石的寿命和新陨石得以供应的速度处于中间阶段；我们发觉，陨石借用者所必须支付的费用和陨石所有者在任何时候从它们所能取得的收入也许与其成本利息（或利润）暂时有所差异。因为陨石所能承担的各种用途的迫切性和数量的变动，会使它们在它们的边际使用上所提供的服务的价值有很大的提高或下降,即使在生产它们的困难方面没有巨大的变化。如果由于需求的变动,而非由于陨石成本的变动的这种上升或下降,在讨论任何特定企业或任何特定价值问题期间多半是大的,那么,对那种讨论来说,陨石所提供的收入与其说近似于陨石生产成本的利息,而不如说近似于地租。在这种场合下对陨石所课的税有减少用户所付租金,从而有减少取得追加供应的投资引诱的趋势。因此,它减少供给,并迫使那些需要用陨石的人把租金逐渐增加到一点,在该点,租金和陨石的生产成本完全相抵。但是这种调节所需要的时间也许是很长的。在这个期间,大部分税会落在陨石所有者的肩上。

如果陨石的寿命和我们所述的使用陨石的那种生产过程比较起来是长的,那么,陨石的存量也许超过它们特别宜于做的各种工作所需要的数量。其中有些几乎是闲而不用,这些陨石的所有者计算他恰愿生产的那种边际价格时并不列入陨石价值的利息。这就是说,有些成本就持续长时期的合同或其他事件来说被划成直接成本,可是就仅仅短时期的某特定事件来说却被划成补充成本,而这种成本在商业清淡时是要加以考虑的。

当然,在长时期内,所索价格应当抵偿补充成本和应当抵偿直接成本是同样重要的。一种工业由于甚至不能对投于发动机的资本提供低廉的利息,和由于不能补偿逐日消耗的煤和原料的价格一样,在长期内势必破产。正如同一个人由于得不到食物或由于带上镣铐而势必停止工作一样。但是人不吃饭也能继续工作一日,而如果他戴上镣铐,他就立即不能工作。同样,一种工业在整个一年甚或一年以上的期间也许而且往往相当活跃,虽然在那个期间除主要成本外所赚无几，而固定设备也不得不“白白地使用”。但是如果价格跌得这样厉害，以致它不能支付当年用现金所购买的原料、工资、煤和照明等费用，那么，生产势必立刻停顿。

这是生产要素所提供的被视作地租或准租的那些收入和被视作当前投资的利息（或利润）的那些收入（减去折旧和维修费用）之间的根本差别。这种差别虽说是根本差别，但它只是程度上的差别。生物学有趋势证明，动物界和植物界具有共同的来源。可是，在哺乳动物和树木之间仍存在着根本差别；而从较狭隘的意义上说，橡树和苹果树之间的差别是根本差别；同样，从更狭隘的意义上说，苹果和蔷薇之间的差别也是根本差别，虽然它们都属于蔷薇科。这样，我们的中心理论是，自由资本的利息和旧投资的准租逐渐地融合在一起，即使地租不是自在的东西，而是一大类中一个主要的种类。[①]

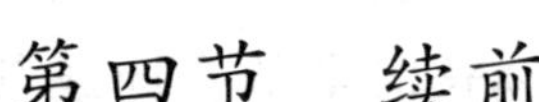

第四节　续前

此外，不论在精神世界或物质世界中，自然界从来没有把纯粹因素和其他因素分割开来，从严格意义上说的纯粹地租是极其罕见的。差不多所有的土地收入都多少含有某些重要成分，而这些成分是从投在建筑房屋、棚舍和排水等方面的劳动产生的。但是经济学家学会了识别日常所说的地租、利润和工资等这些名词所指的那些混合物的各种性质。他们知道在日常叫做工资的这一混

① 参阅本书下卷第五篇，第九章。

合物中含有真正地租的成分,在日常所谓的地租中含有真正的劳动报酬等等。总之,他们懂得把化学家作为自己的榜样,他探求各种元素的本性,因以处理商业上普通的氧与苏打,虽然它们含有其他元素的杂质。①

他们知道差不多所有实际使用的土地都含有资本的要素;由于人为了生产而投于土地的劳作所产生的那部分价值和不是由于这种原因所产生的价值是需要加以分别论证的;在讨论普通所谓"地租",其实从较狭隘的意义上来说并非全都是地租的那种收入的任何特定场合下,必须把这些论证的结果加以综合。论证综合的方式取决于问题的性质。有时只用机械的"力的合成"就够了;较多的是必须酌计各种力量之间类似化学的交互作用;而在差不多所有那些范围很广而极其重要的问题上,对生物学上的增长概念势必要加以注意。

①　费特教授在《经济学季刊》(1901 年 5 月,第 419 页)所发表的"地租概念的过时"一文中似乎忽略了这点;在该文中他断言"如果只是那些非由劳动所生的东西算作土地,如果证明在已开发国家中没有劳动的物质的东西是不存在的,那么,由此可以得出结论,所有的东西都必须算作资本"。此外,当他反驳(同上书,第 423—429 页)"广袤作为土地的基本属性和地租的基础"时,他似乎不懂得他所攻击的那种理论的真意。事实是,土地的广袤(或"空间关系"的总体)是土地的主要属性,虽然不是它的唯一属性,这种属性使得自土地的收入(在早开发国家)含有大量真正地租的因素,而土地收入中所含的这种真正地租因素,或日常所谓的地租,实际上比任何其他因素都来得重要,以致它给予了地租理论的历史发展以特殊的性质(本书上卷第四篇,第二章,第二、三节)。如果有巨大需求而又无法增加的无比坚硬的陨石在世界经济史中所起的作用比土地来得大,那么,引起学者主要注意的那些真正地租因素势必和硬度这一属性有关;而这势必会给予地租理论的发展以特殊的性质。但是广袤或硬度都不是所有提供真正地租的那些东西的一种基本属性。费特教授似乎也不理解上面所说的关于地租、准租和利息的中心理论的要点。

第五节　稀有地租和级差地租

最后，简单谈一下“稀有地租”和“级差地租”的区别。从某种意义上说，所有的地租都是稀有地租，所有的地租也都是级差地租。但在某些场合下，把用适当工具同样使用的某特定生产要素和劣等要素（也许是边际要素）所提供的收益加以比较来计算该特定要素的地租，是方便的。而在另一些场合，最好是直接考察需求和用该要素来生产那些商品所需要的资料的稀缺或丰裕的基本关系。

例如，假定现有的陨石都是同样坚硬，同样不易毁坏的；假定这些陨石都操于某个别人之手。再假定他决定不利用垄断权来限制生产，以便人为地提高它的服务价格，而是把每块陨石充分使用到它能被有利使用的程度（这就是说，使用到强度这样大的边际，以致产品只能以一种价格出售，这种价格刚够它的费用和利润，而对陨石的使用不提供任何剩余）。这样，陨石所提供的服务的价格势必由它们服务总量的自然稀缺性和对那些服务的需求的关系所决定；而剩余总额或地租最容易被看成是这种稀有价格和陨石使用费总额之差。因此，它一般地被视作稀有地租。但是相反地，它可以被看作是陨石纯服务的总价值超过假如它们所有用途像它们边际用途那样无利时所达到的总价值的级差差额。如果陨石为不同的生产者所有，而他们又由于互相竞争而不得不把每块陨石使用到再用就无利可图的边际，那么，上述论点也完全是适用的。

上例之所以这样选择是为阐明这一事实，即：用“级差”和“稀有"的方法来计算地租是不以劣等生产要素的存在为转移的:因为按优等陨石的边际使用和按在完全不值得使用的边际上的那些劣等陨石的使用,都同样可以清楚地作出有利于陨石在各种较有利的用途方面的级差比较。

由此可见,劣等土地或其他生产要素的存在有提高优等要素地租的趋势这一见解不仅是错误的,而且却是真理的反面。因为如果劣等土地被淹并且完全不能生产任何东西,那么,其他土地的耕作势必更加集约化;所以,较之该地提供少数产量时,产品的价格较高,而地租一般也有所增加。[①]

① 比较卡塞尔:《全部劳动产品权》,第 81 页。

甚至在许多有资格的经济学家的著作中所出现的关于准租性质的许多误解,似乎由于对价值与成本的长期和短期的差别注意不够。从而有所谓准租是一种"不必要的利润",且系"非成本部分"的说法。就短时期而言,把准租描述为不必要的利润是正确的,因为生产那根据假设已经制成并等待使用的机器是无须"特别"成本或"直接"成本的。但是就那些其他(补充)成本而论,它是一种必要的利润,这些成本在长时期内除直接成本外是必须加以支付的;而这些成本在某些工业例如海底电讯业中是比主要成本重要得多的。不论在哪一种情况下,它不是成本部分:但是未来准租的预期是对机器投资和对一般补充成本支出的一个必要条件。

此外,准租曾被描述为一租"机遇"利润;并且几乎以同样的口吻被认为全然不是利润或利息,而只是一种地租。当前它是一种机遇所得,而在长时期内,预期它而且它一般也确实提供以生产它所投下的一定货币数量表示的自由资本的正常利息率(或利润率,如经营上的报酬计算在内)。根据定义,利息率是一种百分率,亦即两个数之间的关系(见本书下卷第五篇,第八章,第六节)。机器不是一个数:它的价值可以等于若干镑或元,但是除非它是一架新机器,它的价值是按其所得或准租(折现)的总额计算的。如果机器是新机器,机器制造商认为这总额对于可能的买主来说将表现为行将报偿制造商的那种价格的等价。因此,在这种场合,它照例既是成本价格,又是代表未来所得(折现)总额的一种价格。但是如机器是旧机器并且在式样上部分陈旧,则机器的价值与其生产成本没有密切的关系。它的价值只是预期所得的未来准租的折现值总额。

第十章 边际成本和农产品价值的关系

第一节 从一般农产品和新开发国家出现的地租中，可以很清楚地看出时间因素在这个问题上的作用

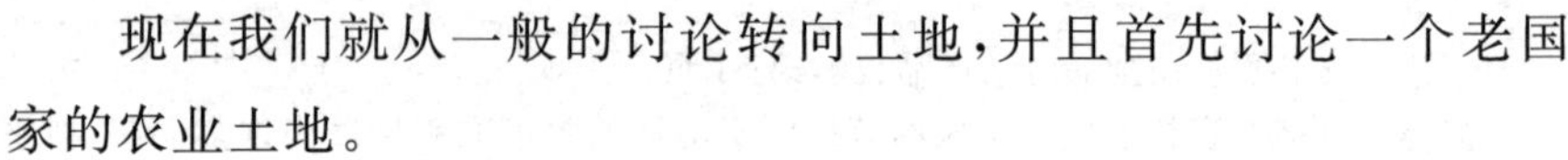

现在我们就从一般的讨论转向土地，并且首先讨论一个老国家的农业土地。

假定一种预料不会持续很久的战争，使英国的一部分粮食供应中断。英国人一定会用收效很快的那种额外的资本和劳动来增加农业生产。他们也许会考虑施用人工肥料、碎土机的结果等等；这些结果愈有利，则来年农产品价格的上涨就愈少，而这种价格是他们认为使他们值得在这方面追加投资所必要的。但是，战争对于他们在战时收不到成效的那些改良的决策的影响极小。从而，在任何关于决定短期谷物价格的那些原因的研究中，土地从逐渐改良而来的那种肥力，必须当作当时的既成事实，仿佛和自然所提供的肥力一样。这样，得自这些永久性改良的收入，提供一种超过增产所需要的主要成本（或特殊成本）的剩余。但这种剩余不是和地租本身等同的真正剩余，这就是说，它不是超过产品总成本的剩余；它需要用来补偿企业的一般成本。

说得更确切些：如果得自土地所有者个人对土地所曾作的那些改良的额外收入，被算得不包括任何利益，而这种利益是由社会的一般进步所赐与土地的，不是取决于他的劳作和牺牲的，那么，全部额外收入照例是用来补偿他的那些劳作和牺牲所需要的。他对这些额外收入的估计，可能偏低，但同样也可能偏高，如果他估计得正确，则一旦投资出现了有利可图的迹象，他的利益就迫使他来进行这种投资。如没有相反的任何特殊原因，我们就可以假定他是这样做了的。在长期内，投于土地的资本的纯收益，按好坏收益平均计算，不超过这种投资所要求的适当收益，如果预期收益低于人们所实际依以计算的收益，则改良就会少些。

这就是说：对于和进行任何改良并使之充分发挥作用所需要的时间比较起来是长的时期来说，得自改良的纯收入，只是用来支付改良者的劳作和牺牲所需要的价格。从而，进行改良的费用直接列入边际生产费用，并直接参与长期供给价格的决定。但在短期内，也就是说，在相对于进行所述那类改良并使之充分产生效果所需要的时间来说是短的时期内，这些改良在长期内所产生的纯收入足以提供改良费用的正常利润这种必要性，并不直接影响供给价格。因此，如我们所讨论的是短期，则这些收入可以被看成是取决于产品价格的准租。①

① 当然改良的性质和程度部分地取决于租佃条件，和在该时该地地主与佃户所具有的企业心、能力及所支配的资本。关于这点，当我们研究租佃关系时，我们将会知道，对于不同地区的特殊情况势必有所斟酌。

但不妨指出，地租本身是在土壤的原始性质不变的这一假设的基础上计算的。如改良所提供的收入被视作准租，则这些改良被认为是保有充分的效率。如果它们正在遭到破坏，则在我们求出作为它们的准租的纯收入以前，必须要从它们所提供的收入中减去因破坏而造成的损失的等价。

用来补偿耗损的那部分收入和矿山使用费有某些类似之处，这种费用并不多于因采掘而对矿山所造成的损失。

于是我们可以得出结论：(1)农业产量，从而和耕作边际的位置(亦即在优等和劣等土地上资本和劳动都得到有利运用的边际)，都是由供求的一般情况来决定的。它们一方面是由需求，也就是说，由消费农产品的人口数目，他们的需求强度和支付能力来决定；而另方面是由供给，也就是说，由可用土地的面积和肥力，以及准备耕种的人数和他们的资金来决定。从而生产成本、需求强度、生产边际和农产品的价格都是相互制约着，说其中任何一种部分地是由他种所决定，并不导致循环论。(2)作为地租的那部分产品，当然也在市场上出售，它对价格所起的作用和产品的任何其他部分完全一样。但是供求的一般情况，或它们相互之间的关系，是不受产品之分割成地租部分和使农户的支出有利可图所需要的部分的影响的。地租数量不是一个起决定作用的因素；而它本身是由土地的肥度、农产品的价格和耕作边际来决定的。它是投于土地的资本和劳动所得的总收益超过它们在和耕作边际一样不利的条件下所得的总收益的差价。(3)如果计算不属于边际的那部分产品的生产成本，当然，地租费必须加以计算；而如果这种计算是用来说明决定农产品价格的原因，那么，推理就成为循环的了。因为完全是一种结果的东西被算作造成这种结果的那些东西的部分原因。(4)边际产品的生产成本可以加以确定，而不致引起循环推理，产品其余部分的生产成本则不然。在资本和劳动有利应用的边际上的生产成本，在供求一般情况的支配下，是全部农产品的价格有和它一致趋势的那种成本：它并不决定价格，但是它集中了决定价格的那些原因。

第二节　续前

曾经有一种观点，认为如果所有的土地都具有相同的便利，并且都被占用，那么，土地所提供的收入就具有垄断地租的性质。当然，土地所有者，不论土地是否具有相同的肥度，都尽可以联合起来，以便限制生产。通过这种办法，农产品所得到那种提高了的价格是垄断价格；土地所有者的收入是垄断收入，而不是地租。但在自由市场的条件下，得自土地的收入是地租，不论是在土地质量完全相同的国家，还是在优等土地和劣等土地相交错的国家，它都是由相同的原因和相同的方式所决定的。[①]

的确，如果有肥度大致相同的土地，除足以能使每人获得他准备充分投资所需要的以外，尚绰绰有余，那么，它就不会提供地租。但是这只说明一个旧有的矛盾，即水如取之不竭，用之不尽，便没有市场价值，虽然水的某些分量有维持生命的功能，但是人人都可以毫不费力地达到满足的边际，在该边际任何更多的供应对他毫无用处。如果每个村民都有一眼井，他用多少水就可以从自己井中抽多少水，同时所需要的劳动并不多于他从邻家井中抽水所用的劳动，那么，井中的水就没有市场价值。但是假使旱象已成，因此浅井水竭，甚至深井也有缺水的危险，则那些有井的人就能向任何一个用水户每桶索水费若干。人口越密，收费的机会就越多（在假定没有开掘新井的条件下），最后，每个有井的人也许认为井是

① 比较第五篇，第九章，第五节。

一个永久的收入源泉。

同样，在一个新开发的国家里，渐渐出现了土地的稀有价值。早先的移民所行使的并不是一种专有权，他只能做任何其他人也同样可以做的事。他经历了许多艰难困苦，如果不是人身危险的话，他也许冒了某些风险，如土地竟然不佳，他也许不得不放弃他的改良。相反地，他的冒险也许成功，成群结队的人都接踵而至，而他的土地的价值很快会提供一种超过他用在土地上的开支的正常报酬的剩余，像一个满载而归的渔户所捕的鱼所提供的一样。但其中除了他的冒险的所需要报酬外是没有剩余的。他所曾从事的是一种有风险的事业，而这也是大家所共有的，他的精力和运气曾给他带来格外高的报酬，任何别的人也许像他一样，得到了同样的命运。这样，他所预期的土地将来提供的收入，列入他的计算之中，并且当他的事业究竟进行到什么程度，还在犹疑不决时，增加了决定他的行为的动机。如他的改良是用自己的双手进行的，则他把那种收入的折现值[①]看成是他的资本的利润和他自己劳动的报酬。

一个移民占有土地时往往料到的是，在他占有的时期，土地所提供的产品将不足以适当地报酬他的艰苦，他的劳动和他的支出。他把对他的部分报酬寄托在土地本身的价值上，这土地他也许不久就可以售与那没有机会过垦荒生活的后来者。这个新农户，有时甚至像英国农场主受到损失以后才知道的那样，把他所生产的小麦几乎看成是一种副产品；他所企求的主要是一个农场，是由他对土地所进行的改良而行将得到的农场所有权。他认为土地的价

① 比较第三篇，第五章，第三节；与第五篇，第四章，第二节。

值将节节上涨，这种上涨与其说是由于他自己的劳作，而不如说是由于那种与日俱增的社会繁荣所造成的安乐的增进，资源的增长和市场的发达。

用另一种方式来说，人们一般不愿经受垦荒的艰苦和孤独，除非他们有把握得到一种比他们在本国所能得到的报酬（用生活必需品计算）要高得多。矿工们除非用一种高工资是不能被吸引到一个与文明的其他便利和各种社会活动机会相隔绝的富矿来工作的，而在这些矿场监督他们自己投资的那些人也期待着高额利润。由于同样的理由，垦荒者需要有由出售他们农产品的收入所构成的高额总收益和取得有价值的产权来报酬他们的劳动和艰苦。当免费使用土地时，移民就进行到这一点，在该点，土地恰能提供这种收益，而不留有支付地租的任何剩余。如收取费用时，则移民只进行到这一点，在该点，收益除报酬垦荒者的艰苦外，将留有一种地租性质的剩余，以补偿这种费用。

第三节　对生产者个人来说，土地不过是资本的一种形式

尽管如此，还须记住，土地从生产者个人的观点来看，只是资本的一种特殊形式。一个农户所耕作的某特定地段是否达到他所能达到的那种有利程度，他是否应该力图尽量利用这块土地，或另种一块土地这样的问题的性质，和他是否应该购买一架新犁，或者设法使其现有各犁多做出一些工作（有时在土壤处于不很有利的条件下也使用它们），并给他的马多喂草料这一问题，具有相同的

性质。他把以下两种情况加以比较。一种是多用一些土地所得到的纯产品。一种是把这笔资本用在其他用途的情况(这笔资本是为了取得这纯产品所必须花费的)。同样地,他把在不利条件下使用他的犁所得的纯产品,同增加他的犁数,从而在更有利的条件下使用它们所得的纯产品加以比较。他不知道究竟通过额外使用他的现有各犁,还是通过使用一个新犁而生产的那部分产品,可以说是由犁的边际使用而来。这种使用对犁所提供的纯收入毫无增益(也就是说,除了实际的耗损费,一无所剩)。

又如一个拥有土地和建筑物的厂商或商人,把二者看作是同他的企业有类似的关系。最初土地和建筑物都将给他提供充分的助力和便利,后来随着他力图从它们取得越来越多的助力和便利而出现了报酬递减现象,直到最后他将怀疑究竟他的车间或货库的拥挤现象是否如此不便,以致只有增加空间才适合他的目的。而当他决定是否通过增加一块土地或把他的工厂多盖一层以扩大空间时,他要把增加一块土地和多建一层楼的投资所得的纯收入加以比较。他刚好从现有设备挤出的那部分生产(他不知道是否增加那些设备比提高现有设备的利用率较为值得),对那些设备所提供的纯收入并无增益。这个论点没有提到设备究竟是人造的,或一部分是自然所赐与的。它同样适用于地租和准租。

但是从社会的观点来看却有这样的区别。如果一个人占有一个农场,则供别人使用的土地有所减少,他之使用农场不是增加了别人对它的使用,而是代替了这种使用。而如果他投资改良土地,或建筑房屋,则他不会显著地减少别人进行同样投资的机会。可见,在土地和人造设备之间有其相同的一面,也有其不同的一面。

其所以不同，是由于在一个早开发的国家里土地总额大约是（在某种意义上说，绝对是）永久而固定不变的；而人造的设备，不论是土地的改良、建筑物，还是机器等等，都能按照借助于它们所生产的产品的有效需求的变动而不断地增加或减少。这就是它的不同方面。而相反地，也有它的相同方面，因为其中有些设备不能被迅速地生产出来，就短期来说，它们实际上是一个固定不变的数量。就短期而论，得自它们的收入和借它们所生产的产品的价值的关系，同真正的地租和这些价值的关系一样。[①]

第四节　对所有农产品和对单一农作物征收特别税的说明。准租和单一农作物的关系

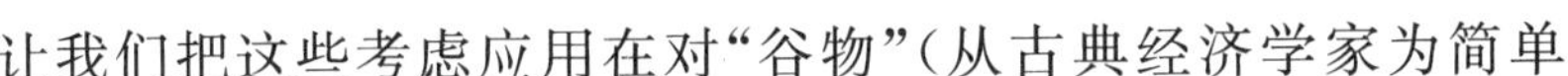

让我们把这些考虑应用在对"谷物"（从古典经济学家为简单

① 地租和利润的关系曾引起前世纪经济学家的注意；其中特别应该提到的也许是西尼尔、穆勒、赫尔曼和莫高耳特。西尼尔似乎几乎理解到困难的关键在于时间因素。但是在这里像在别处一样，他只满足于自己的建议；而他并没有把它们加以系统化。他说（《政治经济学》，第129页），"就一切有用场合而言，一旦提供收入的资本不论通过馈赠或继承变成某人不是从自己的节欲和劳作而来的财产，利润和地租的区别即行消失"。此外，穆勒说（《政治经济学》，第三篇，第五章，第四节），"任何有利于某些生产者或有利于在某些条件下生产的那种差别，是某种利得的源泉，这种利得虽然不能叫做地租，除非由某人定期付给另一人，但它是受着与其完全相同的那些规律的支配的"。

曾经指出，不用错误情报或其他方法来操纵价格的投机家，如能正确地逆料未来，并且在股票交易所或粮食市场通过巧买巧卖而获利，则他因促进所需要的生产和压缩所不需要的生产而一般地对社会有利；但早开发国家中的土地投机家却不能这样，因为土地的数量是固定不变的。充其量他只能使一块很有希望的地基不致因所有者的仓促，无知或无能而用于次要方面。

起见用它来代表一切农产品的意义上说)征收一种永久性租税的假设上。很显然,农户力求使消费者至少负担一部分租税。但是向消费者所索价格的任何上涨,势必减少需求,从而对农户又起着反作用。为了决定究竟有多少税转嫁给消费者,我们就必须研究有利支出的边际,不论它是运用于劣等土地或远离有利市场的土地的少量支出的边际,还是运用于优等土地和靠近人口稠密的工业区的土地的大量支出的边际。

如果靠近边际所曾生产的只是少量的谷物,那么,农户所得纯价格的些许下降,不会使谷物的供给锐减。因此,消费者所付的谷物价格不会急剧上升;而消费者所负担的税实属有限。但是谷物的价值超过生产费用的剩余势必有很大的下降。如果农户所耕种的土地是自己的土地,他就负担较大一部分租税,而如果是租来的土地,他可以要求大大减少地租。

相反地,如果靠近耕作边际所曾生产的是大量的谷物,则租税有使生产大大缩减的趋势,由此而引起的价格的上涨会阻止这种缩减,从而农户进行和以前几乎一样的集约经营,而地主在地租上所受的损失极小。①

可见,一方面,一种税要是课得使土地的耕作或建立农场用房受到节制,它就有转嫁于农产品消费者的趋势。而另一方面,对来自土地的位置、广袤及其阳光、热、雨和空气和那部分(年)价值所

① 当然,使地租和土地的真正经济剩余相适应,实际上是缓慢无常的。这些问题将在第六篇,第九、十两章中加以讨论,某些相当武断的假设下的粮食税的归宿将在附录十一中加以研究。

课的税，只能由地主负担，当然，租地人在短时期内就是地主。土地的这种（年）价值普通叫做土地的“原始价值”，或“内在价值”。但是其中大都是人为的结果，虽然不是它的持有者造成的结果。例如，灌木林地由于附近工业人口的增长而可以立即具有很高的价值；虽然它的所有者把它原封未动地搁在一边。因此，也许更加正确的是，把土地的这部分年价值叫做“公有价值”，把由土地持有者的劳作和支出所创造的那部分价值叫做“私有价值”。但“原始价值”和“内在价值”这些旧名词，仍然可以保留，以供一般使用，不过要指出它们的部分不确切性。在使用比它好的以前使用过的另一个名词时，我们可以把土地的年公有价值叫做“真正地租”。

对土地公有价值所课的税，不会大大减低精耕土地的引诱，也不会减少建筑农场用房的引诱。因此，这种税不会大大减少商品粮的供给，也不会提高农产品的价格；所以它不能从土地所有者那里转嫁出去。

这假定对真正地租所课的税是按照土地的一般能力，而不是按照土地所有者对它的特殊使用来规定税额的。土地的纯产品被假定为一个具有正常能力和企业心，并按自己力所能及的判断而善于使用土地的耕户所能得到的那种纯产品。如果有一种先进的耕作方法发掘了土壤的潜力，以致使收益增加，除报酬支出和正常利润所需要的以外，尚有很大的剩余，那么，纯收益和正常利润的这个差额应属于真正地租的范围。但是如果人们知道，或甚至料到，对真正地租所课的那种很重的特别税将应用于这个收入差额，那么这种预料就可以使土地所有者因畏重税而放弃改良。[①]

第五节　续前

我们曾经偶尔提到不同工业部门之间对相同的原料或生产工具的竞争。但现在我们必须考察不同农业部门对同一块土地的竞争。这种场合比城市土地的那种场合简单，因为农业，就主要作物而论，是单一的企业，虽然栽培果树(包括葡萄树在内)、花草和蔬菜之类提供了发挥各种专业能力的机会。因此古典经济学家姑且假定所有各种农产品都可以被看成是等于一定量的谷物，假定除占全部土地一个有限而几乎固定的部分作为建筑地基外，所有的土地都将被用于农业，这是有理由的。但是当我们把自己的注意力集中在任何一种农产品，例如蛇麻上的时候，似乎是提出了一个新的原理，其实不然。让我们来考察它吧。

蛇麻是和其他作物轮种的，农户往往举棋不定的是，究竟他用自己的某块土地来种蛇麻，还是来种另一种作物。于是各种作物都彼此争用这块土地；如果任何一种作物比其他作物有提供较大利益的迹象，那么，农户将把自己更多的土地和资金用于这种作物。这种变动也许由于习惯、缺乏信心、固执或农户的知识有限，而受到阻碍，但这大体上仍是真的，即各农户(再一次重复起支配作用的代用原则)“在估计到他自己的资金时，将把资本投在他企业的各个方面，直到他认为似乎达到有利的边际为止；也就是说，

① 对未利用的建筑用地豁免其全部价值税，对建筑有所阻碍。见附录七。

直到在他看来似乎没有充分理由认为在某特定方面任何进一步投资的收益会补偿他的支出为止”。

可见，在均衡时，燕麦和蛇麻或另一种作物对恰好引诱农户运用的那种资本和劳动将提供相等的纯收益，否则他势必作了错误的计算；而不能得到他的支出得以提供的最大限度报酬。他仍然可以通过重新分配他的作物，通过增加或减少他的燕麦或某种别的作物的种植来增加他的收入。①

这就使我们要考虑和各种不同作物对同一块土地的竞争相关的那种租税了。让我们假定，不论什么地方种植蛇麻都要纳税，它并不只是一种地方税。农户可以用降低他对蛇麻地的集约经营程度来逃避一部分税，而用他所曾计划种植蛇麻的土地种植另一种作物来逃避另一部分税。倘他认为种植无税的另一种作物比种植有税的蛇麻收入要多，则他将采取第二种计划。在这种场合下，当他决定限制蛇麻生产的程度时，他所考虑的是他从种植比方说是燕麦的那块土地所能得到的剩余。但是即使在这种场合，在种植

① 如农户生产原料，甚或粮食以供应市场，则他的资源在不同用途方面的分配是一个企业经济问题：如他的生产是为了他自己的家庭消费，它至少是部分的家庭经济问题。比较以上第五篇，第四章，第四节。此外，可以指出，数学附录注 14 强调这一事实。提供最大总报酬的那种支出在不同工作方面的分配，是由对解决家庭经济中的同一问题所需的那些方程组来决定的。

穆勒(《原理》，第 3 篇，第 16 章，第 2 节)在讨论“连带产品”时指出，和作物争用特定土壤有关的一切问题因作物的轮种和类似原因而更加复杂化；对所轮种的各种不同作物需要有一种繁复的复式簿记。实践和妙算有可能使农户大致做到这点。整个问题可以用简单的数学公式表示，但这些公式是冗长的，也许是徒劳无益的。因此，当它们始终是抽象的时候，它们也就不会有多大的用处；虽然它们属于对高级农艺学最后也许有用的那一类，如果这种科学进步得足以适应现实细节的需要的话。

燕麦的土地所提供的剩余或地租和蛇麻价格所必须补偿的边际成本之间也不存在简单的数的关系。某农户的土地过去生产优质蛇麻，并且当时恰适合种植蛇麻，他会毫不犹疑地认为最好是用它来种植蛇麻，虽然由于租税的原因，他也许决定稍微控制在这方面的支出。①

同时，一般限制蛇麻供给的倾向，有使它的价格上涨的趋势。如果蛇麻的需求没有弹性，而质量相宜的蛇麻又不易从没

① 例如，如果他认为，尽管有税，种蛇麻使他除了费用（地租除外）还能得到三十镑剩余，而种任何其他作物，除了同样费用只能使他获得二十镑剩余，那么，实际上不能说，该地种其他作物所提供的地租"列入"燕麦的边际价格。但是从其不正确的意义上解释"地租不列入生产成本"的古典理论易，而从其原来正确的意义上解释则难，因此，此语似乎最好避而不用。

一般人都想不通地租不列入燕麦价格这句古语，因为他看到其他用途对土地需求的增加使附近所有土地的租值上涨；使种植燕麦的无租地减少；因此，使从所剩燕麦地攫取较多的产量，从而使燕麦的边际生产费及其价格上升是值得的。地租的上涨确实是一种媒介，通过这种媒介，可用于蛇麻和其他农作物的土地的日益稀缺不得不引起他的注意；力求使他深入这些条件改变的现象去探求真正起作用的原因是不值得的。因此，认为地租不列入它们的价格是不相宜的。但是比不相宜更坏的是认为地租列入它们的价格：这种看法是错误的。

杰文斯问道（《政治经济学理论》序言，第 54 页），"如果作为牧场每亩一直提供两镑地租的土地改作麦田，难道不应该把这两镑（每亩）加在小麦的生产费用中吗?"答案是否定的。因为两镑这宗款额是和只能偿其所应负之小麦的生产费用无关的。所应当说的是："如能用来生产某商品的土地而用来生产另一种商品，则第一种商品的价格因其生产范围的相应压缩而增加。第二种商品的价格将等于只能偿其所应负的那部分小麦（即在有利支出边际生产的小麦）的生产费用（利润和工资）。如果为了任何特定的论证我们把该地的全部生产费用加在一起，并使全部产品分担这种费用，那么，我们所应计入的地租并不是该地如用于生产第一种商品时所付的地租，而是用于生产第二种商品时所付的地租"。

有这种特别税的地区输入，那么，价格的上涨几等于全部税额。在这种情况下，一般限制蛇麻供给的倾向就会受到节制，而所种植的蛇麻几乎和没有征税以前一样多。在这里像在以前所述印刷品税的场合一样，地方税的结果和一般税是截然相反的。因为除非这种地方税普及到全国可以种植优质蛇麻的绝大部分地区，则它的结果势必把蛇麻驱逐到无税的地区，税收会减少，当地农户所受的损失会很大，而群众购买蛇麻所付的价格也会稍高一些。

第六节　续前

就短期而论，上节的论点对农场建筑物的获利的能力和其他准租都是适用的。当可以用来生产某种商品的现有农场建筑物或其他设备，由于另一种商品的需求能使它们在它的生产上取得较高收入而转用于这种商品的生产时，则在短时间内第一种商品的供给将减少，而它的价格比这些设备不能用另一种用途取得较高收入时要高些。例如，如果生产设备可用于一个以上的农业部门，则各部门的边际成本所受的影响，要看这些设备转用于其他部门的程度而定。尽管报酬递减，其他生产要素在第一个部门中的利用强度将更加提高；而它的产品的价值将上升，因为只有在较高的价值下价格才将处于均衡状态。由于外部需求而增加了的设备的获利能力，似乎成为这种价值增加的原因，因为它将使那个部门的生产设备相对缺乏，从而提高它们的边际成本。从这种论断表面上似乎可以简单地过渡到另一种论断，即增加了的设备的获利能力列入决定价值的那些成本之中。但是这种过渡是不合理的。因为第一种商品的价格的增加和设备转用于第二个产业部门所能得到的收入之间，将没有直接的或数的关系。

同样地，如果对某工业所用的工厂课税，则其中有些工厂将转用于其他工业，因此那些工业的边际成本，从而它们的产品的价值将下降。同时各种工厂的纯租价也暂时下降。但是这些下降在量上将有所不同，因此，在产品价格的下降和地租（或更确切些说，准租）的下降之间将没有数的关系。

这些原理不论对短期或长期来说都不适用于矿山。矿山使用费虽然往往被叫做地租，但不是一种地租。因为除矿山或石场等实际上是取之不尽，用之不竭以外，它们的收入超过它们直接支出的差额，必须至少有一部分被视作出售储藏品（的确为自然界所储藏，而现在被当作私有财产）所得的价格；因此，矿石的边际供给价格除采矿的边际费用外，还包括矿山使用费。当然，矿山所有者希望按时取得矿山使用费。而他和租用者所订的合同，部分地由于这种原因，往往载明既要支付使用费也要支付地租。但是对一吨煤所收的矿山使用费本身，如加以正确的调节，说明那被视作未来财富源泉的矿山的价值已有所减少，而这种减少是由自然藏量中取出那吨煤所造成的。[①]

① 参阅本书上卷第四篇，第三章，第八节。亚当·斯密因把地租和利润与工资等同对待当作(货币)生产成本而受到李嘉图的攻击；无疑地他有时是这样做了的。但是他在别处说，“必须注意，地租之构成商品价格和工资与利润有所不同，工资和利润的高低是价格高低的原因，而地租的高低却是它的结果。正是因为使某特定商品上市而必须支付或低或高的工资和利润，它的价格才或高或低。但是正是由于它的价格比足以支付那些工资和利润所需之数或高或低得多，略多，或不多不少，它才提供高额或低额地租，或完全不提供地租”(《国民财富的性质和原因的研究》，第一篇，第十一章)。在这个场合像在其他场合一样，他在自己著作的某部分中所预见的真理，而在其他部分中似乎为他所否定。

亚当·斯密讨论“煤在任何长的时间内所能出售的价格”；并且认为“蕴藏最富的矿决定附近其他各矿煤的价格”。他的意思含混不清；但他似乎并不是指任何暂时的廉价出售；而是指煤矿一年的租值。李嘉图遵循着显然相同的方式，得出相反的结论：“决定价格的是贫矿”；这个结论也许比亚当·斯密的理论更加接近真理。但事实上当使用某矿所出的费用主要采取矿山使用费的形式时，二命题似乎都不适用。当李嘉图说地租不列入矿石的边际生产成本时，他在技术上是对的(无论如何不一定错)。但是他应该继续说，如果某矿不是实际上开不尽的，则它所提供的收入一部分是地租，一部分是使用费；虽然地租不直接列入而最低使用费却直接列入各部分产品的费用(不论是边际费用，还是非边际费用)。

当然使用费是就矿中的那些煤层来计算的，这些煤层既不十分富饶而易于开采，又不十分贫瘠而难于开采。有些煤层只能偿其经营费用；而有些煤层因缺煤或有严重缺点而甚至不能支付其劳动工资。但全部论证所暗中假设的是早开发国家中的情况。当陶西格教授指着新开发国家的情况(《原理》，第二章，第 96 页)，“怀疑最贫矿的所有者是否能取得任何报酬，假定他根本没有开发它”时，他也许是对的。

第十一章　边际成本和城市土地价值的关系

第一节　位置对城乡土地价值的影响。地基价值

前三章考察了生产成本和来自土地“原始力”与其他自然恩赐品的占有的收入的关系，也考察了生产成本和直接来自私人投资的收入的关系。介于二者之间有一个第三类，其中包括那些收入，或者不如说收入的那些部分，这些收入是社会一般进步的间接结果，而不是私人为获利所投资本和劳动的直接结果。现在我们应该研究这一类，特别是关于城市地基的价值。

我们已经知道，虽然自然界所给予的报酬，如用农产量计算，差不多总是不能和投于农业中的资本和劳动的增加成比例的增加；但是另方面，如果高度的集约经营是附近地区非农业人口增长的结果，那么，人口的密集多半有提高农产品价值的趋势。我们已经知道，当产品按其对生产者的价值，而不按其数量计算时，这种影响是怎样地同报酬递减规律的作用对立，并且往往超过后者的作用；农户既可以得到他借以销售农产品的好市场，又可以得到供

给他必需品的好市场，他买贱卖贵，社会生活的种种便利和享受也越来越处于他力所能及的范围之内。[①]

此外，我们也曾知道，高度工业组织所产生的经济，[②]是怎样往往只在很小的程度上取决于各个别厂的资源。各业为自己所必须安排的那些内部经济和工业环境的普遍进步所产生的那些外部经济相比，往往是微不足道的；一个企业的位置在决定企业利用外部经济的程度上，几乎经常起着重大的作用；由于附近勤劳富裕的居民的增多，或者铁路和通向现有市场的其他交通工具的开辟而产生某地基的位置价值，是工业环境的变动对生产成本所起的最显著的影响。

假设任何一业（不论是否农业）中的两个生产者在各方面都具有相等的便利，但第一个企业比第二个企业所占的位置较为便利，因此在相同市场上买卖所需运费较少，那么，他的位置所给予他的差别利益等于他的对方所多出的运费总额。我们可以假定，位置上的其他便利，例如靠近特别适合他的行业的劳动市场，同样可以变成货币价值。如把这换算成货币价值并加在一起，我们就得出第一个企业比第二个企业在位置的便利上所具有的货币价值；而如果第二个企业没有位置价值，它的地基只是按农业土地的价值计算，那么，这种价值就成为它的特殊位置价值。较有利地基上所能获取的额外收入提供一种所谓特殊位置地租；任何一块建筑土地的总地基价值是拆除建筑物后在自由市场上出售时所具有的价

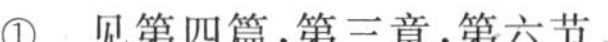

① 见第四篇，第三章，第六节。

② 见第四篇，第十、十一、十二、十三章。

值。“年地基价值”——用一种方便的，虽不十分确切的说法——就是那种价格按当前利息率所提供的收入。它显然超过特殊位置价值，所超过之数仅等于农业土地的价值，相较之下，它往往是一个几乎可以不计的数量。①

第二节　通过个人或集体的有意行动而创造的位置价值的一些例外场合

很显然，大部分位置价值是“公有价值”（见以上第五篇，第十章，第四节）。但是也有一些需要注意的例外场合。有时全城甚或一个地区的住宅是按商业原则设计的，而且是单独由一个人或一个公司负担风险投资来完成的。后者的行动部分原因也许是由于慈善或宗教的动机，但是不论在任何场合，它的财政基础将见之于这一事实，即：居民稠密本身就是经济效率增进的一个原因。在通常情况下，这种效率所产生的主要利得归那些已经占有该地的人

① 如果我们假定在同一个市场销售的两个农场对等量投资的产量都提供报酬，第一个农场比第二个农场多得的报酬等于把它的产品运输到市场上的额外费用，那么，这两个农场的地租将相等（这里假定投于该二农场的劳动与资本都化成同一的货币尺度，或假定它们和市场的距离一样远近也行）。此外，如果我们假定有甲乙二矿泉，所提供的水完全相同，各泉按不变的货币生产本都可以无限开发；这种成本，不论产量如何，在甲泉比方说是每瓶二便士，在乙泉是二便士半；那么，从乙泉每瓶运费比从甲泉少半便士的那些地方，将为它们竞争的中立地带（如果运费与距离成比例，则该中立地带是甲与乙作为其焦点的双曲线）。在甲方各地甲泉可以比乙泉卖得便宜，反之，则乙泉可以比甲泉卖得便宜。各泉在自己地区内出售自己的产品都能获得垄断地租。这是许多易于出现的想象而不无教益的问题之一。比较屠能在其所著《孤立国》中所作的卓越研究。

所有。但那些从事于开拓一个新地区或建设一座新城市的人把自己的主要希望通常是建立在获得商业成功的基础上面。

例如，当萨尔特和蒲耳曼决定把他们的工厂移到乡下并建立萨尔特和蒲耳曼城的时候，他们都预料到他们按农业用地的价值所能购买的土地会取得城市地产由于周围人口稠密而产生的那种特殊位置价值。同样的动机也曾支配了那些人，他们选定一块本来就适合成为避暑胜地的地基，然后购买了这块土地并且用了大批经费来开发它的资源。他们情愿长期等待他们投资的任何纯收入，以期他们的土地最后会因周围人烟稠密而获得很高的位置价值。[①]

在所有这些场合下，得自土地的年收入（无论如何，超过农业地租的那部分收入）对许多场合来说应被看成利润，而不应被看成地租。不论建筑萨尔特城或蒲耳曼城工厂所用的土地，或充作某店铺或商店的地基（它的位置将使它有可能和工厂工人做好买卖）而提供“高额地租”的土地，上述论点都同样适用。因为在这些场合，势必冒很大的风险；而在有巨大损失风险的各种事业中，也必须有获重利的希望。一种商品的正常生产费用必须包括对生产它所需要的那种冒险的报酬，而这种报酬要足以使那些从事冒险与否尚在犹疑不决的人认为他们可能得到的利益净额（也就是说，除去他们可能受到的损失额后）是对他们辛勤和支出的报酬。这种冒险所提供的利益除足以供这种目的而用之外，是没有多大剩余的。这可以由它们仍然不是很常有的这一事实来说明。但在势力

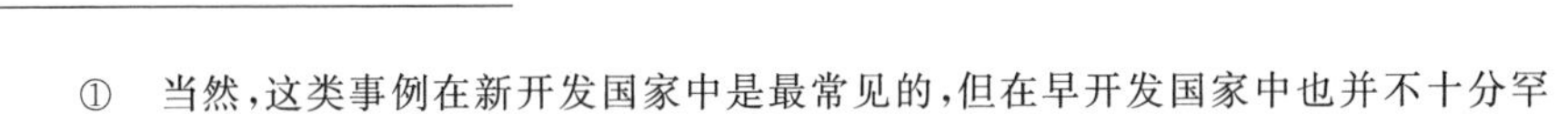

① 当然，这类事例在新开发国家中是最常见的，但在早开发国家中也并不十分罕见：萨尔特就是一个明显的例子；而勒奇渥兹花园城也是新近饶有趣味的一例。

很大的公司所操纵的那些工业里，它们多半是比较常见的。例如，某大铁路公司可以建立一个克鲁或一个新斯温顿来制造铁路设备而不冒任何巨大的风险。[①]

类似的例子有：一群土地所有者联合起来建筑一条铁路，并不指望铁路运输的纯收入支付投在建筑铁路上的资本以任何巨额利息；但是它将大大提高他们土地的价值。在这种场合，在作为土地所有者的收入的增加中，有一部分应当看成是改良他们土地所投下的资本的利润，虽然这种资本曾用于建筑铁路，而不是直接用于他们自己的土地。

具有相同性质的其他事例有：主要的排水工程和改善农业或城市土地一般状况的其他计划，倘这些计划是由土地所有者用自己的费用来实现的，不论这些费用是通过他们私下协议，还是向他们征收特捐得来的。此外，如一个国家在建立它自己的社会政治组织，普及国民教育和开发自然资源方面的投资。也属于这类事例。

这样看来，增加土地和其他自然恩赐品的价值的那种环境的改善，在许多场合部分地是由于土地所有者为提高土地的价值而故意投资造成的；因此，由此而增加的收入，其中一部分可以看成

① 政府在实行这种计划，特别是在选择供驻军的城市、兵工厂和制造军用品的场所方面具有很大的便利。在比较政府和私厂的生产费用时，国营工厂的地基往往只按农业土地计算。但这种方法是错误的。私厂必须每年支付很大一笔地基费用，或冒很大的风险，如果它给自己建立一座城市的话。因此，为了证明国营对公众福利和私营同样经济而有效，在国营工厂的资产负债表中应列入它们地基的城市价值的全部费用。在那些特殊的生产部门中，这些部门国家可以为它们建立工业城而不冒那些私厂在同样场合所冒的风险，这种利益大致可以看作国家经营那些特殊事业的一种根据。

是利润，如我们考察长时期的话。但在很多场合下却不然；自然恩赐品所提供的纯收入的任何增加并不是由于土地所有者的特殊支出，而且也不提供使用这种支出的直接动机，这种增加对各种场合来说应当看作是地租。

当在某新兴城市的郊区拥有数十英亩土地的人为了建筑而“开发”它们的时候，就出现类似上面所说的那些场合。他也许设计了马路，决定哪里房舍应当相连，哪里应当分开；并拟定了一般的建筑式样，也许还规定了每种房屋所用的最低建筑费；因为每种房屋的美观增加所有房屋的一般价值。他这样所创造的集体价值具有公有价值的性质；它大半取决于潜在的公有价值，而这种价值是整个地基得自它附近的繁荣城市的兴起的。但是他的预见，组织能力和支出所产生的那部分价值应当看成是企业的报酬，而不应当看成是私人对公有价值的占用。

这些例外场合是必须加以考虑的。但一般准则是，每块土地上所建房屋的数量和性质大体上（在当地建筑法的许可下）是最有利的结果得以预期的那种数量和性质，很少或不考虑它对周围地区位置价值的作用。换句话说，那块地的地基价值是由那些因素决定的，而这些因素多半不能为决定建筑什么房屋的那些人所左右；他根据它上面各种房屋所提供的收入的估计来调节他的建筑经费。

第三节　决定永租地租的一些原因

建筑土地的所有者有时用自己的土地建筑房屋，有时索性把它出售。最常见的是，他按固定的地租出租他的土地，租期九十九年，期满之后，土地与其建筑物（根据契约，建筑物必须妥为修缮）归其遗产继承人所有。让我们考察决定他出售土地所得地价和他出租土地所取地租的那些原因。

任何一块土地的资本还原价值是其可能提供的所有纯收入的簿记折现值，所谓纯是指一方面减去包括收租费在内的各种意外费用，另方面加上它的矿藏，发展各种企业的能力和用于住宅时所具有的那些物质的、社会的与美观的有利条件。土地所有权所提供的那种社会地位和其他个人满足的货币等价并不表现为土地的货币收益，但列入它的资本货币价值。①

其次，我们考察什么决定土地所有者出租土地（例如，租期九十九年）所能得到的"地租"。全部固定租金折成现值有等于土地当前资本价值的趋势；但是必须酌减两项，一项是当租期终结时把土地和它上面的建筑物一并交还本主遗产继承人的义务；另一项是租约对土地使用的任何限制所引起的可能不便。由于这两项酌减，地租略小于该地的"年地基价值"，如果该地基价值被认为始终保持不变；但事实上由于人口的增长和其他原因，地基价值看涨，因此，在租期开始时，地租一般地略高于年地基价值，而在租期终

① 农业土地的价值一般表现为当前货币地租的若干倍，或等于若干年地租的收入：在其他情况不变条件下，这些直接的满足愈多，和土地所提供的这些满足与货币收入愈多，则土地的价值也就愈大。等于若干年地租的这种收入也由于未来正常利息率或货币购买力的预期下降而增加。

地价未来上涨的折现值比一般所想象的要小得多。例如，设利息率为五厘（中世纪时流行的利息率更高），按复利投资一镑两百年后约为一万七千镑，五百年后约为四百亿镑。因此，国家在首次实行地价上涨归公方面投资1镑，除非地价上涨值现在超过一万七千镑（如在两百年前投的资），或四百亿镑（如在五百年前投的资），则这种投资实属不利。这假定按五厘的这种投资是可能的，实际上这当然是不可能的。

结时，则远低于年地基价值。[①]

在决定在任何一块既定土地上的建筑权利的价值之前，必须从建筑物的估计毛收益中减去预计建筑费用，在这些费用中还有租税（中央税或地方税），而这些税也许是向地产征收并由地产所有者交纳。但这就引起一些困难的枝节问题，只好留在附录七中加以讨论。

第四节　报酬递减和建筑土地的关系

让我们重申这个事实，即报酬递减规律适用于各业中为了生活和工作而进行的对土地的使用。[②] 当然，在建筑业，像在农业中一样，资本运用得过少是可能的。如某宅地所有者认为，只需耕种分给他的一百六十英亩土地的一半他就能生产出比耕种全部土地时更多的农产品，同样，即使当土地几无任何价值时，一幢很矮的住宅也可以昂贵得和它所提供的便利不相称。在农业中，一英亩土地运用一定的资本和劳动可以提供最高的报酬、超过这点追加资本和劳动报酬就减少，建筑业亦复如此。在农业中，提供最大报

① 在不繁华或商业冷落的地区，少数地基价值有所下降，但是另方面，在过去没有特殊位置价值，而后来变成时髦或商业中心时出租的土地场合下，位置价值比地租上涨许多倍。如果是在十八世纪前半期，当黄金稀缺，各阶层人民的货币收入十分微薄的时候出租的，则情况更是如此。一百年后将值一千镑的地产对地主所提供的收益折现值，也许比一般所想象的要少些；虽然误差没有在前注中所说的预期千百年的场合那样大。如果利息率为三厘，则此值约为五十镑；如果像三四百年前那样利息率一般为五厘，则它只有八镑。

② 参阅第四篇，第三章，第七节。

酬的每英亩的资本量，是随作物的性质、生产技术状态和所供应的市场的性质而变化的。同样，在建筑业中，可能提供最大报酬的每平方英尺的资本，如果地基没有稀有价值，也是随着建筑物所要求的用途而变化的。但是如果该地基具有稀有价值，则超过这个最大报酬点继续使用资本而不支付扩大地基所需土地的额外成本是值得的。在土地价值高的地方，使每平方英尺土地提供二倍的便利，所用成本多于比在土地价值低的地方在同样场合所用成本的二倍。

我们可以把建筑边际这一名词应用到那种便利上，这种便利是仅仅值得从某既定地基取得的，如果土地的稀有性减少，就不从它取得这种便利。为确定概念起见，我们可以假定，这种便利是建筑物的顶层所提供的。①

土地成本的节省是用建筑顶层，而不用较多地面扩大建筑来实现的，这种节省适能补偿该计划所用的额外费用和不便。顶层楼所提供的便利，如酌减它的偶然不便外，刚够值它的成本，而不留有任何剩余，以供地租之用。在顶层楼上（如系工厂的一部分）

---

① 楼房往往装有电梯，这种电梯的使用费由房主负担，在这种场合下，尤其是在美国，顶层的租金有时要比其他层高些。如果地基价值贵，而法律又不为了他的邻人的利益而限制他的楼房的高度，那么，他也许把楼建筑得很高。但最后他将达到建筑边际，最终他会发现，用于奠基、建筑厚墙和安装电梯的额外费用，以及由此而来的低层的贬值，使他因多建一层楼而得不偿失；恰恰值得他供应的那种额外便利（即房屋），可看作处于建筑边际的便利，即使高层的租金比低层多些。参看本书上卷第四篇第三章第七节最后一个注。

但在英国，法律禁止私人把楼盖得这样高，以致他的邻人得不到新鲜空气和阳光。随着时间的推移，盖高楼的那些人将被迫在他们建筑物的周围留出大量的空地；而这就使建筑很高的楼无利可图。

所制造的那些东西的生产费用，仅仅和它们的价格相抵，没有支付地租的剩余。因此，工业品的生产费用可以看成是建筑边际上制造的商品的生产费用，从而不支付地租。这就是说，地租不列入边际上的那组生产费用，在该边际，供求力量在决定价值方面的作用可以看得最清楚不过了。

例如，假定某人在计划修建一个旅馆或工厂；为此并考虑用多少土地。如果土地便宜，他将用大量土地，如果土地很贵，则他将用较少的土地，而把房屋建筑得高些。假定他计算建造并维持各自带有一百英尺，和一百一十英尺前廊的两所铺面所需的费用，并使它们在各方面对他和他的顾主与雇员都有相等的便利，从而对他也有相等的利益。设他认为，这两种计划的区别，如把未来支出加以资本还原之后，表明较大的面积有五百镑的利益，如果前廊每英尺可按少于五十镑的价格取得，则他将情愿用大面积的土地，而不用小面积的土地；五十镑将等于土地对他的边际价值。计算用同样的支出在较大地基上比在较小地基上从事其他方面的工作所增加的价值，或用较便宜的土地，而不用位置较差的土地进行建筑，他也许会得到同样的结果。但是无论他采用哪种计算方法，它的性质和他决定是否值得购买任何其他企业设备的性质是相同的：他把他从每种投资所能预期的纯收入（减去折旧）看作和他的企业保有相同的一般关系；如果位置的优势是，处于该位置的全部可用土地都能得到各种不同的雇用，其中它的边际使用以前廊每英尺五十镑的资本价值表示，那么，它将等于该土地的当前价值。

第五节　各种建筑物对同一土地的竞争

这假定各种不同用途的争用土地将把各处的建筑和各种用房一直扩大到那一边际，在该边际，对同一地基运用任何较多的资本，不再是有利的。随着一个地区对住宅和商业用房的需求的增加，为了避免在同一地面上增建房屋所引起的费用和不便，以越来越高的价格购买土地也是值得的。

例如，假使比方说里兹的地价因店铺、货栈和铁工厂等争用土地而上涨，那么，某毛织商发觉他的生产费用有所增加，也许迁到另一个城市或乡下；从而把他过去使用的土地留下，以便建筑店铺和货栈，城市的位置对于它们比对于工厂更为有利。因为他也许认为，迁到乡下所节省的土地成本和迁移所带来的其他利益，除抵消其不利外，尚绰绰有余。在讨论这样做是否值得时，他的工厂地基的租值会算作毛织品的生产费用，而且也应当如此。

但是我们必须探求事实的真相、供求的一般关系把生产推到那一边际，在该边际，生产费用（不列入任何地租）是如此之高，以致人们情愿支付高价增加土地，以便避免在狭小地基上因工作拥挤而造成的不便和费用。这些原因决定着地基价值；因此，地基价值不应当看成是决定边际成本的。

由此可见，工业和农业对土地的需求在各方面都如出一辙。燕麦生产费用的增加是由于这一事实，即可以丰收燕麦的土地为使它能提供较高地租的其他作物所急需；同样，在伦敦可以看到离地面六十英尺高的印刷机在工作，如果其他用途对土地的需求没有把建筑边际扩展到这样的高度,则印刷机所提供的工作就会便宜一点。又如某蛇麻种植者也许认为,由于他支付很高的地租,他的蛇麻的价格将不能抵偿他那里的生产费用,他也许不种蛇麻,或另找土地来种它;而他所留下的土地也许租给一个菜商,不久,附近的土地需求又有增加,以致该菜商所得的菜价总额将不能抵偿菜的生产费用(包括地租在内);因而他又把它出让,比方说,让给一个建筑公司。

在每个场合,日益增加的土地需求改变着集约使用土地的有利边际。该边际上的成本表明决定土地价值的那些基本因素的作用。同时这些成本又是供求的一般条件迫使价值与之相一致的成本;因此,直接研究它们对于我们的目的来说是正确的;虽然这种研究和私人资产负债表的目的毫不相干。

第六节　企业家的租金和他们所索价格的关系

对特别有价值的城市土地的需求,来自各种批发商和零售者多,而来自厂商者少;对他们所特有的那种需求的有趣特点,在这里是值得一谈的。

如果同一企业部门中的两个工厂的产量相等,则它们一定占有几乎相等的车间面积。但是商店建筑的大小和它们的周转却没有密切的关系。空间很大对它们来说是一件方便的事情,同时也是额外利润的一个源泉。它不是物质上不可或缺的。但是它们的空间愈大,它们手头所能保有的存货愈多,从而,用以陈列样品的便利也愈大。在受趣味和式样变动支配的那些商业里，尤其是这样。这些部门的商人在较短的时间内大力收集各种时髦商品，尤其是那些眼看就要时行的商品；他们的地基租值愈高，他们也就必须愈快地出售那些稍微过时和可有可无的商品，甚至亏本也在所不惜。如果商店的位置是，顾客受精选货品的诱惑大，而受廉价的诱惑小，则商人将索取周转次数较少而利润率很高的价格；但位置如不是这样，他们将索取低廉的价格，并力图多做生意，以与他们的资本和营业所的规模相称；正如同在某些附近地区，菜商认为在豌豆角很香嫩的时候来摘是最相宜的，而在另一些地区却等它们长得十分饱满时再说。不论商人采取哪种计划，将有某些便利，而这些便利他们怀疑是否值得提供给大众；因为他们预料到由于这些便利而增销的商品只能偿其所负，并不能对地租提供任何剩余。他们因这些便利而出售的商品，是地租不列入其推销费用的那些商品，如同地租不列入菜商认为刚值得生产的那些豌豆的生产费用一样。

有些租金很高的商店取价低廉，因为它们门前的许多过客付不起高价来满足自己的所好。店主知道，他一定得贱卖，否则就完全卖不了。他不得不满足于他的资本每次周转所带来的低利润率。但是，因为他的顾客的需要很简单，他无须积存大量商品；他的资本一年可以周转许多次，因此，他每年的纯利润量是很大的，他情愿为可以取得这种利润的位置而付出很高的租金。反之，在伦敦上流社会的某些静寂的街道上和在许多乡村里，价格是很高的；因为在前一场合必须要用高级商品来吸引顾客，而这种商品只能卖得很慢，在后一场合，总周转的确是很小的。没有一个地方，商人所能赚取的利润将使他有可能支付像伦敦东端某些廉价的、顾客盈门的商店商人支付那样高的租金。

但是的确,如果不增辟任何交通,以广招徕,则位置变得更加适合于其他用途,而不适合于开设店铺;只有那些有办法招引大批顾客(和他们所索的价格与所经营的商业种类相较)的店主,才将能偿其所负。因此,在对各业店主的需求不变时,店主的人数将减少;所余店主将能索取一种比以前高的价格,而对顾客不提供较大的便利和引诱。可见,这个地区土地价值的上涨,将表明位置的稀有,而这种稀有,在其他条件不变的情况下,将提高零售商品的价格;正如同任何地区农业地租的上涨表明土地的稀有,而这种稀有将提高边际生产费用,从而提高任何特定作物的价格一样。

第七节　城市地产的混合租金。参阅附录七

房(或其他建筑物)租是一种混合租,其中有一部分是属于地基,而另一部分是属于建筑物本身,二者的关系相当复杂,可留待本书附录七加以讨论。但是关于混合租的一般性质不妨在这里说几句。乍看,在一种东西同时产生二租这一命题里,似乎是有些矛盾;因为它的租从某种意义上说是扣除经营费用以后的一种剩余收入;而就同一经营过程和由此而来的同一收入而言,是不能有两种剩余的。但是如果那种东西是一种混合品,则它的各部分都可以被经营得使它提供一种超过经营费用的剩余收入。相应的租在

理论上总是可以区分的,有时它们在商业上也是可以分开的。[①]

例如,水力发动的面粉厂的租,是由两部分组成,一部分是它的建筑用地的租,另一部分是它利用的水力的租。假定要想在一个地方建立面粉厂,那里在许多地基的任何一处可以同样利用的水力是有限的。那么,水力和所选地基一道的租就是这两种租的和;它们各自都是级差利益的等价,其中一种级差利益是占用该地基以从事任何生产所提供的,另一种是水力的占有对在其中任何地基上经营面粉厂所产生的。这两种租,不论是否恰为同一个人所有,都可以分别清楚,并且在理论上和实践中都可以分别计算。

但是如果没有可以建立面粉厂的其他地基,就另当别论。在那种场合下,如果水力和地基归不同的人所有,那么,它们的价值超过该地基用于其他场合时所具有的价值的差额,其中有多少归地主所有,只能用"协议"的办法加以解决。

假使有可以利用水力的其他地基,但是效率不等,仍无法决定地基和水力的所有者如何来分割生产者的剩余差额,这种差额是它们共同提供的生产者的剩余,超过该地基用于其他场合和水力用于别处所提供的总剩余的差额。除非就水力供给的一定年限达成协议,该面粉厂也许不会建立;但当期限终了时,关于分割水力和有面粉厂的地基所提供的总剩余,又会引起同样的困难。

局部垄断者如铁路、煤气、自来水和电力公司,对曾使其企业设备适于利用它们的服务,和也许为此目的而自己出资装置了费

---

① 必须记住,如果房屋与其地基不相称,它的总租金减去它的地基租后并不等于该房在相宜地基上所得的全部房租。类似的限制对大多数混合租适用。

用浩大的设备的那个消费者企图加价，就经常产生类似的困难。例如，当匹茨堡的厂商刚刚建立起一些用自然煤气而不用煤的高炉时，煤气的价格就立即增加了一倍。矿业史也提供了类似困难的许多事例，如和附近地主关于路权等方面的争执，以及与附近村舍、铁路和码头的所有者的纠纷。①

① 同行业中各不同阶层工人之间的利害关系，和混合租这一问题相类似，见以下第六篇，第八章，第九、十节。

第十二章　从报酬递加规律来看的正常需求和正常供给的均衡

第一节　报酬递加趋势发生作用的一些方式。使用供给弹性一词的危险。整个工业和单一厂的种种经济的差异。参阅附录八

现在我们可以继续第三章和第五章的研究;并考察在生产上有报酬递加趋势的那些商品的供求关系有关的某些困难。

我们曾指出,报酬递加趋势是很少紧跟着需求的增加出现的。例如,表形气压计突然时髦的最初结果,是价格的暂时上涨,尽管它们除了一个小柄外不含有任何材料。因为对这种工作没有特殊训练的那些工资优厚的工人势必是从其他行业吸引进来的;大量劳作会遭到浪费,在短时间内实际生产成本和货币生产成本会有所增加。

但是如果这种时髦持续的时间很久,那么,即使没有任何新的发明,气压计的生产费用也会逐渐下降。因为会培养大量的专门技术人才来分担各种不同的工作。由于大量使用部件互易法,专门化机器所做的工作比现在手工所做的更好更便宜;从而,表形气压计年产量的持续增长,会大大降低它们的价格。

这里要注意的是需求和供给的重要区别。一种商品出售价格的下降,对需求总是向着一个方向起作用的。商品需求量增加得多少要看需求有无弹性而定。价格下降使商品有可能获得新的或扩大的用途,也许需要或长或短的时间。[①] 但是(除因价格下跌而使该商品被逐出流通范围的那些例外场合不计外)价格对需求的影响对一切商品来说在性质上是相同的。此外,在长时期内表现出弹性很高的那些需求,差不多当时就显出很高的弹性;因此,除少数例外,我们可以说某商品的需求弹性是高的或低的,而无须表明我们所指时间的长短。

至于供给就没有这样简单的准则。买主所出价格的增加,的确总是使供给增加的。如果我们所考虑的只是短期,特别是一个市场的交易,那么,的确存在着和需求弹性相似的"供给弹性"。这就是说,价格的某种上涨,使卖主所愿增售数量的大小,要看他们背后储备的多寡和他们对另一个市场价格水平估计的高低而定。这个准则对长期内有报酬递减趋势的那些产品和有报酬递加趋势的那些产品几乎是同样适用的。事实上,如果一个工业部门所需要的大型设备得到充分利用而无法迅速扩大,那么,对它的产品所出价格的增加,在很长的时间内对产量的增加也许没有显著的影响;而对手工制品需求的类似增加,也许会迅速引起供给的巨大增加,虽然在长期内它的供给遵守着报酬不变甚或报酬递减规律。

在同长期有关的那些较根本的问题上,情况甚至更加复杂。因为相应于甚至根据当前价格的那种无条件需求的最后产量,在

① 参阅以上第三篇,第四章,第五节。

理论上是无限大的，因此，遵守报酬递加甚或报酬不变规律的那种商品的供给弹性，对长期来说在理论上是无限大的。①

第二节　续前

应当考虑的第二点是，因生产某商品的那个工业的逐渐发展而使它的价格下降这一趋势，和个别厂因扩大它的企业而迅速引用新的大规模经济的趋势截然不同。

我们已经知道，在一个能干而有进取心的厂商的发展过程中，每一步是如何使得下一步更加容易，更加迅速。因此，倘其运气颇佳，并保持充沛的精力，而不辞劳苦，则他的发展多半会继续下去。但这些是不能永续的：一旦它们消失之后，他的企业多半通过使它发达的那些因素的作用而破灭，除非他把它交给另一个像他过去那样坚强的人。可见，个别厂的兴衰可以是经常的，而一个巨大的工业却经历着长期波动，甚或不断地向前发展着；如同树叶子（重述以前的例证）进行着大量的新陈代谢，而树本身却年复一年不断地成长一样。②

这样看来，决定个别厂所支配的那些生产便利的因素和决定某业全部产量的因素，遵循着截然不同的规律。如我们考虑到销

① 严格说来，在考虑到适当设备的发展和组织大规模生产所用的时间时，产量与其出售价格是互为函数的。但在现实生活中，单位生产成本是从预期产量中求出的，而不是相反。经济学家一般都用这种办法；他们在颠倒关于需求的顺序方面也采用商业上的办法。这就是说，他们对减价所引起的销售额的增加考虑得多，而对增加销售额所需要的减价考虑得少。

② 见第四篇，第九、十、十一、十二、十三章；特别是第十一章的第五节。

售上的困难,这种区别也许就更加显著。例如,满足特殊趣味的某些工业,多半进行着小规模的生产;它们一般都具有这样的性质,以致其他行业中业已采用的机器和组织方式很容易为它们所使用;因此,它们生产规模的扩大肯定会同时引出许多大规模生产的经济。但这正是那样一些工业,其中各厂多半或多或少地固守它自己的特定市场;如果它限于这种范围,则它的生产的任何急剧增长多半会使该市场的需求价格下降,且下降得和它行将获得的新的大规模生产经济不相称;即使它的生产相对于那个广大市场(从较一般的意义上说是它为之生产的市场)只占有极小的部分。

实际上,当商业清淡时,一个生产者往往力图在他自己的特定市场外按略多于商品主要成本的价格出售他的剩余商品,而在他的市场他仍然力求按几乎抵偿补充成本的价格出售商品;其中大部分是对投于建立他的企业外部组织的资本的预期报酬。①

此外,补充成本相对于遵守报酬递加规律的那些商品的直接成本说来照例要比其他商品大些;②因为它们的生产需要在物质

① 这点可以这样表示:当我们考虑个别生产者的时候,我们必须以他的供给曲线和他自己的特殊市场的特殊需求曲线相配,而不是和广大市场上他的商品的一般需求曲线相配。这条特殊需求曲线的斜度一般是很大的,也许和他自己的供给曲线的斜度相同,即使产量增加将使他获得大量内部经济。

② 当然这不是一个普遍准则。例如,不妨指出,因途中缺乏旅客而损失四便士票价的一辆公共汽车的纯损失,是接近四便士,而不是接近三便士,虽然公共汽车业也许遵守的是报酬不变规律。又如假使不是害怕破坏自己市场的话,用手工制鞋而推销费用很大的摄政街的鞋匠,为了避免失去一宗特殊定货而情愿减低其正常价格,所减之数也许比使用大量贵重机器并一般享有大规模生产经济的制鞋工业家还要多些。还有和连带产品的补充成本相关的其他困难,如为了以广招徕按接近主要成本的价格出售某些商品的做法(见以上第五篇,第七章,第二节)。但这些无须在这里特别加以讨论。

设备和建立商业往来方面投下大量资本。这就使他格外害怕破坏他自己的特定市场，或害怕因破坏共同市场而引起其他生产者的不满。而这些，如我们所知，是在生产设备未得到充分利用时当作决定商品短期供给价格的因素。

因此，我们不能把个别生产者的供给条件当作决定一个市场的一般供给条件的范例。我们必须考虑到这一事实，即在商业进展上具有持续生命力的厂寥寥无几，同时也必须考虑到这一事实，即个别生产者和他的特定市场的关系在许多重要方面不同于全体生产者和共同市场的关系。①

第三节　续前

个别厂的历史不能算作一个工业的历史，如同个人的历史不

① 关于个别厂从产量增加而获得大规模生产经济的效果的抽象推理，不仅在细节上，而且甚至在它们的一般结果上，容易发生错误。这几乎是等于说，在这种场合，决定供给的那些条件应加以全面地表述。它们往往被不易觉察的那些困难所阻碍，而在用数学公式企图表示某业的均衡条件时尤其感到棘手。有些学者，古尔诺也在内，所得到的实际上是个别厂的供给表；它表明该厂的产量增加使它获得大量内部经济，从而大大降低生产费用；他们坚信他们的数学，但是显然没有察觉他们的前提将不可避免地导致这一结论：即不论任何一个厂，如最初经营有方，将垄断该区该业的全部生意。而回避这种困难的其他学者认为，对那些遵守报酬递加规律的商品来说，是不存在着均衡的；又有些人怀疑，表示价格随着产量的增加而下降的任何供给表是否站得住脚。参阅数学附录中注 14，其中涉及这种讨论。

针对上述困难而想出的那个补救方法，是在一般重要推理的指导下把每个重要具体场合大多当作一个独立的问题来研究。扩大一般命题的直接应用范围以便使它们有可能对所有困难提供适当解决的企图，会使它们过于繁杂，而失去它们应有的作用。经济学“原理”的目的只能是对现实生活中的问题的研究提供指导，而并不企图替代独立的思考和研究。

能算作人类的历史一样。但人类的历史是个人历史的结果；而为一个共同市场提供的生产总量，是引诱各个生产者扩大或缩小他们生产的那些动机的结果。正在这里，我们那个代表性厂的方法对我们提供了帮助。我们假想不论任何时候该厂都享有所属工业生产总规模所具有的那些内部经济和外部经济的平均份额。我们认为，这样一个厂的规模，虽部分地取决于技术和运输成本的变动，但在其他情况不变条件下，是由工业的一般扩展所决定。我们认为它的经理考虑他是否值得增加某项新业务，是否值得引用某种新机器等等。我们认为他把这种变动所造成的产量或多或少地当作一个单位，并权衡其利害得失。①

这就是我们所注意的那种边际成本。我们并不期待它因需求的突然增加而立即下降，相反地，我们期待短期供给价格随着产量的增加而增加。但是我们也料到需求的逐渐增加使典型厂的规模渐渐扩大并提高它的效率；增加它所拥有的那些内部和外部经济。

这就是说，当作这些工业的长期供给价格表的时候，我们要写出已减少的供给价格和与其相对的已增加的商品数量，借以表明，那种已增加的数量将按较低的价格及时得到供应，以满足那相当稳定的相应需求。我们不计那些新的重大发明可以产生的任何经济，但是我们却包括那些运用现有观念可能获得的经济；我们期待那种兴衰力量之间的均衡位置，而这种均衡，如果所述条件假定在长期内一致发生作用，是会达到的。但是必须要广泛地来理解这些概念。设法使这些概念精确是我们力所不及的。如果我们在讨

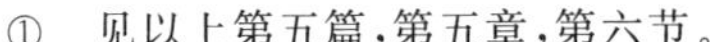

① 见以上第五篇，第五章，第六节。

论中几乎包括全部现实生活条件，那么，问题就难得不能加以解决；如果我们只选择几个条件，那么，关于它们的那些繁琐而微妙的推理，将变成科学游戏，而不是指导实际工作的工具。

正常供求的稳定均衡理论，的确有助于我们概念的具体化；在其初级阶段，它与现实生活相去不远，从而对那些最强而经常出现的经济力量作用的主要方法提供了一副相当逼真的图景。但是如果把它推到悠远复杂的逻辑结果，它就与现实生活隔绝了。事实上我们在这里接近经济发展的主题；因此，在这里特别需要记住的是，经济问题，如它们被当作静态均衡而不当作有机发展的问题时，是表述得不完全的。因为虽然只有静态讨论能给予我们以明确的思想，从而，是把社会较达观地看作一个有机体的必由之路，但那仅仅是一个开始而已。

静态均衡理论只是经济研究的入门；它甚至也只是对那些有报酬递加趋势的工业的进步和发展的研究的入门。它的限界经常为那些特别是从抽象观点来研究它的人所忽略，以致有使这种理论完全定型的危险。但是有了这种警惕，就不妨冒险尝试一番；这个问题将在附录八中略加讨论。

第十三章　正常需求和正常供给变动的理论同最大限度满足原理的关系

第一节　引论

在本篇前几章，特别是在第十二章，我们考察了供求适应中的渐变。但是任何时尚的重大而持久的改变；任何重大的新发明，人口因战争或瘟疫而发生的任何减少，所述商品，或其中所使用的某种原料，或充作它的竞争品和可能代替品的另一种商品的货源的增加或减少，其中任何一种变动都可以使该商品年（或日）生产和消费量的价格不再等于该生产和消费量的正常需求价格与正常供给价格；换句话说，它们会使作出新的需求表，或新的供给表，或新的需求和供给表成为必要。我们现在就开始来研究这些问题。

一种商品正常需求的增加，是指各种数量都能找到买主的那种价格的增加，或在任何价格下都能找到买主的那种数量的增加，二者指的都是同一回事。造成这种需求增加的原因很多，其中有的也许是由于该商品日益时新，有的也许是由于它有了新的用途或为它开辟了新的市场，有的也许是由于可以充作它的代替品的那种商品的供给长期减少，或社会财富和一般购买力的长期增长等等。相反的变动将使需求减少，从而使需求价格下降。同样地，正常供给的增加，是指按各种价格可以供给的那些数量的增加，或各种不同的数量依以供给的价格的减少。[①] 造成这种变动的原因也许是由于因改进交通或用其他方式而开辟了新的供给来源，也许是由于生产技术的进步，如新的制造方法或新机器的发明；此外，也许是由于获得生产补贴。相反地，正常供给的减少（或供给表的上升），也许是由于新的供给来源的阻塞或纳税。

第二节　正常需求增加的结果

我们必须从三种观点即从所述商品遵守报酬不变规律，或报酬递减规律，或报酬递加规律来考察正常需求的增加的结果。这就是说，该商品的供给价格对各种产量来说实际不变，或随着产量的增加而增加，或随着产量的增加而减少。

在第一种场合下，需求的增加只增加产量，而不改变它的价格；因为遵守报酬不变规律的商品的正常价格完全是由它的生产费用所决定：需求超出下述范围在这方面不起作用，即除非按固定价格对该商品有某种需求，则它根本不会被生产。

① 需求价格或供给价格的上升或下降，当然意味着需求曲线或供给曲线的上升或下降。

如果变动是逐渐的变动，则供给曲线将相继采取一系列的位置，其中每个位置略在前一位置之下；这样，我们也许会表示因生产规模的扩大而来的工业组织的逐渐改善的影响，而这我们曾用它对长期曲线的供给价格的影响来表示。在肯宁汗爵士私人印发的一篇优秀的论文中有一个建议，这个建议实际上似乎是说，长期供给曲线应当被看作是用某种方式代表许多短期供给曲线的；其中各条曲线始终都假定着那种工业组织的发展，而这种发展本身是属于由与 Oy 相距之此曲线和长期供给曲线的交点所代表的那种生产规模的（比较附录八中之第三节）；关于需求曲线，也是如此。

如果商品遵守着报酬递减规律，那么，该商品需求的增加将使其价格上升，并使产量增加，但增加得没有在报酬不变规律下那样多。

反之，如果商品遵守着报酬递加规律，那么，需求的增加将使产量增加（比在报酬不变规律下增加得多些）同时并降低商品的价格。例如，如果每周有一千件东西被生产出来并按十先令的价格卖掉，而每周生产两千件东西的供给价格也许只是九先令，那么，很小的正常需求增加率可以逐渐使这个价格变成正常价格；因为我们所考察的时间长得足以使决定供给的那些因素充分发挥它们的正常作用。不论在哪种场合，如果正常需求减少，而不是增加，则价格将上升。[①]

① 在使我们充分理解本章所提出的问题上，图解是有特殊的帮助的。

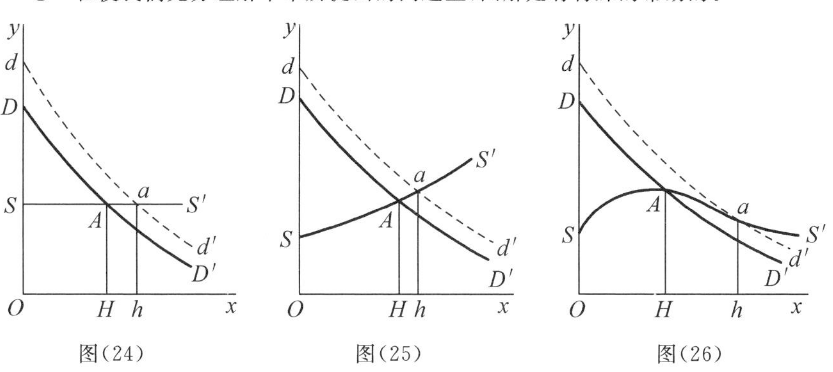

图(24)　图(25)　图(26)

第 24、25 与 26 三图各自代表报酬不变、报酬递减与报酬递加三种场合。最后场合下的报酬在生产增加的初期是递减的，但是在达到原始均衡位置后（即对大于 OH 的各种商品产量来说）却转而成为递加的，在各个场合，SS' 为供给曲线，DD' 为原来需求曲线的位置，dd' 为正常需求增加后的位置。在各个场合，A 与 a 各自为原有的均衡位置与新的均衡位置，AH 与 ah 为原来的正常或均衡价格与新的正常或均衡价格，OH 与 Oh 为旧均衡产量与新均衡产量。在各个场合，Oh 大于 OH，但在第 25 图中，Oh 略大于 OH，而在第 26 图中 Oh 比 OH 要大得多（这可以按后来，在讨论正常供给条件的变动所产生的影响这一相同而更加重要的问题中所采用的方法加以进一步的分析）。在第 24 图中，ah 等于 AH，在第 25 图中，ah 大于 AH，在第 26 图中，ah 小于 AH。

正常需求减少的结果可以用同样的图解求得，dd' 当作原来需求曲线的位置，DD' 当作新需求曲线的位置；ah 为旧均衡价格，AH 为新均衡价格。

本节论证曾被某些著作家用来维护这一主张：即对进口工业品征收保护税一般能扩大那些工业品的国内市场；并且借助于报酬递加规律的作用，**最后**降低它们对本国消费者的价格。的确，在一个新兴的国家里，如果“保护幼稚工业”制度选择得恰当，最后是可以取得这种结果的；在这个国家里，工业，像儿童一样，是能够迅速成长的。但是即使在那里，为了特定利益者的发财致富，保护政策也动辄为人所误用。因为占绝对优势的工业是那些工业，这些工业的规模已经是如此之大，以致进一步的扩大只会带来少量新的经济。当然在早已采用机器的国家，像在英国，工业一般都超过借保护获得巨大利益的阶段，而对任何一种工业的保护差不多总是有缩小其他工业的市场，特别是国外市场的趋势。这几点意见只表明这个问题是复杂的，除此之外，别无所图。

第三节　正常供给增加的结果

我们已经知道，正常需求的增加，在各种场合都导致产量增加的同时，在某些场合将使价格上涨，而在另一些场合将使价格下降。但是我们现在就要知道，供给的各种便利的增进（使供给表下降），在它导致产量增加的同时，总会降低正常价格。因为倘正常需求保持不变，则增加了的供给，只能减价出售；但是由于供给的某种增加而引起的跌价，在某些场合比在另一些场合将是大得多的。如果商品遵守的是报酬递减规律，则价格下落得很少；因为那时伴随着生产增加的种种困难将有抵消供给的新便利的趋势。反之，如果商品遵守的是报酬递加规律，则生产增加将会带来更多的便利，而这些便利将与那些因供给的一般条件的变动而产生的便利相辅而行；二者一道将能使生产有很大的增加从而使价格下降（在需求价格下跌赶上供给价格下跌之前）。如果需求恰巧是很有弹性的，那么，正常供给的种种便利略有增加，如某种新的发明、机器的引用、新的廉价货源的开辟、租税的撤销或补贴的获得，可以使生产大量增加和价格下降。[①]

① 所有这些，通过图解可以一目了然，的确，问题中的某些部分，如不借助于图解，是无法加以满意的论述的。第 27、28 与 29 三图各自代表报酬不变、报酬递减与报酬递加三种场合，在各图中，DD'为需求曲线，SS'与ss'为旧供给曲线位置与新供给曲线位置。A 为旧稳定均衡位置，a 为新稳定均衡位置。在各个场合下，Oh 大于 OH，ah 小于 AH。但在第 28 图中，变动不大，而在第 29 图中变动却很大。当然，需求曲线必须位于旧供给曲线 A 点右下方，否则 A 就不是稳定均衡点，而是不稳定均衡点了。但是根据这个条件，需求的弹性愈大，也就是说，在 A 点的需求曲线愈近于水平线，则 a 与 A 的距离愈大，从而，生产的增加与价格的下降也就愈多。全部结果是相当复杂的。但是可以说明如下：第一，设 A 点的需求弹性为已知，从生产中使用的追加资本与劳动

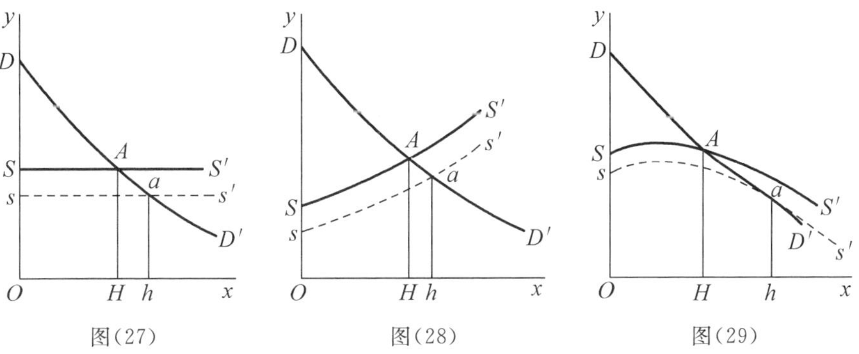

图(27)　　图(28)　　图(29)

所得的报酬愈多，则生产的增加与价格的下降将愈大。这就是说，在第 28 图中 A 点的供给曲线愈近于水平线，和在第 29 图中它的斜度愈大（根据上述条件，即它不位于需求曲线 A 点右下方，从而使 A 成为不稳定均衡点），则生产的增加与价格的下降将愈大。第二，设 A 点的供给曲线位置为已知，需求的弹性愈大，每个场合下的生产的增加将愈多；但在第 28 图中价格的下降将愈小，而在第 29 图中价格的下降将愈大。第 27 图可以被看作第 28 图或第 29 图的一个极限场合。

所有这些推理是假定商品始终是遵守着报酬递减规律，或报酬递加规律。如果它开头遵守报酬递减规律，继而又遵守报酬递加规律，从而供给曲线的一部分是向上倾斜，而另一部分又向下倾斜，那么，关于供给便利的增加对价格的影响是无法作出一般准则的，虽然在各个场合它必然导致产量的增加。使供给曲线具有不同的形状，特别是像和需求曲线相交一次以上的供给曲线，可以得出许多奇异的结果。这种研究方法对于小麦税是不适用的，如果它为把大部分收入用于面包的工人阶级所消费；这种方法也不适用于对一切商品所征的一般税，因为在这些场合下都不能假定，货币对个人的边际价值在征税以后仍然和以前大致相同。

如果我们考虑到第六章中所述的复合供求与连带供求的种种情况，我们就给自己提出了一系列繁杂的问题，而这些问题可以用这两章中所用的方法来解决。

第四节　报酬不变、报酬递减和报酬递加的事例

我们现在可以考虑供给条件的变动对于消费者的剩余或租的影响。为简便起见，我们可以用一种税代表使商品各种不同数量的正常供给价格普遍增加的那些变动，用补贴代表使这些不同数量的正常供给价格普遍下降的那些变动。

首先，如果商品是生产中遵守报酬不变规律的一种商品，从而，它的各种不同数量的供给价格都相同，那么，生产者剩余的减少将多于对生产者报酬的增加；因此，在征收某种税的特殊场合下，将超过国家的总收入。因为就商品消费继续保存的那部分来说，消费者之所失等于国家之所得；而就因价格上涨而被毁的那个消费部分来说，消费者的剩余被毁灭了；当然，生产者或国家都没有因此而得到补偿。[①] 反

① 这，从图解可以一目了然。旧报酬不变供给曲线 SS' 交需求曲线 DD' 于 A：DSA 为消费者剩余。后来因征税 Ss，则新的均衡点为 a，消费者剩余为 Dsa。总税额仅等于矩形 $sSKa$，亦即按 Ss 的比率对商品产量 sa 之税。而它比消费者剩余的损失少一块面积 aKA。在其他情况不变条件下，纯损失 aKA 的小或大，要看 aA 斜度的大或小而定。例如，对那些最没有需求弹性的商品（如必需品）来说，aKA 是最小的。因此，如果必须要向任何阶级征收一定的总税额，那么，对必需品征税比对奢侈品征税会使消费者剩余的损失有所减少，尽管奢侈品和在较小程度上的安逸品的消费表明有负担租税的能力。

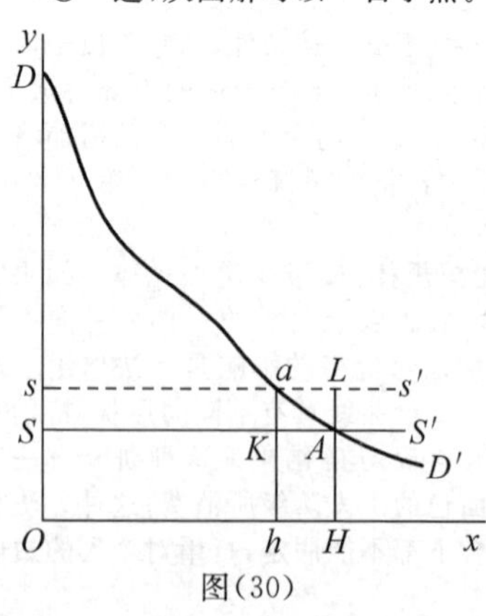

图（30）

之，由对遵守报酬不变规律的商品的补贴所引起的消费者剩余的增益小于补贴。因为在补贴以前所存在的那部分消费方面，消费者剩余的增加恰等于补贴量，而在补贴所引起的新的消费方面，消费者剩余的增益小于补贴。①

但是如果商品遵守的是报酬递减规律，某税通过提高它的价格并减少它的消费，将降低它的生产费用（除税外）：结果将是供给价格的增加，所增之数小于全部税额。在这个场合，税的总收入也许大于由此而来的消费者剩余的损失，如果报酬递减规律的作用是如此强烈，以致消费稍有减少就使生产费用（除税外）大大减少，那么，税的总收入将大于消费者剩余的损失。②

另一方面，对遵守报酬递减规律的商品的补贴，将导致生产增

① 如果现在我们把 ss' 当作旧供给曲线，而这一曲线因补贴而下降至 SS' 位置，那么，我们看到消费者剩余的增益等于 $sSAa$。但是所付补贴为 Ss 与产量 SA 之积，等于矩形 $sSAL$。它比消费者剩余的增益多一块面积 aLA。

② 设旧供给曲线为 SS'（见图 31），设征税使之提高到 ss'；设 A 与 a 为旧均衡位置与新均衡位置，并通过 A 与 a 作直线平行于 Ox 与 Oy（如图所示）。因对每单位征收 aE 的税（如图所示）；在新均衡位置下生产 Oh 单位，亦即 OK 单位，则总税收将为 $CFEA$，而消费者剩余的损失将为 $cCAa$；这就是说，总税收将大于或小于消费者剩余的损失，要依 $CFEK$ 大于或小于 aKA 而定；而如图所示，$CFEK$ 比 aKA 是大得多的。如果把 SS' 画得表明报酬递减规律只是起着微弱的作用，也就是说，如果 SS' 在 A 的附近几成为一条平行线，则 EK 势必很小；而 $CFEK$ 势必小于 aKA。

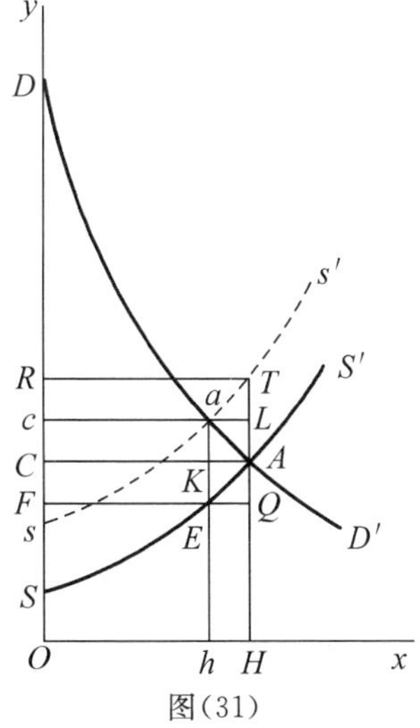

图(31)

加，并将使耕作边际扩大到生产费用（不包括补贴）比从前多的那些地方和条件。因此，它将降低对消费者的价格，并增加消费者的剩余，所增之数比商品在遵守报酬不变规律的条件下要少些。在那个场合，消费者剩余的增加小于补贴对国家的直接成本；因此，在这个场合，它是小得多的。[①]

根据同样的推理可以证明，征自遵守报酬递加规律的商品的税比征自遵守报酬不变规律的商品的税对消费者更为有害。因为它减少需求，从而，降低产量。这样它也许使生产费用略有所增。它使价格提高得超过税额；并且最后减少消费者的剩余，所减之数大大超过该税给国库带来的总收入。[②] 反之，对这种商品的补贴

① 为了说明这一事例，我们可以把第 31 图中的 ss' 当作补贴以前的供给曲线位置，SS' 当作补贴以后的供给曲线位置。从而，a 为旧均衡点，而 A 为取得补贴后的新均衡点。消费者剩余的增加只等于 $cCAa$，而如图所示，国家对该商品的每个单位是按 AT 比率支付补贴的；因为在新均衡位置下生产了 OH，亦即 CA 单位，所以补贴总额等于 $RCAT$，它包括并且必然大于消费者剩余的增加。

② 例如，设第 32 图中的 SS' 为旧供给曲线位置，ss' 为征税后的供给曲线位置，A 与 a 为旧均衡点与新均衡点，如在第 31 图中的那一场合，则总税额为 $CFEA$，消费者剩余的损失为 $cCAa$；前者总是小于后者。

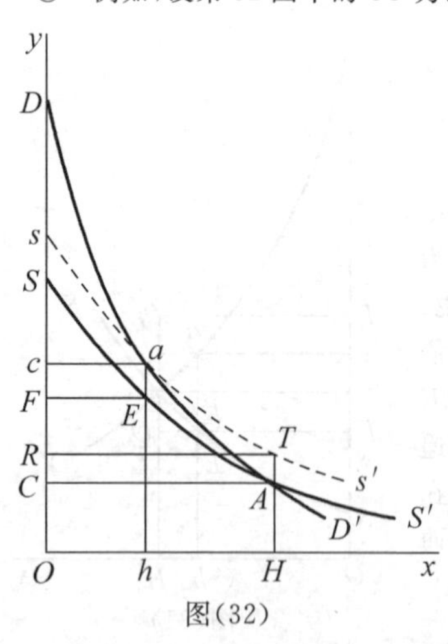

图(32)

文中所述只是一个简单的概括。如果把它运用于实际问题，尚须考虑那些曾被忽略了的种种因素。提供报酬递加的工业，几乎总是在发展着，因此，总是在获得大规模生产的经济的。如果租税很少，则它也许只能使这种发展受到阻碍，而不能使之收缩。即使租税很重，工业收缩，如在附录八中所解释的，则许多大规模生产的经济将至少有一部分得到保存。因此，ss' 不应有和 SS' 一样的形状，距离 aE 应小于 AT。

使它对消费者的价格如此暴跌，以致由此而来的消费者剩余的增加也许超过国家对生产者的补贴总额；倘报酬递加规律的作用十分强烈，则消费者剩余的增加一定将超过国家对生产者的补贴总额。①

如有必要考虑租税征收费和补贴管理费以及租税或补贴可能产生的许多间接的经济和道德的效果时，上述结果对研究财政政策时需要特别注意的某些租税原理是有参考价值的。但是这些部分结果可以使我们进一步阐明下述一般理论，即供求的（稳定）均衡位置也是最大满足的位置：有一种抽象而尖锐的理论，这种理论特别是自从巴师夏的经济调和论以来曾风靡一时，而它是我们此刻所要讨论的。

第五节　最大限度满足的抽象原理的说明及其局限性

这种理论的确有一种解释，根据这种解释，供求的每个均衡位置大致可以看作最大满足的位置。② 因为倘需求价格超过供给价

① 为了说明这一事例，我们可以把第 32 图中的 ss' 当作补贴以前的供给曲线位置，SS' 当作补贴以后的供给曲线位置。那么，如在第 31 图中的那一场合，消费者剩余的增加为 $cCAa$，而国家直接支付的补贴为 $RCAT$。如图所示，$cCAa$ 比 $RCAT$ 是大得多的。但是的确，如果我们把 ss' 画得表示报酬递加规律起着微弱的作用，这就是说，如果它在 a 的附近几近于一条水平线，那么，补贴的增加比消费者剩余的增加要多些；而这个场合和第 30 图所代表的那个对遵守报酬不变规律的商品实行补贴的场合几无区别。

② 比较第五篇，第一章，第一节。不稳定均衡现在可以置而不论。

格，的确可以按那些价格实行交易，而这些交易对买主，或卖主，或买卖双方都提供剩余满足。至少对双方中的某一方，他所收受的东西的边际效用大于他所让与的东西的边际效用；而另一方即使不因交易而有所获，但也不因交易而有所失。这样每进行一次交易就使双方的总满足有所增加。但是当均衡出现，需求价格等于供给价格时，就没有取得任何这种剩余的机会：各方所收受的东西的边际效用不再超过他在交易中所让与的东西的边际效用。而当生产增加得超过均衡产量，需求价格小于供给价格时，买主可以接受而卖主又不遭致损失的那种交易条件是无法达成的。

的确，供求的均衡位置在下述限制的意义上说是最大满足的位置，即有关双方的总满足一直增加到该位置的确立而后止；而超过均衡产量的任何生产，如买主与卖主都根据自己的利益各行其是，就无法长期维持。

但是有时有，而且往往也暗含着这样一种论断，即供求的均衡位置是在此词充分意义上说的最大总满足的位置。这就是说，生产增加得超过均衡水平会直接（亦即不以增产的困难和它可能引起的任何间接的祸害为转移）减少当事双方的总满足。这个理论，如作这样的解释，就不是普遍真实的。

首先，它假定各当事人之间在财富上的一切差别可加以忽略，其中任何一方用一先令测定的满足可以看成是等于任何另一方用一先令测定的满足。事实很明显，如果生产者作为一个阶级比消费者要穷得多，那么，通过限制供给，从而使需求价格激增（亦即当需求没有弹性时），就会增加总满足；而如果消费者作为一个阶级比生产者要穷得多，那么，通过扩大生产使之超过均衡产量，并亏本出售商品，就会增加总满足。①

但这点可留待以后讨论。实际上它只是下述一般命题的一个特殊事例，即自愿地或被迫地把富人的某些财产分配给穷人在表面上似乎可以使总满足有所增加；而在研究现存经济条件的初级阶段，不去探究这个命题的含义是合理的。因此，只要我们留意，是可以作这样的假设的。

但其次，最大满足理论假定生产者对商品所取价格的每次下降使他们遭受相应的损失；而这对于工业组织上的改善所造成的价格下降是不适用的。如商品遵守的是报酬递加规律，则商品生产增加得超过均衡点可以使供给价格暴跌；虽然对于增加了的数量的需求价格甚至减得更多，从而，那种生产会对生产者造成某些损失，但是这种损失比消费者剩余的增加所代表的对消费者的利益的货币价值是小得多的。

因此，在那些报酬递加规律的作用十分强烈或随着产量的增加而正常供给价格锐减的商品的场合下，足以引出按低得多的价格大大增加供给的补贴所用的直接费用，比消费者剩余的增加是少得多的。如果消费者能够达成一致的协议，就会实现那些条件，

① 在此例中，被交换的两种东西中的一种是一般购买力。但是如果采珍珠的贫苦居民依靠交换珍珠的富有居民来取得食物，这个论点也是站得住脚的。

而这些条件会使这种行为既大大有利于生产者，同时又给消费者留有巨大的利益差额。[①]

第六节 续前

一个简单的方法是，社会对他们自己的收入或对遵守报酬递减规律的商品生产征税，并把它用来当作报酬递加规律起强烈作用的那些商品生产的补贴。但是在采取这种方针之前，他们务必有种种考虑，而这些考虑不属于我们现在所讨论的一般理论的范围，但是仍然具有重大的实践意义。他们势必要考虑到：征收租税和实行补贴的直接与间接费用；使租税负担和补贴利益公平分配的困难；营私舞弊；以及在过去获得补贴的行业和希望获得补贴的其他行业中人们有把经营自己企业的精力转向拉拢管理补贴者的危险。

除开这些半伦理性质的问题，还有具有严格经济性质的其他问题，而这些问题和任何特定租税或补贴对占有生产所述商品的土地的城乡地主的利益的影响有关。这是一些不容忽视的问题；

① 多重(稳定)均衡位置的事例，虽然没有多大的实际重要性，但对最大满足理论在被表述为普遍真理时所引起的错误提供了一个有力的说明。因为产量很少而售价很高的那种均衡位置将会成为头一个出现的位置，一经出现，根据那个理论，它就被看作提供唯一最大总满足的位置。但是相应于产量较多而价格较低的另一个均衡位置对生产者是同样满意的，而且对消费者是更加满意的；第一个场合的消费者剩余超过第二个场合的差额等于总满足的增加。

但这些问题在细节上是如此不同，以致不便在这里加以讨论。①

第七节　续前

关于必须加在下述理论中的第二个大限制的性质，说的已经

① 农产品税的征税范围将在以后借助于类似那些用来表示土地肥力的图解（见第四篇，第三章），加以讨论。地主的地租占有了几乎所有商品总售价的一份。但在遵守报酬递减规律的那些商品的场合下，它是最显著的；一般的假设将使第33图（即第31图的复制）能够大致表示这个问题的主要特点。

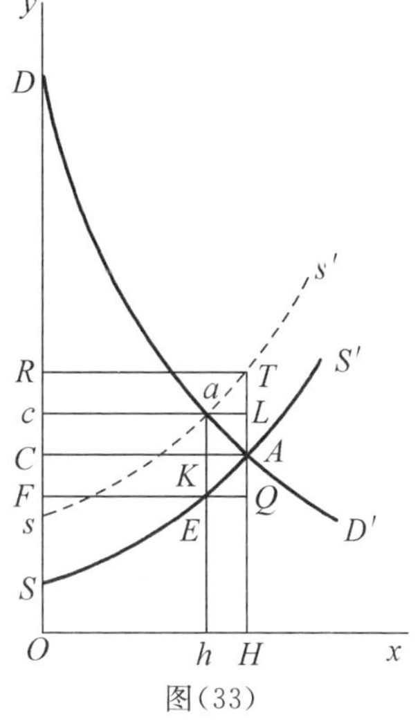

图(33)

附录八中有一个论点，它认为我们不能轻易假定，在肥田上和有利环境下种植作物的生产费用和生产进行的程度无关；因为生产的增加多半导致组织的改善，如果不是农业本身的组织，也是那些附属于农业，特别是运输业组织的改善。但是我们可以暂时作这样的假设，以便对问题的一般轮廓有一个明确的认识，尽管我们绝不应该忘记，运用根据这个假设所作的一般推理时，必须计及我们在这里所忽略的那些事实。根据这个假设，SS'为征税前的供给曲线，地主的地租为CSA。征税以后，供给曲线上升到ss'，则地主的地租等于$cOha$（按价格ha出售农产品量Oh所得的总价格）减去总税额$CFEA$和不包括地租在内的农产品量Oh的总生产费用$OhES$。这就是说，地租等于FSE（图中曲线ss'和曲线SS'有相同的形状，借此表示税是计量税；这就是说，不论商品的价值如何，对每单位商品所征的税是一致的。上述论点并不取决于这个假设，但是如果这样，那么，我们可以用简便的方法在csa求出地主的新地租，那时它等于FSE）。这样，地主的地租损失为$CFEA$；而这加于消费者剩余的损失$cCAa$就构成$cFEAa$，它比总税额多aAE。

另一方面，直接支出的补贴超过消费者剩余的增加，和根据上述假设计算的地主剩余的增加。因为设ss'为供给曲线的原来位置，SS'为补贴以后的供给曲线位置，则根据这些假设计算的新的地主的剩余为CSA，亦即RsT；而这又比原来地主的地租csa多$RcaT$。消费者剩余的增加等于$cCAa$；因此，补贴总额$RCAT$比消费者剩余和地主地租的增加多TaA。

够多了，这个理论是，鼓励每一个人按照他最相宜的方式来使用自己的资金，一般地将获得最大的满足。很显然，如果他把他的收入用得增加了对穷人服务的需求，从而增加了他们的收入，那么，他使总满足得到的增加比他使富人增加等量收入时还要多些，因为一个先令给穷人带来的满足比给富人带来的满足要大得多；也很明显，他购买那些生产中能增进生产者品质的东西比那些生产中能降低生产者品质的东西对社会更为有益。① 此外，即使我们假定，值一先令的满足不论对谁都具有同样的重要性，每先令的消费者剩余不论来自何种商品都具有同样的重要性，那我们也不得不承认一个人使用自己收入的方式对社会有直接的经济利害关系。因为倘他把收入用于遵守报酬递减规律的那些商品，则他使那些商品更不易为他的邻人所得，从而，降低他们收入的实际购买力；如他把收入用于遵守报酬递加规律的那些商品，则他使别的人更易于获得这些商品，从而，增加他们收入的实际购买力。

此外，一般认为，对各种经济商品（有形的和无形的）按价值征收相等的税，或征收支出税似乎是最好的税；因为它不能使个人的支出脱离常轨：我们现在已经知道，这种论点是站不住脚的。但是即使暂时忽略这一事实，即一种税或补贴的直接经济效果并不能构成实行它以前所必须权衡的全部考虑，而且往往甚至也不是主要的考虑部分，我们也知道：第一，支出税对消费者剩余的毁灭通常比专门对那些很少有大规模生产经济的可能并且遵守报酬递减规律的商品的税要大些；第二，政府对那些遵守报酬递减规律的商

① 比较第三篇，第六章。

品征税，并把部分所得用来补贴那些遵守报酬递加规律的商品，对社会是更加有利的。

要知道，这些结论本身并不能成为政府干预的适当理由。但是它们表明，有许多工作留待我们去做，即通过慎重的搜集供求统计资料，并科学地解释它们的结果，以便发现什么是社会力所能及地把各个人的经济活动纳入最能增进总满足的那些途径的工作范围。①

① 值得注意的是，马尔萨斯在其所著《政治经济学原理》第三章，第九节中认为，虽然大战期间输入外国粮食方面的种种困难使资本从较有利的工业投资转向较不利的农业投资，但是如果我们考虑到农业地租的相应增长，那么，我们就可以得出结论说，这种新的途径也许“对国家是较有利的”途径，“虽然对个人不是较有利”的途径；在这点上他无疑是对的；但是他忽略了因粮食价格的相继上涨而对公众所造成的极其重大的损害，和消费者剩余的相继毁灭。西尼尔在研究农产品和工业品场合下一方面是需求增加的与另方面是租税的各种不同影响时，考虑了消费者的利益（《政治经济学》，第118—123页）。在输出农产品的那些国家里，保护主义者所曾利用的论点和本章所提供的论点如出一辙；同样的论点，特别是在美国（如H. C. 亚当斯先生）现在被用来维护国家积极干预那些遵守报酬递加规律的工业。这个图解方法曾被杜普特在1844年用近于本章所用的方式加以使用，而在1871年詹金又独自使用了这个方法（《爱丁堡哲学通报》）。

第十四章　垄断理论

第一节　我们现在将比较垄断者从高价格所得到的收益和低价格对公众的利益

从未有人认为，垄断者在追逐其本身利益时，是自然而然地走向最有助于整个社会的福利的途径的，因为我们没有把他看得比社会任何其他成员更加重要。最大满足理论从来没有应用于垄断产品的供给与需求。但是，研究了垄断者与其余社会成员的利害关系，研究了比垄断者只考虑自己利益时对整个社会更为有利的那些可能措施的一般条件，可以了解许多东西。为此目的，我们现在要寻求一种方法来比较垄断者采取不同方针时给公众和垄断者所带来的相对利益。

在本卷中我们将研究现代企业同盟和垄断组织的各种不同形式，其中某些最重要的垄断组织形式，如“托拉斯”，只是新近的产物。现在我们只考虑决定垄断价值的那些一般因素，而这些因素在一个人或一个集团有权规定所销商品的数量或销售价格的各个场合下是可以多少明白地加以确定的。

第二节　显然垄断者所关注的是获得最大限度的纯收入

垄断者的利益显然不是在于把供给和需求调节得使他出售商品所能取得的售价恰够补偿它的生产费用，而是在于把它们调节得能够给他提供最大可能的纯收入总额。

但是在这里我们遇到了关于纯收入一词意义的困难。因为在自由竞争下所生产的商品的供给价格包括正常利润；它的全部，或无论如何在扣除所用资本的利息和损失保险费后的余额，往往被不加区别地算作纯收入。当某人所经营的是自己的企业时，他往往不把实际上属于他自己的管理报酬的那部分利润同因企业在某种程度上具有垄断性质这一事实而来的额外利益区别开来。

如果是一个公共公司的话，这种困难在很大程度上是可以避免的；那里全部，几乎全部管理费用都作为确定的数额而列入账中，并且在宣布公司的纯收入以前，要从它的总收入中加以扣除。

分给股东的纯收入包括所投资本的利息和风险损失的保险费，很少包括或者说，不包括管理报酬；因此，红利超过所谓利息与保险费的那个差额，就是我们所求的垄断收入。

由于在公共公司比一个私厂实行垄断时更易于准确说明这种纯收入额，我们就以举出拥有对某城煤气供应的垄断的某煤气公司为例。为简单起见，假定该公司把它自己的全部资本已经投于固定设备，而扩大企业所需要的任何更多的资本可以按固定的利息率发行债券取得。

第三节　垄断收入表

煤气的需求表和在非垄断条件下的需求表相同；它载明每千英尺（立方英尺，下同）的价格，城市消费者将据此使用其若干英尺。但供给表必须表明各种不同供给量的正常生产费用；而这些费用包括它全部资本（不论是属于股东的资本，还是按固定利息率发行债券借来的资本）的利息；也包括公司董事和长期职员的工薪，而这些工薪多少以对其工作的需要为准，因此，随着煤气产量的增加而增加。垄断收入表的做法可以说明如下：针对商品的各种不同数量列出它的需求价格与按上述方式计算的供给价格，再从相应的需求价格中减去各种供给价格，并针对该商品的相应数量把这差额列入垄断收入栏中。

例如，如果每年按每千英尺三先令的价格可以出售十亿英尺煤气，而这个数量的供给价格为每千英尺二先令又九便士，那么，在垄断收入表中的这个数量后面为三先令；它表明出售这个数量以后就有三百万便士或一万二千五百镑的纯收入总额。公司只注意自己当前的红利，它的目的在于把煤气价格规定在赚取最大可

能纯收入总额的水平上。[①]

---

① 例如，DD'为需求曲线，SS'为相应于文中所说的供给表的曲线，设MP_2P_1为通过Ox上任意一点M所作之垂线，交SS'于P_2，交DD'于P_1；并取一截线$MP_3=P_2p_1$，则P_3之轨迹将为我们的第三条曲线QQ'，这条曲线我们可以叫做垄断收入曲线。少量煤气的供给价格当然将是很高的；而在Oy的附近供给曲线将位于需求曲线之上，因此，纯收入曲线将位于Ox之下。它将交Ox于K，继交ox于H，K与H系供求曲线的交点B与A之垂线上的两点。在QQ'上求出一点q_3，并使Lq_3垂直于Ox，$OL\times Lq_2$为最大数，则求得最大垄断收入。延长Lq_3交SS'于q_2，交DD'于q_1，如果该公司希望获得当前的最大垄断收入，它将规定每千英尺煤气的价格于Lq_1，从而将销售OL千英尺；每千英尺的生产费用将为Lq_2，而纯收入总额将等于$OL\times q_2q_1$，亦即等于$OL\times Lq_3$。

图中虚线即数学家所谓之直角双曲线。但我们可以把它们叫做收入不变曲线。因为它们是这样一些曲线，即如果从其中任何一条曲线上的一点作垂线分别垂直于Ox与Oy（一垂线表示每千英尺的收入，而另一垂线表示所销售的千英尺数），则它们的积对于同一曲线上的各点来说将为一个不变量。当然靠近Ox与Oy的内曲线比外曲线的这个积要小些。因此，因P_3比q_3位于较小的收入不变曲线上，则$OM\times MP_3$小于$OL\times Lq_3$。要注意的是，q_3是QQ'与收入不变曲线中的一条曲线相切的切点。这就是说，q_3比QQ'上任何别的点都位于较大的收入不变曲线上；因此，$OL\times Lq_3$不仅在M在图中所示的位置上大于$OM\times MP_3$，而且在M沿Ox所取的任何位置上都大于$OM\times MP_3$。这就是说，q_3是在QQ'上曾被正确地选定的代表最大垄断收入总额的那一点。这样我们求出准则如下：如果通过QQ'与许多收入不变曲线之一相切的切点作垂线与需求曲线相交，则该交点与Ox的距离将为出售商品以提供最大垄断收入的那一价格。见数学附录中注22。

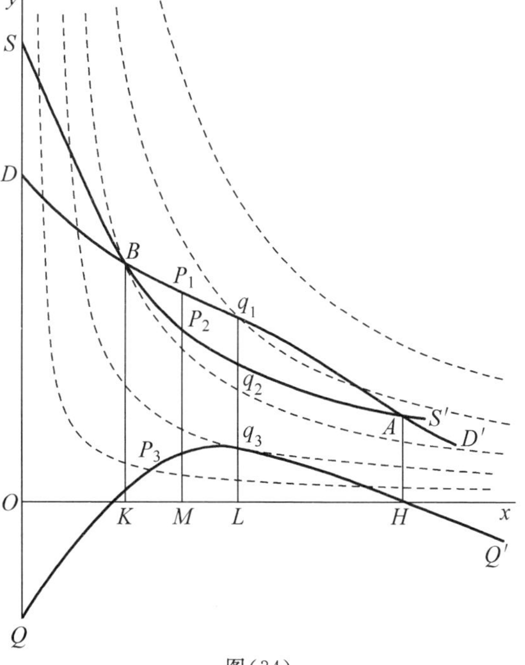

图(34)

第四节　对垄断征收总额不变的税，不会使生产减少，和垄断纯收入成比例的税也不会使生产减少；但是如果根据产量征税，就会使生产减少

假定供给条件发生了变化；有些新的费用势必开支，或有些旧的费用可以节省；或者也许交纳新税，或者得到了补贴。

首先假定这种费用的增加或减少等于一个固定的数额，作为一个不可分割的整体由该业负担，并不因商品产量的变动而变动。那么，不论所索价格和所销商品数量如何，垄断收入将有所增加或减少，而增加或减少之数等于这个数额；因此，变动以前提供最大垄断收入的那种销售价格在变动以后也将提供这种收入；因此，这种变动将不会引诱垄断者来改变他的生产方针。例如，假定每年按每千英尺三十便士的价格出售十二亿立方英尺的煤气获得最大垄断收入：假定这个数量的生产费用等于每千英尺二十六便士，并留有四便士作为每千英尺的垄断收入，亦即垄断收入总额为两万镑。这是它的最大值：如果公司的定价较高，比方说，每千英尺三十一便士，而只能出售十一亿立方英尺的煤气，则他们也许每千英尺获得四点二便士的垄断收入，亦即总数为一万九千二百五十镑；而为了销售十三亿立方英尺的煤气，他们也许不得不把价格降低至比方说二十八便士，并且也许每千英尺获得三点六便士的垄断收入，亦即总数为一万九千

五百镑。可见，他们定价三十便士比定价三十一便士能多得七百五十镑，比定价二十八便士能多得五百镑。现在假定不论销售量如何每年向煤气公司征收一万镑的固定税额。那么，他们的垄断收入，如定价三十便士，将为一万镑，如定价三十一便士，将为九千二百五十镑，如定价二十八便士，将为九千五百镑。因此，他们将继续定价三十便士。

这对那种不与该业的总收入成比例而与它的垄断收入成比例的税或补贴是同样适用的。因为假定所征的税不是一个固定的数额，而是占垄断收入的一定百分比，比方说占它的百分之五十，则公司的垄断收入，如定价三十便士，将为一万镑，如定价三十一便士，将为九千六百二十五镑，如定价二十八便士，将为九千七百五十镑。因此，他们将仍然继续定价三十便士。①

相反地，与产量成比例的税将诱使垄断者减少他的产量并提高价格。因为这样做就可以减少他的费用。因此，总收入超过总支出的差额因产量减少而增加，虽然在征税以前它也许有所下降。此外，如果征税前的纯收入只是略大于那些小得多的售额所提供的纯收入，那么，垄断者会因大大缩减生产而获利；因此，在这样的

① 如果垄断经营费用中加上一个独立于产量的总额(税或其他)，结果将使垄断收入曲线上的各点下降至比它原位于该曲线上的那点小一个固定数额的代表收入不变的收入不变曲线上的点。因此，新垄断收入曲线上的最大收入点直位于旧垄断收入曲线之下。这就是说，销售价格和产量照旧不变，如有固定的补贴或经营费用总额中其他的定额减少，则相反。关于比例于垄断收入的税的影响，请参阅数学附录中注 23。

但应当注意的是，如果一种税或其他新的额外费用超过了最大垄断收入，则它将使垄断完全停止；它将把过去提供最大垄断收入的价格变成使继续实行垄断所引起的损失减至最小程度的价格。

场合下，这种变动多半会使生产锐减与价格暴涨。从经营垄断的费用中减少一个与垄断产量成比例的数额的这种变动将会造成相反的结果。

例如，在最后一例中，如果公司定价为每千英尺三十一便士，从而销售十一亿英尺煤气，则每售一千英尺纳税二便士就会使垄断收入降至一万零八十三镑，如果定价为三十便士，从而销售十二亿英尺煤气，就会使垄断收入降至一万镑，如果定价为二十八便士，从而销售十三亿英尺煤气，就会使垄断收入降至八千六百六十六镑。因此，这种税势必诱使煤气公司把价格提高到三十便士以上，他们也许提高到三十一便士；也许提得比三十一便士还要高些；因为摆在我们面前的数字不能精确地指明究竟提高到什么程度才符合他们的利益。

而相反地，如果每售一千英尺煤气有补贴二便士，如果煤气公司的定价为三十一便士，则垄断收入会上升到二万八千四百一十六镑；如果定价为三十便士，会上升到三万镑；如果定价为二十八便士，会上升到三万零三百三十三镑。因此，补贴会使他们减价。当然，因煤气生产方法的改进，而使垄断公司的生产成本每千英尺降低二便士，也会产生同样的结果。[①]

---

① 文中假设，税或补贴直接比例于销售量。但是仔细考察以后，这个论点所涉及的假设只不过是这一假设，即税或补贴总额每因该数量的增加而增加。这个论点实际上并不要求它的增加必须与该数量完全成比例。

通过画图来代表需求和(垄断)供给的各种不同条件，以及垄断收入曲线的相应形状，是可以得到许多教益的。仔细研究这样得来的那些形状对我们的帮助比力图体现关于垄断的各种经济力量作用的繁琐推理过程要大些。在其中一个图上，用薄纸描绘收入不变曲线；而这当置于垄断收入曲线上，将立即指出最大收入的一点或几点。因为

第五节　垄断者往往能够保持企业上的节约

如果垄断者所生产的销售量是如此之大，以致它的供给价格（如上面所说的）等于它的需求价格，则他会失掉他所有的垄断收入。提供最大垄断收入的产量总是大大小于这一数量。因此从表面上看来，仿佛垄断产量总是小于竞争产量，它对消费者的价格总是大于竞争价格。但事实却不然。

我们将发现不仅当供求曲线相交一次以上，而且不是相交一次以上时，如第35图所示，在垄断收入曲线上也往往有几点，在这几点它与收入不变曲线相切。其中各点将表明一种真正的最大垄断收入；但是其中有一点比其他任何点一般地将格外显得位于较大的收入不变曲线上，因此，表明比它们具有较大的垄断收入。

如第35图所示，如果这个主要的最大点 q_3' 适远位于较小的最大点 q_3 的右方，则对商品的课税或提高整个商品供给曲线的任何其他变动会使垄断收入曲线下降，而下降的程度等于此数。设供给曲线从 SS' 上升至 $\Sigma\Sigma'$，从而设垄断收入曲线从原位置 QQ' 下降至 ZZ'；则最大收入的主要点将从 q_3 移至 z_3，它表示生产锐减，价格暴涨，和对消费者的巨大损害。反之，任何变动，像降低全部供给价格并提高垄断收入曲线的商品补贴的影响，可以从把 ZZ' 当作该曲线的原位置而把 QQ' 当作新位置中看出来。略加考虑就很明显（但这个事实用适当的图解加以说明也许更加方便），垄断收入曲线越接近于收入不变曲线的形状，则一般商品生产费用的某种变动所引起的最大收入点位置的变动也越大。第35图中的这种变动很大，并不是由于 DD' 与 SS' 相交一次以上，而是由于 QQ' 的两部分位于同一收入不变曲线的附近，其中一部分远在另一部分的右方。

因为如生产操于一个人或一个公司之手，则所引起的总费用一般地比同样的生产总量被分配给许多较小的生产对手时要小些。他们势必彼此竞争，以广招徕，从而用于各种广告的费用总额必然要比一个厂大得多；他们不善于利用大规模生产所带来的各种经济。特别是他们拿不起像单独一个大厂那样多的钱来改进生产方法和生产中所用的机器，这个厂知道它势必获得任何改进所带来的全部利益。

这个论点的确假定该厂经营有方，并拥有无限的资本支配权。这是一个不能轻易作的假设。但是如能作这样的假设，则我们一般可以得出结论：非垄断产品的供给表所表示的供给价格比我们的垄断供给表要高些；因此，在自由竞争下所生产的商品的均衡产

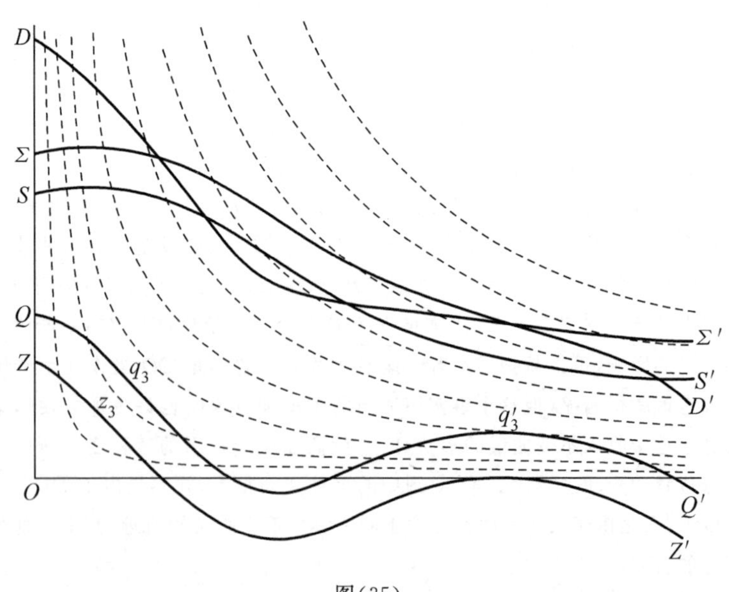

图(35)

量小于需求价格等于垄断供给价格的那一产量。①

垄断理论最有趣而极其困难的应用之一是这个问题:把不同的地区划归各大铁路,以便排除那里的竞争,是否最能促进公众的利益?这种建议的主张是,一条铁路载运两百万旅客或两百万吨货物比载运一百万能够来得便宜。把公众需求分配给两条铁路将不能使它们各自提供廉价的服务。必须承认,在其他情况不变条件下,一条铁路所规定的"垄断收入价格"将因其服务需求的每次增加而下降。反之则反是。但是如人性所趋,经验证明,因竞争路线的开辟而对垄断的破坏加速了而不是阻碍了原有路线的这一发现,即它能够按较低的运价进行运输。此外,还有一种建议,即不久两条铁路行将合并,并使公众负担用于双重服务的那些费用。但这又只能引起新的争论。垄断理论提出了而不是解决了这些实际问题,对于这些问题我们只好置而不论。②

---

① 换言之,根据第 34 图所示,虽然 L 必然远位于 H 之左方,但是如果没有垄断,商品的供给曲线可位于 SS' 现有位置之上,以致它与 DD' 的交点远位于图中 A 之左方,也许还可能位于 L 的左方。关于在报酬递加规律起强烈作用的那些工业中一个大厂比几个小厂所具有的优势,以及关于该企业也许有机会获得本生产部门的实际垄断,如果它历来都由那些和它的创办人同样精明强干的人所经营的话,我们已经讨论过了(第四篇,第十一、十二章与第五篇,第十一章)。

② 和需求增加对垄断价格的影响有关的那些问题的全面理论探讨,需要运用数学,为此读者最好参阅埃杰沃斯教授在《经济学家杂志》(*Giornaledegli Economisti*,1897 年 10 月)上所发表的关于垄断的一篇论文。但是检视第 34 图将表明 DD' 的一致上升将使 L 大大移向右方;而 q_1 的继起位置也许比以前将有所降低。不过,如果有一个新的居民阶层来到本区,他们是如此富裕,以致他们的旅行意图很少受票价的影响,那么,DD' 的形状将有所改变;它的左端将提高得比右端大些;而 q_1 的新位置也许比原位置要高些。

第六节　垄断者为了他的企业的未来发展，或出于对消费者福利的直接关心，可以降低他的价格

上面我们假定了垄断者规定他的商品价格只是从他从垄断中所能获得的当前纯收入着眼。但事实上即使他不考虑消费者的利益，他也多半会想到，一种东西的需求在很大程度上取决于人们对它的习惯；如果他用略低于给他提供最大纯收入的那种价格可以增加他的销量，那么，他的商品的畅销不久就会补偿他现在的损失。煤气的价格愈低，人们将置煤气的倾向就愈大；一旦装置之后，即使有电或石油与之暗中竞争，人们也多半会继续使用一些煤气。更明显的事例是，一个铁路公司实际上拥有运输旅客和货物到某港口或建筑星稀的郊区的垄断；这个铁路公司从商业观点看也许认为值得收取一种远低于提供最大纯收入的运费，以便使商人们惯于使用这个港口，并鼓励当地的居民来建立船坞和货栈；或帮助郊区的投机营造商建筑便宜的住宅，并迅速地接纳房客，从而给郊区带来一种早期繁荣的气氛，而这对保证它的长期成功是大有裨益的。垄断者为了发展未来生意而所受的目前部分利益的牺牲，和一个新厂为了建立商业往来而一般所受的牺牲只有程度上的区别，而没有性质上的差异。

在像上面所说的场合下，一个铁路公司虽然不敢说有任何利他动机，但是发觉它自己的利益和它的顾客的利益是如此密切相

关，以致暂时牺牲一些纯收入以增加消费者的剩余对它是有利的。生产者和消费者的利益在下述场合下就更加密切，即某地区的一些土地所有者共同建筑一条通过该地区的铁路支线，并不过分指望这条铁路对他们的投资将提供当前的利息率（这就是说，并不过分指望像我们所说的那种铁路垄断收入将不是一个负数），而是希望这条铁路使他们的地产价值增加得使他们的全部冒险成为有利的冒险。当某市从事供应煤气，自来水，或通过修路，建桥，设立电车而提供运输便利时，往往发生一个问题，是否收费标准应该高些，以便提供适当的纯收入，并减轻市政税的负担，还是应该低些，以便增加消费者的剩余。

第七节　总利益，调和利益

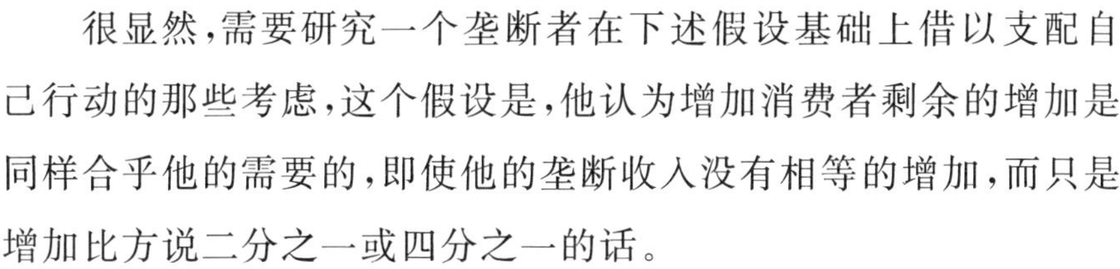

很显然，需要研究一个垄断者在下述假设基础上借以支配自己行动的那些考虑，这个假设是，他认为增加消费者剩余的增加是同样合乎他的需要的，即使他的垄断收入没有相等的增加，而只是增加比方说二分之一或四分之一的话。

如果把按任何价格出售该商品所产生的消费者的剩余加于由此而来的垄断收入，则二者之和就等于因出售该商品而对生产者和消费者共同带来的纯利益的货币尺度，或如我们所说的那种销售的**总利益**。如果垄断者把对消费者的利益看作是和对自己的相等利益具有相等的重要性，那么，他将力求生产使这种总利益成为最大的那一商品产量。①

---

① 在第36图中，DD'，SS'与QQ'所代表的需求曲线、供给曲线与垄断收入曲线是按照第34图中所用的方法作出的。从P_1作P_1F垂直于Oy；则DFP_1是按价格MP_1出售OM千英尺煤气所得的消费者的剩余。于MP_1取一点P_4，使$OM \times MP_4 =$面积DFP_1。那么，随着M从O沿着Ox移动，P_4将给我们作出第四条曲线，OR，这条曲线我们可以叫做消费者剩余曲线（当然它通过O，因为如商品的销数缩减为零，则消费者的剩余也消失了）。

其次从P_3P_1取截线$P_3P_5 = MP_4$，从而$MP_5 = MP_3 + MP_4$，则$OM \times MP_5 = OM \times MP_3 + OM \times MP_4$。但$OM \times MP_3$等于产量$OM$按价格$MP_1$出售时的垄断收入总额，而$OM \times MP_4$等于相应的消费者剩余。所以，$OM \times MP_5$等于垄断收入与消费者剩余之和，亦即社会从商品的产量OM行将获得的（用货币衡量的）总利益。P_5的轨迹是我们的第五条曲线，QT，这条曲线我们可以叫做总利益曲线。它与收入不变曲线之一相切于t_5，而这表明：如果销售量为OW，或销售价格定于对OW的需求价格，则（用货币衡量的）总利益是最大的。

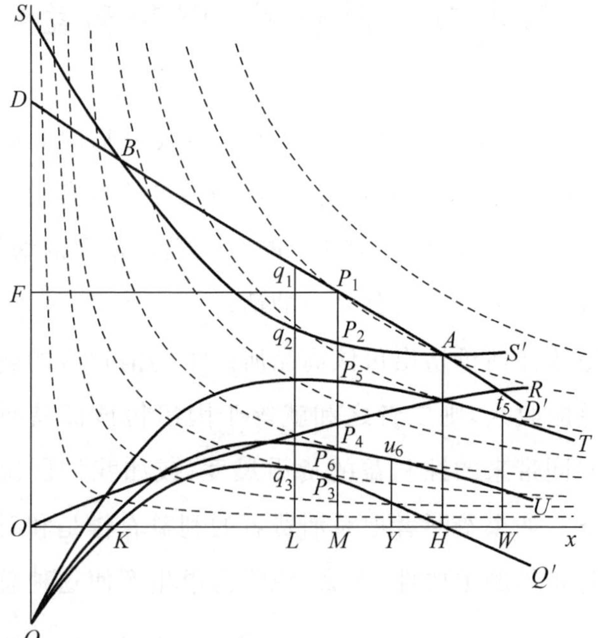

图（36）

但是垄断者往往很少把一镑的消费者剩余看得和一镑的垄断收入同样地合乎需要。即使是把自己的利益看作是和人民的利益相一致的政府也不得不考虑这一事实,即如果它放弃了一种收入来源,它一般地必须指靠本身具有不利的另一些来源。因为它们将势必引起征收上的摩擦和费用,以及对公众的某种损害,像我们所曾提到的那种消费者剩余的损失。它们从来不能调节得十分公平,当计及社会不同阶层将因建议政府放弃它的某些收入而获得的利益份额不等时,更是如此。

假定垄断者折衷一下,把一镑的消费者剩余算作比方说等于十先令的垄断收入。假定他计算按任何既定价格出售他的商品所得的垄断收入,并且假定他把相应的消费者剩余的二分之一加于这种收入,则二者之和可以叫做**折衷利益**;他将力求规定一种使这种利益尽可能大的价格。[①]

下面的一般结果是可以加以精确的证明的;但是略加思索,它们的真实性表现得如此明显,以致几乎无须加以证明。首先,在垄断者多少有意增进消费者的利益比在他的唯一目的是攫取最大可能的垄断收入时,他行将出售的数量要大些(而出售该数量的价格要低些);其次,垄断者增进消费者利益的念头愈大,亦即他依以计

① 如果他折衷的根据是一镑的消费者剩余和 n 镑的垄断收入同样重要,其中 n 为正分数,试于 P_3P_5 取一点 P_6,使 $P_3P_6=n\cdot P_3P_5$ 亦即等于 nMP_4,则 $OM\times MP_6=OM\times MP_3+nOM\times MP_4$;亦即它等于按价格 MP_1 出售商品量 OM 所获得的垄断收入加上从该销量所得的消费者剩余的 n 倍。因此,等于该销量所提供的折衷利益。P_6 的轨迹是我们的第六条曲线,这条曲线我们可以叫做**折衷利益曲线**。它与收入不变曲线之一相切于 u_6;这表明,如销量为 OY 或销售价格定于对 OY 量的需求价格,则折衷利益是最大的。

算消费者的剩余和他自己收入的实际价值的百分比愈大，则产量也就愈大（销售价格就愈低）。[①]

第八节　需求规律和消费者剩余规律的统计研究对社会的重要性

若干年前，人们常说："一个把自己看作属民的代理者的英国国王应该留意的是，不要把人民的精力消耗在不值得它本身所用劳动的那种工作上，或译成普通话来说，他不从事那种收入不足以支付其成本利息的工作。"[②]这些话有时也许只不过是说，消费者不愿以高价大规模地购买的某种利益，多半在很大程度上只存在于那些在所述工作中有私人利益的人的巧辩之中；但是他们更经常的也许是表明一种低估消费者在低价格下所拥有的利益（即我们所谓的消费者剩余）的倾向。[③]

① 这就是说，首先，第 36 图中的 OY 总是大于 OL；其次，n 愈大，OY 也就愈大（参阅数学附录中注 23（乙））。

② 引自 1874 年 7 月 30 日《泰晤士报》的一篇社论。这些话颇能代表大部分公众的意见。

③ 第 37 图可用来代表政府在印度所要举办的事业。供给曲线完全位于需求曲线之上，表明所述企业在下述意义上是无利的。不论生产者定价如何，他们将要亏本；他们的垄断收入将为负数。但是总利益曲线 QT 升至 Ox 以上；并与收入不变曲线相切于 t_5。如果他们销售 OW 产量（亦即把价格定于对 OW 的需求价格），则由此而来的消费者剩余，如按其实值计算，将超过经营上的损失，所超过之数等于 $OW \times Wt_5$ 所表示的数量。但是假定政府为了弥补亏损而必须征税，并且假定在计及一切间接费用和其他不利时这些税使人民的负担比政府的收入多一倍，那么，把二卢比的消费者剩余算作只能补偿政府一卢比的支出，将是必要的。为了表示根据这个假设所举办的事业的纯利益，我们就必须作出折衷利益曲线 QU，如第 36 图所示，但使 $n=\frac{1}{2}$。因此，$MP_6=$

私人企业成功的主要因素之一是权衡任何方针的得失和鉴别它们真正相对重要性的那种能力。由于实践和天才而学会使各种因素各得其所的人,业已获得致富之道;我们生产力的效率的增加,在很大程度上是由于许多能干的人,他们孜孜不倦地致力于获得这种企业才能。但遗憾的是,这种利害得失的权衡差不多都是从一个观点即生产者的观点出发的;而权衡消费者和生产者在各种不同行为中所拥有的相对利益的人却是不多的。因为的确只有

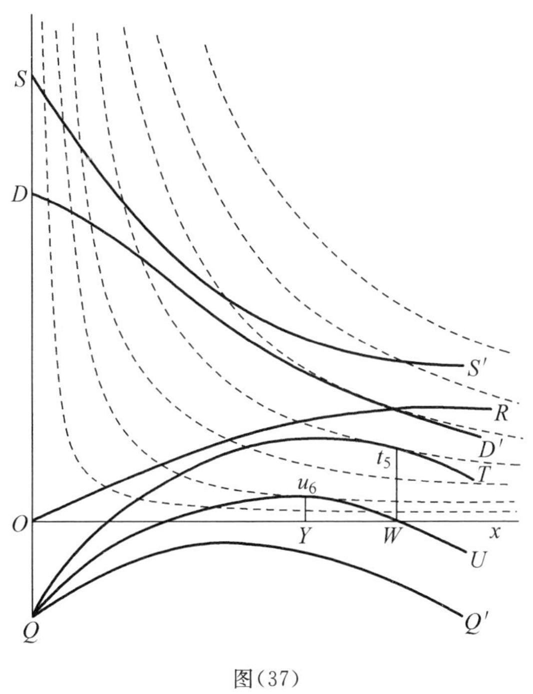

图(37)

$MP_3+\frac{1}{2}MP_4$(换言之,QU 是在垄断收入(负)曲线 QQ' 与总利益曲线 QT 的中间作出的)。在第 37 图中这样作出的 QU 与收入不变曲线相切于 u_6,这表明:如果销售量是 OY,亦即如果价格定于对 OY 的需求价格,则对印度的纯利益将为 $OY\times Yu_6$。

很少数的人的直接经验才能取得这种必要的材料，而甚至在这些少数人的场合下，所获得的材料也是有限而不完全的。此外，当一个大行政官，像能干的商人意识到他们的商业一样，意识到公众的利益时，他多半也不能自由地实行他的计划。无论如何，在一个民主国家里，一个宏伟的计划是很难保证按一致的方针进行的，除非把它的利益不仅向那些少数具有公共事业的直接经验的人讲清楚，而且也向那些许多没有这种经验而只凭别人所提供的材料加以判断的人讲清楚。

这种判断总不及那能干的商人借助于自己长期企业经验的直观所作的判断。但是如果能够根据各种不同的公共行为对社会各阶级可能引起的相对利害的统计作出判断，那么，这种判断要比现在可靠得多。政府经济政策的失败和不公许多是由于缺乏统计。坚持一方面利益的少数人不断地大声疾呼；而在相反方面具有自己利益的大多数群众却默不作声；因为即使这件事情曾多少引起了他们的注意，也没有人愿意为对本身无足轻重的那种事业而努力。因此，少数人获得胜利，即便可用的利益统计表明，这少数人的总利益只占许多沉默者的总利益的十分之一或百分之一。

无疑地，统计是很容易加以曲解的；而且最初用于新问题时也往往会引起错误。但是误用统计的许多弊窦是显而易见的，除非有人甚至对一般听众演说时也不厌其烦地重复它们。就一般而论，可以归纳成统计形式（虽仍处于落后状态）的论证，比任何其他形式愈益迅速地获得那些曾研究它们所讨论的问题的人的一致承认。集体利益的急剧增长，和集体行动在经济上的趋之若鹜，就使得这些事实成为当务之急：即我们应该知道，什么是最需要的公共利益的数量尺度，什么是它们所需要的统计，而且我们应该着手来获得这些统计。

这种希望也许是不无理由的：即随着时间的推移，消费统计将组织得使需求表充分可靠，在目力所及的图解中表明各种不同的公私行为行将引起的消费者剩余的数量。通过对这些图解的研究，人们也许逐渐能正确地识别社会在各种不同的公私企业计划中所获得的相对得益数量；健全的理论可以代替以往那些传统的理论，而这些理论虽然在当时也许起过进步的作用，但是由于对不计货币利得的各种公共事业计划的怀疑而冷却了社会的热忱。

我们以上所从事的许多抽象推理的实际意义，不到本书完结时，是不会充分表现出来的。但是提前介绍它们，似乎是有种种方便的，一部分原因是由于它们同供求均衡的主要理论有密切的关系，一部分原因是由于它们从旁说明决定我们即将研究的分配的因素这一探讨的性质与目的。

第九节　相互补充的两种垄断问题是得不到一般解决的

上面假定的是，垄断者可以自由买卖。但实际上一个工业部门的垄断同盟可以助长与该业有往来的那些部门的垄断同盟的发展。而垄断组织之间的冲突和联合在现代经济学中起着愈来愈重要的作用。一般性的抽象推理关于这个问题没有什么可说的了。如果两种绝对的垄断相辅相成，因此，其中一种垄断如不借助于另一种垄断就不能善于利用它的产品，那么，就无法决定成品的价格将定于何处。例如，如果我们仿效古尔诺假定，铜与锌除非混合制成铜器都无用处，如果我们假定，某甲拥有铜的一切供给来源，而某乙拥有锌的一切供给来源。那么，就无法事先决定究竟生产铜器若干，从而，也无法决定它的销售价格。各人都力求在交易中占对方的便宜；虽然斗争的结果对买主们也许会有很大的影响，但是买主们将不能左右这种结果。①

在所假定的条件下，甲不能指望从由于在锌价不是由战略上的讨价还价而是由自然原因所决定的那个市场上降低铜价而增加的销量中获得全部利益，甚至完全得不到任何利益。因为如果他减低他的价格，乙也许认为这种行动是商运不佳的象征，并提高锌的价格；从而使甲在价格和销量上都有所失。因此，各人都力求恫吓对方；消费者也许发觉上市的铜器较少，从而，所能索取的价格比在单独一个垄断者拥有铜和锌的全部供给时要高些。因为他也许认为在长期内通过刺激消费的低价格可以获利。但是甲和乙都无法预计自己行动的后果，除非两个人在一起商定一个共同的政策，这就是说，除非他们把他们的垄断部分地，也许暂时地加以合并。由于这点以及由于几种垄断多半会扰乱有关的工业，也许有理由主张，公共利益一般需要相互辅助的垄断应操于单独一个人之手。

① 例如，就分割生产者剩余的不定性而言，这个场合和水力与可以利用它的唯一地基的混合租的场合相仿。但在这个场合下，无法知道什么是生产者的剩余。古尔诺的基本方程式似乎是建立在不一致的假设的基础之上，见《财富理论中数学原理的研究》，第九章，第 113 页。在这里，像在别处一样，他开辟了新的领域，但是他忽略了它的某些最明显的特点。H. L. 穆尔教授(《经济学季刊》，1906 年 2 月)部分地根据伯特兰德和埃杰沃斯教授的著作，清楚地作了一些适应于垄断问题的假设。

但是在另一方面，有一些其他考虑，也许更加重要。因为在现实生活中像上面所说的那种永久的绝对垄断几乎是不存在的。相反地，在现代世界中，新东西和新方法不断地趋于代替那些不为消费者的利益着想的旧东西和旧方法；直接和间接的竞争多半会使相互辅助的两种垄断中的一种在地位上比另一种更加削弱。例如，如果在一个闭塞的小乡村中只有一个纺纱厂和一个织布厂，那么，为了公众的利益这两个厂在短时期内也许应该操于同一个人之手。但是动摇这样建立起来的垄断比动摇它们各自分立的垄断将要困难得多。因为一个新的冒险者也许会插足于纺纱业，并与旧纱厂争夺旧布厂的主顾。

此外，再看一看两个大工业中心之间部分用铁路，部分用水路的全部路程。如果铁路或水路方面的竞争是永不可能的，那么，为了公众的利益，铁路线和航线也许应该操于同一个人之手。但实际上这种一般论断是不可能予以作出的。在某些条件下，铁路和航线操于一个人之手，更符合于公众的利益；而在另一些也许是经常出现的条件下，它们操于不同的人之手，在长期内是符合于公众的利益的。

同样地，赞成把相互辅助的工业部门中的卡特尔或其他垄断组织合并的那些论点，虽然从表面上看往往振振有词，甚至具有说服力，但仔细考察以后，一般是靠不住的。它们的目的在于消除显著的社会工业上的不协调；但是那也许是以未来更大而更持久的不协调为代价的。①

① 《工业与贸易》第三篇所研究的问题和本章所涉猎的那些问题相似。

第十五章　供求均衡的一般理论摘要

第一节　第五篇摘要。参阅附录九

本章并不包括新的内容，它只是概括出第五篇讨论的结果。对于略而未读上述最后几章的读者，本章的后半部也许是有帮助的，因为它可以指出其中的大意，虽然未能作何解释。

在第五篇中，我们研究了关于供求的最一般的相互关系的理论；尽可能地不考虑那些具体运用这种理论的特殊情况，并把这个一般理论同几种生产要素（劳动、资本、土地）的具体特点的关系留给第六篇加以研究。

问题的困难主要地都依场所范围和所述市场持续的时间的不同而改变；而时间的影响比空间的影响更加重要。

甚至在一个为期很短的市场，例如，在一个乡村谷物交易的集市上，"讨价还价"也许围绕着一个均点摆动，而这个均点多少有权被叫做均衡价格。但是交易者在出一种价格或拒绝另一种价格时，几乎不考虑到生产成本。他们的主要照顾方面是现有的需求，另一方面是商品的现有存量。的确，他们也多少注意一些最近将来会露苗头的生产变动；但是在易腐品的场合下，他们不会料得很远;例如,生产成本对鱼市场上一日的交易并没有显著的影响。

在严格的静态下,其中供给在各个方面都可以完全与需求相适应,正常生产费用,边际费用和平均费用(租也计算在内),对于长期和短期都是同一种东西。但实际上职业经济学家和企业家,在把正常一词用于决定价值的那些原因时,对这个词的使用却有很大的伸缩性。我们需要研究的是一种相当明确的分界线。

这种界线的一端是长时期,在这个期间,各种经济力量有时间充分发挥它们的正常作用;因此,在这个期间,熟练劳动或任何其他生产要素的暂时稀缺可以得到补救;并且在这个期间,因生产规模的扩大而正常地产生的那些经济(所谓正常,即不借助于任何重大的新发明)有时间来显现自己。用正常能力经营,并拥有大规模生产的内部与外部节约的正常门路的一个代表性厂的费用,可以当作计算正常生产费用的标准。如所考察的时期长得足以使投资能建成新企业,并且卓见功效,则边际供给价格就是这种价格,它的预期在长时期内恰足以引诱资本家和各级工人把他们的物质资本与人身资本投于该业。

分界线的另一端是这样的时期,这种时期长得足以使生产者有可能针对需求的变动来调节他们的生产,如这种调节利用现有的专门技巧、专业化资本和工业组织是可能的话;但是它长得不足以使他们有可能在这些生产要素的供给方面进行任何重大的变动。就这种时期来说,物质生产工具和劳动的数量必须在很大程度上被看成是现成的;而边际供给增加额是由生产者就用现有的生产设备值得他们生产的数量的估计来决定的。如果生意活跃,则使一切能力都尽量紧张,加班加点,从而,生产并不是由于缺乏更多或更快生产的意志，而是由于缺乏力量而受到了限制。但是如果生意清淡，则各个生产者都必须打定主意，怎样才值得接近直接成本地承受新定货。这里是没有确定的规律的，起作用的主要力量是害怕破坏市场；而它对不同的个人和不同的工业集团以不同的方式和不同的程度起作用的。因为不论雇主或雇工之间的各种公开结社和各种非正式的"习惯上"的默约的主要动机，是在于使各个人不致以那种只顾目前利益而不顾该业更大总损失的行动来破坏共同市场。

第二节　续前

其次我们又讨论了那些为满足连带需求而必须被结合在一起的东西的供求关系，其中最重要的事例是必须在某业中共同起作用的专业化物质资本与个人专门技术的事例。因为在消费者方面不是对它们各自，而只是对它们共同制成的产品有着直接的需求；对它们各自的需求是派生需求。这种需求，在其他情况不变条件下，随着共同产品需求的每次增加和连带生产要素的供给价格的每次减少而增加。同样地，有连带供给关系的商品，如煤气与焦炭，或牛肉与牛皮，它们各自只能有一种派生供给价格，而这种价格是一方面由整个生产过程的费用，和另一方面由其余共同产品的需求来决定的。

因某物被用于几种不同场合而对它引起的合成需求和出于几个生产来源的某物的复合供给，并不产生很大的困难；因为为不同目的而需要的几种数量，或来自不同来源的供给的几种数量都可以用第三篇中所用的同一方法加在一起，以合成富人、中产阶级和穷人对同一种商品的需求。

其次我们研究了企业补充成本（特别是同建立商业往来、推销和保险有关的那些成本）在其各种不同产品之间的分配。

第三节　续前

在研究那些同时间因素有关的正常供求均衡的主要困难时，我们对某种生产工具的价值及其所制产品价值的关系，作了较充分的探讨。

如不同的生产者在生产某物上具有不同的便利，则它的价格必须足以补偿那些没有特殊额外便利的生产者的生产费用；否则他们将停止或缩减他们的生产，而相对于需求而言，供给量的稀缺，将使价格上涨。当市场处于均衡状态，而该物正在按足敷开支这些生产费用的价格出售时，除了他们的费用，对那些拥有任何额外便利的人还留有剩余。如果这些便利源于对自然恩赐品的占有，这种剩余就叫做生产者的剩余，或生产者的租。总之是有剩余的，如果自然恩赐品的所有者把它租给其他的人，因其使用他一般能获得相当于这种剩余的货币收入。

产品的价格等于边际上（亦即在不提供租的不利条件下）生产的那部分产品的生产成本，这部分产品成本的计算，不会陷入循环推理，而其他部分的成本却不然。

如果过去用于种植蛇麻的土地现在用作菜地而能提供较高的地租，则种植蛇麻的土地面积无疑地将有所减少；而这将提高它们的边际生产成本，因此，也提高它们的价格。土地对某种产品行将提供的地租，要求我们注意这一事实，即对用于该产品的土地的需求，增加了其他产品供给的困难，虽然它不直接列入那些生产费用。同样的论点也适用于城市土地的地基价值和建筑物成本之间的关系。

这样，当我们一般地考察正常价值时，当我们研究那些决定"长期"正常价值的原因时，当我们探讨经济原因的"最后"结果时，则得自这些形式的资本的收入列入必须用以补偿所述商品的生产费用的报酬之中；而关于那种收入的可能数量的估计直接地支配着生产者的行动，他们关于究竟是否值得增加生产资料，尚在犹疑不定。但是，在另一方面，当我们考虑决定短期正常价格的原因时（所谓短期是相对于大量增加那些生产工具所需要的时间而言），则生产工具对于价值的影响主要是间接的，多少近似于自然恩赐品所起的影响。我们所考察的时期愈短，那些工具的生产过程愈慢，它们所提供的收入的变动在节制或增加它们所制商品的供给上，从而在提高或降低产品的供给价格上，所起的作用也就愈小。

第四节 续前

这就使我们不得不考虑那些和遵守报酬递加规律的某种商品的边际生产费用相关的技术性困难。这些困难源于一种企图，即认为供给价格取决于产量，而不考虑各个别企业在扩大它的内部组织，尤其是外部组织方面所必须占用的时间的长短；因此，它们在价值理论的数学和准数学的讨论中是最突出的。因为如供给价格与产量的变动被看作是完全相互依存，而不涉及逐渐的增长，则似乎有理由认为，各个别生产者的边际供给价格等于因生产他的最后一单位而增加的生产费用总额；这种边际价格在许多场合下多半会因他的产量的增加而减少，且比需求价格在共同市场上由于同样的原因要减少得多些。

因此，静态均衡理论并不完全适用于那些遵守报酬递加规律的商品。但是应该看到，在许多工业中，各个生产者都有一个特殊市场，在这个市场上他是人所共知的，同时他又不能迅速扩大这个市场，因此，虽然他迅速增加他的产量也许在技术上是可能的，但是他会冒有这样的风险：要么急剧降低自己市场上的需求价格，要么被迫按较不利的价格在别处出售他的剩余产品。虽然有些工业，其中各个生产者都有机会出入整个的大市场，可是在这些工业中，如现有设备业已得到适当利用，则因增加产量而获得的内部经济却微乎其微。无疑地也有一些工业，就它们而论，这些论断都不适用——它们处于过渡阶段，必须承认，正常供求的静态均衡理论运用于它们是勉强而无益的。但这些场合是不多见的；而就大多数加工工业而言，供给价格和产量的关系对于长期和短期却显出根本不同的性质。

对短期来说，使企业的内部和外部组织和产量的迅速变动相适应的困难是如此之重，以致供给价格一般必须被认为随着产量的增减而升降。

但在长期内，大规模生产的内部与外部节约有时间来显现自己。边际供给价格不是任何特定产品组的生产费用，而是整个生产和推销过程中的边际增加额的全部费用（包括保险费用和管理总报酬在内）。

第五节 续前

对于被视作供求的一般条件变动方面的一个特殊场合的税的影响之研究指出，如适当地计及消费者的利益，所谓“最大满足”的一般理论的论据是抽象的，而不是像以往经济学家所假设的那样一望而知。这个理论是，各人自由追求各自的当前利益，将使生产者把他们的资本与劳动，并使消费者把他们的支出纳入那些最有助于共同利益的途径。在我们研究的现阶段，因只限于最一般性的分析，我们不去讨论这一重要问题：在像当前人性的条件下，集体行动在能力与弹性方面，以及在意志的果断与创造性方面，究竟比个人行动差多少；因此，由于实际上缺乏效率而造成的浪费是否未必多于因计及任何方针所涉及的各种利益而引起的节约。但是即使不去考虑财富分配的不均所引起的那些灾难，似乎有理由相信，与最大限度相去很远的总满足，可以通过促进那些报酬递加规律起特殊作用的商品的生产和消费的集体行动而得到很大的增加。

这个论点是通过对垄断理论的研究而加以证实的。垄断者当前所关注的是把他商品的产销调节得使他获得最大的纯收入，而他所采取的方针多半不是提供最大总满足的方针。个人利益与集体利益的矛盾，对那些遵守报酬递减规律的商品比对那些遵守报酬递加规律的商品来说，似乎是较不重要的。但是在后一种场合，似乎有充分的理由相信，政府干预往往对社会有直接或间接的利益，因为大量增产使消费者的剩余增加得多，而使产品的总生产费用增加得少。对供求关系(尤其是用图解的形式表示时)的较确切的概念,可以帮助我们来理解什么统计应该加以搜集,以及它们应该怎样用于计算各种相互冲突的公私经济利益之中。

李嘉图关于生产成本和价值的关系的理论在经济学史上所占的地位是如此重要,以致对这一理论的实际性质的任何误解必然是十分有害的。因此,有一种广泛流行的信念,即这种理论有必要为当代经济学家加以改造。在附录九中指出了不能接受这种意见的理由,同时也指出了主张下述相反意见的理由,即认为李嘉图所留下的这个理论的基础仍然原封未动;加于其中者很多,建立于其上者也很多,但取于其中者却极少。那里有一种论点,这种论点认为他知道需求在决定价值方面起着重要的作用,但是他把它的作用看得比生产成本要明显些,因此,他就在给他的朋友和自己用的笔记中把它略去;因为他从来不打算写一本正式的论著。这种论点也认为,他把生产成本看作是取决于(而不是仅仅取决于生产中所耗费的劳动量,像马克思说他那样)生产中所耗费的劳动的数量和质量,再加上辅助劳动所需要的蓄积资本量和这种辅助所用的时间。

第 六 篇

国民收入的分配

第一章 分配概论

第一节 全篇要旨

本篇的宗旨在于表明这一事实，即自由人的培养而参加工作不能和机器、牛马、奴隶适用同样的原则。如果可以适用同样的原则，则价值的分配和交换几无区别；因为每种生产要素所获得的报酬足以抵偿它的生产费用、耗损等等；总之，除意料所不及的失败而外，常可使需求和供给相适应。但事实上，随着人类控制自然能力的增进，除生活必需品外，常可提供日益增大的剩余；而这种剩余并不能为人口的无限增长所吸尽。因此，存在的问题是，什么是决定把这种剩余分配给人民的那些一般原因？习惯上的必需品，即生活上的安适程度起着什么作用？消费和生活方式对效率一般地起着什么作用？各种需要和活动，亦即生活程度，代用原则的多方面作用，以及各阶级各种类的体力劳动和脑力劳动之间的生存竞争又起着什么作用？资本运用所给予资本所有者的权力又起着什么作用？和那些工作并当时消费他们劳动果实的人相比较，在一般源泉中有哪些部分用于报酬那些工作（包括各种冒险在内）和“等待”的人？对于这些和某些相同的问题，试图作一广泛的答案。

在分配问题的初步考察上，我们将首先观察一世纪以前英国和法国学者怎样认为价值几乎完全由生产成本所决定，而需求只居于从属地位。其次，我们将说明这种研究结果在静态社会中是

怎样近于真实的；并为使这种结果同现实生活和工作条件相一致又需要作哪些修正；第一章的其余部分主要讨论的是劳动需求。

在第二章中我们将首先考察现代条件下的劳动供给；并进而一般地考察确定工人、资本家和地主分配国民收入的大体界线的原因。在这种走马观花的考察下，许多细节将略而不论，其中有些是本篇其余章节所要补足的，但其他细节只得留待续篇。

第二节　重农学派根据法国当时的特殊情况假定了工资的最低可能水平，以及这种最低可能水平亦适用于资本的利息。这些严格的假定后来为亚当·斯密与马尔萨斯部分地加以扬弃

亚当·斯密的前辈法国经济学家曾极简单地论述了决定国民收入分配的原因。而这种论述是以法国十八世纪后半期的特殊环境为基础的。当时征自法国农民的各种苛捐杂税只以他们的支付能力为限。各劳动阶级免于饥饿者甚少。所以法国经济学家（当时称为重农学派）为简单起见假定有一种自然人口规律，根据这个规律，劳动工资保持在最低可能的水平线上。[①] 他们并没有假定这适用于全体劳动人口，但例外是如此稀少，以致他们认为他们的

① 例如杜阁在这点上也许可以算作重农主义者，他说（《关于财富的形成和分配的考察》，第六节），“在各种职业中，工人的工资势必，而且事实上也的确以生活必要资料为限……他所赚的收入只不过供其维持生活而已”。但是休谟指出，这种论断导致这一结论，即对工资征税必然使工资上涨；从而，它与租税重的地方工资往往很低，而租税轻的地方工资往往很高这一事实是不相容的；杜阁（1767 年 3 月）曾作了答复，大意是他的铁则不是被假定为在短时期内充分发生作用，而只是在长时期内才有这种作用的。参阅萨伊所著《杜阁》，英文版，第 53 及其余诸页。

假设所含的一般见解是真的；这种说法多少像叙述地球的形状一样，虽然地球上有少数山脉凸出，但凸出于地面的程度不大，这并不妨碍我们说地球是椭圆形的。

此外，他们知道，在以前的五个世纪中，欧洲的利率由于“节约一般地压倒奢侈”一事而有所下降。但资本的敏感性和逃避税吏压迫的敏捷性使他们深有所感，因此，他们断言以下的假设并不过分，即如果资本的利润比以前减少，则资本会很快地被消费掉或流入他国。从而他们又为简单起见假定有某种类似自然工资率的自然利润率或必要利润率的存在。如果当前利润率超过这种必要利润率，则资本增长得很快，直到它迫使利润率降低到自然利润率或必要利润率水平为止。如果当前利润率降低到必要利润率以下，则资本缩减得很快，而又使利润率上升。从而重农学派认为工资和利润是由自然规律所决定，同时各种东西的自然价值纯粹是由报酬生产者用的工资和利润的总额来决定的。[①]

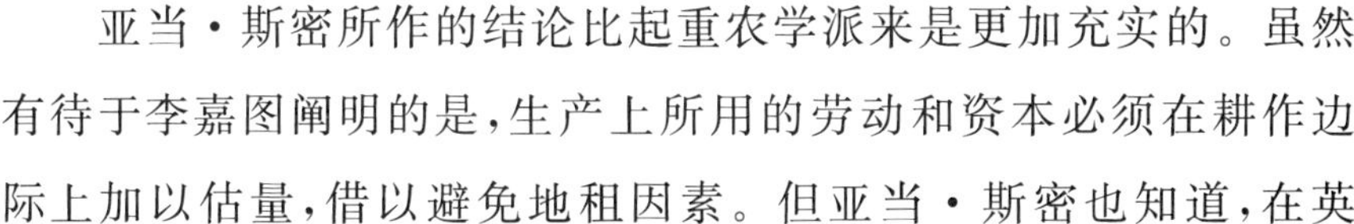

亚当·斯密所作的结论比起重农学派来是更加充实的。虽然有待于李嘉图阐明的是，生产上所用的劳动和资本必须在耕作边际上加以估量，借以避免地租因素。但亚当·斯密也知道，在英

① 根据这些前提，重农主义者从逻辑上得出这个结论，即国家用于支付租税的唯一纯产品就是地租；如向资本或劳动课税，这些税将使它缩减至它的纯价格提高到自然水平为止。他们认为，地主阶级势必支出一种超过这个纯价格的总价格，所超过之数等于租税加上各种征收费用，再加上税吏对工业的自由发展所造成的一切障碍的等价；因此，如果地主阶级作为唯一的真正剩余的所有者直接交纳国王所需要的各种赋税，特别是如果国王容许“放任主义”，亦即容许各人各行其是，并在他所喜欢的市场出售他的商品和劳动，则他们在长期内所受的损失要少些。

国，劳动和资本并不像在法国那样，处在饥饿的边际。英国大部分劳动阶级的工资除足以维持生存所必要的外，尚绰绰有余。英国的资本有极稳妥而有利的运用场所，似不致消灭或流入他国。因此当他慎重措辞时，他的使用“自然工资率”和“自然利润率”这些名词，并不像重农学派口上所说的那样狭隘和死板。在解释二者是由经常变化着的需求和供给情况决定时，他大大地前进了一步。他甚至认为，优厚的劳动报酬，“能增进平民的勤劳”；“丰富的生活资料能增加工人的体力；改善他的状况和也许在愉快和富裕中度过他的晚年的那种美好希望鼓舞他拼命地工作。从而，在工资高的地方比在工资低的地方，我们总会发觉，工人较为积极，较为勤劳，较为敏捷。例如，英格兰和苏格兰，城市近郊和穷乡僻壤的情形就是这样”。[1] 可是他有时沿用旧的说法，致使粗心的读者以为他相信劳动工资的平均水平是由仅能维持生存所必要的资料这一铁律来决定的。

马尔萨斯在他那英国从十三世纪到十八世纪的工资演变的卓越调查中也曾指出，工资的平均水平是怎样逐代变动不居的，有时降低到每日半配克谷物左右，有时又上升到一配克半，而在十五世纪，甚或上升到两配克左右。虽然他说“下等生活方式可以是贫困的结果，也可以是贫困的原因”，但是他把这种结果差不多完全归罪于由此而引起的人数的增加；他未曾料到，我们时代的经济学家所强调的是，生活习惯对于效率，从而对于劳动者多得报酬的能力

① 《国民财富的性质和原因的研究》，第一篇，第八章。

所发生的影响。[1]

李嘉图的用语甚至远远不如斯密和马尔萨斯谨严。的确，他清楚地说过："用食物和必需品所测量的劳动自然价格，不能理解成绝对固定，一成不变的；……劳动的自然价格主要取决于人民的风俗习惯"[2]；但是，一旦他说过之后，他却不屑于经常重复；他的绝大部分读者忘掉他是这样说了的。在他的论证中，他经常采取同杜阁和重农学派相似的说法，[3]似乎工资一旦超过仅能维持生存所必要的资料的范围，人口就有急剧增长的趋势，而这种趋势通过"自然规律"固定在仅能维持生存所必要的资料的水平上。尤其在德国，这个规律曾叫做李嘉图的"铁律"或"铜律"——许多德国社会主义者相信，这个规律甚至在西欧各国现在也起着作用；并且相信，只要"资本主义"或"个人主义"的生产方式存在，它将继续发生作用。他们竟断言李嘉图是他们队伍中的权威。[4]

但事实上李嘉图不仅知道工资的必要限界或自然限界是不能由铁律来规定的，而且也知道，它是由各个地方和各个时期的当地生活条件和习惯来决定的——而且，他对较高"生活程度"的重要

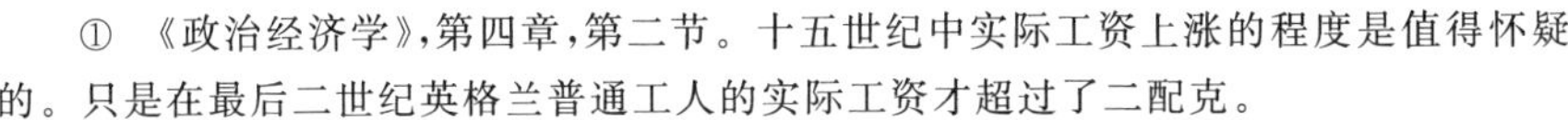

① 《政治经济学》，第四章，第二节。十五世纪中实际工资上涨的程度是值得怀疑的。只是在最后二世纪英格兰普通工人的实际工资才超过了二配克。

② 参阅《原理》，第五章。

③ 比较以上第四篇，第三章，第八节。

④ 有些德国经济学家，他们不是社会主义者，而且他们也不相信有这样的法则，但是他们认为李嘉图及其门徒的学说是与这个法则有关系；而另一些经济学家（如罗雪尔，《德国国民经济学史》，第1022页）却反对社会主义者对李嘉图的曲解。

性是非常敏感的，并号召主张人道主义的朋友们努力促成各劳动阶级决心的成长，使工资不致降低至接近仅能维持生存所必要的资料的水平。①

许多学者坚持不渝地认为他相信"铁律"，这只能由下述事实来解释，即他喜欢"设想有力的例证"，和暗示一次以后，不再重复的习惯，并为简单起见，删去那些使他的研究结果应用于现实生活所需要的条件和限制。②

穆勒虽然倾注全力强调经济学上人的因素，但在工资理论方面却没有超过他的前辈，而作出任何巨大的贡献。他追随马尔萨斯，专从历史方面立论，认为如果工资的下降使劳动阶级的安逸水准度下降，则"他们所受的损害将是永久性的，恶化了的生活条件

① 不妨引用他的一段话："人道主义的朋友们不禁希望各国劳动阶级要贪图安逸和享受，并且通过各种法律手段来鼓励他们努力获得这些东西。防止人口过剩，舍此别无上策可循。在劳动阶级的需要极少，且满足于最低廉的食物的那些国家里，世态沧桑，人民备受苦难。他们无处栖身；身份卑贱，即无法苟安；但他们已经是卑贱得不能再卑贱了。一旦主要生活资料有所不足，则他们可以利用的代替品极少，而伴随着这种缺乏而来的几乎是各种饥饿的灾难。"（《原理》，第五章）值得注意的是，麦卡洛克因曾采用李嘉图那些极端的教条并死板地运用它们而受到指责（不是完全不公正的），可是在他的《工资论》的第四章的标题中仍然使用："低工资与使劳动者习惯于最廉价食物的弊害。高工资的利益。"

② 李嘉图的这种习惯在附录九中加以讨论（再见第五篇，第十四章，第五节）。英国古典经济学家往往认为最低工资取决于谷物的价格。但是"谷物"一词被他们用来当作一般农产品的简称，像配第（《赋税论》，第十四章）所谓"谷物生产，我们将假定它包括一切生活必需品，如我们在主的祈祷中假定面包一词所包括的那样"。当然，李嘉图对工人阶级的前途所持的态度比我们现在要悲观些。甚至农业劳动者现在也可以过一种丰衣足食的生活，而在李嘉图时代即使技工也需要用全部工资来购买他家庭所用的丰盛的食物。艾希利爵士认为李嘉图的观点比我们现在的要狭隘些。他富于启发性地描述了前注中那段引文的历史，并且指出甚至拉萨尔也不认为他的铁则是神圣不可侵犯的。见附录九，第二节。

将成为一种新的最低额，像以前较高的最低额一样，常常使自己延续持久”。①

高工资不仅能提高工资领受者的效率，而且能提高他们子孙的效率，这种影响的认真研究只是在上世纪才开始的。在这方面，首推沃克和美国的其他经济学家。运用比较方法来研究欧美各国的工业问题，不断地使人越来越注意这一事实，即报酬优厚的劳动一般地是有效率的劳动，因此，不是昂贵的劳动。这种事实虽然比我们所知道的任何事实对人类的未来都充满更大的希望，但是它却给分配理论带来极其复杂的影响。

现在看来，分配问题比以前经济学家所想象的要难得多，任何自认为是很简单的解决办法都是不能信以为真的。从前的许多研究曾给分配问题以简易的答案，而这些答案实际上是对那些想象的问题的答案，这些问题可能产生于生活条件十分简单的其他世界，而绝不是我们这个世界。但在回答这些问题方面所做的工作并不是徒劳无益的。因为一个最困难的问题，最好可以分成几部分加以解决。这些简单问题中的每一个问题都包含着我们必须解决的那个大的困难问题的一部分。让我们借助于这个经验，并在本章以后各节循序研究，以便了解那些决定现实生活中的资本和劳动的需求的一般原因。②

① 第二篇，第十一章，第二节。他责备李嘉图在显然忽略了前注中所引的那几段（除了一段）后，假定安逸水准是不变的。但是他很清楚李嘉图的“最低工资率”取决于现有的安逸水准，而与仅供维持生存的必需资料无关。

② 比较第五篇，第五章，特别是第二、三节。

第三节　从一个不存在着劳资关系问题的社会来逐步说明需求对分配的影响

让我们首先研究在一个想象的世界里需求对劳动报酬所发生的影响，在这个世界里，各个人都拥有辅助他劳动的资本；因此在这里并不存在劳资关系问题。这就是说，让我们假定，只有少量资本将被使用；每个人所用的资本都归他个人所有；而自然恩赐品俯拾皆是，可供人自由使用，不取分文代价。其次让我们假定，各个人不仅有相同的能力，而且有相同的工作意愿，而且事实上也的确劳动得同样卖劲。再其次让我们假定，所有的劳动都是简单劳动，或没有经过专门训练的劳动，这指的是，如果两个人相互调换工作，则对工作的质量和数量都不发生任何影响。最后，让我们假定，每个人所生产的东西都是准备出卖，无须中间人过手，他直接把东西售与它们的最后消费者——因此，各种东西的需求都是直接需求。

在这种场合，价值问题十分简单。各种东西都比例于生产它们所消耗的劳动进行交换。如果任何一种东西的供给不足，则它的售价可以暂时高于它的正常价格。它所交换的东西在生产上用的劳动较多；但是假使如此，人们将立刻离开别的工作，而从事于它的生产，在很短的时间内，它的价格将降低至正常水平。一些暂时的小干扰是可能有的，但就一般而论，任何人的报酬将等于他人的报酬。换言之，在所生产的产品和服务的纯总额中，各人所得的份额都相等；而产品和服务的纯总额我们可以叫做国民收入，它将构成劳动需求。[①]

如果现在有一种新发明，使某业中的工作效率提高一倍，因此，某人每年可使某种东西增产一倍，而无须增加工具，那么，这些东西的交换价值将为以往交换价值的一半。对每个人的劳动的有效需求将略有增加，而各个人从公共的收入源泉中所汲取的部分也比以前略有增加。如果他愿意的话，他可以对这种特殊的东西多取一倍，其他旧有的东西仍旧不变；或者他可以取得比以前略多的各种东西。如果许多行业中的生产效率增加，则公共收入源泉，或国民收益将大增；那些行业所生产的商品将构成其他行业所生产的商品的较大需求，并提高每个人的收入的购买力。

第四节　续前

倘其他条件不变，这就是说，倘工人的工作能力和勤劳相同，各业都同样为人所好且同样容易学会，如果我们假定，各业需要某种特殊的技能，则上述论点不致有很大的变动。各业中的正常收入率仍然相同。因为如果某业一日劳动制造的出售产品比他业一日劳动制造的出售产品所得较多，而这种不平等现象又有持续的倾向，则人们将使他们的子女优先学习这种有利的行业。的确，某些小的不规则现象是可能存在的。从一业转向另一业势必要占用时间，一时某些行业所得的份额多于他们在收入源泉中所应得的正常份额，而另一些行业所得的份额却较少，甚或缺少工作。尽管

① 见下文第十节。

有这些干扰，但是各种东西的当前价值将围绕着它的正常价值波动；在这个场合，像在以前的场合一样，正常价值纯粹是由生产那种东西所消耗的劳动量来决定的；因为各种劳动的正常价值仍将相等。社会生产力由于分工而势必提高；一般国民收益或公共收入源泉行将扩大；除一时的干扰不计外，各人所得的份额将相同，各人用他自己的劳动果实所能购买的那些东西，比如果他自己为自己生产时对他是更加有利的。

在这个阶段，像在上述阶段一样，这个命题仍然是正确的，即各种东西的价值是和消耗在它上面的劳动量相一致的；每个人的收入纯粹是由自然的恩赐和生产技术的进步来决定的。

第五节　续前

其次，让我们仍旧撇开培养工作者所用的大量支出对他们的效率的影响不谈，把它留在下章和分配的供给方面的其他问题一并讨论。而我们所要观察的是，人口数量的变动对自然所提供的收入的影响。让我们假定，人口增长率不变，或者无论如何不受工资率的影响。它可以受习惯、伦理观念和卫生知识的变动的影响。同时我们仍然假定，一切的劳动都是相同等级的劳动，分配给各家的国民收入，除一时略有不均外，也都是相等的。在这种场合，生产技术的发达，交通的进步，各种新的发现以及战胜自然之各种新成就，将使各家所支配的安乐品和奢侈品得到相等的增加。

但是这种场合和前一场合是不同的；因为在这种场合人口的增加，如持续得很久，最后必然快于生产技术的改良，而使报酬递减规律在农业中显现自己的作用。这就是说，从事农业的人将获得较少的小麦和其他农产品，作为他们的劳动和资本的报酬。在农业中，从而在其他各业中，一小时的劳动所代表的小麦数量将比以前减少；因为所有的劳动假定属于相同的等级，所以，各业的收入通常是相等的。

此外，我们必须注意的是，土地的剩余或租值有上升的趋势。因为任何种产品的价值必须等于劳动的价值，而这种劳动，根据我们的假设，不论在优等土地或劣等土地上，在仅仅有利的即边际的条件下始终是辅以生产它所需要的等量资本的。在耕作边际上生产一夸脱小麦等所用的劳动和资本比以前有所增加；因此，自然对有利条件下所运用的劳动的报酬小麦等等，相对于该劳动和资本将比以前有较高的价值；换言之，小麦所提供的价值，除超过生产它所用的劳动和资本的价值外，尚有较大的剩余。

第六节　续前

让我们现在撇开这一假设：即在全社会中，劳动具有这样的流动性，以致保证等量努力能获得等量报酬。为了更加接近现实生活起见，我们假定，劳动在工业上不只有一级，而有几级。再假定：父母往往培养他们的子女在本级中就业；他们在本级中可以自由选择，而不能离开本级。最后，我们假定，各级人数的增加不受经济原因的支配。如前所述，它可以是固定不变的，也可以是受习惯和伦理等方面的改变的影响的。在这种场合，国民收益总额是由自然给予处在现有生产技术状态下的人的劳动的报酬丰度来决定的。但分配给各级的国民收益将有所不同。它是由人民本身的需求来决定的。某业中的人愈能满足在国民收入中占有很大份额的那些人的广泛而迫切的需要，他们所得的份额也就愈多。

例如，假定艺术家单独构成一个级或等级，或组成一行；其次，假定他们的人数不变，或至少只受与收入无关的因素的影响；那么，他们的收入将取决于喜欢从艺术家得到满足的那些阶层中的居民的资金和热中程度。

第七节　从一个具有正常效率的工人来说明特定劳动的纯产品，他的雇用并不增加间接成本，但它的工作恰只达到雇主不能从其中获得纯收益的那一边际

现在我们可以离开那个各人都拥有辅助他劳动的资本的想象世界，而回到我们这个劳资关系在分配问题上起着巨大作用的现实世界。但让我们仍然把注意集中在按每种要素的数量和它所提供的服务把国民收益分配给各种不同生产要素上，至于每种要素的报酬对该要素的供给所起的反作用，则留在下章讨论。

我们已经知道，机敏的企业家怎样不断寻求最有利运用自己资金的机会，并力图把各生产要素使用到那一边际或限界，在该边际，他如把他的一小部分开支移用到其他要素上，对他会是有利的；从而就其影响所及，他是代用原则起作用的媒介，通过他这一原则使各要素的雇用得到这样的安排，以致在它的边际运用上它的成本和因它的使用而增加的纯产品成比例。我们必须把这个普

遍原则运用在劳动的雇用上。①

在那谨慎的企业家的心中经常盘算的一个问题是，他是否有恰当的人数，来完成他的工作。在有些场合下，他的设备就给他解决了这个问题：一个机车上必须有一个，而且只能有一个司机。但是几列快车只有一个车务管理；在运输繁忙的时候，它们会迟到几分钟，而这些时间是可以通过第二个车务管理节省的。因此，一个机敏的经理总在度量那因重要列车上第二个车务管理之助而给旅客所节省的时间和所避免的麻烦这一纯产品，并考虑这种纯产品是否将和它的成本相称。这个问题和多增加一次列车是否能补偿它在设备和劳动方面所用的较大支出这一问题，在性质上是相同的，但在形式上却是比较简单的。

此外，人们有时听说，某农户因缺乏劳动而使他的土地荒芜。也许他有足够的马匹和农具；但是"如果他多雇一个人，他就会收回他的资金，且绰绰有余"。这就是说，增雇的这个人所提供的纯产品除补偿他的工资外，尚有剩余。让我们假定，某农户存在着究竟雇用多少放牧员这样一个问题。为简单起见，我们可以假定，增加一个人在设备或资本方面不需要任何额外支出；且他在各方面所给予该农户的劳逸都相等；因此，无须增加管理上的报酬（就该词作广义解，甚至包括风险保险费等在内）。最后，农户认为此人

① 见以上第五篇，第一—四章。不久我们一定要讨论雇用人的劳动在那些方面不同于雇用一所房子或一架机器。但是目前我们可以不考虑这种区别，而只就其主要方面来观察问题。即使如此，也会遇到某些技术上的困难，而根据第五篇，第七章末尾的建议删去该篇最后几章的那些读者，如果不满意于此处的一般讨论，最好重读第五篇，第八、九两章。

除同样防止羊的死伤外，每年还可增加羊二十只。也就是说，他认为增雇的这个人所提供的纯产品是二十只羊。如果可以用少于二十只羊的价格的等价雇到这个人，他一定是会雇他的；但是如果只能用差不多相等的价格才可以雇到，那么，该农户将犹疑不决；而这个人可以叫做边际牧工，因为他是在边际上雇用的。

最好是始终假定他具有正常的效率；即使他有特殊的效率，倘他的纯产品等于他的工资，那他也只会是一个边际放牧员。该农户也许算过，一个有正常效率的放牧员只能增产十六只羊；从而愿意以多于普通工资四分之一的价格雇用；但假定他有这样特殊的效率，是极其不便的。他应当有代表性，即有正常的效率。①

① 参阅以下第六篇，第八章，第八、九两节关于劳动标准化的评论。

下表是一个数学例解。第二栏代表一个英国的大羊栏由八、九、十、十一和十二个牧工各自经管时每年可以销售的带应剪毛的羊数（在澳大利西亚，那里地广人稀，羊的价值较小，除在剪毛时，每二千只羊往往用不到十个人；斯派塞爵士所引艾希利所著《英国自治领》，第61页）。我们假定牧工人数从八人增加到十二人并不增加经营牧场的一般费用；并假定它给牧主在某些方面所节省的操劳等于它在其他方面所增加的操劳，从而得失相偿，无须加以计算。因此，第三栏中所列的因每增加一个人所得的产品等于第二栏中相应数字减去同栏中前一数字之差。第二栏中的羊数除以第一栏中的人数即求出第四栏。第五栏表示按每人二十只羊计算的牧工劳动成本。第六栏表示可用于一般费用（包括牧主的利润和地租在内）的剩余。

(1) 牧工人数	(2) 羊数	(3) 边际产品	(4) 每人平均产品	(5) 工资总额	(6) (2)与(5)之差
8	580	—	$72\frac{1}{2}$	160	420
9	615	35	$68\frac{1}{3}$	180	435
10	640	25	64	200	440
11	660	20	60	220	440
12	676	16	$56\frac{1}{3}$	240	436

如果他有代表性，他的雇主也有代表性，那么，二十只羊就代表一个牧工的纯产品，从而代表他获得收入的能力。但是如果雇主不善于经营，例如，如果他听任他的牧工不给羊以充分的饲料，那么，该人只可以增产十六只羊，而不是二十只羊。只有工人及其雇用条件都处于正常状态，纯产品才有代表正常工资的趋势。

这个放牧员的劳动所增加的产品，是大受该农户所已雇的放牧员人数的影响的；而所雇的人数又决定于需求和供给的一般情

从上而下，第三栏中的数字不断下降；但第六栏中的数字初则增加，继而不变，后则减少。这就表明雇用十个或十一个牧工对牧主同样有利，但雇用八个、九个或十二个牧工所得的利益却较少。如劳动市场与羊市场是：一个人可以用二十只羊的代价雇用一年，则第十一个人(假定具有正常的效率)就是边际牧工。如果这两种市场使雇用一人的工资等于二十五只羊，则第六栏中的数字就分别成为380，390，390，385与376。因此，该牧主也许少雇一个牧工，少出售一些羊；而在大批牧主中间，这样做的人势必居多数。

就类似场合(见第五篇，第八章，第四、五两节)的讨论最后曾指出，牧主对牧工恰值得支付的价格仅仅测定支配牧工工资的许多原因的结果，如同保险气门的运动可以测定支配锅炉内部压力的许多原因之结果一样。由此从理论上必须推出这一事实，即牧主通过在市场上多售二十只羊将降低一般羊的价格，因此，在他的其他羊上将有所损失。这种修正在特殊场合也许颇为重要。但是在目前的一般讨论，即在我们对许多生产者之一抛向一个大市场的供给之少量增额的讨论中，它是小得(数学上的二级无穷小量)可以不计的(见以上第五篇第八章第四节最后一个注)。

当然，这个特殊场合下的牧工的纯产品在决定牧工工资方面所起的作用，并不比那些如无其他方面的额外开支(如用于土地，建筑物，工具和管理人员等的开支)就不能有利雇用牧工的牧场上的任何边际牧工的纯产品要大些。

上表中的第四栏，如同第三栏一样，是从第一、第二两栏推出的。但是这个表表明：当牧工可以按等于第三栏中羊数价值的工资得到雇用时，牧主可雇牧工若干，因此它触及工资问题的中心；而第四栏和这个问题却没有直接关系。所以，当J. A. 霍布森在评论他所作的一个同样的表(其中所选择的数学和他所批评的那些假设毫不相干)时说："换言之，所谓最后生产力或边际生产力结果只不过是平均生产力而已……关于边际生产力存在的全部概念……完全是荒唐无稽的"(《工业体系》，第110页)，他似乎是错误了。

况，特别是当代放牧员队伍由以补充的人的数目，羊肉羊毛的需求和牧区的面积以及所有其他农场的放牧员的效率等等。而边际产量又深受土地的其他用途的竞争的影响：可供养羊的地面，因造林、种植燕麦和养鹿等之需要土地而减少。①

这是从简单的养羊业中所选的一个例证。但在各业中，问题的形式尽可以不同，而它的本质却是相同的。除脚注中所指出的，但对我们的主要目的无关重要的那些条件外，各类劳动者的工资有等于该类边际劳动者的追加劳动所提供的纯产品的趋势。②

这个原理有时被当作工资理论提出来。但任何这种主张都是站不住脚的。一个工人的报酬有等于他的劳动纯产品的趋势这一原理，就其本身来讲，是没有实际意义的；因为要计算纯产品，除他的工资外，我们还必须假定他所制造的那种商品的全部生产费。

不承认它是一种工资理论，这是对的，但不承认这个原理是阐明决定工资的那些原因中的一个原因所起的作用，这就不对了。

第八节　对一般资本的需求

在以下几章，为了特殊目的，我们要用别的例证说明上节用体

① 比较以上第五篇第十章第五节。

② 说明一个人的劳动的纯产品的这种方法不便运用于那些工业，其中必须有大量的资本和劳作投于逐渐建立商业往来上，而如果它们遵守的是报酬递加规律，这种方法就更不适用了。这和第五篇，第十二章与附录八中所讨论的困难是同样的实际困难，参阅第四篇，第十二章；第五篇，第七章，第一、二两节；以及第十一章。任何大企业中增雇一个人对它的一般经济的影响也许还可以从纯抽象的观点加以考虑；但它小得可以不计（参阅以上第五篇第八章第四节最后一个注）。

力劳动所说明的那个原则。特别要指出,当发现多用些监督和多雇一个普通工人对某企业的有效产量有相等的增加时,某部分企业管理工作的价值是怎样测定的;此外,一架机器的所得有时可以用在某些场合不引起任何附带的额外开支而给工厂增加的产量来计算。

在从某特定机器的工作推到有一定价值总额的机器的工作时,我们可以假定,有某工厂可以增用价值一百镑的机器,而不增加其他开支,该工厂每年纯产量之值(即除去该机器本身的耗损外),增加四镑。如果投资者尽先把资本投向利益优厚的地方,如果经此程序达到均衡以后,投资者尚觉值得而且仅仅值得雇用该机器,则我们由此事实可以推断年利为四厘。但是这种举例,不过指出价值决定原因的一部分而已。如把这类例证当作利息论或当作工资论,则必犯循环推理的毛病。

姑不妨进一步说明某用途方面的资本需求的性质,并考察资本的总需求如何由许多不同用途的资本需求所构成。

为论证起见,让我们以某特定行业如制帽业为例,并研究什么是决定该业所吸收的资本数量的那些原因。假定在毫无风险的证券上,利率为年息四厘,假定制帽业吸收资本一百万镑。这就是表示,制帽业可以善用这一百万镑资本,宁可对它付年息四厘,而不愿弃此资本而不用。[①]

① 商人借款时所支付的利息率一般高于四厘(年利息率);但是如我们将在第六章中所知,除实际纯利息外,它还包括其他成分。在资本最近因战争而遭到巨大的破坏以前,说三厘似乎比较合理,但在战争结束后的几年内,甚至四厘或许也是靠不住的。

有些东西是制帽业所必需的；它不仅必须要有食物、衣服和住宅，而且也必须要有流动资本如原料和固定资本如工具甚或少许的机器。虽然竞争使运用这宗必要资本所获利润不能超过普通的企业利润，但是如果制帽业不能以较低的利率得到资本，则它甘愿对它付息五分，而不愿受缺乏此项资本所引起的损害。设年息为二分，也许有其他机器，制帽业不能不用，年息为一分时，所用的机器增多，年息为六厘时，更多，五厘时，更多；最后，因为年息为四厘，所以更多用机器。当制帽业拥有这个数量的机器时，则机器的边际效用——即仅仅值得使用的那个机器的效用——为四厘。

利率上涨，减少制帽业的使用机器；因为凡年剩余不超过本身价值百分之四的机器，则制帽业避免使用，而利率下降使制帽业需要更多的资本，年剩余略少于本身价值百分之四的机器，也得到使用。此外，利率越低，则用于制帽工厂和工人宿舍的建筑也越坚固美观；同时利率下降将导致制帽业使用更多的资本，这表现在原料和零售商手中成品的大量积存上。[①]

虽在同一业中，而使用资本的方法却迥然不同。各企业主按照自己的资金将在企业的各个方面投资，直到他认为有利的边际似乎到达为止；而有利的边际，如我们说过的，是相续切割各种可能投资的一条界线，一旦利率下降，并按该利率又可以借得额外资本，则此线即向外作不规则的伸张。因此，资本的需求是各业中一切企业主的资本需求总量；它所遵守的规律，和商品销售所遵守的规律相同。如同在任何既定价格下一定量的商品总能找到买主一

① 比较第五篇，第四章，及附录九之第三节；那里有关于杰文斯利息理论的评论。

样，如价格上涨，则所能销售的商品数量减少，而资本的使用，亦复如此。

就生产上的各种贷款而言，如此，而专事消费不事生产的人，或抵押未来资源以取得现时经费的政府，他们的借贷何尝不是这样。的确，他们的行为往往很少受冷静的计划所约束，并往往决定他们所要借的数额，而很少考虑到他们将来对它所必须付出的代价；但利率甚至对于这类借款也起着明显的影响。

第九节　简短的摘要

试就上述一切作一全面的（即便是困难的）总结：各生产要素如土地、机器、熟练劳动和非熟练劳动等等，在生产中往往被运用在尽先有利之处。如果雇主和其他企业家认为，他们略多使用任何一种要素时，就能获得较好的结果，则他们将使用这种要素；他们估算在这方面或那方面稍微增加开支所得的纯产值（即总产量的货币价值扣除附带费用后的纯增益）；如果把少量开支从一方面移用到他方面而有利可获，则他们将移用这种开支。①

这样看来，各生产要素的使用，是由需求和供给的一般情况来决定的。这就是说，它一方面是由该要素在各种使用上的迫切性与使用者所有的资金，和另方面由该要素的现有存量来决定的。根据代用原则，由于从该要素服务价值较小的使用方面不断移向服务价值较大的使用方面这一趋势，则它在各种使用上的价值得

① 此与第五篇，第四、八两章所述相仿。

以均等。

如果非熟练劳动或任何一种要素使用得较少，考其原因不外是，在某一点人们对于使用该要素是否值得还犹疑不决，最后认为不值得。亦即我们所说的，我们一定要注意各种要素的边际使用及其边际效率。我们之所以这样做，只是因为任何转移只能发生于边际，通过转移已经变化了的供求关系才显现出来。

如果我们忽略各级劳动之间的差别，并把所有的劳动看作相同的劳动，或至少看作都用有标准效率的某种劳动所表示的劳动，则我们可以求出直接运用劳动和直接运用资本之间的无差别边际；简言之，用屠能的话来说是："资本的效率必然是它的报酬的尺度，因为如果资本的劳动比人的劳动便宜，则企业主势必解雇一部分工人，如果资本比人工贵，则他增雇工人。"①

但一般资本之争取雇用和某业中机器之争取雇用，在性质上有所区别。后者可使某种劳动完全失业，而前者却一般地不能代替劳动，因为它必然增加资本品生产者的就业人数。而事实上以

① 《孤立国》，第二篇，第一章，第 123 页。他认为(同书，第 124 页)，因此，"利息率是资本的效率和人类劳动的效率的关系借以表示的因素"。最后他用一些类似于一世纪以后杰文斯为此目的而独立研究时所用的话说，"最后运用的少量资本的效用规定利息率的高度"(第 162 页)。屠能概括地阐明了任何生产部门中继续追加资本所产生的报酬递减的一般规律。他关于这个问题的见解即使现在也饶有趣味，虽然它没有指出如何调和这两种事实。即某业所用资本的增加可以使产量的增加超过资本的增加，和资本的不断流入某业势必最后降低它的利润率。他对于这些和其他重大经济原理的讨论，虽然在许多方面是原始的，但所采取的立场却不同于他关于决定资本积累的因素和关于工资与资本的关系的那些空想而不现实的假设。他从其中得出一个奇怪的结果，即自然工资率等于劳动者的生活必要资料与其劳动辅以资本时所应得的那份产品的几何平均数。所谓自然率，他指的是所能保持的最高度；如果劳动者的工资一时高于此点，则按照屠能的意见，资本的供给会被减少得使他在长期内得不偿失。

资本代替劳动，不过是以含有大量等待的劳动代替含有少量等待的其他形式的劳动而已。[1]

第十节　国民收入或国民收益的再定义

当我们说到国民收益或可分配的全国纯收入（如分为土地、劳动和资本所得的份额）时，我们必须明确，哪些是我们所包括的，而哪些又是我们所排除的。不论我们从广义上或狭义上来使用这些名词，这对我们的论证是无关紧要的。但重要的是，贯穿在任何一个论证中我们的用法必须始终一致。凡包括在土地、劳动和资本的需求及供给的某一方面的东西，也必须包括在另一方面。

一国的劳动和资本作用于它的自然资源时，每年生产一定的纯商品总量，其中有的是物质的，有的是非物质的，各种服务也包括在内。而“纯”这个限制词，是指补偿原料和半制成品的消耗以及机器设备在生产中的耗损和折旧。必须从总产品中减去所有这种种消耗，我们才能求得真正收入或纯收入。国外投资所提供的纯收入也必须包括在内（见第二篇，第四章，第六节）。这就是一国的真正年纯收入，或国民收益。当然，我们可以按一年或按某一时期计算这种收益。国民收入和国民收益这两个名词是可以互用的。只是当我们把国民收入看作可供分配的各种享受之新来源的总和时，国民收益一词才是更有意义的。但这里最好是沿用惯例，凡普通不算作个人收入的一部分者，也不能算作国民收入或收益

① 屠能很了解这点，同书，第127页，再参阅以下第六篇，第二章，第九、十两节。

的部分。因此，除提到与此相反的情况外，某人自己为自己的服务，和给家人及朋友所提供的无代价服务，以及从个人资质和公共财产（如免税关口）所获得的利益，都不能算作国民收益部分，而必须加以分别讨论。

一部分产品不仅用于补偿已消耗的物资和用坏的机器，而且用于增加原料和机器等的存量。这部分国民收入或收益并不直接进入个人消费领域。但从通常所用的这个名词的广义上来说，它确是进入消费领域，例如，当印刷机制造商把印刷机售与印刷厂之时。因此，从广义上来说，的确，一切生产都是为了消费，国民收益、纯产品总量和消费总量都是可以互用的名词。在普通的工业状态下，生产和消费是相伴而行的，除非有相应的生产为消费创造了条件，就无所谓消费。一切生产都伴随着它所要满足的消费。的确，在某些特定生产部门中，可能有产销脱节现象；商业信用的破产可能使绝大多数仓库一时存货充斥，无法出售。但这些都是例外情况，而不在我们现时的考察范围之内（参阅以下第八章，第十节；附录七，第三节）。

第二章　分配概论(续)

第一节　影响生产要素供给的诸原因和影响需求的诸原因对分配都起着同等影响

如前章开始时所指出的，现在我们要研究报酬对各种生产要素的供给所起的反作用，以补充需求对分配的影响之研究。考察生产成本和效用(或可欲性)在决定各种劳动、资本家和地主的分配国民收益方面所起的作用时，我们必须把二者结合起来加以讨论。

李嘉图和追随他的那些干练的企业家都认为需求的作用是自明的，无须加以解释的。他们既没有强调它，也没有充分详细地研究它；这就忽视曾引起很大的混乱，并蒙蔽了事实的真相。在这种反应中，有一种偏见，认为各生产要素的报酬源于它所参与制造的那种产品的价值，而且当时主要地是由该价值所决定；它的报酬的决定和地租的决定是根据同样的原理的。甚至有人认为，可能从地租规律的推广应用中构成一种完整的分配理论。

但他们是不会达到目的的。李嘉图及其追随者似乎具有正确的直觉看法，因为他们默认供给力量的研究是更为迫切和更加困难的。

当我们研究什么在决定一种生产要素（不论是任何种劳动或物质资本）的（边际）效率时，我们发觉，该问题的及时解决需要知道该要素的现有供给量；因为如果供给增加，则它将被用在需要较小、效率较低的使用方面。而问题的最后解决也需要知道决定那种供给的原因。各种东西，不论是某特定种类的劳动，或资本，或其他别的东西，它的名义价值，如同拱门的拱心石一样，是靠两边相反的压力来维持自己的均衡的；即一方面是需求的压力，另方面是供给的压力。

各种东西，不论是一种生产要素，还是用于当前消费的商品，它的生产势必扩展到供给与需求均衡的限界或边际。商品的数量及其价格，生产该商品所用的各生产要素和它们的价格，所有这些因素都是相互制约着，如果有某种外因使其中某因素发生变动，则干扰的结果将涉及其余的因素。

同样地，当碗中盛有数球时，它们相互制约着自己的位置；又如天花板的不同点上有强度和长度不同的弹线（都是拉长的）悬着一个重物，各级和重物的均衡位置都是彼此制约的，如有一线缩短，则原来各线所处的位置势必变动，而其余各线的长度和张力也必然变动。

第二节　第四篇中所讨论的,影响各种不同形式的劳动和资本的原因之要点说明。报酬增加对个人勤奋影响之无常。正常工资与人口增长和体质增强特别是后者之间的适应比较规则。储蓄所产生的利益对资本及其他财富的积累的一般影响

我们已经知道,任何生产要素的有效供给不论什么时候都首先取决于它的现有存量,其次取决于它的所有者把它运用到生产上的意向。而这种意向不纯粹是由预期的眼前报酬来决定的;虽然有一种在某些场合叫做直接成本的下限,在直接成本以下,生产势必停止。例如,某厂商会断然拒绝开动自己的机器来生产那种定货,而这种定货不能补偿生产上的额外货币开支和机器的实际耗损。关于工人体力的消耗和工作上的疲劳及其他不便,也有类似情况。虽然目前我们所讨论的是正常条件下的成本和报酬,而不是工人做某件特定工作时个人的直接消耗,但是为了避免误解起见,不妨在这里就这个问题作一简短的说明。

如前所述[①],当某人做自己所愿意做的工作而津津有味时,那工作对他实际上毫无所费。因为如某些社会主义者相当夸大其词地说的那样,除非有某事发生,以致完全剥夺了他们的工作,则很

① 见第二篇,第三章,第二节;第四篇,第一章,第二节;第四篇,第九章,第一节。

少有人知道，他们是如何喜爱自己的适度工作。但不论正确与否，大多数人相信，在谋生时所做的大部分工作对他们毫无剩余乐趣可言，相反地，对他们却有所耗费；收工时，他们高兴；他们也许忘掉，最初的几个工作小时对他们的耗费并不像最后一小时那样多，他们多半认为，九小时工作的耗费为最后一小时的九倍。他们很少想到，通过用足以补偿最后而最艰苦的一小时的工资率，来支付每一小时，他们即可获得生产者的剩余，或租。①

① 近来关于八小时工作日的讨论，往往很少涉及劳动的疲乏；因为的确有许多工作，其中所用体力或脑力是如此之少，以致所谓用力也只能算作解闷，而不能算作疲劳。一个值班的人，理应随唤随到，但是他也许一天还做不到一小时的实际工作；可是他反对值班的时间很长，因为那种时间使他的生活单调，失去家庭快乐和社会娱乐的机会，也许还失去愉快的晚餐和休息。

如果一个人想什么时候停工就可以停工，那么，当继续工作而获得之利不再超过其不利时，他就停工。如果他必须和别人一道工作，那么，他的工作日的长度往往是规定了的；而在某些行业中他一年所做的工作日数实际上是固定的；但是严格规定他的工作量的那些行业几乎是绝无仅有的。如果他不能或不愿提供当地所盛行的最低标准，他一般能在标准较低的其他地方找到工作。而各地的标准是由当地工业人口对工作的各种不同强度之利与不利的权衡所建立起来的。因此，一个人的自我抉择在决定他一年所做工作量方面不起作用的这些场合，和下述场合同样例外，即一个人必须居住一所大小完全非其所好的房子，因为再没有其他房子可住。按每小时十便士的相等工资率，一个人也许宁愿一日工作八小时，而不愿工作九小时，但是他不得不工作九小时，否则就得不到工作，则他由于工作第九小时而的确受到损失。但这种场合是极其罕见的；如遇这种场合，就必须以日为单位。而成本的一般规律不受这一事实的干扰，犹如一般效用规律不受以一次音乐会或一杯茶为单位这一事实的干扰一样。一个人也许宁愿出五先令的票价听半场音乐会，而不愿出十先令的票价听一场音乐会，或宁愿出二便士买半杯茶，而不愿出四便士买一杯茶，则他也许因后半场音乐会或后半杯茶而遭受损失。因此，庞巴维克所提出的这个论点（“价值的最后标准”，第4节，发表于《经济学杂志》，第2期）是没有适当的根据的，即价值一般地必须由需求所决定，而不直接涉及成本，因为劳动的有效供给是一个固定不变的量。因为即使严格地规定了一年的工作时数（实际上却不然），而工作强度也仍然是有伸缩性的。

一个人工作甚或值班的时间愈长,除非他因工作而麻木不仁,则他想休息的欲望也愈强,同时每增加一小时的工作,使他的工资有所增加,并使他愈益接近于满足他的最迫切需要的那个阶段,工资愈高,这个阶段的到来也愈快。不过,随着工资的增长,究竟出现新的需要和为他人及为自己备办晚年享受品的新欲望呢,还是他很快地满足于只能从他的工作所得到的那些生活享受,而企求更多的休息和本身饶有兴味的那些活动的机会呢,这只是个人的兴趣问题,并没有普遍的准则可循。但经验似乎证明,各种族和各个人(特别是热带的居民)愈是愚昧无知,他们工作得时间也愈短,如果工资率的提高使他们可以用比以前少的工作得到习惯上的生活享受,则他们工作时将愈不卖劲。而眼界较广,性格坚强的人,除非宁愿把他们的活动转用于高尚的目的,而不是为了物质利益而工作,则工资率愈高,他们工作得愈卖劲,坚持的时间也愈长。但这点将在进步对价值的影响一题下加以详细的讨论。此刻我们可以断言,就一般而论,报酬增加使有效率的工作的供给得到即时的增加。此项规则的上述例外为数不多,但它们不是没有意义的。[1]

① 参阅第十二章。荒年、通货膨胀和信用的震动在各个不同的时期曾迫使某些工人、男工、女工和童工进行过度劳动。为取得不断减少的工资而提供日益增加的劳动的场合,虽然现在往往没有人们所说的那样多,但在过去却屡见不鲜。这些场合可以和一个处于逆境的厂为了取得他们支出的某些报酬而按略高于足以补偿他们直接成本或特殊(直接)成本的价格接受定货的那种努力相比拟。而相反地,差不多各个时代(也许我们时代比大多数其他时代要少些),都有一些故事,即人们在突然繁荣中都满足于用少量劳动所得的工资,从而也就有助于那种繁荣的消失。但是这些问题必须留待商业周期的研究之后再加以讨论。在平时,技工、自由职业者或企业家作为个人或商业团体的成员决定什么是他行将接受的最低价格。

第三节　续前

然而，如我们从工资的增加对个人所做的工作的现时影响推究到它在一、二世纪以后的最终影响时，则这种结果也是肯定的。的确，虽说境遇的暂时改善将给许多青年人带来成家立业的机会；而富裕的持续增长，对生殖率的提高与降低，似有同样的可能。但另方面，工资的增长势必减少死亡率，除非父母对子女的保育漠不关心。如我们观察高工资对下一代人的体力和智力所起的影响，则这个论据更加有力。

因为有某种消费，如果它有某些减少，则工作就不能有效地完成，从这个意义上来说，它是各级工作所绝对必要的。的确，成年人或许牺牲他们的子女而成全自己，但那只不过使效率的减少推后一代而已。其次，还有习惯上的必需品，它们在风俗习惯上是这样的必要，以致人们一般地宁肯牺牲大部分所谓绝对必需品，而不愿弃其重大部分而不用。第三，又有日常嗜好品，有些人（虽不是所有的人），虽在极其困难的情况下，也不愿弃而不用。很多这些习惯上的必需品和日常嗜好品是物质与精神进步的体现，它们的范围随时代和地域的不同而不同。它们的数量愈多，作为生产要素的人则愈不经济。但如果加以适当的选择，它们就在最大程度上达到一切生产的目的，因为那时它们提高人类生活的旨趣。

使效率所绝对必需的那种消费，有任何增加，都不是得不偿失的，它对国民收益之所取等于它对国民收益之所增。但增加不为效率所必需的那种消费，只能通过人对自然力控制的增进而加以解决。这种消费的增加可由于知识和生产技术的进步,组织的改善和原料来源的日益丰富和扩大,最后,由于资本的增长和达到任何既定目的的物质资料的增加。

可见,劳动供给如何紧密地适应劳动需求的问题,在很大程度上可以归结为这样一个问题。在一般人的现时消费中有多少是用以维持青年和老年人的生活及效率的必需品(从严格意义上来说);有多少是习惯上的必需品,这种必需品在理论上可以免却,但实际上很多人宁愿要它而不愿要某些真正用来维持效率的必需品。当作生产手段来看,又有多少是多余的,虽然,当作目的本身来看,有些当然是极其重要的。

如我们在前章开始时所指出的,早期的英国和法国经济学家几乎把劳动阶级的全部消费都列入第一类;他们之所以这样做,部分原因是为了简单,而部分原因是由于当时英国劳动阶级的贫困,而法国劳动阶级则更加贫困;他们曾断定,劳动供给会适应它的有效需求的变动,和机器的供给适应它的有效需求的变动一样,不过前者适应有效需求的速度远不如后者那样快。就现在较不发达国家的问题而言,我们所必须给予的答案和英法经济学家的答案是没有多大出入的。因为世界上大多数国家的劳动阶级所能消费的,奢侈品最少,甚至习惯上的必需品也不多。他们报酬的增加引起人数的大量增加,从而使他们的报酬又迅速降低至仅能维持生活所需要的费用的原有水平线上。在世界上大多数的地方,工资几乎是按所谓铁律或铜律来规定的,这个规律把工资固定在培育和维持一个效率很差的劳动阶级的费用上。

关于现代西欧各国,答案却迥然不同。其所以不同,是在于近

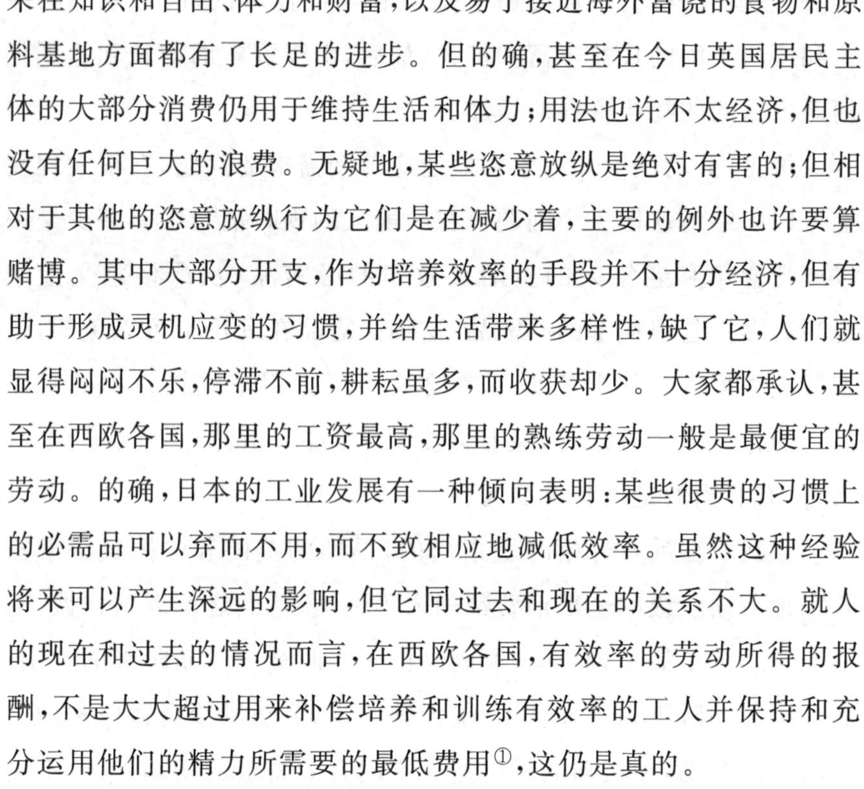

来在知识和自由、体力和财富，以及易于接近海外富饶的食物和原料基地方面都有了长足的进步。但的确，甚至在今日英国居民主体的大部分消费仍用于维持生活和体力；用法也许不太经济，但也没有任何巨大的浪费。无疑地，某些恣意放纵是绝对有害的；但相对于其他的恣意放纵行为它们是在减少着，主要的例外也许要算赌博。其中大部分开支，作为培养效率的手段并不十分经济，但有助于形成灵机应变的习惯，并给生活带来多样性，缺了它，人们就显得闷闷不乐，停滞不前，耕耘虽多，而收获却少。大家都承认，甚至在西欧各国，那里的工资最高，那里的熟练劳动一般是最便宜的劳动。的确，日本的工业发展有一种倾向表明：某些很贵的习惯上的必需品可以弃而不用，而不致相应地减低效率。虽然这种经验将来可以产生深远的影响，但它同过去和现在的关系不大。就人的现在和过去的情况而言，在西欧各国，有效率的劳动所得的报酬，不是大大超过用来补偿培养和训练有效率的工人并保持和充分运用他们的精力所需要的最低费用①，这仍是真的。

于是，我们可以作出结论，工资的增加，除非在不健康的条件下赚取的，差不多总能增进下一代的体育、智育甚至德育。在其他条件不变的情况下，劳动报酬的增加，提高劳动的增长率。换言之，劳动的需求价格上升，使劳动的供给增加。如果知识、社会风

① 机车上有些黄铜活或铜活，大半为装饰之用，即使弃而不用，也无损于机器引擎的效率。其数量实际上因选择各铁路车型的人员的趣味而异。但是习惯也许恰巧需要这种支出；而习惯是不容置辩的，铁路公司也不敢有所违抗。在这种场合下，当讨论该习惯流行的时期时，我们应该把装饰活的成本和活塞的成本等同对待，都包括在生产一定量机车马力的成本之中。有许多的实际问题，特别是和不很长的时期有关的那些问题，其中习惯必需品和实际必需品几乎可以置于相同的地位。

尚和家庭习惯不变,则全体人民的劳力(假如不是人数的话)和某特定行业中的人数与劳力可以说有一个供给价格,意即有一定的需求价格水平使二者不增不减;价格较高,则二者增加,价格较低,则二者减少。

可见,我们又知道,需求和供给对工资起着同样的影响,其中是不容有轩轾的,如同剪刀之两边,拱门之双柱一样。工资有等于劳动纯产品的趋势,劳动边际生产力决定劳动的需求价格。从另方面来看,工资有同培养、训练和保持有效率的劳动的精力所用的成本保持密切关系(虽然是间接而复杂的)的趋势。这个问题中的各种因素都是相互决定(即制约)的;它偶尔使得供给价格和需求价格相等:工资既不是由需求价格又不是由供给价格决定,而是由支配供给和需求的一系列的原因来决定的。[①]

关于"一般工资率"或"一般劳动工资"这些常用名词,须略加解释。在广泛地考察分配,特别是在我们考察劳动和资本的一般关系时,使用这些名词是方便的。但实际上在现代文明中无所谓一般工资率。在数以百计的工群(group of workers)中,各有各的工资问题,各有各的特殊原因(自然的和人为的),支配着供给价格并限制着它的人数;各有各的由其他生产要素对它的服务的需要所决定的需求价格。

---

① 本段重复之所以似乎必要,是由于各种批评家对本篇主要论点的误解;其中甚至包括锐敏的庞巴维克教授。因为在他的《价值的最后标准》中(特别要参阅第五节),他似乎认为工资既等于劳动纯产品又等于劳动的培养训练及维持其效率的成本(或简称劳动的生产成本,虽有欠妥当)这一信念势必引起自相矛盾。而相反地,卡弗教授在《经济学季刊》(1894 年 7 月)上所发表的一篇优季的论文中,曾阐明了各种主要经济力量的交互作用;并参阅其所著《财富的分配》,第四章。

第四节　续前

一般利率一词也有类似的困难。但这里主要的困难是源于这一事实，即在某些特定事业（如工厂和船）上所已投下的资本的收入，本来是一种准租，而只有在所投资本的价值不变这一假设的基础上才可以看作利息。在此刻撇开这种困难不谈[①]，并记得“一般利率”一词从严格意义上来说只能适用于新的自由资本投资的预期纯收入时，我们可以略述关于资本增长的最初研究的结果。

我们已经知道[②]，决定财富积累的因素很多，如习惯、克己和防患未然，而最重要的是家庭情感的动力。安全保险是财富积累的一个必要条件，知识的进步和文化的发展在许多方面也使它有所增进。但是，虽然一般储蓄除利率外还受许多原因的支配；许多人的储蓄很少受利率的影响，有些人决定给自己或他们的家庭获得一宗固定收入，利率高时，储蓄得少，利率低时，储蓄得多。可是，权衡各方面的情况之后，我们坚信，利率（或储蓄的需要价格）的上涨，有使储蓄量增加的趋势。

利息既为任何市场上使用资本的代价，故利息常趋于一均衡点，使得该市场在该利率下对资本的需求总量，恰等于在该利率下即将来到的资本的总供给量。如果我们所讨论的市场是一小市场，例如一城或进步国家中的一业，则当该市场对资本的需求增加

① 参阅以下第六篇，第六章，第六节。

② 参阅第四篇，第七章，第十节之提要。

时,可以从邻区或他业抽调资本,增加资本的供给,而迅速满足之。但是如果我们把全世界或一个大国当作资本市场,我们就不能认为,资本的供给总量,因利率的改变,而有迅速和大量的增加。因为资本的一般财源是劳动和等待的结果,利率提高,固然可以引人作额外劳作和额外等待,但在短期内,这种额外劳作和额外等待,较之现有资本中的劳动和等待,不会很多。所以在短期内,对资本的需求大量增加时,满足这种需求的增加,出于供给的增加者少,而出于利率的上涨者多。因为利率既涨,所以有一部分资本将从它的边际效率最低的使用中逐渐退出。提高利率,只能慢慢地、逐渐地增加资本的总供给量。

第五节　土地就需求对分配的影响和个人把资源用于生产的关系来说可以被看成是一种特殊形式的资本,但较之供给对分配的正常影响,它却与资本有所不同,而这是我们在本章中所要讨论的

土地同人本身和人造出来的生产要素以及人对土地所作的改良[①],不能等量齐观。因为所有其他生产要素的供给,都按不同方式并在不同程度上适应对它们服务的需求,而土地却没有这种适应。任何劳动阶级的报酬剧增,有使该阶级的人数增加,或效率同

① 本节的论证是广泛的。关于专门而较完全的讨论,读者请参阅第五篇,第十章。

人数两者一并增加的趋势；该阶级有效率劳作的供给既增，往往削减它对社会所提供的服务的价值。如果人数增加，则各人的报酬率下降，直到原有的水平。如果他们的效率增加，即使每人的报酬或许比以前有所增加，则所增加的报酬出于国民收益的增加，而无损于其他生产要素。这个论点适用于资本；但不适用于土地。所以虽然土地的价值和其他生产要素的价值有相似之处者，受上章末节所讨论的那些影响的支配；而不受此刻所讨论的那些影响的支配。

的确，从厂商或农场主的观点来看，土地只是一种特定形式的资本。它也受前章中所曾讨论的需求规律和代用原则的作用的支配，因为现有的土地，像现有的资本品或某种劳动一样，有从一种使用转向另一种使用的趋势，直至进一步转移无利可图而后止。因此，就前章之讨论而言，一个工厂，货栈或一张犁（除去耗损等等）的收入和土地的收入是用相同的方式决定的。不论在哪个场合，收入有等于该要素边际纯产品价值的趋势；在短时间内，该收入是由该要素的总供给量和其他要素对它的服务的需要来决定的。

这只是问题的一个方面，而问题的另一个方面是，土地（指古老国家中的土地）并不受本章所述的那些反作用的影响。如报酬率增加对其他生产要素的供给的影响，从而对它们对国民收益贡献的影响，从而对其他生产要素购买它们的服务所用实际成本的影响。一工厂多建一层楼，或一农场多用一张犁，该楼或该犁一般不是取自其他的工厂或农场。国家给自己的企业增加一层楼或一张犁，如同个人给自己的企业所增加的一样。因此，用以分配的国民收益比以前有所增加;在长期内,厂商或农场主的报酬,照例不是由牺牲其他生产者的利益而得到增加的。与此相反,不论什么时候的土地(指古老国家中的土地)存量,都是一种固定的存量。当一厂商或农场主决定给自己的企业增加少量土地时,实际上就等于他决定从别人的企业取得这块土地。他给自己的企业增加了土地,但是国家并没有增加土地,这种变化本身并不能增加国民收入。

第六节　本阶段论点总结

总结一下我们在这一阶段的讨论:全部纯产品总量,是所有这些商品的需求价格,从而是生产这些商品所用的生产要素的需求价格的真正来源。换言之,国民收益是一国所有生产要素的纯产品总量,同时又是支付这些要素的唯一源泉:它分为劳动工资、资本利息和土地及生产上具有级差优势的生产者剩余或地租。工资、利息和地租或生产者的剩余构成全部国民收益,在其他条件不变的情况下,国民收益愈大,则它们各自的份额也愈大。

一般说来,劳动、资本和土地对国民收益的分配,是和人们对它们所提供的各种服务的需要成比例的。但这种需要不是总需要,而是边际需要。所谓边际需要,是在一点上的需要,在该点,不论人们略多购买某种要素的服务(或服务成果),或用他们的额外资金购买其他要素的服务(或服务成果),对他们都毫无区别。如果其他条件不变,该要素所得的份额愈大,则它增加得似愈快,除非它完全不能增加。但是,每增加一次,对它的需要的迫切性将有所减少:因此,将减少它的边际需要,并降低它的销售价格。这就是说,任何要素的比例份额或报酬率的增加,似会使某些力量发生作用,结果减少该要素的份额,而增加其他要素在国民收益中所占的比例份额。这种反作用也许是缓慢的,但是,如果生产技术和社会一般经济情况没有剧烈的变动,则各要素的供给将受它的生产成本的严格控制;其中要计算习惯上的必需品,而这种必需品随着日益丰富的国民收入给一个一个阶级提供日益增加的剩余(超过维持效率所必要的剩余)而不断地扩大。

第七节　不同工种的工人的工资和效率之间的相互关系

在研究一业中效率的提高和报酬的增加对他业所起的影响时,我们可以从这样一个普遍事实出发:如果其他条件不变时,任何生产要素的供给愈多,则该要素所开辟的,而它本身并不十分相宜的那些使用途径愈广,而该要素在种种用途(在这些用途里,它是在即将证明无利可图的边际上被利用的)上所乐于接受的需求价格也愈低;在竞争能使它得自各种使用上的价格相等情况下,则该价格将是该要素在各种用途上的价格。该要素的增加所造成的额外生产,增加了国民收益,其他生产要素也借此而获利,但该要素本身却不得不承受较低的报酬率。

例如,倘其他条件不变,设资本增加得很快,则利率必然下降。倘其他条件不变,设从事某特定工作者的人数增加,则工资必然下落。每个场合都会引起生产增加,国民收益增加;在每个场合,某生产要素之所失,必然成为其他生产要素(未必是一切生产要素)之所得。例如,开发一个蕴藏丰富的石矿,或矿工人数增加或效率提高,势必改善各阶级的住宅状况,势必增加对砖匠和木匠劳动的需求,从而提高他们的工资。作为建筑材料制造者的瓦工必受其害,虽从消费方面来看,他们也得到利益,但这种利益终不能偿其所失。这一要素的供给增加,对许多其他要素的需求略有增加,对有些别的要素的需求则大量增加;但它对某些要素的需求却有所减少。

我们知道,任何工人例如皮鞋厂的工人的工资,有等于他的劳动纯产品的趋势。但工资并不是由该纯产品决定的;因为纯产品,如各种边际使用上的其他机遇一样,和价值一道都是由需求和供给的一般关系来决定的。[①] 但如(1)投于制鞋工业的资本和劳动总量已达到一点,在该点,增加劳动和资本虽然可以增加产量,但仅仅有利;(2)把资金在生产设备,劳动和其他生产要素之间作了适当的分配;(3)我们所讨论的这个工厂,业务正常,经营管理能力正常,但该厂所处的情况是,它不知道按正常工资增雇一个具有正常能力和干劲的工人,是否值得。当上述种种情况确定之后,我们大致可以断言,损失该工人的劳作,势必减少该厂的纯产品,而它的价值和该工人的工资大约相等。反过来说,他的工资大约等于该纯产品(当然,一人的纯产品不能和其余工人的纯产品机械地分开)。[②]

① 参阅第五篇,第八章,第五节;与第六篇,第一章,第七节。

② 参阅以上第六篇第一章第七节。如官方生产普查所示,一个工厂的纯产品现在一般都被视作工厂加于其原料的工作:因此,它的纯产品的价值等于它产品的总价值减去它所消耗的原料的价值之差。

皮鞋厂中各类工人的工作，有难易的不同；但我们可以忽略各类工人在职业上的区别，而假定他们都属于同一级（这假定大大简化了论证的措辞，而不致影响它的一般性质）。

在现代工业生产急剧变化的情况下，一业或他业有时感到劳力供给过多，而有时却感到劳力供给不足；这种不可避免的失调现象，由于各种限制性的结合及其他影响，而变本加厉。但是，劳动的流动性，足以使这一点成为事实，即一个西方国家中各个不同工作部门中的同级工人的工资有相等的趋势。因此，下述说法并不言过其实：一般说来，和有正常能力的皮鞋工人处于同级的各个工人，都能用自己的工资买一双鞋（除去原料成本后），因为赚取该工资所用的时间和皮鞋工人给工厂的纯产品增加同样一双鞋所用的时间大致相等。用更一般的形式来说。各个工人用百日劳动的工资，一般能买到和他同级的其他工人百日劳动的纯产品。只要不超过该数量，他可以任意选择。

如果他级工人的正常工资比他的工资高一半，则皮鞋工人必须用三日的工资才能买到他级工人二日劳动的纯产品，余此类推。

可见，如果其他条件不变，任一业（他自己的也包括在内）中，劳动纯效率的增加，将按同一比例提高皮鞋工人用以购买该业产品的那部分工资的实际价值；倘其他条件不变，皮鞋工人的实际工资的平均水平，直接取决于，并正比例地随着生产他的工资品的那些行业（他自己的也包括在内）的平均效率的变化。反之，在某工业中，如工人放弃可增加效率百分之十的技术革新，则使皮鞋工人用于购买该业产品的那部分工资损失百分之十。但是，如果其他工人的产品和他的产品处于竞争状态，而这部分工人的效率又有所增加,则该效率的增加至少会使他暂时遭受损失,如果他不消费该产品,则所受损失更大。

此外,各级劳动的相对地位如发生变化,较之他级劳动,皮鞋工人有所提高,则他因此而得利。医务人员(他有时需要医生看病)的增加,将对他有利;如厂商、商业经理和其他企业家的人数大量增加,而所增加的人数又来自他级,则对皮鞋工人更加有利。因为管理上的报酬,较之手工劳动的报酬,将有所下降,而各种手工劳动的纯产品势必增加。因此,如果其他条件不变,皮鞋工人用代表他的纯产品的那些工资所购买的各种商品将有所增加。

第八节　我们始终假定特定工种的工人和特定行业的雇主在所述时间和地点并不具有多于事实上他们所特具的那种竞争能力,知识和竞争的自由

替代方法,它的趋势我们已有所讨论,乃是一种竞争形式;不妨再强调的是,我们并不假定完全竞争的存在。完全竞争要求完全掌握市场情况。当我们考察郎巴街的股票交易所,或商品交易所的营业时,假定经纪人完全掌握市场情况,这和现实生活相去不远,但是,当我们考察工业上任何低级劳动的供给的决定因素时,该假定是完全站不住脚的。因为如果某人有足够的才能来掌握他的劳动市场的全部情况,他就不会长期留在低级劳动中。从前的经济学家,因为他们和现实企业生活保持密切接触,一定很懂得这个道理;但是,一则由于简单扼要,二则由于“自由竞争”一词当时

十分流行，三则由于他们没有把自己的理论加以足够的分类和限制，所以，他们似乎往往暗示，他们的确假定了完全竞争。

因此，要特别加以强调的是，我们并不假定任何工业集团的成员都有很多天赋的才能和远见，或除该集团的成员和各个消息灵通的人所具有的那种正常动机外，还受其他动机的支配；当然要估计到时间和地点的一般条件。尽管有许多任性和冲动行为，尽管卑贱和高尚的动机交织在一起，但经常的趋势是，各个人为他和他的子女所选择的职业，在他看来是大体上最有利的而又是他的资金和能力所能达到的那些职业。①

第九节　论一般劳动和一般资本之间的关系。资本辅助劳动。资本与劳动对雇用场所的竞争。但此语须加以慎重解释

尚待讨论的最后一部分问题是，关于一般资本和一般工资的关系。很显然的，虽然一般资本和劳动为运用于某些特定行业而进行着经常的竞争，可是因为资本本身是劳动和等待的体现，所以，这种竞争实质上是某几种辅以大量等待的劳动和其他几种辅以少量等待的劳动之间的竞争。例如，当人们说“资本主义机器曾代替了很多制鞋工人”的时候，意思就是说，从前用手做鞋的人很多，借助于少量等待做锥子和其他简单工具的人很少；而现在从事

---

① 商品场合下的供求调节和劳动场合下的供求调节的差别将在以下各章中加以讨论。

制鞋的人虽比以前有所减少，但他们借助于工程师所制造的机器，借助于大量等待，却能比以前生产为数更多的鞋。在一般资本和一般劳动之间存在着真正的、有效的竞争，但这种竞争所涉及的面并不广，较之工人从贱价取得资本的协助和提高他所需要的那些产品的生产方法的效率上所得的利益，是无足轻重的。[①]

一般说来，储蓄倾向的增加，使得等待的服务不断扩大；并使它不致按像以前一样高的利率才能得到雇用。这就是说，利率将不断下降，除非有一种发明为迂回生产方法开辟了新的有利途径。但资本的这种增长，将增加国民收益；开辟新的有利的场所以供劳动在其他方面得到雇用；因此，除补偿等待的服务对劳动的服务的部分替代外，还绰绰有余。[②]

由于资本的增长和发明的增加而引起的国民收益的增加，必须影响各类商品：例如，使制鞋者用他的报酬能买更多的食物、衣服，使自来水、灯光和暖气，以及旅行等等增多并改善。不过有一点应该承认；少数改良至少最初只会影响富人所消费的那些商品；相应增加的国民收益没有一部分直接归于劳动阶级；在短时间内，他们不能获得任何利益，以补偿特定行业中有些人可能受到的扰乱。但这些场合十分罕见，而且一般都是小规模的。即使他们差不多也往往获得某种间接的补偿，因为专门用于富人奢侈品的种种改良，会迅速推广到其他阶级所享用的安逸品上。虽然这不是

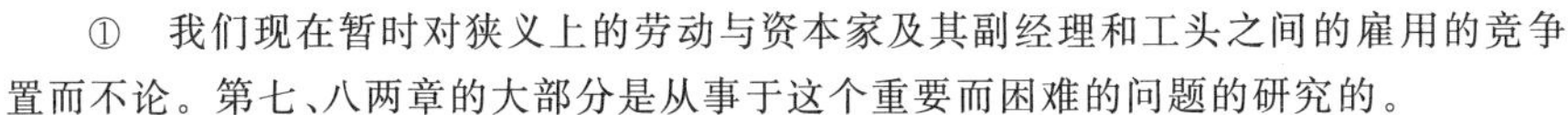

① 我们现在暂时对狭义上的劳动与资本家及其副经理和工头之间的雇用的竞争置而不论。第七、八两章的大部分是从事于这个重要而困难的问题的研究的。

② 此处资本是指广义的资本；它不限于产业资本。这点无关宏旨，而列入附录十第四节中。

一种必然的后果，但实际上奢侈品的便宜，一般说来会以不同的方式增加富人对手工品和个人服务的嗜好，并使他们用以满足这些嗜好的资金也得到增加。这是一般资本和一般工资的关系的另一个方面。

第十节　工资取决于资本垫支一语之正确程度的限界。参阅附录十、十一

不言而喻，任何特定的劳动阶级当年所领取的国民收益份额，由当年的产品或它们的等价构成。因为当年的许多成品和半成品仍留在产业资本家和雇主的手中，用以扩大资本；而他们直接或间接地把前几年的产品交给各劳动阶级，以作为他们的报酬。

劳动和资本的一般交易是，工人取得用于直接消费的商品的支配权，而作为交换，他把雇主的物品向着用于直接消费的阶段推进一步。但这适用于大多数雇主，而不适用于完成生产过程的那些工人。例如，装置表的工人给雇主所提供的用于直接消费的商品，比他作为工资所取得的要多得多；又如我们把一年的几季（播种和收割时间均计在内）综合起来看，我们就知道，全体工人给他们的雇主所提供的成品，多于他们当作工资所得的成品；我们有理由认为，劳动工资取决于资本对劳动的预支。因为（即使除机器、工厂、轮船和铁路外）借给工人的住宅，和在各阶段上生产他们所消费的那些商品所用的原料都表明，资本家预支给他们的比他们预支给资本家的要多得多，即使在他们没有领工资以前已经给资本家工作了一个月。

由此可见,在已经阐明的分配概要中,没有什么东西使一般资本和一般劳动的关系同任何其他两种生产要素的关系发生很大的差别。关于劳动和资本关系的现代学说,是以前学说发展的结果,所不同的只在于现代学说较之穆勒在《政治经济学》第四篇第三章中所讲的理论是更加精确、完整和一致。穆勒在这章中把有关该问题的所有各种因素都集在一起。

综观以上所述,可进一步作出结论:一般资本和一般劳动,在创造国民收益上是相互合作的,并按照它们各自的(边际)效率从国民收益中抽取报酬。它们的相互依存是极其密切的;没有劳动的资本,是僵死的资本;不借助于他自己或别人的资本,则劳动者势必不能久存。哪里的劳动奋发有力,则哪里资本的报酬就高,资本的增殖也很快。由于资本和知识,西方国家的普通工人在许多方面都比以前的王公吃得好,穿得好,甚至住得也好。资本和劳动的合作,如同纺工和织工的合作一样重要。虽然纺工所业居先,但那并不能使它与众不同。一方的发展是同他方的力量和活动分不开的;不过一方用牺牲他方的办法可以暂时(如果不是永久的)取得较大的国民收益份额。

在现代世界中,私人雇主和股份公司的高级职员本身拥有的资本很少,但他们却是巨大工业机轮的轴心,资本家和工人的利益全都集中于他们且由他们分布,他们把全部利益牢牢地掌握在一起。所以,在讨论就业和工资的变动时(留待本书续篇讨论),他们将占有首要的地位;在讨论劳动、资本和土地各自所特有的供求作用上的次要特征时,他们所占的地位虽不是首要的,而却是显著的,但这都是以下八章所要讨论的东西。

附录十将略述“工资基金”学说。那里将指出我们所持观点的理由，该观点认为，工资基金学说过分强调劳动的需求，而忽略了劳动供给的决定因素；它提出资本存量和工资总量的相互关系，来代替借助于资本的劳动产品总量和工资总量的真正相互关系。但那里也将指出持有这一见解的理由。这种见解认为，如果古典经济学家（也许他们的追随者未必都如此）加以反复思考，则他们一定会解除工资基金学说中令人误会的部分，从而尽量使它和现代学说相一致。附录十一将研究各种生产者和消费者的剩余；所提出的问题只有抽象的趣味，而没有多大的实际价值。

如上所述，各种生产要素的效率（总效率和边际效率）；它们直接或间接对纯产品总量或国民收益的增益和它们各自所得的国民收益份额，是由许多相互关系联结的，这些关系是如此复杂，以致不可能一次叙述就包括无遗。但借助于数学上严密而简练的词句，即可窥其全貌，当然其中质的差别是无法说明的，除非尽量把它解释成量的差别。[①]

① 这种考察集中于数学附录之注 14—21。而注 21 易于理解，并表明问题的复杂性。其余大多数的注是注 14 细节的进一步发展，其中部分内容在第五篇，第四章中已译成英语。

第三章　劳动工资

第一节　第三章至第十章的范围

当我们在上篇讨论需求和供给的一般均衡理论和在本篇前两章讨论分配和交换的中心问题时，我们尽量不考虑生产要素的特殊性质及其枝节问题。我们没有详细研究，关于生产工具的价值和借它所制造的产品的价值二者的关系的一般理论，在多大程度上适用于雇主、工人或自由职业阶层得自先天能力或后天知识和技巧的那些收入。我们为避免和利润分析相关的各种困难，不去注意市场上对利润一词的许多不同的用法，甚至也不去注意利息这一更加原始的名词。我们没有估计各种租佃对土地需求的形式的影响。所有这些不足之处，都将在以下各章论劳动、资本与营业能力和土地的供求时加以详细的分析和补充。本章所要讨论的是关于工资计算的方法问题，它主要属于算术或簿记的范围，但是许多错误的产生，都是由于计算时的粗枝大叶。

第二节　竞争有使相同职业中的周工资不等的趋势，但有使周工资与工人效率成比例的趋势。计时工资。计件工资。效率工资。计时工资没有相等的趋势，而效率工资则有之

当我们观察物质商品的供求作用时，我们经常碰到这样一个困难：即在同一个市场按同一种名称出售的两种东西，实际上质量不同，对各买主的价值也不同。或者质量确实相同，即使在竞争极其尖锐的场合，因为销售条件不同，它们也可以按不同的名义价格出售。例如，交付上的开销或风险有时由卖主负担，而有时却由买主负担。但这种困难在劳动的场合比在物质商品的场合要大得多。付给劳动的真正价格，往往悬殊很大，而这种悬殊是不易从名义上支付的价格说明的。

开头就遇到如何解释“效率”一词的困难。如果说在长期内不同部门中约有相等效率的人所得的工资大约相等（或“纯利益”大约相等，见第二篇，第四章，第二节），则效率一词必须作广义的解释，它指的一定是一般的工业效率（如第四篇，第五章，第一节所述）。但是，如果所指的是同一部门中各人生产所得能力的差别，则效率必须按该部门所需要的那些特殊效率因素而加以估计。

人们常说，竞争有使同一业中或困难相同的各业中的人的工

资相等的趋势;但是这种说法需要谨慎的解释。因为竞争使效率不同的两个人在一定时间如一日或一年内所得的工资,不是趋于相等,而是趋于不相等。同样,在平均效率不等的两个地区,竞争使平均周工资不是趋于相等,而是趋于不相等。如果英国北部各劳动阶级的平均体力和精力高于南部,那么,可以断言,"竞争使各事物趋于自己的水平"越是彻底,则北部的工资高于南部,也越是确凿不移。①

克利夫·莱斯里和某些经济学家曾天真地强调工资的地区差异,足以证明劳动阶级中的流动性很小,和他们为就业而作的竞争的无效。但他们所援引的大部分材料只是和日工资或周工资有关:它们只是部分材料,若把所遗漏的另一部分材料补上,则全部材料一般地支持相反的结论。因为我们发现,周工资的地区差异和效率的地区差异大体上一致。因此,材料(就其与该问题有关者)往往证明竞争是有效的。不过我们很快就知道,充分解释这些材料是一个极其困难而艰巨的任务。

一个人在一定时间如一日、一周或一年内所得的工资,叫做计时工资,因此,我们可以说,克利夫·莱斯里所举的计时工资的例足以证明而不是削弱这一假设:竞争使邻区困难相等的各业中的工资和工人的效率相适应。

① 大约五十年以前,英国北部和南部的农场主相互交流经验,最后一致认为把萝卜装车是测量体力的最好尺度:仔细的比较证明了工资和两个地区的工人一天普通所装载的重量成比例。南部的工资和效率的标准较之北部现在比那时也许更加一致。但是标准的工会工资北部一般要比南部高些;许多到北部谋求较高工资的人发现他们不能胜任,以后又回原地。

但是,"工人的效率"一词,意义含混,尚待加以彻底澄清。按所完成的某种工作的数量和质量所支付的工资,叫做计件工资,设有两人用同样适用的工具并在相同的条件下工作,如他们所得的计件工资都按每种工作的同一单价计算,则他们的工资和他们的效率成比例。但是,如工具的优劣不等,则统一的计件工资率会带来同工人的效率不成比例的后果。例如,设有两纱厂,一用旧式机器,一用新式机器,它们所采用的计件工资的单价相同,虽表面上相等,其实不等。因为竞争越是有效,经济自由和企业心的发展越是全面,则使用旧式机器的纱厂所用的单价势必比其他纱厂也越高。

因此,为了正确理解经济自由和企业心有使邻区困难相同的各业中的工资相等的趋势这一论断,我们需要使用一个新名词,亦即**效率工资**,或从广义上说,**效率报酬**。这就是说,它不像计时工资按取得工资所消耗的时间计量,也不像计件工资按产品的数量计量,而是按工人的**效率**和能力的运用来计量的。

所以,经济自由和企业心(即普通所指的竞争)使各人的工资找到自己水平的趋势,就是使同一地区的效率工资相等的趋势。如果劳动的流动性愈大,劳动的专业化愈不细密,父母给子女谋求最有利的职业的心愈切,同时适应经济条件变化的能力愈快,以及这些条件的变化愈慢,愈不剧烈,则这种趋势将愈强。

不过这种趋势的论述,仍略须加以修正。因为迄今我们所假设的是,倘做某件工作所付的工资总额不变,则雇用少数人或多数人来做那件工作,对雇主来说却毫无区别。但事实并不是这样。以一定的工资率取酬并在一周内所赚最多的工人,对雇主来说是最廉价的工人，对社会来说也是最廉价的工人，除非因他们工作过度而未老先衰。因为他们和他们那些较慢的工人同伴所使用的固定资本量一样，既然他们完成的工作较多，则每部分工作所负担的固定资本费用也较少。两种场合下的直接成本虽说相等，但效率较大取得计时工资较多的工人所做工作的总成本，却低于那些效率较小取得计时工资（按同一工资率付酬）较小的工人所做的。[①]

上述论点对车间以外的工作是无关重要的，因为空地很多，贵重机器的使用也较少。所以，除监督工作外，不论雇主把做某件工作所用的工资总额一百镑分给二十个有效率的工人，或分给三十个效率较差的工人，对他却毫无差别。但是如果使用的是贵重的机器，而该机器又必须和工人的数目保持一定的比例，则雇主往往发觉，他如能以五十镑工资用二十个人完成从前以四十镑工资用三十个人所完成的工作，则他的商品总成本有所减少。在这方面，美国在世界上居于领导地位，那里有一句俗语，谁力求支付最高的工资，谁就是最好的企业家。

可见，经过修正的规律是，经济自由和企业心，一般说来有使同一地区的效率工资相等的趋势。在使用大量昂贵的固定资本地区，如提高效率较大的工人的计时工资，且提高的程度高于效率的比例，则对雇主势必有利。当然，这种趋势很易受特殊的习惯和制

① 这个论点在可以使用双班制的企业的场合下需要加以修正。对两班各支付八小时工作日的工资像他现在对一班支付十小时工作日的工资那样，对一个雇主来说，往往是值得的。因为虽然每个工人在前一场合比在后一场合生产得要少些，而每架机器却生产得要多些。关于这点，我们以后再加以讨论。

度的反对，在有些场合，为职工会章程所反对。①

第三节　实际工资与名义工资。货币购买力（特别就该级劳工的消费而言）必须加以估量；职业费用和附加的便利与不便利也必须加以考虑

关于按工付酬所要说的就是这些。其次，我们必须仔细讨论的是，在计算某业的实际工资时，一方面除货币收入外，必须考虑到许多其他情况，另方面，除因工作繁重而引起的直接不便外，还必须考虑到许多附带的不便。

如亚当·斯密所说，"工人的实际工资，是指对工人提供的生活必需品和安逸品的数量，名义工资是指货币数量……工人的富或贫，报酬的厚或薄，不是同劳动的名义价格成比例，而是同劳动的实际价格成比例"。② 但"对工人提供的"一语，不应当理解为只

① 李嘉图并没有忽视作为工资付给工人的商品量的差异和工人对其雇主的有利程度的差异这一区别的重要性。他知道雇主所实际关心的并不是他付给工人的工资数量，而是工资与其劳动产品的价值的比例。他认为工资率是由这个比例测定的；并认为工资随着这个比例的上升而上升，随着它的下降而下降。遗憾的是，他没有为此而引用新的术语；因为他对日常术语的借用很少为别人所理解，而甚至在某些场合下也为他自己所遗忘（比较西尼尔所著《政治经济学》，第142—148页）。他所主要考察的那些劳动生产力的变动，一方面是由于生产技术的进步，另一方面是由于人口增加需要从有限的土地攫取较多产量时而引起的报酬递减规律的作用所产生的那些变动。如果他对劳动者状况的改善所直接引起的劳动生产力的提高予以充分的注意，那么，经济科学的地位和国家的实际福利也许比现在有更大的提高。实际上他的工资论似乎不及马尔萨斯《政治经济学》中的工资论。

② 《国民财富的性质和原因的研究》，第一篇，第五章。

适用于雇主或劳动产品所直接提供的生活必需品和安逸品；因为附带在职业上的，无须他特别开销的那些利益，也必须估计在内。

在确定某地或某时的一业的实际工资时，首先要考虑货币（名义工资用它表现）购买力的变动。在讨论一般货币理论以前，这点是不能加以透彻的分析的。不过，我们可以顺便指出，即使我们有全部物价史上十分精确的统计，这种估量也不仅仅是算术上的计算。因为如果我们比较较远的地区或较长的时期，则我们就发觉，人们具有不同的需要和满足这些需要的不同手段。甚至当我们把注意集中在同一时间和同一地点上，我们也发觉不同的阶级使用他们收入的方式也不同。例如，天鹅绒、歌剧和科学书籍的价格，对低级工人是无关重要的；但是面包和皮鞋价格的降低，使他们所受的影响比高级工人要大得多。必须记住这种差别，一般说来，对这些差别作一大致的估量是可能的。①

第四节　续前

我们已经知道，某人的总收入减去他的生产费用，就是他的实际收入总额。但总收入却包括许多不是货币报酬的东西，从而有被忽略的危险。②

---

① 《济贫法委员会关于农业中雇用童工和女工的报告》（1843 年，第 297 页）有关于诺森博兰年工资（其中有少量货币）的一些有趣材料。这就是一例：十蒲式耳小麦，三十蒲式耳燕麦，十蒲式耳大麦，十蒲式耳黑麦，十蒲式耳豌豆；一头乳牛一年的饲料；八百畦马铃薯；园舍；煤棚；三镑十先令现金；二蒲式耳大麦以代替母鸡。

② 见第二篇，第四章，第七节。

首先,就费用而言,我们并不计算在学习某业上所用的普通教育费和专门教育费。我们也不计算某人在工作中所消耗的健康和体力,这些最好是用别的方法加以估量。但是,我们必须扣除一切职业上的费用,不论是自由职业者或工匠需花的费用。例如,在律师的总收入中,我们必须扣除事务所的租金和职员的工薪;在木匠的总收入中,必须扣除置备工具的费用;在计算某地区石匠的报酬时,我们必须知道,按当地习惯,工具和炸药的费用是由石匠自己负担,还是由雇主负担。这是一些比较简单的事例。但在医生需要用的房租、车马费和社交费中有多大一部分应看作职业上的费用,却是比较难于决定的。①

第五节　工资部分地酬以实物。实物工资制

此外,仆役或店员必须自费购置很贵的服装,而如果听他们自便,他们也许不会买它,由于这种强制,他们工资的价值对他们有所降低。如主人给他的仆役供给高价的制服、住房和伙食,则这些东西对仆役之所值,一般小于对主人之所费。因此,像某些统计学家把主人供给家仆的一切东西所费于主人的等价,加在家仆的货币工资上,来计算他的实际工资,是一种错误做法。

① 这类问题和第二篇中讨论所得与资本的定义时所引起的那些问题相似;那里不采取货币形式的所得的因素曾加以计算。甚至自由职业者和工资领受阶级中的许多人的所得在很大程度上也以他们掌握某些物质资本为转移。

相反地,如某农场主给他的雇工运煤,而不取费,当然他选择他的马匹有闲空的时间,则这对这些雇工实际收入的增益远超过对该农场主的所费。上述论点对各种犒赏和津贴也同样适用,例如,雇主赠给工人一批商品,而这批商品对工人虽说有用,但由于推销费用过高,对雇主却几无价值。又如他允许工人以批发价格购买他们帮助下生产的商品,以供自己使用。但是当这种许可变成义务的时候,各种严重弊端接踵而来。从前的农场主往往强迫他的雇工按好谷的批发价格购买他的坏谷,这就等于他实际上支付的工资低于名义上支付的工资。在一个古老国家的任何一业中实行这种所谓实物工资制时,就一般而论,我们大体上可以断言,实际工资率低于名义工资率。[①]

① 力求健全发展的那些雇主们一般都很忙,除非有特殊的理由,是不愿经营这种店铺的;因此,早开发国家中采用实物工资制的那些人,其所以这样做,往往是由于想用隐蔽的手段而收回他们名义上支付的一部分工资。他们迫使那些在家做工的人按高昂的租金来租用机器和工具;他们迫使他们的全体工人来购买那些分量不足、价格很高的假货;而在某些场合下,甚至迫使他们把自己的大部分工资用于那些极易于赚取最高利润率的商品,特别是酒类。例如,累基先生记载了一个有趣的事例,即雇主们经不起贱价购买戏票,并以全价强迫卖给他们的工人的那种诱惑(《十八世纪史》,第六章,第158页)。但是,如这种店铺不是由雇主经理,而是由工头或他的伙伴经理,并且当不明说而实际上示意不在他的店铺大量买货的那些人很难得到他的信任时,则为害至大。因为凡有害于工人者,多少有损于雇主,而一个不义的工头却很少因尊重他自己的最后利益而放松了对工人的勒索。

总的说来,这种弊害现在是比较少见了。必须记住的是,在一个新兴的国家里企业往往在边远地区发展起来,那里甚至连普通的零售商店或店铺都没有;那么,雇主似乎有必要供给他们的工人以各种必需品,办法是以配给食品、衣着等形式来支付他们的部分工资,或为他们开设店铺。

第六节　成功之不定与就业之无常

其次我们必须计及成败莫测与就业无常对某业实际报酬率的影响。

显然开始时我们应当从该业成功者和不幸者的报酬中取一平均数作为该业的报酬；但要注意的是真正平均数的求得。如成功者每年的平均报酬为二千镑，不幸者每年的平均报酬为四百镑，如二者人数相等，则他们的平均数为每年一千二百镑。可是如不幸者为成功者人数的十倍（也许如律师所处的情况一样），则真正的平均数为五百五十镑。此外，许多彻底失败的人也许早已离开该业，从而没有被算在内。

此外，虽然通过求得这种平均数，我们不必再单独酌减风险保险费，但是成败莫测之害仍须加以计及。因为有许多人，性情稳健，头脑清醒，他们喜欢正视现实，甘愿就某种每年提供一定的收入例如四百镑的职业，而不愿就另一种职业，该职业有时似能提供六百镑，有时却只能提供二百镑。因此，成败莫测不能引动巨大的野心和宏伟的志愿，受它特别吸引的人确是少数，对许多选择终身职业的人来说，它起着阻挠作用。就一般而论，平常一定能成功的事比不一定能成功的事可以吸引更多的人，虽然后者也有相等的保险计算上的价值。

反之，设有某业可得少数极高的奖品，则它的吸引力远超过该奖品的总价值。原因有二。第一个原因是，富于冒险性的青年受巨大成功希望的吸引远超过受失败恐惧的压抑。第二个原因是，某职业的社会地位,取决于该业所能获得的最高荣誉和最高地位者多,而取决于从事该业者的一般运气者少。政治上曾有一格言,政府应在各政务部门设有少数优等奖品。在封建贵族的国家里,高级官吏的薪俸很高,而低级官吏的薪俸多在市场水平以下,他们之所以安于低薪,是由于最后有提升到肥缺的希望和这些国家在社会上对公务人员的重视。这种部署对于某些权贵有利。民主国家不采纳这种办法的部分理由也在此。但民主国家往往趋于另一极端,对低级公务人员的服务所支付的报酬,高于市场报酬率,而对高级公务人员的服务所支付的报酬却低于市场报酬率。不过,这种办法,不论在其他方面的优点如何,诚然是一种很浪费的办法。

其次来讨论就业无常对工资的影响。很显然,在那些工作不经常的职业部门中,工资,较之所完成的工作,势必要高;医生和擦皮鞋工人在工作时所得的报酬,必须够维持他们没工作时的用费。设职业上的其他利益相等,工作上的困难相等,则泥水匠在工作时所得的工资多于木匠;而木匠又多于铁路人员。因为铁路上的工作几乎全年不断,而木匠和泥水匠往往因商业不振而有赋闲的危险,泥水匠又因霜雨而中断工作。估量这种工作中断的普通方法是,总计长时期的报酬,然后取其平均数即可。但这种方法也不能完全令人满意,除非我们假定,某人在失业时所获得的休息和安逸对他没有直接或间接的补益。[①]

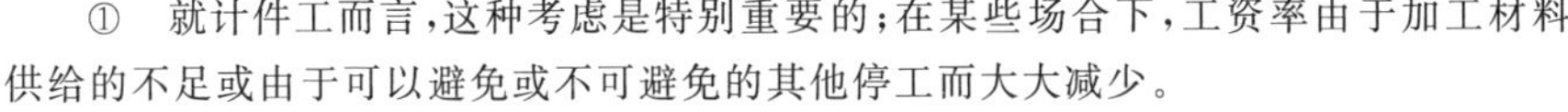

① 就计件工而言,这种考虑是特别重要的;在某些场合下,工资率由于加工材料供给的不足或由于可以避免或不可避免的其他停工而大大减少。

在有些场合，是完全可以作这样的假定的。因为等待工作往往使人如此焦躁不安，以致它所产生的紧张状态也许超过工作本身。[①] 但这并不是经常现象。事业正常过程中所产生的工作中断，从而没有后顾之忧，是调剂和蓄积力量以供未来使用的机会。例如，名律师一年中有几个月是十分紧张的，紧张本身是一件坏事。但是当我们估量到这一点之后，司法停审期间使他得不到进款，这对他却没有多大损失。[②]

第七节　补充所得。家庭所得

其次我们必须计及某人的环境对于补充他的报酬的机会，亦即除主要职业的报酬外，由其他工作所得的报酬。同时这种环境对于他的家庭成员所提供的工作机会也必须加以考虑。

许多经济学家甚至主张把一个家庭的报酬作为他们建议的报酬单位。在这方面，关于农业和旧式家庭手工业有许多可说，在农业和旧式家庭手工业中，全家人都在一道工作，规定应酌减妻子疏忽家务而造成的损失。不过在现代英国，这种手工业是罕见的。家长的职业，除能使他的儿子学习该业外，对家庭其他成员很少起多大的直接影响。当然，如他的工作地点固定，则他的家人便于参

① 就业无常之害在福克司威尔教授于 1886 年关于这一问题的演讲中作了锋利的说明。

② 较高级的工人假期一般都有工资；而较低级的工人假期一般都没有工资。这种区别的原因是很明显的；但是它自然会引起劳工委员会的调查中所发泄的那种不满情绪。参阅《报告》中之 B 组，24，第 431—436 页。

加该业，但就业量是受邻区资源的限制的。

第八节　某业中的吸引力并不仅仅取决于其货币收入，而且还取决于其纯利益。个人和国民性格的影响；工人的最低阶层的特殊情况

由此可见，一业的吸引力，除一方面工作上的困难和紧张，和另方面工作中的货币报酬外，取决于许多其他原因。当某业的报酬被看作对它的劳动供给起作用，或说它是劳动的供给价格时，我们总是这样理解的，即报酬一词只当作劳动"纯利益"的代用语。① 我们必须估计到这样的事实，如某业比他业清洁卫生，它的工作场所更加有益于人的健康或更加令人愉快；或它的社会地位较高。大家都知道，亚当·斯密说过，许多人厌恶屠宰工作，在某种程度上屠户也一样，这就使屠宰业的报酬超过困难相等的其他职业。

当然，对于特殊利益的估计是有仁智的不同的。例如，有些人对乡村小宅是如此喜欢，以致他们宁愿在乡村靠低工资为生，而不愿在城市赚取高得多的工资；而另外一些人对于住宅却毫不介意，他们倘能得到自认是生活奢侈品的话，即使没有生活安逸品，也在所不计。例如，有某家庭曾于一八八四年向皇家工人阶级住宅状况调查委员会说，他们的总收入为每星期七镑，不过他们情愿住一

① 见第二篇，第四章，第二节。

间房，以便把钱节省出来用在旅行和各种娱乐上。

诸如此类的个人特性，使我们不能确计各个人的行为。但是，如果各种利益和不利都能按货币价值(即对参加该业或使他们的子女将来从事该业的那些人的货币价值)的平均数计算，就可以大致估计使我们所讨论的该业在其时其地的劳动供给趋于增加或减少的那些力量的相对强度。把根据某时某地的情况所作的这种估计，硬套用在他时他地的情况上，势必产生严重的错误，这是无须经常指出的。

因此，考察我们时代民族气质差别的影响，是饶有兴味的。例如，在美国，瑞典人和挪威人在西北部从事农业；而爱尔兰人如来到美国，则在旧有东部各州选置农场；德国人多从事家具业和酿酒业；意大利人，铁路建筑；斯拉夫人，肉类包装和部分煤矿业；爱尔兰和法籍加拿大人，美国某些纺织业；伦敦的犹太人偏好服装业和零售商业。所有这些一部分是由于民族嗜好的不同，一部分是由于民族的不同，从而对各业的额外利益和不利的估计也不同。

最后，不悦意的工作对提高工资似乎没有多大的影响，如果该工作是低级工人所能做的工作。因为科学进步使许多人除做最低级的工作外是不适合于任何其他工作的。他们都在争抢他们所能胜任的那些数量较少的工作，在需钱紧急时，他们所想的只是他们所能赚的工资，而无暇注意工作上的各种不快。的确，由于他们所处境遇的影响，使得他们中间很多人认为一业的污秽龌龊是无关紧要的。

因此，就产生了一种奇怪的结果，即某业的污秽龌龊，是该业中工资低的原因。因为雇主认为，如用上等熟练工人和优良工具来完成他的工作，则该工作的污秽龌龊势必使工资增加得很多；所以，他往往沿用旧法，即雇用普通的非熟练工人，因为他们对任何雇主的价值并不大，从而能用低工资（计时工资）雇到。可见如何使这种工人减少，从而，提高工资，是社会最迫切需要解决的一个问题。

第四章　劳动工资（续）

第一节　劳动需求和供给中的许多特点的重要性大多取决于其累积性后果；从而和习惯势力相仿

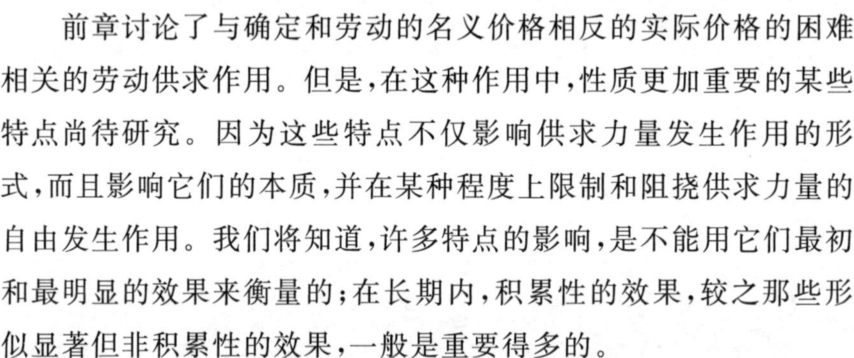

前章讨论了与确定和劳动的名义价格相反的实际价格的困难相关的劳动供求作用。但是，在这种作用中，性质更加重要的某些特点尚待研究。因为这些特点不仅影响供求力量发生作用的形式，而且影响它们的本质，并在某种程度上限制和阻挠供求力量的自由发生作用。我们将知道，许多特点的影响，是不能用它们最初和最明显的效果来衡量的；在长期内，积累性的效果，较之那些形似显著但非积累性的效果，一般是重要得多的。

因此，这个问题同探索习惯的经济影响问题有许多共同之点。因为我们已经知道，以后将更加明白，习惯的直接效果，如使一种东西的售价比在其他情况下的售价有时略高，有时略低，其实并不重要，因为价格的这种背离，一般说来没有持续和扩大的趋势；相反地，如果背离变得很大，则它往往会使各种抵消因素发生作用。有时这些因素完全压倒习惯。但较常见的是，用逐渐地、不知不觉地改变商品性质的办法来避免习惯的影响,因此,买主照原名按原价所买的实际上是一种新东西。这些直接效果是明显的,但不是积累性的。反之,习惯在阻碍生产方法和生产者个性自由发展方面的间接效果是不明显的,但一般是积累性的,从而对世界史有深远的支配影响。如果习惯使一代的进步受到节制,则第二代的出发点必较不受节制时为低;而它本身所受的任何停滞积堆于前一代的停滞之上,代复一代,如此相沿。[①]

需求和供给对工资的作用也是这样。不论什么时候如果供求作用对任何个人或阶级的压力很大,那么,这种祸害的直接结果是显而易见的。但所产生的困苦却是多种多样的:有些困苦和造成它们的祸害同时消失,这些困苦,较之间接引起工人性格的减弱或阻止它变强的那些困苦,一般是不重要的。因为后者造成进一步的贫弱和困苦,而这反过来又造成更大的贫弱和困苦,如此相续,增加不已。反之,工资高,性格强,会使得力量更强,工资更高,而这又导致更大的力量和更高的工资,如此相续,增加不已。

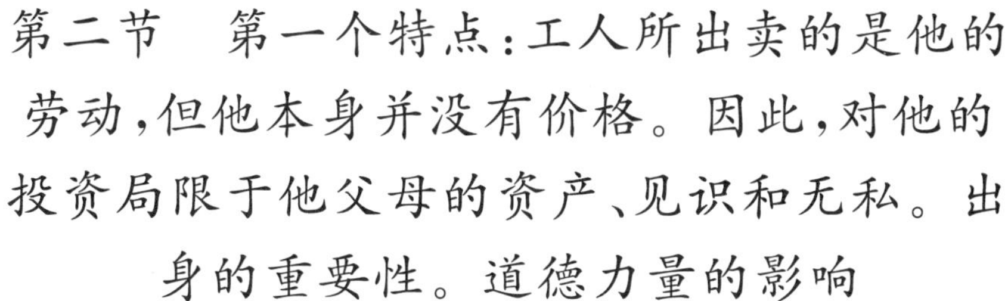

第二节　第一个特点:工人所出卖的是他的劳动,但他本身并没有价格。因此,对他的投资局限于他父母的资产、见识和无私。出身的重要性。道德力量的影响

我们必须注意的第一个特点是,作为生产要素的人是和机器

① 不过应该知道,习惯的某些有益影响是累积性的。因为在"习惯"这一广泛的名词中所包括的许多不同的东西中,有高度伦理原则,礼教和不计小利原则的具体形式;而它们对民族性格所起的许多良好影响是累积性的。比较第一篇,第二章,第一、二节。

及其他物质生产资料的买卖不同的。工人所出卖的只是他的劳动，但他本身仍归他自己所有。负担培养和教育费的那些人，从对他后来的服务所支付的价格中所取得的实在是微乎其微。[①]

不论现代企业方法的缺点如何，它至少有一个优点，即负担物质品生产费用的人，总可以得到对它们所支付的价格。建筑工厂、蒸汽机、住宅，或蓄奴的人，当这些东西仍归他所有时，他总能得到它们所提供的一切纯服务的利益。如他把这些东西出售，则他取得一种价格，这种价格等于对它们未来服务所估计的纯值；因此，他把开销扩展到一点，在该点，他认为没有适当理由设想，任何追加投资所带来的利益会对他有所补偿。他必须谨慎而勇敢地行事，以免在同那些采取较果断较有远见的决策的人们的竞争中遭到失败，从而最后从主宰世界贸易的行列中淘汰出去。竞争的作用和生存斗争适者生存，最终有使工厂和蒸汽机的建筑落在那些人手中的趋势，这些人善于使各项开支对作为生产要素的价值的增益大于它的成本。但是，在英国工人的教养和早期训练方面的资本投资，却受到种种限制，如社会各阶层中父母们的资产，他们的预见能力，和牺牲自己以成全子女的意向。

就上层社会而言，这种祸害的确是无关紧要的。因为在上层社会中大多数人都能清楚地预计将来，并“以低利率加以折算”。他们尽量设法为自己的儿子选择最好的终身职业，以及该业所需

① 这和奴隶劳动不经济这一尽人皆知的事实相一致，如亚当·斯密在很久以前所说的：“用于维修奴隶磨损的基金(如果我可以这样说)一般是由怠慢的主人或粗心的监工来管理的，而用于维修自由人磨损的基金却是由自由人自己极其节约地管理的。”

要的头等训练。他们愿意而且也能够在这方面支出巨大的费用。尤其是自由职业阶级,一般都愿意为他们的子女储蓄一部分资本,同时更注意把这宗资本投在他们身上的机会。一旦高级职业中有一个新的机会,而这又需要专门的教育,那么,为了争抢这个职位,将来的报酬也不必高出现在的用费很多。

但在下层社会中这种祸害却为害很大。因为父母的境遇不佳,所受的教育有限,和预计将来的能力的薄弱,都使他们不能把资本投在教育和培养他们的子女上,像用同样的自由和勇气运用资本来改良一个管理得法的工厂中的机器一样。工人阶级的子女很多都是衣不蔽体、食不果腹的。他们的住宅条件既不能促进身体的健康,也不能促进道德的健全。虽然现代英国的教育并不算很坏,但他们所受的教育却很少。他们没有机会广见世面,或领悟高级企业工作,科学和艺术的性质。他们早期所遇到的是艰苦而费力的劳动,而且大多数都终生从事这种劳动。至少是他们带着那些未发展的才能进入坟墓。如果这些才能得到充分的发展,则它们对国家物质财富(且不说更高的目的)的增加,等于补偿发展这些才能所需费用的许多倍。

但是,此刻我们所必须特别加以强调的一点是,这种祸害是积累性的。一代的儿童吃得愈坏,他们到了成年所赚的工资愈少,而适当满足他们子女的物质需要的能力也愈小,如此相沿,一代不如一代。此外,他们的能力发展得愈不充分,则他们对发展他们子女的才能愈不重视,因此,他们这样做的动力也愈小。反之,如有某种变化给予一代工人以优厚的报酬和发展他们才能的机会,则它将增进他们所能给予他们子女的那些物质和道德的利益。而在增长他们自己的见识、智慧和远见的同时，这种变化在某种程度上也将使他们更愿意牺牲自己的快乐，以谋求子女的幸福。现在甚至在那些最贫困的阶级中，就他们的知识和资力所及，也有很大的这样一种愿望。

第三节 续前

出身于上层社会的人比出身于下层社会的人所占的优势，大半在于父母所给予他们的较好的门径和立业机会。而这种立业机会的重要性，从比较工匠和非熟练工人的儿子的境遇中看得是再清楚不过了。非熟练工人的儿子易于接近的熟练行业是不多的。在大多数的场合，儿子总是追随父亲的职业的。旧式家庭手工业时期，子从父业几乎是一个普遍的规律。甚至在现代条件下，父亲在使儿子参加自己的职业方面也往往拥有许多的便利。雇主和监工对他们那些亲信的孩子的照顾，一般比对他们负责照顾的孩子还要多。在许多行业中，一个孩子甚至在参加工作后，除非他跟着他的父亲或他父亲的朋友工作，他们任劳任怨地教他，并使他做一种需要细心辅导但有教育价值的工作，则他似不可能进步得很快，和站得住脚。

工匠的儿子还有其他方面的有利条件。他所住的房子一般都较好，而较清洁，和普通工人相比，他所处的物质环境也较风雅。他的父母似受过较好的教育，对他们的子女有较高的责任感。最后而最重要的是，他的母亲似能把她的大部分时间消耗在家务上。

如我们把文明世界的一国同他国，或英国的一部同他部，或者英国的一业同他业相比，我们就会发现，工人阶级的堕落，大体上是和妇女所做的粗笨工作的数量成比例的。一切资本中最有价值的莫过于投在人身上面的资本。而这种资本最宝贵的部分是来自母亲的照顾和影响，如果她保持着她那和蔼和仁慈的天性，而这种天性并没有被非女性的工作的折磨所僵化。

这就使我们注意到上述原理的另一个方面，即在估计有效率的工人的生产成本时，我们必须以家庭为单位。总之，我们不能把有效率的人的生产成本当作一个孤立的问题来看；它必须被看成有效率的人和那些妇女的生产成本这一较大问题的一部分，这些妇女善于使她们的家庭生活过得愉快，善于把她们的子女培养成身心健全、诚恳纯洁和文雅而勇敢的人。[①]

① 威廉·配第对“人的价值”的讨论极其精辟；培育一个成年男子的费用和维持一个家庭的费用的关系，按完全科学方式加以讨论的有：坎悌恩(《概论》，第一篇，第十一章)，和亚当·斯密(《国民财富的性质和原因的研究》，第一篇，第八章)；在近代有安格尔博士(见其卓越的论文，《劳动的价格》)和法尔博士等。对一个早期培育费用用于别国而在移入国他的生产似多于他的消费的移民对国家财富的增加，曾有很多种推算。这些推算是根据许多方法的，它们都是概略的计算，有些显然有原则上的缺点，但是其中大多数都认定一个移民的平均价值约等于二百镑。如果我们暂时不计性别，则我们似乎可以根据第五篇，第四章，第二节中所述的原则来计算移民的价值。这就是说，我们可以把他所提供的未来服务的或然值加以“折现”；把各种折现值加起来，再从其中减去他所消费的所有财富和他人直接服务的“折现”值之和。而值得注意的是，在按其或然值计算生产和消费的各种因素时，我们曾附带地计及他早年夭折，疾病，以及一生成败的机遇。或者我们可以根据他的祖国为他所用去的货币生产成本来计算他的价值；这种成本可以用同样的方法求出来。即把他过去消费的各种因素的“积累值”加起来，再从其中减去他过去生产的各种因素的“积累值”之和。

以上我们对性别未曾加以考虑。但是很显然，上述方法有把男移民的价值估计过高，女移民的价值估计过低之弊，除非我们计及作为母亲、妻子和姊妹的妇女们所提供的服务，并把它们记入男移民的借方，同时又记入女移民的贷方(见数学附录中注 24)。

第四节　续前

随着青年的长大成人，他的父母和教师的影响逐渐减少；从此以后直到他死为止，他的性格主要是由他工作的性质和他的同事、游伴与同教人的影响形成的。

关于成年人的技术训练，和旧时学徒制的衰落及其代替的困难，我们曾说了许多。这里我们又遇到这样一个困难，即不论谁用自己的资本来提高工人的本领，而这种本领终归是工人自己的财产；因此，对于帮助工人的那些人来说，美德，大半就是他们的报酬。

的确，报酬优厚的劳动，对那些旨在领先并企图用最先进的生产方法生产优质产品的雇主来说，实际上是廉价的劳动。他们之所以给予他们的工人以高工资和对工人加以细心的训练，一则由于这样做对他们有利，二则由于使他们宜于领导生产技术的那种性格也可能使他们对为他们工作的人们的福利发生莫大的兴趣。虽然这类雇主的人数在日益增加着，但他们毕竟是相对的少数。

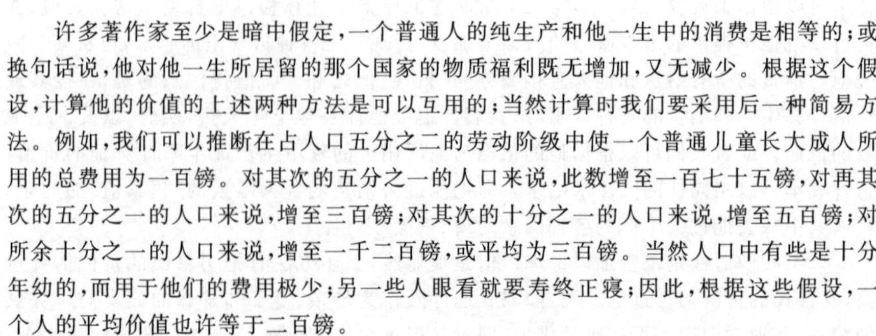

许多著作家至少是暗中假定，一个普通人的纯生产和他一生中的消费是相等的；或换句话说，他对他一生所居留的那个国家的物质福利既无增加，又无减少。根据这个假设，计算他的价值的上述两种方法是可以互用的；当然计算时我们要采用后一种简易方法。例如，我们可以推断在占人口五分之二的劳动阶级中使一个普通儿童长大成人所用的总费用为一百镑。对其次的五分之一的人口来说，此数增至一百七十五镑，对再其次的五分之一的人口来说，增至三百镑；对其次的十分之一的人口来说，增至五百镑；对所余十分之一的人口来说，增至一千二百镑，或平均为三百镑。当然人口中有些是十分年幼的，而用于他们的费用极少；另一些人眼看就要寿终正寝；因此，根据这些假设，一个人的平均价值也许等于二百镑。

即使投资给他们的利益和改善机器的利益相同,他们往往也不能使投在训练工人上面的资本,像他们应当投的那样多。而且他们一想到和农场主处于相同的地位时,就放弃投资的打算,该农场主在佃权朝不保夕和改良的报酬毫无保证的条件下投下自己的资本来提高地主土地的价值。

此外,在付给工人高工资和关心工人的福利与文化方面,这个慷慨的雇主所提供的各种利益也不会在他那一代消失。因为工人的子女分享这些利益,长大以后,身体和性格必因此而更加健壮和坚强。他所支付的劳动价格,势必成为增加下一代高级工业能力供给的生产费;不过这些能力将为他人的财产,他们有权利按最高的价格出售。雇主甚或他的子女都不能指望获得他所曾作的那件好事的大量物质报酬。

第五节　第二个特点。工人和他的工作是分不开的

在劳动所特有的需求和供给作用的那些特点中,我们必须研究的第二个特点是,当一个人出卖他的服务时,他必须亲自到服务场所。对售砖的人来说,不论该砖是用来建造宫殿,或修砌阴沟,这对他毫不相干。但对出卖劳动的人来说,因为他负责完成一定困难的工作,而工作场所是否有益于人的健康和令人愉快,他的同事是否如他的理想,这对他却有很大的关系。在英国某些地区残存的长工制中,劳动者对他的新雇主的脾气打听得就像他出多大的工资那样审慎。

劳动的这个特点在许多个别场合是极其重要的，但它往往不发生上述特点所发生的那样广泛而深刻的影响。一业的机遇愈不能令人满意，则吸引人参加该业所需要的工资自然也愈高；但这些机遇是否有持久而广泛的害处，要看它们是否损害人的健康和体力，或是否减弱人的性格而定。当它们不属于这一类时，它们只是本身所存在的祸害，除此以外，一般不会引起其他的祸害；它们的效果很少是积累性的。

既然一个人除非亲自到劳动市场就不能出卖他的劳动，由此可知，劳动的流动性和劳动者的流动性是可以互用的名词。不愿离家，不愿弃绝旧交（也许包括他心爱的小宅和祖坟在内），往往阻止他到一个新地方去寻求较高的工资。如家庭的成员各有各的职业，则迁移对一个人有利，而对他人不利，工人和他的劳动的不可分离性，大大阻碍了劳动的供给随着对它的需求而转移。不过这点以后还要讨论。

第六节　第三个特点与第四个特点。劳动力是可以毁坏的，它的卖主在议价中往往处于不利地位

此外，劳动往往是在特别不利的条件下出卖的，这些不利源于一系列相互密切联系的事实；即劳动力具有损耗性；出卖劳动力的人一般都是穷人，手头没有积存；离开劳动市场，工人就无法保存劳动。

损耗性是各种劳动所共有的属性。工人在失业时所损失的时

间无法挽回，虽然在有些场合下他的精力可借休息而得到恢复。① 不过应当记着，物质生产要素的工作力很多也具有同样的损耗性；因为停工时无法赚取的大部分收入，完全损失。如工厂或轮船闲而不用，则的确可以节省某些耗损，但这种节省，较之厂主所牺牲的收入，往往是微不足道的；因为预付资本的利息和资本由于新发明的贬值或陈旧的损失，都不能得到补偿。

此外，许多可卖的商品也具有损耗性，在1889年伦敦码头工人的大罢工中，很多船上的水果、肉类等的易腐性，对罢工工人起了极其有利的影响。

缺乏准备金和支持长期不售之力的薄弱，差不多是各种体力劳动者所共有的特点，这特别适用于那些非熟练工人，一则因为他们的工资很难使他们有积存的余地，二则因为他们中间有些人停工时，而能代替他们的人很多。当我们讨论职工会时，我们就立刻知道，把自己组成强大而持久的工会，从而在与雇主议价时处于平等地位，这对非熟练工人比对熟练工人要难得多。因为一定要记着，雇一千个工人的雇主，他本身就等于劳动市场一千个买主的绝对坚强的结合体。

不过，以上所述，并不适用于一切劳动。家仆，虽然手中没有很多积存，也很少有任何正式工会，但在行动上有时比他们的主人更加一致。伦敦上流社会家仆的实际工资总额，较之需要相等能力和熟练程度的其他职业，是高得多的。可是相反地，那些非特殊熟练的家仆受雇于不很富裕的主人时，往往不能为自己争得像样

① 见以上第四篇，第三章。

的条件;他们的工作很苦,而所得的工资最低。

就工业上的最高级劳动来看,我们发觉,他们在和购买他们劳动的买主议价时一般都占优势。自由职业阶层中很多人,比他们的绝大多数顾客都较富,积蓄较多,知识较广,并在出售服务的条件方面所采取的协作也较强。

如果要进一步证明,出卖劳动的人在议价方面一般所处的不利地位,取决于他的境遇和本领,而不取决于他所必须出卖的特殊商品是劳动这一事实,则最能证明这点的是比较名律师、名医生、名歌手或名马术师和那些较穷的独立商品生产者的情况。例如,在边远地区搜集贝壳并准备在大的中心市场出卖的人,他们的资金储备不多,见识不广,并且对国内其他地区生产者的情况所知也有限,而收买贝壳的那些人却是批发商组成的一个严密的小团体,他们有广博的知识和较多的资金储备,因此,贝壳的卖主在议价方面处于不利的地位。出售手织花边的妇女儿童,和出卖家具给经理商的伦敦东端的小老板,也大都是如此。

的确,体力劳动者作为一个阶级,在议价方面处于不利的地位。凡有这种不利的地方,它的影响也极易流传于后世。因为雇主之间倘有竞争,他们似不致把劳动的价格抬得远低于它对他们的实际价值,这就是说,似不致抬得远低于那种最高价格,而这种最高价格他们宁肯支付而不愿弃而不用,但是,凡降低工资的事情,也使工人劳作的效率趋于降低,从而,使雇主宁肯支付而不愿弃此劳作而不用的价格趋于降低。所以,劳动者在议价方面的不利有两种积累性的效果:它降低他的工资;而工资的降低,如我们所知道的，又降低他的工作效率；从而降低他劳动的正常价值。此外，它减少他作为一个议价者的效率，因此，使他以低于它的正常价值的价格出卖他的劳动的机会也有所增加。[①]

① 关于这节所说的问题，请比较第五篇，第二章，第三节，与附录六关于物物交换的讨论。布伦塔诺教授是提醒注意本章所讨论的几个要点的第一个人。并参阅豪威耳的《资本和劳动的冲突》。

第五章　劳动工资(续)

第一节　劳动的第五个特点是在于提供专业能力所需要的训练时间很长

我们所应当讨论的劳动供求作用的另一特点是和上述特点密切联系的。这个特点在于培养和训练有工作能力的劳动所需要的时间是很长的，这种训练所产生的报酬也是很慢的。

这种对将来的贴现，这种有意识地使训练费用很高的劳动的供给和对它的需求相适应，可从父母为自己的子女选择职业和力求栽培他们取得比自己有更高的地位上清楚地看出来。

关于这点，亚当·斯密曾说："如购置一架贵重的机器，则该机器在用坏以前所完成的优异工作，须足以收回所投下的资本，同时至少要提供普通的利润。用很多劳动和时间学习一种需要特别技能的职业的人，可以同那种贵重机器相提并论。他所学的工作，须足以超过一般工人的普通工资，除收回全部教育费外，同时至少要有相等价值的资本的普通利润。而且这必须在相当的时间内实现，原因是如机器的寿命有定一样，人的寿命是不定的。"

但是，这种说法只能当作一般趋势的概括。因为父母培养和教育子女的动机有别于引诱资本家购置一架新机器的动机,除此以外,取得赚钱能力所延续的时间,一般说来,人较机器为长;因此,决定报酬的种种情况比较难于逆料,供给和需求的适应也比较缓慢而有缺点。虽然工厂、房屋、矿井和铁道路堤的寿命比它们的建造者要长得多,但这毕竟是一般准则的例外。

第二节　父母为其子女选择职业时必须展望整个一代;预见未来的困难

从父母为子女选择职业到获得该业的充分报酬,其间至少需要一代的时间。而且在这个过程中间,该业的性质很可能发生根本变革,其中有些变化也许早有预兆,但另外一些变化即使是机敏的熟习该业情况的人也是无法预见的。

几乎在英国各地,工人阶级经常为自己和他们的子女留意有利的职业机会。他们向居住在其他地区的亲戚朋友探听各种情况,如关于各业中的工资以及附带的利益和不利。但是,要确定他们给自己子女所选择的那些职业的未来命运的原因,却是十分困难的。而且这样苦思熟虑,多方探究的人也是为数不多的。大多数的人不假思索地断定,各业当时的情况足以说明它的未来;就这种习惯的影响所及,一业中的劳动供给,不论在那一代,有依照前一代的报酬,而不依照当代报酬的趋势。

此外,有的父母看到一业的工资比同类的其他职业高了几年时,就断定以后也要继续涨下去。但是,从前的增加,往往由于暂时的原因,即使以前没有大量劳动流入该业,工资增加以后接着是下降，而不是进一步的上涨。如有大量的劳动流入该业时，结果是劳动的供给过多，则工资在很多年内将低于它的正常水平。

其次我们必须记着这样一个事实，即有些行业，虽然除了从事该业的人的儿子外，别人不容易接近，但很多人都是由他业的同级工人的儿子补充的。因此，当我们认为劳动的供给以负担教育和训练费的那些人的资金为转移时，我们总是以全级，而不是以一业为单位。如果劳动的供给是由用以支付它的生产成本的基金所限制，则不论在哪一级中劳动的供给是由前一代（而不是本代）该级劳动的工资来决定的。

可是，不应当忘记，社会上各级工人的生殖率，是由许多原因造成的，其中对将来的审慎计算只居于次要地位；甚至在一个像现代英国那样不重视传统的国家里，习惯和舆论有很大的影响，而这种习惯和舆论是由过去几代的经验形成的。

第三节　成年劳工的移动由于对一般能力的需求的增长而日趋重要

但是，我们不应当忽略那些使劳动的供给随着对它的需求而转移的因素；如成年人从一业转向他业，从一级移到他级，从一地移到他地。虽然特别的机会的确有时候可以使下级劳动的潜在能力得到迅速而有效的发挥，但从一级移到他级很少是大规模进行的。例如，某新国家的开辟或美洲战争事件，会从低级工人中间提升许多的人，他们也能担负这种困难和责任，不过这种事情毕竟是罕见的。

但成年人的转业和迁移在有些场合是如此频繁而迅速，以致大大缩短劳动的供给随着对它的需求而转移的时间。从一业易于转向他业的一般能力,较之某工业部门专门需要的熟练程度和技术知识,是一年比一年重要了。因此,随着经济进步而来的,一方面是工业方法的千变万化,从而,预测下一代对任何一种劳动的需求愈益困难,另方面是纠正供求调节中的错误的力量也在日益增加。[1]

第四节　重申长期正常价值和短期正常价值的区别。与补偿任何特定工作中所引起的疲劳的报酬相区别的,技能的特殊报酬的变动

现在我们转向这一原理,即得自某商品的生产工具的收入,在长期内对该工具的供给和价格,从而对该商品的供给和价格,起着决定性的作用。但在短期内,没有时间使得它充分发挥这种作用。我们要问的是,如不把这个原理应用于物质生产工具,该工具只是达到生产目的的手段,而且又是资本家的私有财产,而是把它应用于人类本身,他们既是生产的目的,又是生产的手段,同时自己归自己所有,则该原理应当作哪些修正?

首先我们应当注意的是,因为工人的增殖较慢,而消耗也较慢,所以,我们对"长期"一词必须从严格的意义上来理解,如我们

① 关于这个问题,请比较第四篇,第六章,第八节;查理斯·布思:《伦敦的生活与劳动》;H. 史密斯:《现代劳动流动性的变动》。

所讨论的是劳动的正常需求和供给的关系，而不是普通商品的正常需求和供给的关系，则“长期”一词一般含有更长的时间。有许多问题存在，其中时间长得足以使普通商品的供给，甚至生产上所需要的物质工具的供给和对它们的需求相适应；时间长得足以使我们有理由把该时期普通商品的平均价格看作“正常”价格，看作和它们的正常生产费（就其广义而言）相等；但是它长得不足以使劳动的供给适应对它的需求。因此，该时期的平均劳动报酬全然不是工人的正常报酬。而这种报酬的决定宁可归于两方面的原因：一方面是劳动的供给量，另方面是对劳动的需求。这点需要进一步加以讨论。

第五节　续前

商品价格的市场波动是由需求同市场上或易于运进市场的商品供给量的暂时关系来决定的。当市场价格高于它的正常水平时，能趁高价格及时供应市场以新商品的人，就能得到额外高的报酬；如果他们是自食其力的小手工业者，则此项价格增加的全部都成为他们报酬的增加。

不过，在现代工业世界中，承担生产上的风险和受价格上涨之利及其下降之害的人，首先是产业资本家。在生产商品时所用的直接开销，即商品的直接（货币）成本以上的纯收入，暂时是以各种形式投于他们企业上的资本（他们的才智和能力也包括在内）所得的报酬。但是，当商业景气时，雇主们彼此展开竞争，各人都想扩大企业，力求获得尽可能多的高额利润，于是竞争的压力使雇主们同意付给工人较高的工资,以便取得他们的服务;即使雇主们的行动一致,一时拒绝作任何让步,他们的雇工的联合也会迫使他们增加工资,否则市场繁荣所提供的利益行将消失。结果一般是,不久这种利益的很大一部分都归工人所得;只要繁荣继续存在,他们的工资总保持正常水平以上。

例如,当 1873 年通货膨胀达到最高峰的时候,矿工的工资很高,这种高工资是由当时对矿工劳动的需求和现有矿工熟练劳动量(转入矿业的非熟练劳动可以算作具有相同效率的一定数量的熟练劳动)决定的。如果当时不可能输入这种非熟练劳动,则矿工的工资只受两方面原因的限制:一方面是煤的需求弹性,另方面是矿工子孙的逐渐达到工作年龄。事实是,从他业所吸收的人,多不愿离弃本业,因为如留在本业,他们也许可以得到很高的工资。当时煤铁业的繁荣只是信用膨胀浪潮的最高峰。这些新矿工对地下工作很不习惯,工作上的不适对他们的身体影响很坏,同时因缺乏技术知识,工作上的危险有所增加,又因技巧不精,也浪费了他们很多的精力。因此,他们的竞争并不能缩小对矿工熟练程度的特别报酬的增加幅度。

当信用膨胀的浪潮急转直下的时候,那些最不宜于采煤的新矿工都纷纷离开矿场;即使当时留下的矿工,也人浮于事,从而,他们的工资下降;这种下降直到那些最不适宜于煤矿的人可在他业获得较高的工资这一限界为止。这种限界是最低的限界,因为信用膨胀的浪潮,当 1873 年达于最高点的时候,曾摧残了殷实的企业,损害了繁荣的真正基础,几乎使各业或多或少地处在不健康的萧条状态中。

第六节　续前

我们已经指出，得自正在消耗的改良品的收益，只有一部分能算作它的纯收入。因为在计算任何纯收入以前，必须从这些收益中扣除等于改良品资本价值的消耗额。同样，要算出机器的纯收入，就必须扣除机器的使用成本和耗损。既然矿工和机器一样易于耗损，在计算他的熟练劳动的特别报酬时，也必须从他的工资中扣除这种耗损。①

但在矿工场合还有另外一种困难。因为机器的所有者一旦扣除机器的使用成本（包括耗损在内）之后，并不因机器开工的时间很长而遭受损失，而熟练劳动者则不同，他确实因工作时间很长而有所损失，他所受的额外不便很多，如缺乏休息和没有行动自由等等。设矿工第一周只工作四日，赚工资一镑，第二周工作六日，赚工资一镑十先令，则在这多赚的十先令中只有一部分可当作他的熟练程度的报酬，因为其余部分必须当作他所增加的疲劳和耗损的报酬。②

综上所述，可作出结论：各种东西的市场价格，亦即短期价格，主要是由对它的需求和它的现有存量的关系来决定的；而在任何生产要素（不论人的要素或物质要素）的场合，这种需求是从借它

① 有理由把这种特殊报酬当作准租。参阅第六篇，第五章，第七节，与第八章，第八节。

② 比较以上第六篇，第二章，第二节。如果他们拥有任何大量的生产工具，那么，他们就是那一范围内的资本家；而他们的部分收入是这种资本的准租。

所生产的那些商品的需求“派生”出来的。在相对短的时期内，工资的变动，常随产品售卖价格而变动，而不在产品售卖价格没有变动以前，而先变动。

但是由一切生产要素(人的要素和物质要素)而来的收入和它们将来似能得到的那些收入，不断地对那部分人发生影响，这部分人的行动足以决定那些要素的未来供给。于是有一种不断趋于正常均衡位置的趋势，在正常均衡位置下，各要素的供给和对它的服务的需求所保持的是这样一种关系，以致给予要素供给者的报酬，足以补偿他们的劳作和牺牲。如果一国的经济条件长期保持不变，则这种趋势本身必可以使需求和供给相适应，从而机器和人一般都能获得和培养与训练劳动的费用大致相等的数额，生活必需品和习惯上的必需品也同时计算在内。但是，即便经济条件本身不变，而习惯上的必需品由于非经济原因的影响也可以改变。这种改变会影响劳动的供给，从而减少国民收益，并使它的分配有所变动。实际上一国的经济条件是不断地变动着，因此，劳动的正常需求和供给的调节点也是不断地移动着。

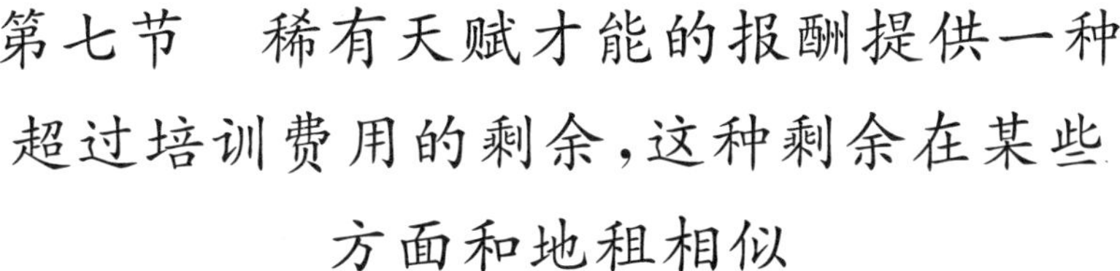

第七节　稀有天赋才能的报酬提供一种超过培训费用的剩余，这种剩余在某些方面和地租相似

现在我们所要讨论的问题是，由特殊天赋而来的额外收入应归于哪一类？因为这种收入不是为了提高生产效率而把人的劳力投在生产要素上的结果。所以，乍看起来有充分理由把它看作生

产者的剩余,而这种剩余是由自然所赐与的生产上的优势而来的。如我们所分析的只是个人收入的组成部分,则这种譬喻是有用的,也是站得住脚的。下列种种问题饶有兴味:成功者的收入有多少是由于机会和时运?有多少是由于较好的立业机会?有多少是特别训练上所投资本的利润?有多少是特殊艰苦工作的报酬?有多少留作因拥有特殊天赋而来的生产者的剩余,或租?

不过,如我们讨论的是某业的全体成员,又不扣除失败者的低额报酬,则我们就不能任意把成功者的特别高的报酬当作租。因为在其他条件不变的情况下,任何一业的劳动供给,是由该业有希望获得的报酬来决定的。参加该业的人的未来是无法预见的。有的人开始时希望很小,结果证明有巨大的潜在能力,也许靠着运气,而大发横财;有的人开始时希望很大,结果一事无成。因此,成功和失败的机遇应当合起来看,如同渔人的捕鱼有得有失、农户的收成有丰有歉一样。当一个青年自己给自己选择职业或父母给他选择职业的时候,势必考虑成功者的巨额报酬,因此,该报酬是在长期内对寻找职业的劳动与能力的供给所支付的一部分价格,从而,它列入该业真正的劳动正常供给价格或"长期"的劳动正常供给价格。

不过,应当承认的是,如果某阶层的人生来就有特殊天赋,只适合于某特定职业,而不适合于其他职业,因此,他们无论如何要搞那种职业,那么,当我们讨论一般人的成功和失败的机遇时,他们所得的报酬不能算作额外的报酬。但实际上情况并不是这样。因为一个人在任何职业上的成功大半取决于他的才能的发挥和兴趣的增加,而这些除非在他选定职业之后是无法预见的。至少这种预见和拓荒者对供他选择的各块土地的位置优势和未来的肥度所作的预见一样,是靠不住的。[①] 部分地由于这种原因,由特殊天赋而来的额外收入,与其说近似于古老国家中的地租,不如说近似于拓荒者侥幸选中优等土地而来的生产者的剩余。但是,土地和人在许多方面是不同的。这种譬喻,如果搞得过火,很容易张冠李戴。所以,生产者的剩余一词如用于特殊能力的报酬,非有绝大的谨慎是不行的。

最后,值得注意的是,上篇第八章至第十一章关于在几个生产部门中可以使用的工具的特别报酬(不论具有租或准租的性质)的论点,也适用于天赋和技巧的报酬。如能用来生产某商品的机器或土地,而用来生产别的商品,则头一种商品的供给价格上涨,虽然上涨的程度不以那些工具在第二种使用中所提供的收入为转移。同样,如能用来生产某技术或天赋,而用来生产别的商品,则前者的供给价格因它的来源缩小而上涨。

① 比较第五篇,第十章,第二节。

第六章　资本的利息

第一节　利息理论近来在许多细节上有所改进,但没有任何重大变动。中世纪对利息的误解,洛贝尔图斯和马克思的错误分析

不论在劳动或资本的场合,供求关系都不能从它的本身来研究。因为决定分配和交换中心问题的一切因素都是相互制约的。本篇前两章,特别是直接讨论资本的部分,可作为本章和以下两章的导论。但在详细分析以前,不能不略述资本和利息的现代研究同前人研究的关系。

经济科学对帮助我们了解资本在现代工业体系中的作用是很大的,但它并没有惊人的发现。经济学家现在所知道的各种重要原理,那些干练的企业家虽不能给予明白而确切的叙述,却早已成为他们行动的借鉴。

大家知道,资本的使用,若不能从中取利,必不愿给以相当的代价;也知道,这些利益是各式各样的,有的人借钱是为应付急需(实在的或预测的),并为使本身牺牲将来,以利现在,而给他人付以报酬,使他们牺牲现在,以利将来。有的人借钱是为购置机器及

其他“中间”品，并用这些东西生产商品，按有利的价格出售。有的人借钱是为获得旅馆、戏院及其他服务性企业，这些企业是管理者获取利润的源泉。还有的人借房屋以供自己居住，或借资金用以购买或建造住宅；而用在建造房屋上的资源，如同用在机器和船坞等上的资源一样，在其他条件不变的情况下，是随着国家资源的增加和利率的相应下降而增加的。需要坚固的石料房屋，而不需要木料房屋（短时间内可提供相等的便利），标志着国家的财富日益增加，资本可按较低的利率使用；这种需求对资本市场和利率的影响如同新工厂或铁路的需求对它的影响一样。

谁都知道，人们一般是不白借钱给人的；因为他们的资本或它的等价物即使对他们没有适当的用途，但他们总能找到其他的人，这些人使用资本有利可图，从而愿意支付代价而取得资本；他们期待着最有利的市场。①

人所周知，甚至在盎格鲁-撒克逊民族和其他性格坚强而富于修养的民族中，愿意储蓄他们大部分收入的人为数极少；近来发明的增加和新国家的开辟，为资本的使用开拓了广阔的道路；因此，大家一般都了解积累财富的供给量远赶不上资本使用的需求量的原因，相权之下，该使用是生财之源，因此，资本出借时，可以取得报酬。大家都知道，财富积累之所以受到限制，利率之所以迟迟不落，是由于绝大多数的人喜欢现在的满足，而不喜欢延期的满足，换言之，由于他们不愿意“等待”。的确，经济分析在这方面的首要

① 第二篇，第四章中指出，资本的供给由于其使用的预见性，和人们的目光短浅而受到阻碍，而资本的需求却源于其生产性（从此词最广泛的意义上说）。

任务并不在于强调这种人所共知的真理，而在于指出，这种一般偏好的例外究竟比初看起来多多少。①

这些真理是人所共知的；它们是资本与利息理论的基础。但是，在日常生活中真理往往以不完全的形式出现。特定关系每每昭然若揭；但彼此自决的各种原因之相互关系却很难窥其全豹。因此，经济学的主要任务，从资本方面来说，就在于阐明在生产、财富积累和收入分配中起作用的各种力量的秩序和它们的相互关系。因此，从资本和其他生产要素来看，它们中间存在着彼此相互制约的现象。

其次，经济学应当分析支配人们选择现在满足和延期满足的那些影响，其中包括作为他们的报酬的安逸和各种活动形式的机会。不过，这种光荣的任务属于心理学的范围；而经济学借用心理学上的理论，再结合别的材料来解决自己的特殊问题。②

因此，这种分析工作是十分繁重的，本章和以下两章将从事于这种分析：即在达到所希望的目的方面，借助于积累的财富而来的利益，特别是当那种财富采取产业资本形式的时候；因为这些利益或利润包括许多因素；其中有的是属于资本使用的利息（就其广义而言），而有的是属于纯利息，或所谓真正利息；还有的是属于管理能力和企业的报酬，其中包括对风险的报酬；此外还有的属于各要

① 参阅第三篇，第五章，第三、四节；与第四篇，第七章，第八节。注意下述事实很可以纠正这种错误，即把我们世界的现状略加改变，就使我们进入另一个世界，在这个世界中，人们是如此急于预计将来和准备后事，任何形式的积累财富之有利用途的新场所又是如此之小，以致人们为了安全保管财富而愿意支付的财富数量会超过他人所愿借的数量；因此，在这个世界中，甚至那些看到使用资本而有利可图的人也能取得一种保管资本的报酬；利息皆等于负数。

② 比较第三篇，第五章与第四篇，第七章。

素的结合者多,而属于任一要素者少。

在过去三世纪中,科学的资本理论,在这三方面是有它的不断成长和发展的长久历史的。差不多资本理论中的各个主要方面,如我们现在所知道的,亚当·斯密似乎看得不很清楚,而李嘉图却观察得十分透彻。虽然经济学家喜欢强调的方面不同,有的强调这一方面,而有的强调另一方面,但似乎没有正当理由使人相信,自从亚当·斯密以来,其中所经过的大经济学家,有哪个曾经完全忽视了任何一方面,特别肯定的是,凡企业家所熟习的东西,李嘉图这个实际的财政天才也未尝予以忽视。不过,理论一直在进步着;几乎每个人都不是改进某些方面,给予这一理论以较完整而清楚的轮廓,就是有助于解释它的各部分之间的复杂关系。其中为大思想家所发现的各点,以前也不是一无所知的;但是,新的东西总是在不断地增加着。①

① 庞巴维克教授似乎对他的前辈在关于资本与利息的著作中所提出的精辟见解作了过低的估计。他所认为的那些纯系片断的理论,实际上都是一些精通商业实践的人所说的;他们一半由于特殊的目的,一半由于缺乏系统的阐述,而过分强调了问题的某些方面,以致使其他方面湮没无闻。也许他自己的资本理论中所洋溢的那种矛盾是这种过分强调,和不愿承认问题的各个不同方面是相互制约的这一事实的结果。我们曾提醒注意这一事实,即虽然他在他的资本定义中不包括房屋、旅店以及严格说来不是中间品的任何东西,但是对那些不是中间品的东西的使用的需求和对他所说的资本的需求一样,对利息率都发生直接的作用。和如此使用资本一词有关而又为他所特别强调的一种理论是,"需要时间的生产方法有较大的生产力"(《资本实证论》,第5篇,第4章,第261页),或者说,"迂回过程的每次延长都伴随着技术效果的进一步增长"(同书,第2篇,第2章,第84页)。而有许多的过程,既需要很长的时间,又是迂回的过程,但它们是不生产的,因此,不为人所使用;事实上他似乎因果倒置。正确的理论似乎是,由于使用资本而必须支付利息和取得利息;因此,那些大量封存资本的需时很繁荣富强的迂回方法,除非它们比其他方法更富有生产性,是被弃而不用的。许多迂回方法在不同程度上是生产的这一事实,是影响利息率的原因之一;而利息率和迂回方法的使用程度是分配和交换的中心问题的两个彼此制约的因素。见附录九,第三节。

第二节　续前

但是，如果我们读一下上古史与中古史，我们就一定会知道，关于资本对生产所提供的服务和作为它的报酬的利息的性质，是没有明确的概念的。因为以往的历史对我们时代的问题有间接的影响，所以，在这里必须加以叙述。

在原始社会中，企业中使用新资本的机会很少，而且一般有财产的人，如自己不直接使用这种财产，有殷实的担保，借给别人而不取分文利息，对他也很少有多大的牺牲。借款的人一般都是贫苦无靠的人，他们需款很急，他们的议价力也很薄弱。至于放款的人，一般不是用余款救济贫邻的人，就是高利贷者。穷人每逢需款时，就向高利贷者登门告贷；高利贷者往往残酷地使用自己的权力，使穷人陷入罗网，忍受莫大的痛苦，而难以自脱。有时他或他的子女竟沦为奴隶。不仅没有文化的人，而且古代的圣贤，中世纪教会的神父和当代印度的英国官吏也常说："放款者以别人的不幸为自己营业的妙诀，幸灾乐祸，从中取利，借口怜悯，实则为被压迫者打下了陷阱。"[①]在这样一种社会中，值得讨论的问题是，鼓励人们按借据借钱，到时本利同还，是否符合大众的利益？这种借据综

---

① 引自克利索斯吞的《第五训戒》，参阅以上第一篇，第二章，第八节。比较艾希利的《经济史》，第六篇，第六章，与边沁的《论高利贷》。在除犹太人外的许多场合下，也许在所有的场合下，对高利贷的敌忾心导源于部落关系；如克利夫·莱斯里所说（《论文集》，第2版，第244页）：那是"由史前时期传下来的，那时各个部落的成员仍把他们看作是血族，那时财产至少实际上是共有的，有多余东西的人都不能拒绝和同部落的穷人来分享他的余财"。

起来看，是否一般说来不减少人的总幸福，而是增加它？

但遗憾的是，有人曾企图，从哲学上区分贷款利息和物质财富的租金，以便解决这一重大的实际困难问题。亚里士多德曾说：货币是不生产的，放款取息，就等于货币非自然的使用。而追随他的那些经院学派的学者也振振有词地说，出借房或马的人可以收费，因为他牺牲了对该物的享用，而该物又能直接带来利益。但他们认为货币的取息却不能与此相提并论，并且还说，对货币取息是错误的，因为它是对服务的一种取费，而这种服务对放款人却毫无所费。[①]

如放款对他确实毫无所费，如他本人不使用该款，如他很富，而借款人很穷，则无疑地可以认为，他应当借钱给人，而不取酬。但根据同样的理由，他也应当把自己不住的房或不用的马借给贫邻占用，而不取酬。因此，这派学者真正指的是，而且实际上给人造成一种极其有害的错觉（借者和贷者的特殊境遇且不去说它）是，出借货币（即对一般商品的支配权）和出借某特定商品一样，在贷者方面没有牺牲，而在借者方面却有利益。他们蒙蔽了这样一个事实，即借者可用所借的款购买一匹壮马（比方说），这匹马的服务他可以使用，而到期还款时，他可以按原价把马出卖。贷者牺牲了这样的权利，而借者却获得了它。因此，借款给人来买马，和直接借马给人，实质上并没有区别。[②]

① 他们对租物和借物也作了区别，所谓前者是指本物必须归还，所谓后者只指其等价物必须归还。这种区别，从分析观点来看虽饶有趣味，但很少有实际价值。

② 肯宁安副主教很好地描述了中世纪教会用以辩解禁止放款取利的那些巧妙手法，在大多数场合下，这种禁止对政治团体起了很大的危害作用。这些手法和法官用以逐渐摆脱法律条文的那些法律上的虚构相似，而这些条文的原意似属有害。在这两种场合下，实际的祸害曾有所避免，但却助长了思路不清和不诚恳的习惯。

第三节　续前

历史本身有一部分的重演。在现代西方世界，有一种新的改良冲动，它从另一种关于利息性质的错误分析中汲取了力量，并进一步助长了它的错误。随着文明的进步，给消费者的放款不断地减少，且在全部放款中居于次要地位；而供给企业上使用的资本借贷则日益增加。结果，借款人现在虽不被看作压迫的对象，但有这样一种弊端存在，即一切生产者不论他们所运用的是借贷资本或自己的资本，都把他们所使用的资本的利息算作生产费的一部分，而这种生产费在长期内必须由他们商品的价格补偿，以作为继续营业的条件。由于这点以及由于现代工业体系提供了通过投机的节节胜利而搜刮巨大财富的机会，所以，有人曾经认为，现代利息的支付，对工人阶级有所迫害，虽然它不是直接的迫害，而是间接的迫害；支付利息使工人阶级丧失了相当一部分来自知识增进的利益；从而作出一个实际结论：为了公共的福利和正义，除了生活资料，不许私人占有任何生产资料，或公用事业。

这个实际结论，曾经得到我们所应注意的那些论点的支持；但此刻我们只是讨论威廉·汤姆逊、洛贝尔图斯和马克思等人在捍卫这个结论时所用的学说。他们认为，劳动总能创造一种“剩余”[①]，即除了工资和用于辅助劳动的资本的耗损以外的剩余；工人所受的迫害，在于这种剩余为他人所剥削。但是，全部剩余是劳

① 此系马克思之语，洛贝尔图斯称它为“余额”(plus)。

动产品这一假设，已经假定了他们最后要证明的东西，可是他们并没有证明；同时这个假设也是错误的。纺纱厂中的纱，除去机器的耗损，就是工人的劳动产品，这是不真的；纱是工人的劳动和雇主与所属经理的劳动以及使用资本的劳动的产品，而资本本身又来自劳动和等待。因此，纱是各种劳动和等待的产品。如果我们只把它看作劳动的产品，而不看作劳动和等待的产品，则无情的逻辑无疑地迫使我们承认，利息（即等待的报酬）没有理由存在；因为结论已经包含在前提里面。洛贝尔图斯和马克思勇于承认他们的前提来自李嘉图，但是它实际上违背李嘉图价值理论的精髓，如同违背常识一样。[①]

换言之，果真满足的延期，在延期者方面一般引起牺牲，如同额外的劳作在劳动者方面引起牺牲一样；果真这种延期使人有可能利用最初成本很大的生产方法，但通过这种生产方法正如通过增加劳动一样，确实能使总幸福增加，则一种东西的价值纯粹由消耗在它上面的劳动来决定，就不能信以为真。确立这一前提的种种尝试，势必暗中假设，资本所提供的服务，是一种提供时无需作出牺牲的“免费”品，从而不需要利息作为诱使它存在的报酬。这就是上述前提所需要证明的那个结论。洛贝尔图斯和马克思对苦难者的深切同情，永远会博得我们的敬意，但他们认为是他们的实际倡议的科学根据的那些东西，其实只不过是一系列的循环论点而已，大意是说利息在经济上没有存在的理由，殊不知这个结论早已暗含在他们的前提之中；虽然在马克思方面，它是披着黑格尔神

① 参阅附录九，第二节。

秘词句的外衣，像他在《资本论》第一卷的序言中所告诉我们的那样，他用这些词句来“卖俏”。

第四节 借款人所支付的总利息，既包括纯利息又包括风险（实际的与个人的）保险费和管理报酬。因此，它不像纯利息一样有相等的趋势

现在我们就进行我们的分析。当我们说利息只是资本的报酬，或只是等待的报酬时，我们所指的利息是纯息，而一般人所指的利息一词，除纯息外还包括其他因素，这种利息叫做毛息。

商业上的抵押和信用组织愈处于低级萌芽阶段，则这些追加因素愈显得重要。例如在中世纪时，当一个王公决定预征他部分的未来收入时，也许借了一千两白银，并且答应年终偿还一千五百两，但是否履行诺言，却没有完全的担保；而放款人也许宁愿有绝对的把握，年终收取一千三百两而不愿要那种空洞的诺言。在这种场合，放款的名义利率为50%，而实际利率却为30%。

扣除风险保险费的必要性是如此明显，以致它往往不为人所忽略。但较不明显的是，各种放款对放款人总会有些麻烦；同时从放款的性质来看，如它所冒的风险很大，要尽量减少这种风险，则往往需要很多的辛苦，因此，其中很大一部分在借款人看来是利息，而从放款人的观点来看，只不过是管理一种麻烦事情的报酬而已。

现时英国的纯息大约年息略低于三厘。因为投资于头等有价证券给投资者所带来的稳当收入，既没有烦扰，也没有其他开销，

故不能超过三厘。当我们看见那些能干的商人用完全可靠的抵押品按四厘借款时，我们可以认为，四厘为毛息，其中有略少于三厘的纯息，放款人的管理报酬则略多于一厘。[①]

此外，典当业几乎是无风险可冒的。但是当铺商放款的利率，一般为年息二分五厘，或二分五厘以上。其中很大一部分是管理这种棘手营业的报酬。或用一个极端的事例来说，伦敦、巴黎有些人（说不定别处也有），专靠贷款给小菜贩为生，每天早上放款，以供购买果类之用，到晚上货物售完以后，按利率一分收回借款。这种生意的风险很小，而赔钱的机会也不多[②]。以日息一分的利率借出一法寻（四分之一便士——译者注），年终即可得十亿镑。但是，专靠贷款给小菜贩，是不能变成巨富的；因为没有人能够按照这种方式借出大量的款项。对这种放款的所谓利息，其实差不多完全是某种工作的报酬，而这种工作资本家乐于从事的极少。

第五节　续前

如某企业所使用的资本多系借贷资本，则往往发生额外风险，

① 放款者有时对长期贷款比短期贷款更加热中，而有时却不然；长期贷款省去经常更新之劳，但是它使放款者长期丧失他的货币使用权，从而，限制了他的自由。头等证券兼有长期贷款与短期贷款之利。因为这些证券的持有者要存多久就可以存多久，并且随时都可以把它们变成货币；虽然在信用发生危机而其他的人都需要现金的时候，他不得不亏本出售。如果这些证券总能出售，而不亏本，如果不支付经纪人的佣金，则它们所提供的收入比活期放款要多些；而这种收入总小于任何定期（短期或长期）放款的利息。

② 此外，杰梭普（《乐园》，第214页）告诉我们说，“在牛市的附近，有许许多多的小贷主，他们专门放款给投机者”，在特殊场合下，按二十四小时内毛利一分放款额竟达200镑。

对于这种风险加以较仔细的分析是必要的。设有甲乙二人，他们都经营相同的企业，甲所使用的资本是自己的资本，而乙所使用的资本主要是借贷资本。

有一类风险是二者所共有的风险。这类风险叫做他们所从事的某特定企业的企业风险；企业风险产生的原因很多，其中如原材料和成品市场的变动，式样的突然改变，新的发明，附近强大的新竞争对手的出现等等。此外，还有另一类风险，负担这类风险费的人不是别人，而是借用资本的人。我们可以把这类风险叫做个人风险。因为借给别人资本供他营业上使用的那个人，必然要收取很高的利息，以防意外，这种意外可能来自借款人的品质上的缺陷或能力的薄弱。[①]

借款人的能力、精力和诚实有时看起来似乎很大，其实不然。他不像使用自己资本的人那样能正视失败，在投机事业稍有不利时，立即停止进行。相反地，如果他的人品不高，则他对自己的损失也许感觉不太敏锐。因为如果他立即停止，他势必失去一切。如果他继续进行投机，则任何额外损失将落在债权人身上，而任何利益将属于自己。许多债权人由于债务人这种半欺骗的怠惰行为而遭到损失，也有少数人是由于蓄意欺骗而受损失的。例如，债务人可以用各种狡猾手段来隐瞒实际上属于债权人的那些产业，等到破产宣告以后，他可以另创新业；并逐渐动用他所隐藏的基金，而不致引起太大的嫌疑。

这样，借款人因使用资本而付的价格，在他看来是利息，而在

① 见以下第八章，第二节。

放款人看来却是利润，因为它包括一笔往往很大的风险保险费，和这件工作的管理报酬，这件工作在于尽量减少风险，而且本身往往是十分费力的。这类风险和管理工作的性质如有改变，自然会引起所谓毛息（因使用货币而付的利息）的相应改变。所以，竞争的趋势并不是使毛息趋于相等；相反地，放款人和借款人对借贷情况摸得愈透，则有的人比别的人按较低利率获得贷款的可能也愈大。

通过组织得十分完善的货币市场，资本从过剩的地方移向不足的地方，或从正在收缩的某一企业部门移向正在扩大的另一部门，关于这种市场，我们只好放在后一个阶段来研究。现在我们甘于默认的是，在同一个西方国家，对两种投资所贷资本的纯利率如稍有不同，将引起资本的流动，也许通过间接的孔道，从一种投资流向另一种投资。

的确，如果两种投资的规模都很小，而充分了解这种投资的人也不多，那么，资本的流动也许是很慢的。例如，某人以很小的抵押也许付息五厘，而另一个人以同样的抵押却只付息四厘。但是，在大宗借贷中，纯利率（就与其他利润因素分开的利息而言）在英国全国大致相同。此外，西方各国平均纯利率的差异，因交通发达特别是因各国大资本家拥有大量有价证券而迅速减少，而提供相同收入的有价证券在全世界同一天内的售价实际上是相同的。

当我们讨论货币市场的时候，我们必须要研究为什么有些时候可用资本的供给量大大超过另些时候，为什么有时银行家和别的信用机构满足于极低的利率，倘证券没有风险，和需款时可以随时收回自己的放款。这时他们情愿做短期贷款，收取不很高的利率，即使借款人的证券不是头等证券。因为如果他们发觉借款人有缺点，他们可以不继续再借，而损失的风险得以大大减少。因为根据无风险的证券所做的短期贷款只收取一种名义价格，所以，他们从借款人所得的利息几乎全部是风险保险费和手续费。但从另方面来看，这种贷款实际上对借款人并不十分合算：它使借款人陷入风险的重围之中，为了避免这种风险，他往往情愿付出高得多的利率。因为如果有一种不幸事件使他的信用扫地，或如果货币市场的混乱使可贷资本暂时缺乏，则他立即陷入窘境。因此，按名义上很低的利率放款，即便是短期放款，实际上也不能成为上述通则的例外。

第六节　利息率一词运用于旧投资时必须慎重

来自总源的资金流入生产中的投资有二：其中较小的一股是加在旧有资本品上的新投资；而较大的一股只是用来补偿已消耗的资本的投资，不管它是由于即期的消费，如食物、燃料等，或由于耗损，如铁路的铁轨，或由于时间因素，如茅草屋顶和商业样本的陈旧；或由于上述各因素的结合。第二股的年流量，甚至在像资本通常采取耐久形式的英国那样一个国家，大约也不会少于资本总量的四分之一。因此，有理由假设，一般资本的所有者大体上能使资本的形式和当时的正常条件相适应，以便从这种或那种投资中获得相同的纯收入。

只有在上述假设的基础上，我们才有权说一般资本是在对一切资本形式预期相等的纯息的条件下积累起来的。我们不能不反复申述，“利率”一词，用在旧有资本投资品上，意义非常受限制。例如，我们也许可以说，投于本国工商业的资本，约为七十亿镑，年得纯利三厘。不过这种说法虽然方便，在许多场合也是容许的，但并不正确。我们应当说，如果在各工商业中新投资本所得的纯利率约为年利三厘，则各工商业旧有投资的收入，若以三十三倍乘之（即用三厘利率），以收入还原为资本，则约等于七十亿镑。因为资本一经投于改良土地、建造房屋、铁路和机器，则该资本的价值是它预期的未来纯收入（或准租）折成现值之和；如果该资本在未来产生收入的能力减少，则它的价值相应减少，它的新价值可以从较小收入中减去折旧，再加以资本还原化求得。

第七节　货币购买力的变动和利息率的变动的关系

除相反情况加以特别说明外，本书始终假定，一切价值都用购买力不变的货币计算，如同天文学家所曾告诉我们的那样，决定一日的开始或结束，并不以实际太阳为标准，而以所假设的中位太阳为标准，这种中位太阳在宇宙中的运行始终如一。此外，货币购买力的改变对贷款条件的影响，在短期借贷市场上是十分突出的，该市场和其他市场在许多细节上有所不同，它们所发生的影响，此刻不能加以充分讨论。但这些影响，无论如何从抽象理论的观点来看，在这里是应当顺便提及的。因为借款人所愿付的利率，是他使用资本所预期的收益的尺度，而这只能根据借款和还款时的货币购买力不变这一假设才能加以测量。

例如，设有某人借款一百镑，约定年终偿还一百零五镑。其间如货币购买力提高10%(或物价降低10%)，则他比年初非多出售十分之一的商品绝不能收回他所应还的一百零五镑；这就是说，假定他所经营的商品和一般商品比较起来没发生价值上的变化，则他必须出售年初曾费他一百一十五镑十先令的商品以偿还一百镑的本金和利息；所以，除非他手中的商品价格增加15.5%，则他处于不利的地位。为使用货币在名义上付息五厘，而实际上他却付了一分五厘。

相反地，如果当年物价上涨得使货币购买力降低10%，则他可以用年初曾费他九十镑的商品出售一百镑；因此，名义上他付息五厘，而实际上他却因借款而获得5.5%的收入①。

当我们讨论决定商业活动的繁荣和萧条之交替的原因时，我们就知道，这些原因是和货币购买力的改变所引起的实际利率的改变密切地联系着的。因为当物价趋于上涨时，则人们争借货币，抢购物资，从而推波助澜，使物价扶摇直上；企业既已扩展，则经营管理不免有所忽略和浪费；运用借贷资本的人所偿还的实际价值小于所借的价值，从而，牺牲社会的利益，以肥自己。以后当信用动摇和物价开始下跌时，人人都想脱手商品，保存价值日益增加的货币，从而使物价跌得愈快，而物价的进一步下跌就愈使信用收缩，因此，在长期内物价的下跌是以前物价下跌的结果。

我们将知道，物价的变动只是在很小的程度上取决于贵金属

① 比较费希尔的《涨价与利息》(1896年)；与《利息率》(1907年)，特别是第五、十四章及有关附录。

供给量的变动。即使用金银复本位而不用金本位,物价的变动也不会有很大的减少。但是,物价变动所引起的祸害是如此深重,以致为减少某些祸害而付出很大的代价也是值得的。不过,这种祸害未必是货币购买力的缓慢变动所固有的,因货币购买力是随着人对自然的控制的改变而改变。同时在这种改变中,有得也有失。第一次世界大战的前五十年当中,生产技术的改良,和丰富的原料产地的扩大,使人类的劳动效率在获取自己所需要的许多东西方面增加了一倍。如果用商品量计算的金镑的购买力不变,而不是像往常一样,随着人对自然的控制的增进而改变,则对货币工资多半由习惯所决定的那些工人(虽然现在人数日渐减少)是有害的。但这点要在别处加以充分的讨论。

第七章　资本与经营能力的利润

第一节　企业家之间的生存竞争。首创者的劳务

在第四篇的最后几章，我们曾研究了企业管理的各种形式及其所需要的能力；并且知道，我们可以认为使用资本的经营能力的供给是由三种因素构成的：一是资本的供给；二是使用资本的经营能力的供给；三是有一定的组织，通过组织把前两个因素结合起来，从而得以进行生产。前一章中我们所讨论的主要是利息，即对第一个因素的报酬；在本章的前几节中，我们将讨论第二和第三个因素的报酬，即我们所谓管理上的总报酬，以后我们将讨论管理上的总报酬和第二个因素本身报酬的关系，后者我们曾叫做纯经营收入。[①] 我们必须较仔细地研究企业主和经理对社会所提供的服务的性质，和对他们工作的报酬。我们将知道，决定这些报酬的因素，并不像通常所设想的那样武断，反之，却和决定其他报酬的因素相似。

① 见本书上卷，第四篇第十二章第十二节末尾。

不过，开始时我们必须加以区别。其中应当记起这一事实，[①]即生存斗争往往使最宜于在自己环境中发展的组织方法流行；但所谓最宜于环境的方法，并不必然是对它们的环境最有利益的方法，除非它们所得的报酬恰和它们直接或间接所贡献的利益相适应。而事实上并不是这样。因为就一般而论，替代原则（它只不过是适者生存这一规律的特殊的有限的应用）有使某种工业组织方法代替另一种方法的趋势，假如前一种方法能以较低的价格提供直接的即期服务。至于两者之一行将提供的间接的最后服务，较之直接服务，一般说来，是无足轻重的。许多企业只要有一个良好的开端，则在长期内就有可能对社会作出贡献，但是由于上述原因而衰落、倒闭。有些合作社形式的企业尤其是这样。

关于这一点，我们可以把雇主等企业家分成两类：一类引用先进的企业方法，另一类则墨守成规。后一类对社会主要地提供直接的服务，对他们的充分报酬也往往是可靠的。但前一类的情况却不然。

例如，有些炼铁部门因新近采用了一种比较经济的方法，而能使整个冶炼过程的加热次数减少；同时这种发明既不能专利，也不能保密。设某厂商有资本五万镑，平时每年获纯利四千镑，其中一千五百镑是他管理上的报酬，其余两千五百镑是其他二利润因素的报酬；假定他所做的工作和他的邻人相同，他的能力虽大，但并不在胜任这种特别困难任务的人的平均能力之上；亦即假定这一

① 见本书上卷，第四篇，第八章。

千五百镑是对他一年的工作的正常报酬。但是，随着时间的推移，他想出一种新的方法，比当时所惯用的方法减少一次加热，因此，支出没增加，反而提高了年产量，即每年能多售得二千镑的净款。倘他的商品仍能按原价出售，则他管理上的报酬超过平均报酬，一年为二千镑。他得到对社会服务的充分报酬。不过，他的邻人必将采用这种新的方法，在短时间内，所得的利润也许会超过平均利润。但是，竞争使得供给增加，从而使他们商品的价格下降，直至利润回到原有水平附近为止。因为哥伦布倒立鸡蛋的秘诀一旦家喻户晓，就无法因倒立鸡蛋而获得额外高的工资。

许多企业家的发明在长期内对于世界有难以估计的价值，可是他们从自己的发明中所得的报酬，甚至比密尔顿从《失乐园》或米拉从《天使》中所得的报酬还要少些。而许多人却由于时运，而不是由于在完成极重要的社会福利事业中所显示的特殊才能，而搜刮了大批财富。很可能，有些企业家死时虽为百万富翁，但生时所得的报酬往往和他们所发明的新方法所给予社会的利益不相称。我们将知道，虽然各企业家的报酬有和他对社会所提供的直接服务成比例的趋势，但这本身绝不能证明，现在的社会工业组织是尽善尽美、难能可贵的。而且不应当忘记，我们目前所研究的范围，只是限于探讨现存社会制度下决定企业管理报酬的原因之作用的。

首先我们要研究普通工人、监工和各级雇主对社会所提供的服务的报酬的调整。这样，我们会发现，代替原则到处在发生作用。

第二节　首先通过监工的劳务与普通工人的劳务，其次通过企业经理的劳务与监工的劳务，最后通过大企业经理与小企业经理的劳务的对比来说明代替原则对管理报酬的影响

我们已经知道，一个小业主所做的大部分工作，在大企业中是由领受薪金的各部门主任、经理、监工等人进行的。这一线索对我们目前的研究将有很大的帮助；最简单的事例就是普通监工的工资这一事例；现在我们就来讨论它。

例如，设有某铁路承办人或船厂经理认为，如一个监工的工资为一个工人的二倍，则每二十个工人有一个监工最为相宜。这指的是，如果他有五百个工人和二十四个监工，并且希望用同样的开支完成稍多一点的工作，则他宁愿增加一个监工，而不愿增加两个普通工人。而如果他有四百九十个工人和二十五个监工，则他认为较好的办法是多增加两个工人。如果他能用一倍半于工人的工资雇到监工，则他也许每十五个工人就配备一个监工。但事实上，所雇监工的人数是由一比二十的比例所决定，而他们的需求价格为工人工资的二倍。[①]

在有些例外的场合下，监工是通过驱使工人做过度的工作来赚得自己的工资的。但是我们现在假定，监工用正当的方式并通过工作细节上的妥当安排来完成他所负担的任务；因此，做错和需

① 这个论点可以与第四篇，第一章，第七节中的论点相比。

要返工的现象很少，各人在移动重物需要帮助时，立即就有人帮助；一切机器和工具都有条不紊，随时可以使用；没有人因错用了工具等而浪费了自己的时间和精力。担任此项工作的监工，他的工资可看作是大部分管理上的报酬的范例。通过雇主的作用，社会对监工的服务提出了有效需求，直到那一边际，在该边际，工业的总效率用增加他业工人比增加监工的办法更能提高，这些监工的工资使生产费增加，所增加的数额等于增雇监工的工资。

如上所述，雇主被看作中间人，通过他，竞争的作用使生产要素配置得以最小的货币成本得到最大的直接服务（用它们的货币尺度计算）；不过，我们现在所应当讨论的是，各雇主本身的工作怎样通过他们彼此竞争的直接行为而得到安排和配置，虽然所采取的方式是比较偶然的。

第三节　续前

其次我们应当考察监工和经理的工作与企业主的工作不断较量的情形。其中观察一个小企业逐渐扩充的过程，是饶有趣味的。例如，一个木匠逐步增加自己的工具，后来租了一个小作坊，为私人做些零活，他所做的工作必须取得这些人的同意，管理工作和各种小风险的负担，由他和那些人共同负责，因为这给他们带来了很多麻烦，他们就不愿对他所担任的管理工作付以很高的报酬。①

因此，第二步是承揽各种小修理。现在他已经成为一个小营

① 比较第六篇，第十二章，第三节。

造商；如果他的企业扩充，则他逐渐脱离体力劳动，而且在某种程度上甚至不监督工作上的细节。他所做的工作都由雇工替代，因此，在他计算自己的利润以前，必须从他的收入中减去雇工的工资。除非他证明自己的经营能力达到同行的平均水平，他也许会很快地丧失自己所赚来的小宗资本，并经过短期的挣扎，又恢复他由以起家的那种卑贱生活。如果他的能力恰够平均水平，则他在一般时运下将保持自己的地位，说不定还要好些。而收入超过开销的差额，将代表他那一级的管理工作的正常报酬。

如果他的能力高于同级的正常能力，则他能用一定的开销（用于工资及其他方面）取得像他的大多数竞争对手用较大的开销所能取得的成果。他势必用他那特殊的组织能力来代替他们的一部分开支。他管理上的报酬将包括节省下的那部分开支的价值。从而，他将增加自己的资本，提高自己的信用，并可以按较低的利率获得大量贷款。他将拥有较广泛的商业往来和门路；获得更多的有关原料和操作过程的知识，并有机会来进行勇敢而聪明的有利冒险事业。直到最后，甚至在他停止了体力劳动之后，他还把占用他全部时间的各种琐事差不多全都推给别人。①

① 有大量工人的雇主必须按照现代军队首长所遵循的方法来节约他的精力。因为如威尔金生所说（《军队的智囊》，第42—46页）："组织意味着各个人的职责明确，他完全懂得他应该做什么，他的权力和责任相依为命……（在德国军队中）。每个连级以上的指挥官只处理所属本部的事务，除遇直接负责的军官不称职外，绝不干预各排的内务……军团司令所必须应付的只是少数部下……他视察并检验所有各部队的状况，但是……他尽量不纠缠于事务主义。他能冷静地作出判断。"白哲特曾以独特的方式说（《伦巴街》，第八章），如果一个大企业的首脑"忙得不可开交，那就是事情不妙的象征"；并且他拿原始雇主和从事决斗的海克特或阿琪利斯相比，拿典型的现代雇主和远处收听电信的人相比，"这个人仿佛像阅览公文的毛奇伯爵一样，他知道应杀者被杀了，他取得了胜利"（《论资本的转移》）。

第四节　续前

我们既考察了监工和普通工人的报酬，又考察了雇主和监工的报酬，现在就可以来考察小企业和大企业的雇主的报酬了。

自从我们的木匠变成一个很大的营造商以后，他的事务是如此繁重，以致需要占用几十个自营自理的雇主的时间和精力。在大企业和小企业的整个斗争过程中，我们看到，代替原则时时在发生作用。大雇主用自己的一小部分工作和经理与监工的大部分工作来代替小雇主的全部工作。例如，当建造房屋投标时，拥有大量资本的营造商，虽然相处甚远，但往往认为值得承办。而当地营造商因就近有作坊和亲信而得到很大的节约。但大营造商也有种种利益：如大批采购建筑材料，价格比较便宜，使用机器特别是锯木机使成本降低，也许以较低的利率，借得自己所需要的款项。这两组利益往往大致相等。所以，投标的争胜取决于二者的相对效率，即小营造商那种未分散的精力的效率和忙而能干的大营造商本身所提供的一小部分监督的效率（虽然他有当地经理和总行职员的帮助）。①

第五节　使用大量借贷资本的企业家

上面所讨论的是一个人管理上的总报酬，他用自己的资本经营企业，从而他本身可以获得直接和间接成本的等价物，所谓间接

① 比较第四篇，第十一章，第四节。

成本是指借贷资本时所引起的成本，有些资本所有者不愿自用资本，而转借给企业资本不足的人使用。

其次，我们所要讨论的是，主要使用自己资本的企业家和主要使用借贷资本的企业家在某些行业中所进行的生存斗争。个人风险，即放款人要求担保的风险，在某种程度上是因企业的性质和借款人的境遇的不同而不同的。在有些场合，个人风险很大，例如，当某人从事于一个新的电业部门时，其中没有过去的经验以资借鉴，因此，放款人对于借款人的进展情况很难作出独立的判断；在所有这些场合下，运用借贷资本的人处于极其不利的地位；而利润率主要是由自有资本者之间的竞争来决定的。也许恰巧没有很多的人从事这种企业；在这种情况下，竞争也许并不剧烈，利润率可能很高。亦即利润大大超过资本的纯息和与经营困难程度（虽然它可能在一般水平以上）成比例的管理上的报酬。

此外，在那些发展很慢、非有长期努力收不到效果的行业中，只拥有少量自己资本的新起者处于不利的地位。

但在那些勇敢和不知疲倦的进取心可以迅速收效的工业中，特别是在昂贵商品的再生产成本较低而在短时间内可以获取厚利的部门，新起者则如鱼之得水，欣然自得，正是由于他当机立断，巧于策划，也许还多少由于他不怕危险，他在竞争过程中捷足先登。

甚至在极其不利的条件下，他往往固守着自己的阵地。因为自由和地位的尊严对他吸引力很大。例如，小农户，他的小块土地抵押得很苛，或“小老板”以极低的价格接受包买主的订货，他们往往比普通工人的工作辛苦，而所得的纯收入却较少。自有资本较少而经营大企业的厂商，不辞劳苦，不怕费心，因为他晓得，他总是要靠工作谋生的，他不愿舍弃本业而服侍他人；因此，他发奋工作，以取得收入，不过这种收入和富有的竞争对手比较起来算不了什么，因富有的竞争对手可以停业，而专靠他的资本利息来享受安逸的生活，所以，他也许不知道，究竟继续忍受商业生涯中更多的折磨是否值得。

1873 年达于顶点的物价膨胀，使一般借款人特别是企业家大发横财，而蒙受损害的却是其他社会阶层。因此，新兴资本家觉得创办企业很容易；而在商业上已有成就或继承了前辈成就的人，觉得退出商界也很顺便。所以，白哲特在写到当时情况时说①，“社会上的变异倾向，如同在动物界一样，是社会进化的原理”，但是，新兴资本家的增长，使英国商业愈益趋于民主。他遗憾地指出，商业贵族的久占势力，使国家能有多大的收获。但近几年来，已出现一种反动，原因有二：一由于社会的原因；一由于物价继续下落的影响。企业家之子较之前一代更以父业为荣，他们觉得，以他们的既得收入而欲满足日益奢侈的生活和需要是越来越难了。

第六节　股份公司

欲就雇工的服务，从而他们的报酬和企业家管理上的报酬加以比较，莫过于以股份公司作例。因为股份公司中大部分管理工作是由董事、经理和其他附属职员分担，其中大多数人没有自己的资本，即或有自己的资本，也为数有限。因为他们的报酬几乎是纯粹的劳动报酬，所以，在长期内是由支配普通职业中困难和不适意

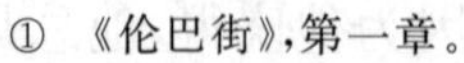

① 《伦巴街》，第一章。

程度相等的那些劳动的报酬的一般原因来决定的。

如前所述，[①]股份公司常为内部摩擦和利害冲突所扰，如股东与债权人，普通股东与优先股东，以及股东与董事之间的利害冲突，此外还受各种审核和反审核制度的限制。私人企业所具有的创造性、主动性和目的的一致，以及行动的敏捷，多为股份公司所罕见。但是，这些不利在某些行业中比较不甚重要。公开宣布，许多加工工业和投机商业公司认为是一种主要的不利，而在一般银行业、保险业和类似企业方面却是一种积极的利益。在这些企业和运输业（如铁路、电车、运河）与公用事业（煤气、自来水和电力）中，使用资本的无限权力几乎给予它们以绝对的统治。

如股份公司的营业正常，不直接或间接地进行股票投机，或从事于消灭竞争对手或兼并他们，则它们一般地期待着未来，所采取的政策也是有远见的（有时或失之缓慢）。它们多不愿为暂时的利益而牺牲自己的名誉；也不愿给雇员以极低的待遇，以致影响到他们的服务。

第七节　现代企业经营方法有使管理报酬和所从事的业务的困难相适应的一般趋势

在许多现代企业方法中，各种方法既有它有利的一面，也有它不利的一面。在各个场合它一直被运用到一点，在该点，它的利弊

① 见第四篇，第十二章，第九、十节。

相等。换言之，在某特定场合，各种不同企业组织方法的有利的边际，不是某一线上的一点，而是使各种可能的企业组织彼此相接的一条不规则的界线。而这些现代方法，一方面由于它们的差异很大，一方面由于其中许多方法能给有经营能力而无资本者一种发展的机会，所以，有可能使管理上的报酬与取得这种报酬的服务相一致，而在原始制度下，这种一致殊不多见，因为除有资本者外几乎没有人把资本投于生产。当时那些拥有资本和机会来经营某业或完成大众所急需的服务的人，即使具有该工作所需要的才能，也是偶然的。但是，商品正常生产费的那部分，亦即普通所谓的利润，在各方面都受替代原则的支配，因此，在长期内不能与所需资本的供给价格，和经营该业所需要的能力和精力的供给价格及使经营能力和所需资本相结合的组织的供给价格之和，相差太大。

经营能力的供给大而有弹性，因为它的来源较广。各人都要料理自己的生活事务；如果他生来就喜欢企业管理，则从中可以得到管理上的经验。因此，需要最急而报酬优厚的营业能力，取决于"天赋"者少，而取决于获得此项能力所用劳动与费用者多。此外，经营能力是极不专门的，因为在大多数行业中专门知识和熟练程度，较之普通的判断力、果断、机智、谨慎和坚定，日益居于次要地位。[①]

的确，在那些店主几等于工头的小企业中，专门技术是很重要

---

① 第四篇，第十二章，第十二节。当生产形式不再是少而简的时候，"一个人不再因为他是资本家而成为雇主。人们运用资本，因为他们有有利地雇佣劳动的条件。资本与劳动依靠这些工业巨子来寻求发挥它们各自职能的机会"（沃克：《工资问题》，第十四章）。

的。诚然，“各业都有它自己的传统，而这种传统未曾记载，也许无法记载，只能一点一点学习，而最好的办法是，在幼年时期，当他的思想还未定型的时候而加以学习。但是，在现代商业中各业都为附属与类似的行业所环绕，由于耳濡目染，则对它的现状有所了解”。[①] 此外，现代企业家所特有的那种一般才能，随着企业规模的扩大而愈益重要。而正是这种才能使他成为人们的领导；使他能有的放矢地解决他所要解决的问题，能明察事物的分寸得失，能拟定英明而富有远见的政策，并冷静而坚决地实行它。[②]

应当承认，经营能力的供给和对它的需求的适应，多少为一种困难所阻，这种困难在于精确计算某业对该能力所付的价格多大。砖匠或泥匠的工资比较容易计算，先就各种不同效率的人的工资取其平均数，然后再减去因就业无常所受的损失即可。但是，某人管理上的总报酬，除非详细计算他的实际企业利润，并减去他的资本利息，是不能求得的。而业务的真相，他自己往往不知道，甚至他的同业也无法摸透。即使在现在的小乡村里，如果说人人都知邻家事，则不能信以为真。如克利夫·莱斯里所说：“乡村旅馆主，或小店东，如营业稍有起色，则不愿把他的利润告诉邻人，以免引

① 白哲特：《假定》，第75页。

② 白哲特（同上书，第94—95页）说，现代大商业有“各种商业所共同遵守的一些普遍原则，如果一个人懂得这些原则并具有适当的智慧，那么他经营一种以上的商业是足以胜任的”。但这种共同因素的出现，在商业中如在政治中一样，是一种量的表现，而原始商业都是小商业。在古代部落中，只不过有一些专人而已，如布匠、泥水匠和武器制造者。各业除对操该业者外力求而且大半都是秘密。各业所需要的知识只为少数人所有，且不外传，除了这种垄断的而且往往是祖传的技艺外，就再也没有什么可利用的了；当时并没有“一般的”商业知识。一般的赚钱之道只是近代的事，而这在古代差不多都是个别的、特殊的。

起竞争，而营业不佳者，也绝不愿暴露实情，惊动他的债权人。”①

尽管商人个人的经验难以借鉴，但一业的情况终不能完全保密，也绝不能长期保密。虽然某人不能仅就五六次浪头的冲击海岸而断定潮涨潮落，但是，稍加忍耐，则问题即可迎刃而解。企业家们一致认为，一业的平均利润率，除非不久以前它的变动引起普遍注意，绝不能有很大的涨落。虽然企业家比熟练工人有时还更难于判断改变所业是否可以改善他的处境，但是他有机会发现他业的现状及其未来；如果他希望改变所业，和熟练工人比较起来，他一般是更容易办得到的。

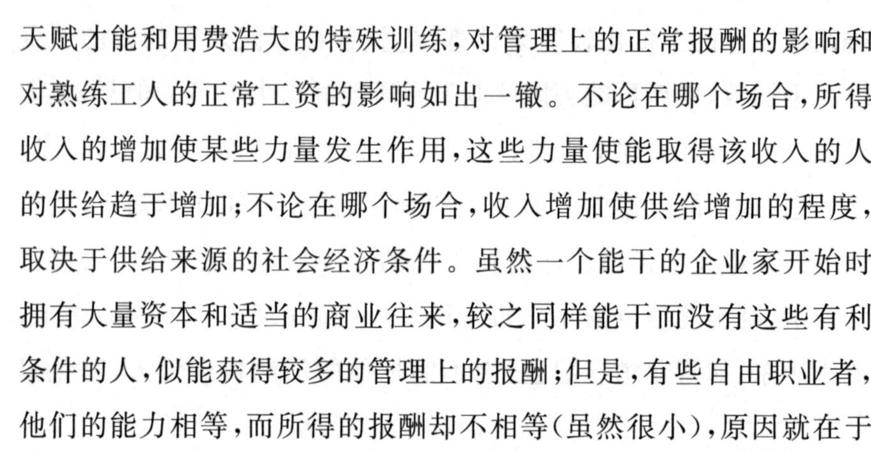

就一般而论，我们可以作出结论：工作上所需要的那种稀有的天赋才能和用费浩大的特殊训练，对管理上的正常报酬的影响和对熟练工人的正常工资的影响如出一辙。不论在哪个场合，所得收入的增加使某些力量发生作用，这些力量使能取得该收入的人的供给趋于增加；不论在哪个场合，收入增加使供给增加的程度，取决于供给来源的社会经济条件。虽然一个能干的企业家开始时拥有大量资本和适当的商业往来，较之同样能干而没有这些有利条件的人，似能获得较多的管理上的报酬；但是，有些自由职业者，他们的能力相等，而所得的报酬却不相等（虽然很小），原因就在于他们开始时所占的社会优势不等。甚至工人的工资，也以他的人世机缘，和他的父母所能给予他的教育费而定。②

① 《双周评论》，1879 年 6 月，并收入其《论文集》中。

② 见第六篇，第四章，第三节。关于承担企业主要责任者的一般职能，参阅布伦塔诺：《企业家》，1907 年版。

第八章　资本与经营能力的利润(续)

第一节　其次我们必须研究利润率是否有相等的一般趋势。在大企业中有些管理报酬划作薪金;而在小企业中经理的劳动工资大多划作利润;因此,小企业的利润表面上看起来比实际利润要多些

决定管理上的报酬的原因,直至过去五十年间,未曾予以仔细的研究。以前的经济学家在这方面的贡献不大,因为他们没有适当地区分构成利润的因素,而只是探求决定平均利润率的简单的一般规律,这一规律,就其性质来说,是不能存在的。

在分析决定利润的那些因素时,我们所遇到的头一个困难,从某种意义上说是字面上的困难。它导源于这一事实,即小企业主所做的大部分工作,在大企业中由经理和监工分担,他们的工资,在计算利润以前,必须从该企业的收入减去,而小企业主的全部劳动报酬却算成他的利润。这种困难早已被察觉;亚当·斯密曾指出,"在一个大市镇上,某药剂师一年所出售的全部药材,所用成本

也许不超过三十镑或四十镑。虽然他可以出售三百镑或四百镑，或得1000%的利润，但这往往由于他把自己的合理工资加在药价上的结果；其中较大一部分表面上看来是利润，其实是隐藏在利润外衣下的工资。在小商港，一个小杂货商以一百镑的资本能赚40%或50%的利润，而在同一个地方的大批发商以一万镑的资本很少能赚8%或10%的利润。"①

因此，分别两种利润率是很重要的，有一种利润率是企业投资的年利润率(annual rate of profits)，而另一种利润率是资本每次周转(亦即每次销售总额等于资本)所得的利润率，或叫做周转利润率(rate of profits on the turn over)。此刻我们所研究的是年利润率。

如果把利润一词的范围缩小成前者或扩大成后者，因此，它在两种场合都包括同类服务的报酬，则小企业和大企业的正常年利润率的大部分名义上的不等即消失。的确有些工商业，其中虽用普通的方法计算，拥有大资本的企业的利润率低于拥有小资本的企业，但用正确的方法计算，它的利润率却高于拥有小资本的企业。因为在同一业中相竞争的两个企业，大企业往往能以较低廉的价格购买原材料，并能利用许多大规模生产的经济，如分工和机器的专门化等等，而这些是小企业力所不及的。而小企业所占的唯一重要优势，是和顾客比较容易接近，并便于投顾客之所好。而

① 《国民财富的性质和原因的研究》，第一篇，第十章。西尼尔(《政治经济学大纲》，第203页)估计一宗十万镑资本的正常利润率为10%弱，一万镑或两万镑资本约为15%，五千镑或六千镑资本为20%，"资本愈少，而利润率也愈大得多"。并比较本篇前一章的第四节。值得注意的是，当某私厂的经理本身没有资本，与资方合伙并分取利润，而不赚工资时，它的名义利润率就有所增加。

在后一种优势不占重要地位的那些行业，特别是在加工工业中，大厂比小厂能取得较好的售价，从而开支较少，而收入较多；因此，在两种场合下如果利润都指的是含有相同因素的利润，则大企业的利润率必然高于小企业。

正是在这些企业中经常出现的是，大厂挤垮小厂以后，与之合并，并为自己获得有限垄断的利益，或由于它们彼此之间的激烈竞争而使利润率减得很低。有许多纺织业、金属业和运输业部门，除非有大量资本，就无法创办，而开始时规模不大的企业，困难重重，尽量挣扎，以期在短时间内可能获得大宗资本的运用机会，而大宗资本行将提供的管理上的报酬，与资本相较虽然很低，但总额却很高。

有些行业需要极高的能力，但其中管理一个大型企业和中型企业几乎同样容易。例如辗压厂，其中工作细节不能定为常规的极少，一百万镑的投资由一个能干的人即可管理，而无困难。对某些铁业部门来说，20％的利润率并不算很高的平均利润率，因为在工作的细节上需要不断的考虑和策划；厂主一年可得十五万镑作为管理上的报酬。近来钢铁业各部门中大厂相继合并的事实，更可以说明这种情况。它们的利润多随商业情况而变动，虽然总额很大，但平均率很低。

利润率几乎在所有那些行业中都很低，这些行业很少需要极高的能力，拥有大宗资本和适当往来的公厂或私厂，徜由勤俭而富有常识和相当企业心的人经理，则足以抵制新起者。而殷实的公司或私厂并不缺乏这样的人，因为私厂随时都可以把它最能干的雇员接收入伙。

总起来我们可以作出结论：第一，大企业的利润率比乍看起来要高些，因为小企业的利润率和大企业比较以前，小企业普通算作利润的那一部分应当列入另一项；第二，即使经过这种修正以后，以通常方法计算的利润率，一般地随着企业规模的增长而减少。

第二节　所用资本的正常年利润率在流动资本比固定资本相对多的部门要高些。大规模生产的经济一旦普及于整个工业，就不会提高该工业部门中的利润率

如管理工作繁重得和资本不相称，当然管理上的正常报酬也高得和资本不相称，从而资本的年利润率也高。而管理工作之所以繁重，是由于组织和计划新方法时费很大的心力，或由于引起很多的烦恼和风险。而这两种东西往往相伴而行。各业的确有它自己的特点，关于这方面的一切规律，很容易有重大例外；但是，在其他条件不变的情况下，下述一般命题是站得住脚的，是可以解释各业正常利润率的许多不相等现象的。

首先，某企业所需要的管理工作的数量，取决于流动资本数量者多，而取决于固定资本数量者少。因此，有些行业的利润率偏低，因为它们有过多的固定资本设备，一经投下，就无须费很大的操劳和注意。如我们已经知道的，这些行业多为股份公司所经营。铁路公司和自来水公司，尤其是拥有运河、船坞和桥梁的公司，它们的董事和高级职员的工资总额在所投资本中所占的比例很小。

其次，设企业的固定资本与流动资本的比例不变，一般说来，管理工作愈繁重，则利润率愈高，工资总额，较之原材料的成本和

商品的价值,也愈加重要。

经营昂贵原料的行业,它们的成功多取决于运气和买卖上的能力。正确地、恰如其分地解释影响价格的种种原因,需要有清醒的头脑,而有这种头脑的人不多,从而可以获得高额报酬。酌加这点,在有些行业中是如此重要,以致使某些美国学者把利润纯粹看作风险的报酬,看作毛利减去利息和管理上的报酬的余额。但是,名词的这种使用,似乎是不相宜的,因为它有把管理工作和日常监督混为一谈的趋势。的确,在其他条件不变的情况下,除非从事有风险性的企业的人所预期的利益大于他业,且他的可能利益超过他的可能损失(按合理的计算),则他不会经营这种企业。如果这种风险没有绝对的害处,则人们将不愿向保险公司缴纳保险费,因为他们知道,所付的保险费除了实际险值和巨大的广告开支和经营费用外,还提供作为净利的剩余。如没有保险,如防止风险的种种实际困难可以克服,则在长期内他们必须要得到相当于保险费的补偿。但是,还有许多的人,他们用自己的智慧和企业心能胜任地处理麻烦的业务,但在巨大风险的面前却裹足不前,因为他们自己的资本不大不足以负担沉重的损失。因此,有风险性的行业多为不怕冒险的人所经营;也许为少数实力雄厚的资本家所经营,他们长于经营该业,并彼此约定不使市场受到压力,以便获得很高的平均利润率。①

① 关于风险作为成本的要素,参看第五篇,第七章,第四节。对于各种不同的风险对各种不同性格的人,从而对风险性职业中的工资和利润的吸引力与排斥力加以仔细分析和归纳的研究,也许是有好处的;而这可从亚当·斯密关于这个问题的论述开始。

有些企业，其中投机性质不很重要，因此，管理工作主要是监督，管理上的报酬以企业中所完成的工作量为准；而工资总额可作为该报酬的一种极其粗而方便的尺度。在关于各业利润相等的一般趋势所能作的一切概括中，也许最不精确的是，如运用的资本相等，利润每年有等于总资本百分之几和工资总额百分之几的趋势。①

特别精明强干的厂商，行将使用的方法和机器都优于他的竞争对手，在企业的产销方面他也有较为妥善的安排，并使二者保持正常的关系。用这种方法，他将扩大他的企业，从而，获得分工和设备专门化的较大利益。② 这样，他将得到的是报酬递加，和利润

① 甚至大约估计投于各种不同企业中的各种资本数量也有很大的困难。但是主要借助于那些在这个问题上显然不精确的美国统计局的有价值的统计材料，我们可以断定，在那些机器设备十分昂贵，原料加工过程很长的工业，如表厂和纺厂中，年产量小于资本；但在原料贵重而生产过程短促的企业，如鞋厂中，以及在那些只须略加改变原料形式的工业，如制糖业和屠宰业中，年产量比资本多四倍以上。

其次，在分析流动资本的周转并比较原料的成本和工资总额时，我们发现在表厂中前者比后者要小得多，那里原料的体积很小，且存放于用砖、石和瓦建成的普通厂房中；但在大多数工业中，原料的成本比工资总额要大得多；所有工业平均起来，原料的成本为工资总额的三倍半；而在原料略需加工的那些工业中，原料的成本一般为工资总额的二十五倍到五十倍。

如果在计算企业的产量以前减去它所消耗的原料、煤等的价值，则上述不均现象多不存在。一个谨慎的统计学家通常采用这种方法来计算一个国家的工业产量，以便避免把比方说纱和布计算两次；同样的理由使我们在一个国家的农产量中避免计算牛和饲料作物。但这种方法是不十分令人满意的。因为从逻辑上说人们应该减去织布厂所购买的织布机，像减去它的纱那样。此外，如果工厂本身被算作建筑业的产品，它的价值就应该从织布业的产值（在一定年限内）中减去。关于农场建筑物，也是如此。农业用马，和在某些场合下的商业用马都无须加以计算。不过，这种只减原料的方法是有它的用处的，如果我们对它的不精确性有充分的认识。

② 见本书上卷，第四篇，第十一章，第二—四节。

递加;因为如果他只是许多生产者中的一个,则他所增加的产量实质上不致使他的商品价格下降,而大规模生产的经济利益几乎全部归他所有。如果他适拥有该业的部分垄断,则他将调节他所增加的产量,使他的垄断利润可以增加。[①]

但是,如这种改良不局限于一个或两个生产者,如改良的产生是由于需求及与其相适应的产量的一般增加;或由于机器和方法的进步,而为全业所分沾;或由于辅助工业的发展和"外部"经济的普及,则产品的价格将接近于一点,在该点,只能为该类工业提供正常的利润率。在这个过程中,该业往往趋于一类,即它的正常利润率低于原来的那一类;因为它比以前较为一致,较为单调,所费的心力比较少;也可以说因为它更适合于共同管理。可见,某业的产品数量和劳动与资本的数量相比时,它的比例增加,势必引起利润率的下降;从某种观点来看,可以把它看作用价值计算的报酬递减。[②]

第三节　各行各业均有其习惯的或公平的周转利润率

年利润已如上述,现在我们要研究决定周转利润的原因。很显然,年正常利润率的变动幅度很小,而周转利润在一业与他业却相差很大,因为它取决于周转上所需要的时间长度和工作数量。

① 见本书下卷,第五篇第十四章第四节最后的注。

② 比较本书上卷,第四篇第十三章第二、三节。

例如，批发商在单项交易中就买卖大量产品，能使他们的资本周转得很快，虽然他们的平均周转利润少于1%，但却可以赚很多的钱；尤其是在大宗股票交易中，周转利润只有1%的几分之几。但是造船商在出售船以前的长时间内，势必把劳动和原材料投于船本身，并准备一停泊之处，与此相关的各种细节他也必须留心，他必须在直接或间接的开支上附加很高的利润率，以报酬他的劳动和所投下的资本。①

此外，在纺织业中，有的厂买进原料，出产成品，而有的厂则专门从事纺织或上光；很显然，第一类中一厂的周转利润率，必须等于其余三类中各厂的利润率之和。② 再以零售商来看，他所经销的那些商品的周转利润，往往只有5%或10%，这些商品为一般人所需要，又不受式样改变的影响；因此，销售额很大，必要的存货很少，其中所投资本可以周转得很快，既无风险，也无须操劳。但是，有几种零售商，他们的周转利润几达100%，因为他们所经销的是装饰品和化妆品，只能售得很慢，同时还必须备有各种各样的存货，而这在陈列时需要很大的地方，倘遇式样改变，除非亏本就无法出售。即使这种高利润率也往往不及鱼、水果、花草和蔬菜方面

---

① 但他无须对他在造船初期所投的那部分资本取以很高的年利润率，因为那部分资本一旦被投下之后，就无须再费力操心，而他只按很高的复利率计算他的"积累"支出也就够了；但在这种场合下，他必须把他自己劳动的价值算作他早期的一部分支出。相反地，如果有一种行业，其中对所投的全部资本都需要不断的、几乎是一样的操劳，那么，在该业中以加用复利润率（亦即如复利率一样，利润率按几何级数增加）的办法求出早期投资的"积累"值，是合理的。甚至在理论上不十分正确的地方，为简便起见，实际上也往往采用这种方法。

② 严格地说，它将稍大于这三者之和，因为它将包括较长时期的复利息。

的利润率。[①]

第四节　续前

因此,我们知道,周转利润没有趋于相等的总趋势;但在各业及各业各部门中可以有,而且事实上也有一种被认为"公平"、正常的、相当确定的利润率。当然,这些利润率往往因贸易方法的改变而改变,而贸易方法的改变一般源于某些人,他们希望做较少的生意,虽然周转利润率较普通为低,但他们资本的年利润率却较高。不过,如果没有这种巨大的变动,则照该业的传统,对特种工作或对给该业的同行所提供的重大实际服务收取一定的周转利润率。这种传统多根据经验而来,它足以证明,如果所收的是那种利润率,则特定场合下所用的成本(直接成本与补充成本)将得到补偿,此外,该业将提供正常的年利润率。如果他们所索的价格所给予的利润率远低于该周转利润率,则他们很难有所发展;如果他们所索的价格过高,则他们有失去顾客的危险,因为别人可以比他们卖得便宜。如事先没有议定价格,这就是一个诚实的人希望从定货收取的"公平"的周转利润率,倘买主和卖主发生争执,法庭所允许

---

① 工人阶级住宅区的鱼商和菜商特别致力于利润率很高的小生意,因为各个人的购买量是如此之小,以致顾客宁愿在就近的一个高价的铺子中购买,而不愿到较远的一个低价的铺子中去。因此,零售商虽然以不到半便士的东西而要一便士,但他也许不会过一种十分优越的生活。不过同样的东西,如为渔夫或农人所售,也许只要四分之一便士,甚或不到四分之一便士:而运输费和损失保险费的直接损失将不能说明这种差别。因此,一般人认为,这些行业中的中间人通过联合可以获得额外高利润的特殊便利,这种看法似乎是有理由的。

的也是这种利润率。[1]

第五节　利润是正常供给价格的构成因素。但是已投资本(在物质形式上或取得技能上)的收入是由其商品的需求所决定

在以上的研究中,我们的着眼点主要是经济力量的最后,或长期,或者说真正正常的结果;我们曾讨论过运用资本的经营能力在长期有使它自己适应需求的趋势;我们已经知道,这种能力不断地寻求各种企业,以及经营各种企业的各种方法,在该企业中它所能提供的服务,被那些为满足他们的需要而能付给相宜价格的人极其重视,以致该服务在长期内将获得很高的报酬。这种动力就是

① 在这种场合下,专家的证明在许多方面对经济学家是大有教益的,特别是由于多少有意识地认识产生商业习惯的那些原因和借助于它们以维持这种习惯而使用有关这种习惯的中世纪时的术语。如果某一类职业的"习惯"周转利润率比另一类职业的高,则最后的原因差不多总是:前者需要(或不久以前需要)资本投资的时间较长;或使用的贵重设备较多(特别是像那些易于急剧贬值或不能经常使用的设备,因此,必须靠较少量的工作来维持自己);或需要的劳动较难而易于生厌,或要求业主付出更大的注意;或具有某种必须加以保险的特殊风险因素。而专家们对阐明那些暗藏于他们心灵深处的使这种习惯存在的理由的怠慢,就有理由使人相信,如果我们能使中世纪商人再生并反问他们,则我们会发现,利润率的适应特定场合的需要远比历史家所说的要有意识的多。许多历史家有时并没有说明,他们所指的习惯利润率是一定的周转利润率,还是在长期内将提供一定的资本年利润率的那种周转的利润率。当然中世纪企业方法的大同小异,会使资本的年利润率相当一致,而不致造成周转利润率像现代企业中那样大的差异。但是仍然很明显,如果一种利润率将近一致,则他种利润率并不一致;关于中世纪经济史的许多著作的价值由于没有明确地认识这两种利润率的区别和有关它们的习惯所必须依靠的最后默认之间的差异,而多少受到损害。

企业家的竞争。各人就其所触,预测可能发生的未来事件,作出恰如其分的估计,并预计企业收入除去所需开支的剩余。他的全部预期收益列入使他从事该业的利润之中;在制造工具以供未来生产以及建立企业往来的"无形"资本方面所投的全部资本和精力,在他未曾投资以前,势必表明它是有利可图的。他从这些投资所预期的全部利润,列入他在长期内对于他的冒险所期待的报酬。如果他是一个具有正常能力(所谓正常系对该种工作而言)的人,并且犹疑不决,不知道冒险是否值得,则它们可以被看作真正代表所述服务的正常生产费(边际)。因此,全部正常利润列入真正或长期的供给价格。

引动某人和他的父亲把资本和劳动用于培养他成为一个工匠、自由职业者或企业家的那些动机,和把资本与劳动投于建立物质生产设备及企业组织的动机相同。不论在哪个场合,投资(如人的行为受自觉的动机所支配)将到达一点,在该点,追加投资无利可图,或效用与"负效用"相等;因此作为对所有这种投资的预期报酬的价格,就构成它所提供的服务的正常生产费的一部分。

不过,要使得所有这些原因充分发挥作用,就非有很长的时间不可,从而,例外的成功可以和例外的失败相较量。一方面是那些人,他们的成功多由于他们具有非凡的能力和罕见的运气,而这些都表现在他们投机事业的特别机遇或供企业一般发展的有利机会上。另一方面是那些人,他们在精神上或道德上都不能善用他们的训练和立业的良机,他们对自己的职业没有特殊的兴趣,再加以投机上的种种不幸,或他们的企业由于竞争对手的侵犯而受到节制，或由于需求浪潮退入他方而搁浅。

虽然这些干扰原因，在有关正常报酬和正常价值的讨论中，可以忽略，但是，在讨论特定时间特定个人所得的收入时，它们却具有头等的、起支配作用的影响。由于这些干扰原因对利润和管理上的报酬的影响，其方式远不同于它们对普通报酬的影响，当我们讨论暂时变动和个别机遇时，对利润和普通报酬加以分别对待，乃是科学上的一种必然性。关于市场波动的种种问题，除非将货币、信用和对外贸易的理论和盘托出，则不能得到妥善的解决。但是，即使在现阶段，我们也可以注意所述干扰原因对利润和普通报酬的影响的下列区别。

第六节　就价格的变动，就不同个人的不同情况，就全部收入中应归于劳动报酬和天赋才能的报酬的比例，对利润和其他报酬所作的比较

第一，企业家的利润首先受他的资本（包括企业组织），他的劳动和他雇工的劳动的产品之价格变动的影响；因此，他的利润的变动，一般在他们的工资变动以前，而且变动的幅度较大。因为，如果其他条件不变，他的产品所能售的价格稍有小涨，很可能使他的利润增加许多倍，或使他变亏本而成赚利。价格的上涨，将使他急于获得他所能获得的高价格的利益；他将担心他的雇工辞职或拒绝工作，因此，他甘愿增加工资；而工资趋于上涨。但是，经

验表明(不管它是否按产品售价所计算的工资),工资的上涨很少与价格的上涨成比例;因此,它们的上涨几不能和利润的增加成比例。

这一事实的另一个方面是,当生意极坏时,雇工充其量一无所得,无从维持自己和他的家庭;但雇主(尤其是使用很多借贷资本的雇主)的开支势必超过他的收入;在这种场合,甚至他管理上的总报酬也成为负数,亦即他在亏本。在生意极其萧条的时候,许多或绝大多数的企业家是如此,而那些比别人的运气较劣、能力较差和较不适合于所业的企业家更是如此。

第七节　续前

第二个区别是,企业上成功的人数在全体中只占很小的百分比;在他们的手中积聚了别人的财富,且比自己的财富多到几倍,所谓别人就是那些人,他们有自己的储蓄,或继承了他人的储蓄,而在企业失败时连同他们自己的努力的成果全部损失。因此,要知道一业的平均利润,我们绝不能以成功者的人数除他们所获利润的总额,甚至也不能以成功者和失败者的人数除该利润总额,而是首先从成功者的利润总额中减去失败后也许早已转业的那些人的损失总额,再用成功者和失败者的总人数除所余差额即求得该业的平均利润。很可能,管理上的总报酬,亦即利润超过利息的差额,平均计算,尚不及一般人就成功者所估计的企业利润的二分之一,而就某些带风险性的企业来看,尚不及十分之一。不过,如我们将立即知道的，认为企业风险大体上有减无增是有理由的。[①]

第八节　续前

我们所要讨论的第三个区别是利润变动和普通报酬的变动的区别。我们已经知道，在自由资本和劳动投于培养工匠或自由职业者所需要的技能以前，得自它们的预期收入具有利润的性质；而所需要的利润率往往很高，理由有二：投资的人本身是不能获得它的大部分报酬；他们往往拮据，除非勤俭持家，他们就不能为了未来报酬而作这样的投资。我们也知道，工匠或自由职业者一旦获得他工作上所需要的技能以后，他的一部分报酬其实是所投资本与劳动的未来准租，而这种资本和劳动使他适合于所担任的工作，得到立业机会，商业往来和一般善用自己才能的机会，收入中只有

① 一世纪以前，许多英国人带着大量财富从东印度归来，当时一般人相信，那里的平均利润率很高。但是如 W. 亨特尔所指出的(《孟加拉乡纪要》，第六章)，失败是屡见不鲜的，“只有那些侥幸发财的人才回来散布这种奇谈”。正在这个时期，英国有这样一句俗语，即富人和他的车夫的家庭在三代内也许就乔迁几次。的确，这一半是由于当时的少财主极其奢侈，一半是由于觅得妥当投资的困难。英国富有阶级地位的巩固，多半由于教育的普及和厉行节约，以及投资方法的改进，而这种方法使少财主们有可能从他的财富不断获得可靠的收入，虽然他们没有继承他借以赚取这种财富的那种企业才能。但是甚至现在英国也有些地区，其中大多数工业家是工人，或工人的儿子。在美国，虽然挥霍浪费也许不及英国那样普遍，但是人事的沧桑，和使企业跟上时代的困难，曾产生了这样一句俗语，即一个家庭三代内都是“布衣相传”。威尔斯说(《当代经济变动》，第 351 页)，“在有判断力的人的中间很久以来就有一种基本一致的看法，即在为自己做生意的所有的人中，没有成功的占 99%。”J. H. 沃尔克(《经济学季刊》，第二卷，第 448 页)就 1840 年至 1880 年间马萨诸塞州乌斯特的主要工业的工业家们的出身和生平作了详细的统计，其中十分之九以上的人都是从职工起家的；在 1888 年拥有任何财产或留有任何遗产的尚不到 1840、1850 和 1860 年那些工业家的儿子的 10%。至于法国，L. 波流曾说(《财富的分配》，第十一章)，第一百家新企业中，差不多有二十家立即消失，五十或六十家维持现状，不兴也不败，只有十家或十五家才是成功的。

其余部分是劳作的真正报酬,但它一般占全部收入的很大一部分。这就是区别之所在。因为对企业家的利润作同样的分析时,比例大小却有所不同,其中较大的部分是准租。

大规模企业的经营者得自所投物质资本和非物质的资本的收入是如此大,而且利害得失又如此变动不居,以致他往往很少想到他在这方面的劳动。如果企业有利,则他把企业所带来的利益几乎看成纯收益。他的企业局部开工和充分开工对他的操劳几无区别,因此,一般说来,他很少想到从这些收益中减去他的额外劳动。他对他的额外劳作所得的任何报酬的看法,和工匠对加班加点所得的额外报酬的看法不同。这一事实是一般人甚至有些经济学家不完全承认在解释决定正常利润和正常工资的原因方面有根本一致性的主要原因,而在某种程度上也可以这样认识。

和上述区别密切相连的是另一个区别。如工匠或自由职业者具有特殊的天才,而这种天才既非人力所造就,又非牺牲现在以成全将来的结果,则它能使他获得剩余收入,即超过那些在个人教育和立业机会上投下相同资本和劳动的普通人从相同劳作所能预期的收入的剩余,这种剩余具有地租的性质。

但是,再回到前章末节所提到的那一点,具有特殊天才的人,在企业家阶级中,常占多数。因为除了出身于该阶层的那些有能力的人以外,它还包括出身于较低职业阶层的很多有天才的人。因此,用在教育上的资本的利润,是自由职业者阶级收入中的一种特别重要的因素,而稀有天才的租金,可以看作是企业家收入中的一种特别重要的因素,如果我们把企业家当作个人的话(就正常价值来说,即使天才的报酬,如我们所知道的,宁可视作准租,而不视作租金本身)。

不过,这一规律是有例外的。一个平凡的企业家曾继承了有利的企业，并仅仅有足够的能力经营，他每年可以获得千百万的收入，其中所含稀有天才的租金极少。相反地，特别有成就的律师、作家、画家、歌手和马术师的收入，其中大部分可以列为稀有天才的租金，至少如我们把他们当作个人来看，并且不考虑他们各自职业中的正常劳动供给以他们对那些有志的青年所展示的辉煌成就为转移。

特定企业的收入，往往深受它的工业环境和机会的变动的影响。但是，由各种工人的技巧所得的特殊收入，也受同样的影响。例如，澳洲和美洲富饶铜矿的发现，使克尔尼矿工的技巧产生收入的能力降低（就在家的矿工而言），新地区富矿的每次发现，提高已迁往该区的那些矿工的技巧产生收入的能力。此外，看戏嗜好的增长，在提高演员的正常报酬和使演技的供给增加的同时，也提高已从事此业的人的演技产生收入的能力，其中大部分收入，从个人的观点来看，是得自稀有天资的生产者的剩余。①

① 故沃克将军对解释一方面决定工资与另一方面决定管理报酬的那些原因作出很大的贡献。但他认为（《政治经济学》，第311节），利润并不是工业品价格的一个组成部分；他没有把那种理论局限于短时期，如我们所知，对短时期来说，得自各种技巧的收入，不论这种技巧是非凡的，或普通的，也不论它是雇主的，还是工人的，都可以被视作准租。他的确是在假借的意义上使用“利润”一词的；因为他把利息完全与利润分开以后假定，“无利润雇主”所赚取的数额“大体上或在长期内等于他受雇于人时所能预期的工资数额”（《启蒙》，1889年，第190页）：这就是说，“无利润雇主”除他的资本利息外，还得到正常的纯管理报酬（不论他的才能是大是小）。这样，沃克所指的利润比英国一般所指的利润少五分之四（至于这种比例，美国也许比英国偏低，而欧洲大陆也许比英国偏高）。因此，这种理论似乎只是意味着由于特殊才能或运气的那部分雇主的收入不列入价格。但是各种职业（不论是否为雇主的职业）的成败得失在决定谋求该业的人数和他们工作的积极性方面起着作用，因此，列入正常供给价格。沃克似乎把他的论点主要建立在他曾过分强调的这一重要事实的基础上：即在长期内获利最多的那些最能干的雇主照例都是对工人支付的工资最高，对消费者的售价最低的那些人。但是同样真实而甚至更加重要的一个事实是，赚取最高工资的那些工人照例都是这样一些人，他们最善于使用他们雇主的设备和原料（见第六篇，第三章，第二节），从而使雇主有可能获取高额利润和对消费者索取低廉的价格。

第九节　在同一行业特别是同一企业中各种不同的类别的工人的利害关系

其次,让我们讨论同业中各不同工业阶级之间的相互利害关系。

利害一致是下述一般事实的一个特例,这一事实是,不论任何商品,对它的几种生产要素的需求都是连带需要,我们可以援引第五篇第六章所举的关于这个一般事实的例证。在那里我们知道,泥匠劳动的供给如发生变动,势必使建筑业其他各部门的利益受到影响,而使一般人所受的影响更大。事实是,从事于建造房屋、织布或生产其他东西的各个不同阶级,他们的特定资本和专门技巧所得的收入多取决于该业的共同繁荣。倘事实如此,则该收入在短期内可看作全业混合收入或共同收入中的一部分。当收入总额因效率的提高或任何外部原因而增加时,则各阶级所得的收入部分趋于增加,但是,当收入总额不变时,任何一个阶级的收入增加,必然由于其他阶级的收入减少。这适用于从事某业的全体成员,从特殊的意义上说,也适用于在同一个企业中共同工作了许多年的那些人。

第十节　续前

有利企业的报酬,从企业家本身的观点来看,是各种报酬的总额,第一,他的能力的报酬;第二,他的生产设备及其他物质资本的报酬；第三，他的商誉或企业组织和商业往来的报酬；实际上，它多于这几项报酬的总和；因为该企业家的效率部分地取决于他从事于该特定企业；如果他以合理价格把它出售，而改营他业，则他的收入也许会有很大的减少。商业往来对于他的全部价值，是机遇价值(conjuncture or opportunity value)最显著的一例。这种价值，虽然可由于运气所致，但主要是能力和劳动的结果。其中可转移的部分，并可以由私人或大联合企业购买的部分，自当算作他们的成本，从某种意义上说，是一种机遇成本(conjuncture or opportunity cost)。

但是，雇主的观点并不能包括企业的全部收益：因为有另一部分收益和他的雇工有关。的确，在某些场合为了某些目的，几乎企业的全部收入都是准租，亦即在短时间内由它的商品市场状况所决定的收入，和制造该商品所需要的各种东西的成本与从事于该业者的费用无关。换言之，它是一种混合准租，[①]可通过讨价还价，以及习惯和公平观念分配给该业中的各个人。而这种结果是由一定的原因造成的，它类似于文明的初期分配得自土地的生产者剩余的那些原因，生产者的剩余几乎常置于垦殖公司之手，而不归于个人。例如，一企业中的主管职员对人和情况熟习，在某些场合下，他可以利用这种长处按高价格受雇于竞争厂；但在另一些场合下，除了对他所在的那个企业，它并没有什么价值；从而，他一旦离去，该业所受的损失也许高过他的工薪数倍，而他在别处所能得

① 比较第五篇，第十章，第八节。

的工薪或尚不及一半。[①]

值得重视的是，这种雇工的地位和其他雇工的地位不同，后者对大行业中任何企业所提供的服务几有相等的价值。其中每人每周的收入，如我们已经指出的，一部分是对该周内所作工作的疲劳的报酬，另一部分是他的专长和特别能力的准租。假定竞争完全有效，则这种准租是由本雇主或任何其他雇主按照该周内他们商品的市场状况而对他的服务所愿付的价格来决定的。对一定种类的一定工作所必须支付的价格，既然是这样地由商业上的一般状况所决定，所以，这类价格列入直接开支，而这种开支必须从它的总报酬中减去以计算该特定厂当时的准租。但是，该准租的或涨或落，是与雇工无关的。不过，事实上竞争并不如此完全有效的；即使市场上对用相同机器的相同工作付以相同的价格，则当地厂的繁荣也有增加它的每个雇工所得的机会，同时当生意清淡时，有继续就业的机会，当生意兴隆时，可获得所垂涎的超额工作时间。

因此，差不多在各个企业和它的雇工之间存在着事实上的某种损益共分；而这种损益共分也许达到它的最高形式，如企业中同事的利害一致，虽没有契约的规定，也由于真诚的情谊而得到慷慨

① 当一个厂具有自己的特长时，甚至在它的普通工人中有许多也会因离去而损失他们很大一部分工资，同时使该厂受到严重的损害。主要的职员可以接收入伙；全体雇工可以部分地酬以红利；但是不论这点实行与否，他们的报酬与其说是由竞争和代用原则的直接作用决定，不如说是由他们和他们雇主之间的契约(其条件在理论上是武断的)决定。而实际上它们将由这样的愿望来决定，即“力求公道”，也就是说，力求达成协议的报酬代表职工各自具有的能力，勤劳和特殊训练的正常报酬，同时当厂处于顺境时增加一些报酬，而当厂处于逆境时减去一些报酬。

的承认。但是这种情况并不多见；通常使雇主和雇工的关系在经济上和道德上有所增进的方法，是分红制；当它被看作是趋于更高而更难的真正合作制水平的第一步时，情形更是如此。

如某业中的雇主团结一致，而雇工也团结一致，则工资问题的解决，难于确定。只有通过协议来决定短时间内雇主和雇工在该业纯收入中所应分的数额。除正在淘汰的工业以外，工资的降低，绝不能永远符合雇主的利益，因为它迫使许多熟练工人流入其他劳动市场，甚或从事无所谓技巧上的特殊报酬的其他工业；因此，在平均年限内，工资必须高得足以吸引青年人从事该业。这就规定了工资的下限，而工资的上限，是由资本与经营能力的供给的相应贫乏来决定的。但是，在该限界上究竟应当采取哪一点，这只能由讨价还价来决定；不过，这种讨价还价，似由于伦理上的裁度而得到缓和，如商业上有适当的调解机构，情形更是如此。

这个问题在实践中甚至更为复杂。因为各类雇工多半有自己的工会，且各行其是；雇主只起缓冲作用，一组雇工罢工，要求增加工资，实际上会耗尽他组雇工的工资，所耗之数几等于雇主的利润。

商人与厂主以及雇主与雇工当中的各种工联和商业同盟，它们的原因和结果，这里不便加以研究。它们表现各种生动的事实和奇异的变化，足以引起世人的注意，且似乎表明，社会的变革即将来临。它们的重要性诚然很大，与日俱增；但是，其中未免有过分夸大的现象。因为其中大部分只不过是进步洋面上掠过的一些涟漪而已。虽然它们现在比以前的规模更大，来势更凶，但是，现在和以前一样,运动的主流是取决于正常分配和交换的趋势这一强大的暗流的。这些趋势是“看不见的”,但它们却能驾驭那些“看得见的”插曲的进程。因为即使在调解与仲裁方面,主要的困难在于发现什么是正常水平,使仲裁当局的决定不致与之相距太远,以免破坏自己的威信。

第九章　地　租

第一节　地租是一大类中的一种。此刻我们假定土地由其所有者耕种。重申以前的讨论

如第五篇所述，地租不是独有的事实，而是各类经济现象中主要的一类；地租理论不是孤立的经济理论，只不过是一般供求理论中的特定系的一种主要应用而已；它分为若干级，从人所占有的自然恩赐品的真正地租起，经过土地的永久改良所得的收入，至农场、工厂建筑物、蒸汽机和较不耐久品所提供的收入止。在本章和下章里，我们专门研究土地的纯收入。这种研究分为两部分。一部分关于土地纯收入或生产者剩余的总额；另一部分关于该收入分配给与土地有利害关系的那些人的方式。不论土地占有形式如何，第一种收入总是一般的收入，我们的讨论将从这种收入开始，并假定**土地的耕种由土地所有者**自己担任。

我们不应当忘记，土地所“固有的”收入是热、阳光、空气和雨量，它们都不是人力所能大加影响的；至于位置上的利益，其中有

许多亦非人所能驾驭，而只有少数是土地所有者个人投资本与劳力于土地的直接结果。这些就是土地的主要属性，它的供给不以人的努力为转移，从而，并不因该劳作的报酬增加而增加；对它所课的税，纯由所有者负担。[①]

另方面，土壤肥度所主要凭恃的那些化学性质和物理性质，可以由人力增进，而在极端的场合，可以由人力完全改变。但是，对土地改良（虽说可以普遍推广，但改良是慢慢地进行，而又慢慢地耗竭的）的收入所课的税，在短时间内，不会影响改良的供给，因此，也不会影响由于改良的农产品的供给。从而它主要由所有者负担。租地人，在短时间内，也可以看成是所有者。不过，在长期内，税会减少改良的供给，提高农产品的正常供给价格，从而，由消费者负担。

第二节　续前

现在让我们重申第四篇中我们对于农业上报酬递减趋势的研究；仍假定土地所有者自己耕种土地，因此，我们的推理可以是一般的推理，而不受土地占有的特殊形式的影响。

我们曾知道，在资本和劳动的连续投资中，虽然最初几次投资的报酬，可以增加，但当土地耕作得已经完善时，它们的报酬将开始减少。耕种者继续追加资本与劳动，直到一点为止，在该点，报酬仅仅够偿付他的开支，和补偿他自己的劳作。不论投于优等土

① 但关于位置租准则的例外，比较第五篇，第十一章，第二节。

地或劣等土地，那将是耕种边际上的一次投资；需要有和该投资的报酬相等的一个数量，且足以补偿他以前的各次投资，而总产量超过这个数量的余额，就是他的生产者的剩余。

他是尽量向远看的，但是，他很少有可能看得太远。在任何既定的时间，他把得自永久改良的土地丰度视为当然，而得自永久改良的收入（或准租）和由于土地的原始性质的收入乃是他的生产者剩余或地租。此后，只有新投资的收入，才表现为所得和利润；他将新投资一直进行到有利的边际为止；他的生产者的剩余或地租，是改良土地的总收入超过报酬他每年所投资本与劳动所需要的数额的余额。

这种剩余，首先取决于土地的丰度，其次取决于他必须买进和卖出的那些东西的相对价值。如我们所知，土地的肥沃度或丰度是不能绝对计量的，因为它随着所种作物的性质和耕作的方法与强度的变化而改变；设有两块土地，由同一个人耕种，并用相等的资本和劳动，其结果，如能收获等量的大麦，则未必能收获等量的小麦。当采用原始耕作方法时，如能收获等量的小麦，而一旦采用集约经营或现代方法后，则所收获之数很可能不相等。此外，农场所需要的东西的价格及其产品所能出售的价格，都取决于工业环境，工业环境的改变不断地改变着各种作物的相对价值，从而，改变着位置不同的土地的相对价值。

最后，我们假定耕种者具有正常的能力，所谓正常是相对于他所担任的工作，和他所处的时间与地方的情况说的。如果他的能力低于正常能力，则他的实际总产品将少于土地的正常总产量，它所给他提供的部分将少于它的真正生产者的剩余。反之，如果他的能力高于正常能力，则他除获得土地上的生产者的剩余外，还获得稀有能力上的生产者的剩余。

第三节　农产品实际价值的提高一般地提高剩余的产品价值，而使其实际价值提高得更多。农产品的劳动价值和它的一般购买力的区别

我们曾相当详细地研究过，农产品价值的上涨，使各种土地特别是报酬递减趋势作用较弱的那些土地的生产者的剩余（用产品计算）得到增加的情况。[①] 我们也知道，一般说来，和优等土地比较起来，它更能提高劣等土地的价值。换言之，如有人预计农产品的价值上涨，则他用一定的货币额按当前的价格投于劣等土地所能预期的未来收入大于优等土地。[②]

① 第四篇，第三章，第三节。例如，我们知道，如果农产品的价值从 OH' 上涨至 OH（第 12、13、14 图），从而在涨价以前使一宗资本和劳动的投资有利所需要的产量为 OH，而在涨价以后只需要产量 OH'，那么，在第 12 图所代表的报酬递减规律发生强烈作用的那类土地的场合下，生产者的剩余将略有增加；在第二类土地（第 13 图）的场合下，增加得较多，而在第三类土地（第 14 图）的场合下，则增加得最多。

② 同上，第四节。比较报酬递减规律起同样作用的两块土地（第 16、17 图），但其中第一块富饶而第二块贫瘠时，我们发现因农产品价格从 OH' 上涨至 OH 而使第二块土地的生产者剩余从 AHC 至 $AH'C'$ 的增加在比例上是大得多的。

其次，生产者的剩余的实际价值，即其用一般购买力计算的价值，将相对于它的产品价值，和用相同方法计算的产品价值按同一比例增加。这就是说，产品价值的增加使生产者的剩余的价值也随之而增加。

产品的"实际价值"一词，意义含混。从历史上来看，它往往指的是对于消费者的实际价值。这种用法颇为危险。因为有些场合从生产者的观点来考虑实际价值是比较相宜的。但注意到这点时，我们可以用"劳动价值"一词来表示该产品行将购买的某种劳动的数量；而"实际价值"则指的是一定数量的产品行将购买的生活必需品、安逸品和奢侈品的数量。农产品的劳动价值增加，可以意味着人口对于生活资料的压力日益增加，而这种原因所造成的生产者的剩余（来自土地）的增加，和人民生活条件的恶化相伴而行，同时也是它的一种尺度。不过另方面，如果农产品的实际价值的增加，是由于农业以外的生产技术的进步，则其结果可能会提高工资的购买力。

第四节　改良对地租的影响

上述一切所阐明的是，得自土地的生产者的剩余，并非由于自然界恩赐的巨大，如重农学派和亚当·斯密（以修正的形式）所主张的，而是由于自然界的吝啬。但是，绝不应当忘记，就市场的销路来说，所处的位置不相等，和绝对生产力不相等一样，是造成生产者的剩余不相等的重要原因。[①]

这个真理及其主要结果，其中有许多现在看起来是如此明显，最初是由李嘉图阐明的。他乐于论证如果自然恩赐无限供给，俯拾皆是，则占有它们并不会产生剩余，特别是，如果土地的肥沃度相等、位置相等，而又取之不尽，用之不竭，则土地绝不会提供剩余。他进一步发展了自己的论点，并证明，同样适用于一切土地的耕作技术的改良（即等于土地的自然丰度的普遍增加），庶几减少谷物剩余总量，势必减少供给一定人口以农产品的土地的真正剩余总量。他也指出，如果改良所影响的主要是那些原本是最富饶的土地，它可以增加剩余总量，但是，如果它所影响的主要是较贫瘠的一类土地，则剩余总量必因此而大减。

有一种观点和上述命题一致，这种观点认为，英国土地耕作技术的改良，会增加土地所提供的剩余总量，因为它增加农产品，而

① 英国很小而人口又如此稠密，因此甚至需要很快推销的牛奶和蔬菜以及体积很大的草也能按不很高的费用运销于全国，而农户不论他在英国的哪部分都能从主要农产品、粮食和牲畜取得几乎相同的纯价格。由于这种原因，英国经济学家曾把肥力算作决定农业土地价值的首要原因，而把位置作为次要因素。因此，他们往往把土地所提供的生产者剩余或租值看作是它的产量超过等量资本和劳动（运用的熟练程度相等）在贫瘠得处于边际耕作的土地上的产量的差额；而不屑于明白指出这两块土地必须相邻，或必须计及推销费用的差别。但是新开发国家的经济学家自然不会有这种说法，那里最富饶的土地也许还没有开垦，因为它不靠近市场。对他们来说，位置在决定土地价值方面似乎至少是和肥力同样重要的。在他们看来，处于边际耕作的土地是距离市场很远的土地，特别是和那些通向有利市场的铁路相距很远的土地。他们把生产者的剩余看作是位置适当的土地的产品价值超过等量劳动和资本（以及相等的熟练程度）在位置最差的土地上所获得的产品的价值的差额；如有必要，当然要计及肥力的差别。从这个意义上来说，美国不能再被看成是一个新开发的国家了。因为全部优等土地都被占用．而且差不多都有便宜的铁路和有利的市场相通。

不致使它的价格实质上有所降低，除非向英国输出农产品那些国家也跟着采用相同的改良，或采取有同样效果的措施，改善这些国家的交通运输。如李嘉图所说，如供应同一市场的所有土地都得到同样的改良，“则这种改良给予人口以很大的刺激，同时使我们有可能用较少的劳动来耕种较贫瘠的土地，最后，对地主阶级有莫大的利益”。①

从土地的价值中，区别哪一部分价值是由于人的劳动所产生，哪一部分是由于自然的原始性质所致，是不无趣味的。土地的一部分价值是来自国家为一般目的而非专为农业所修的公路和所作的其他改良。根据这点，李斯特、凯雷、巴师夏及其他学者都认为，把原始土地改造成现在的土地所用的开销超过土地现在的全部价值。因此，他们断言，土地的全部价值是由人的劳动而来。他们所引的事实值得加以讨论，但是，实际上这些事实和他们的结论是毫不相干的。他们所要论证的是，土地的当前价值不应当超过把原始土地改造成像现在那样富饶而适于耕种的土地所需的真正农业上的开销。许多适用于农业方法的变化，早已陈旧，不堪使用；其中有许多变化，不仅不能增加土地的价值，反使土地的价值减少。此外，在这方面的费用必须是纯费用，即加上逐年开支的利息再减去历年得自改良的额外产量的总价值。在人口比较稠密的地区，土地的价值一般比这种费用大得多，而且往往大到许多倍。

① 见《原理》，第 3 章注。

第五节　关于地租的主要理论差不多对所有的租佃制度都适用。但在现代英国的租佃制中，地主的份额和农业资本家的份额的明显界线也是对经济科学极端重要的。参阅附录十二

本章所述，适用于任何土地私有制形式下的各种土地租佃制度；因为它所涉及的是生产者的剩余，而这种剩余，如土地所有者自己耕种土地，则归他所有，如他自己不耕种土地，则归被视为合伙经营农业的他和他的佃户所有。因此，不论习惯、法律或契约规定他们各自分担多少耕作费用，和分享多少耕作果实，这都是适用的。其中大部分也不取决于已经达到的经济发展阶段；即使产品不出售，或出售得很少，所课的税都以实物形式交纳，则它也是站得住脚的。①

现在英国有些地区，在土地使用的交易方面，以自由竞争与企业心为重，而认为习惯与情感无足轻重，那里，一致公认，那些进行

① 配第关于地租规律的著名论述（《赋税论》，第4章，第13节），在措词上适用于各种土地使用形式和各个文明阶段："假定有一个人能用自己的双手在一块有限面积的土地上种植谷物，举凡掘地，或耕地、耘草、收割、运禾回家、打禾、簸谷等工作都由他自己担负；他的收获，除了维持自己的生活外，还有余下的种子足供来年播种之用。我的意思是说，这个人在他的收获中，除去来年播种的种子，自身所直接消费的，以及用于交换衣服和其他物质必需品者外，所剩余的一部分谷物便是那块土地在那一年内的自然的或真正的地租；而这种谷物在七年内——或正确地说，在一定的周期内，在此周期内丰收和凶年平均计算——的平均量；便是那块土地的普通的谷物地租。"

和损坏得都很缓慢的改良，都是由地主供应并且在一定程度上加以维持的。因此，该地在正常收获和正常价格下当年所能提供的全部生产者的剩余，除去农业资本家的正常利润外，都归地主所有，因此，农业资本家如遇丰年则获利，若逢凶岁，则自担损失。在这种计算中，已经暗地里假定了该农业资本家具有正常能力和企业心来经营该类租地的；因此，如果他的能力高于正常能力，则他自己获利，而如果他的能力有所不及，则自负损失，也许最后离开农场。换言之，地主所得的来自土地的那部分收入，在不很长的时期内，是由农产品的市场来决定的，而与耕种方面所需各种要素的成本关系不大；因此，这部分收入具有地租的性质。而农业资本家所得的那部分收入，即使从短时期来看，也可以认为是利润，直接列入农产品的正常价格，因为除非该农产品可以提供那种利润，则它是不会被生产的。

因此，英国租佃制的特点发展得愈完善，则地主和佃户在所得上的界线和经济理论上所划分的深刻而具有重大意义的界线[①]相符一事，也愈加真实。这个事实较之其他事实也许是本世纪初期英国经济理论占上风的主要原因；它使英国经济学家作出这样大的贡献，以致甚至在我们这世纪中，其他国家对经济学的研究趋之若鹜，像在英国一样，但几乎所有那些新的建设性意见，只不过是英国早期著作中所暗含的其他概念的进一步发展而已。

这个事实本身看来是偶然的，但或许不是如此。因为这条特

① 用术语来说，便是准租与利润之间的区别，前者不直接列入中等长度时期内产品的正常供给价格，而后者则列入之。

定的分界线比任何其他界线所引起的摩擦较少，在审核上所费的时间和精力也较少。这种所谓英国制度是否可以持久，诚可怀疑。它有重大的缺点，在未来的文明阶段也许不能认为是最好的制度。但是，当我们以它和别的制度相比较时，我们就知道，它曾给予英国以莫大的利益，使英国成为世界自由企业发展中的旗手；因此，她早期被迫采取各种变革，而使人民获得自由、勇气、伸缩性和力量。

第十章　土地租佃

第一节　早期租佃形式一般是建立在合伙的基础上，合伙的条件是由习惯而不是由契约所决定；所谓地主一般是隐名合伙人

在古代，甚至在我们时代的某些落后国家里，一切产权取决于公约，而不取决于明文法律。如这种公约可冠以确定的名称并用现代商业用语表示，则一般指的是：土地的所有权并不归于个人，而是归于合伙企业，其中一个或一群合伙人是隐名合伙人，而另一个或另一群合伙人（也许是一个家庭）是任事合伙人。①

隐名合伙人有时是国君，有时是享有为国君征收田赋的权利的私人；但是，随着时间的推移，它就不知不觉地变成多少有些确定、绝对的地主权利。如果他仍有向国君纳贡的义务，如一般的情况那

① 隐名合伙人可能是一个乡社；但是最近的一些研究，特别是西博姆先生的研究，曾使人有理由相信乡社往往不是“自由的”、最后的土地所有者。关于乡社在英国史上所起的作用的争论摘要，读者最好参阅艾希利所著《经济史》，第1章。土地所有权分割的原始形式如何阻碍进步，曾在第一篇，第二章，第二节中有所说明。

样，则合伙就包括三个合伙人，其中两个合伙人是隐名合伙人。[①]

隐名合伙人，或隐名合伙人之一，一般叫做业主、土地持有人、地主甚或土地所有者。但这是一种不正确的说法，如他受法律或习惯（它具有和法律同样的强制力）的约束，而不能用任意增加耕种者所缴的报酬或其他手段使他丧失土地。在这种场合，土地所有权并不只归于他一个人，而归于整个合伙企业，他只不过是企业中的一个隐名的合伙人而已。而任事合伙人所交纳的报酬，全然不是地租，而是由合伙企业的组织条例规定他缴的固定数额或总收益的一部分。倘规定这种报酬的法律或习惯一成不变，则地租理论很少有直接应用的余地。

第二节　但如英国近代史所证明的，习惯比表面上显得更富有伸缩性。把李嘉图的分析运用于现代英国土地问题和早期租佃制度的时候，必须谨慎从事。其中合伙条件模棱两可，具有伸缩性，且在许多方面可以被不知不觉地加以修改

但事实上习惯所规定的各种课赋，往往带有不十分确定的性

① 该合伙企业可以因这样一个中间人的加入而获得进一步的扩大，他向许多耕作者收款，并在扣除一定的份额之后，将余额交给企业的首脑。他不是英国普通所指的中间人；这就是说，他不是在一定期间收账完毕后而往往被解雇的一个承包人。他是企业的一员，对土地拥有和主要合伙人同样实际的权利，尽管他也许居于次要地位。比这甚至还有更加复杂的场合，在实际耕作者和直接从国家领有土地的人中间可以有许多的中间持有者；而实际耕作者就其利益而论，也有很大的不同，有的人有权坐收固定的地租（完全不能增加），有的人有权坐收只是在某些规定条件下才可以增加的地租，而有的人年年都是佃农。

质;而留传下来的记载也多含混不清,有欠精确,或充其量用一种不很科学的词句加以表述。①

甚至在现代英国,我们也可以在地主和佃户所订的契约上察觉到这种模棱两可的影响。因为这种契约往往借助于习惯来解释,而这种习惯为了适应历代的不同需要,一直在变化之中。我们改变我们的习惯,比我们的前辈快得多,而且对于这种改变较为自觉,并较愿把我们的习惯用法律固定下来,以使它们一致。②

现在,虽然立法极详,而所订的契约也十分认真,但地主在维持和扩大农场建筑物及其他改良上所投资本的数量仍有很大的伸缩性。在这方面,如同在他和佃户所发生的直接货币关系一样,地主显得慷慨得浑厚;而对本章一般论证所特别重要的是,地主和佃户所分担的农场经营费用的调整,如货币地租的变动一样,往往可以使佃户所缴纳的真正纯地租也发生变动。例如,有些团体和许多大地主往往使他们的佃户年年照旧经营,从未企图使货币地租随着土地的真正承租价值的改变而改变。有许多不是租借的农场,它们的地租,在1874年农产品价格膨胀及其后的衰退期间,名义上仍保持不变。但是,在早期,农场主知道他的地租很低,不便

① 梅特兰教授在《政治经济学辞典》中关于国家档案的一个条目中说,“除非对这些档案加以反复研究,我们将永不会知道中世纪佃农的佃权是怎样的朝不保夕”。

② 例如,1848年众议院溥西委员会报告说,“在英国各郡和各区长期以来就有使外出佃户从事各种农活的不同惯例……当地的这些惯例都载入租约,……除非租约明文规定或暗含地否定了这项要求。在英国的某些地区,曾出现了一种现代惯例,即有权使外出佃户支付一定的费用……而不是完成上述各种农活……这种惯例似乎是从需要大量资本支出的改进了的农业制度发展而来的……这些(新的)惯例逐渐为某些地区所公认,直至它们在那里最后被认为是全国的习惯为止。”其中许多现在已由法律来实行。参阅以下第十节。

迫使地主出资修建排水道或新的农场建筑物，甚或进行修理，在计划和其他方面，不得不对地主有所迁就。而现在地主有了固定的佃户，为了保佃，契约上没有规定的许多事情，他也是愿意做的。因此，货币地租没变，而实际地租却有所改变。

这一事实是下述一般命题的重要例证，即经济学上的地租理论，即有时叫做李嘉图的理论，如不在形式和内容上加以许多的修正和限制，就不适用于英国的土地租佃制；把这些修正和限制进一步扩大，将使它适用于中世纪和东方各国任何私有制下的一切租佃制，其中区别只是程度上的区别。

第三节　续前

但是，这种程度上的区别，悬殊很大。其中一部分原因是，在原始时代和落后国家里，习惯势力很大，往往无容争辩；另一部分原因是，在没有科学的历史条件下，寿命短暂的人，无法确定习惯是否在暗暗地改变着，就像朝生暮死的小虫无法察觉它所栖息的草木的生长一样。但主要的原因是，合伙的条件定得不确切，往往难以计量。

因为合伙企业中地位高的合伙人（或简称地主）所得的份额，一般包括有征收某种劳役、课赋、过路税和礼品的权利（不论有没有分享一定部分产品的权利）；而在这几项下他所得的数量，此时与彼时不同，此地与彼地不同，且此地主与彼地主亦各异。如农户完成各种负担之后，除维持自己和家属所必要的生活资料以及习惯上所规定的安逸品和奢侈品外尚有剩余，则地主势必利用他的权势来增加这种或那种形式的负担。如果主要的负担是交纳一定数量的农产品，则他就会增加该数量。但是，因为不用暴力，此事殆不可能，因此他宁愿增加各种小课赋的种类和数量，或坚持土地必须精耕细作，且大部分田地必须种植费很多劳动的，从而具有极大价值的作物。这样，变化的进行，像钟表的时针一样，大体上是稳当的、平静的，几乎是不知不觉的；但在长时期内这种演变却是十分彻底的。①

即使就这些负担来说，习惯所给予佃户的保护也绝不是不重要的。因为他总是十分清楚，什么时候应该满足什么需要。他周围的一切道德观念，不论是高尚的或卑贱的，都反对地主突然大量增加那些一般认为惯常的负担、课赋、税和罚款；因此，习惯使改变的锋芒顿挫。

但是，的确，这些不确定的可变因素，一般只占全部地租中的一小部分；而在那些不十分罕见的场合，其中货币地租在很长的时期内，固定不变，佃户曾占有土地的一部分余润，其原因一方面由于土地纯价值上涨时他得到地主的宽容，另一方面也由于习惯和舆论力量的支持。这种力量在某种程度上和支持雨点于窗架下端的那种力量相似，在窗户剧烈振动以前，它们安闲自若，然一旦有

---

① 例如，一定日数的劳动的价值部分地取决于劳动者被召至地主草地而离开自己草地时的那种敏捷性，和他的劳动强度。他自己的权利，像砍柴权或掘炭权都是有伸缩性的；而他的地主的那些权利也是如此，这些权利使他必须允许地主成群的鸽子肆无忌惮地吞食自己的庄稼，磨谷必须要用地主的磨坊，通过地主的桥和利用他的市场时必须交过路钱和市场税。其次，向佃户征收的罚款或礼物，或印度的一种国家土地税（"阿布瓦布"〔abwab〕），不仅在数量上，而且在征收的场合上，都是多少具有伸缩性的。在蒙古人统治下，大佃户除缴纳名义上规定的产品份额外，还往往必须缴纳许多这样的课赋。他们在加重这些课赋的负担并加上他们自己的课赋以后，把它们转嫁于小佃户。英国政府未曾征收过这些课赋；虽然作过多次努力，但是并没有能够使小佃户免于其害。例如，W. W. 亨特尔爵士在奥里萨的某些地区发现佃户除缴纳他们的传统地租外，还必须缴纳三十三种不同的苛捐杂税。在他们的一个儿子不论什么时候结婚时，他们要纳税，在请假去修河堤、种甘蔗，以及参加偏净天节时，他们也都要纳税（《奥里萨》，第一章，第55—59页）。

所振动，则同时下落。同样，地主的法律权利，长期以来，隐而不显，而在巨大的经济变革时期，却有时突然发生作用。①

① 在印度，我们现在看到各种不同的租佃形式有时在同一种名义下，有时在不同的名义下并存着。有些地方，小佃户和大佃户给政府缴纳一定的税款后，就共同享有土地所有权，那里小佃户不仅没有被逐的危险，而且也不会由于害怕迫害而被迫交给大佃户的生产者剩余的份额比习惯所严格规定的多些。在这种场合下，他所缴纳的，如已经指出的，只不过是把按合伙时口约的属于另一个合伙人的那份收入交给他而已。那绝不是地租。不过，这种租佃形式只存在于孟加拉一带的地方，那里人口最近没有很大的变动，那里警察机警而正直，足以防止大佃户来压迫小佃户。

在印度的大多数地方，耕作者直接向政府租地，租佃条件可以随时修改。租佃可以实现的原则（特别是在正在开垦的西北部和东北部）是，使耕作者每年缴纳的数量和根据当地的一般标准扣除他的生活必需品与少量奢侈品后土地的可能剩余产品相适应（假定他耕作时所用的精力和技术是当地正常的精力和技术）。因此，像在当地人与人之间那样，这种费用具有经济租的性质。但是因为在肥力不同的两个地区，其中甲地是由身强力壮的人所耕种；乙地是由体质脆弱的人所耕种，而收取的费用将不相等，所以它的调节方法，像在各个不同地区一样，是租税的，而不是地租的调节方法。因为租税是按实际上所赚的纯收入分担的，而地租却按具有正常能力的人的所得分担：一个成功的商人比占据同样便利的铺面和支付同样租金的邻人的实际收入多十倍，他所纳的租税也将多十倍。

印度的全部历史很少记载有像英国乡村自从战争、饥饿和瘟疫不再侵袭我们以来所具有的那种安定。大规模的骚动似乎总是在产生着，部分原因是由于饥馑的频繁（如印度统计地图所示，本世纪未曾受过一次严重饥馑袭击的地区是很少的）；部分原因是由于征服者相继加于这一有耐心的民族的那种毁灭性的战争；其次的原因是由于最富饶的土地迅速变成茂密的丛林。曾供养绝大多数居民的土地，一旦人烟绝迹，就很快地变成野兽、毒蛇的出没之处，和疟疾的渊薮。而这些就使那些逃难者不能重归他们的家园，并且往往使他们在定居以前到处流浪。当土地上的人口离散以后，管辖该地者，不论是政府，还是私人，总是以极其有利的条件从别处来吸引种地的人；招引佃户的这种竞争，大大地影响了周围一带种地者和大佃户的关系；因此，除了不断发生着的那些习惯上的租佃关系的变动以外（虽然这些变动在任何时候都是不可捉摸的），差不多在各个地方也还有许多时期，其中甚至以前的习惯也被打破了，相继而来的是尖锐的竞争。

战争、饥馑和瘟疫这些扰乱因素，在中世纪的英国是屡见不鲜的，但是它们为害较小。此外，在印度，几乎各种变动的进行速度比一代人的平均寿命像在英国寒冷气候下那样长时要大些。因此，和平与繁荣能使印度的居民较快地摆脱他们的灾难；各代所保有的它那祖业的传统，在较短的时期内又重新抬头，因此，较新形成的习惯往往被认为是有古代的根据的。变化不被认作变化；就能够进行得更快。

现代分析可以适用于当代印度和其他东方国家的土地租佃关系，我们可以反复分析有关它的那些证据，以便阐明关于中世纪土地租佃关系的那些残缺不全的记载，这些租佃关系的确是可以分析的，但是不能加以对证。当然把现代的方法运用于原始状态是有很大危险的。误用它们易，而正确运用却难。但是完全不能加以利用的这种论断，似乎是建立在与本章和其他现代专著毫无共同之点的那种分析的目的、方法和结果的概念之上的。参阅《经济学杂志》（1892 年 9 月）中的《一个答复》。

第四节　分成制和小土地所有制的利弊

就英国与印度来说，佃户使用土地所付的代价应以货币计算，抑以实物计算这一问题，是饶有趣味的。但是，现在我们可以置之不论，而讨论“英国的”租制和美国所谓“分成制”与欧洲所谓“分益农制”[①]之间的根本区别。

在欧洲大部分拉丁民族的国家里，土地被分成好多块租田，佃户用自己和家人的劳动来耕种他的佃地，有时（虽然很少）也雇用少数雇工协助。而地主则供给房屋、耕牛，有时甚至供给农具。在美国，则各种租佃制都很少见，但这仅有的出租地中有三分之二是小块佃地，租给白人中的较贫阶层，或解放了的黑奴，根据这种制度，劳动和资本共分产品。[②]

这种制度使本身没有资本的人能使用资本，且使用资本的代

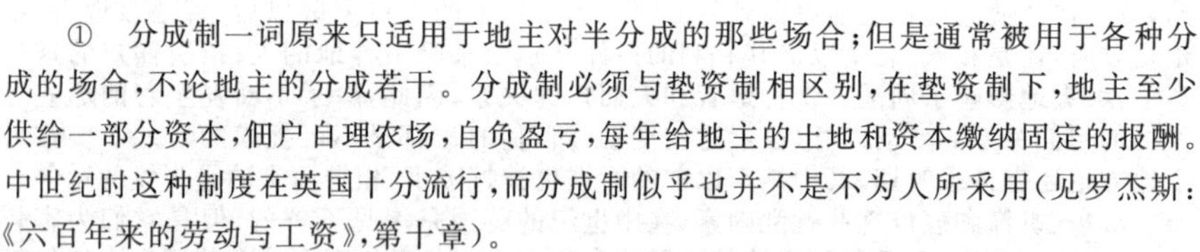

① 分成制一词原来只适用于地主对半分成的那些场合；但是通常被用于各种分成的场合，不论地主的分成若干。分成制必须与垫资制相区别，在垫资制下，地主至少供给一部分资本，佃户自理农场，自负盈亏，每年给地主的土地和资本缴纳固定的报酬。中世纪时这种制度在英国十分流行，而分成制似乎也并不是不为人所采用（见罗杰斯：《六百年来的劳动与工资》，第十章）。

② 1880年美国74％的农场由其主人耕种，18％或余额中的三分之二以上的农场出租分成，只有8％的农场是按英国制度出租的。不由主人耕种的大部分农场是在南部各州。在某些场合下，地主——当地叫做农场主——不仅供给骡马，而且也供给饲料；在那种场合，佃户（在法国不把他叫做分益农，而是叫做 maitre valet）几乎处于雇佣劳动者的地位，酬以其所收获的一部分；如渔业中的雇佣工人，他的工资只是一部分所捕获的鱼的价值一样。佃户所得份额不等，有的是三分之一，有的是五分之四，在前一场合，土地肥沃，作物所需劳动极少；而在后一场合，需要大量劳动，同时地主又供给少量资本。从研究分成契约所依据的许多不同的租佃制中，可以获得很大的教益。

价比在任何其他条件下要低些，同时比他当一个雇工有更多的自由和更大的责任心；因此，这种制度具有合作制、分红制和计件工资制这三种现代制度的许多优点。[①] 但是，分益农虽较雇工有更多的自由，然与英国农民相比，则自由反少。他的地主或地主的代理人，在监督他的工作上必须消耗很多的时间和精力；因此，他必须收取一笔很大的费用，这种费用虽然用别的名称，其实是管理上的报酬。因为当佃户必须把他每次投于土地的资本和劳动的收益之半数交给他的地主时，如投资的总收益少于作为他的报酬之数的两倍，则于他不利，他绝不从事这种投资。如果任他自由耕种，则他耕作的集约化程度远比英国制度下的为低。他所投的资本和劳动，以能给他两倍多的报酬为限，因此，他的地主在该报酬中所得的份额，比在报酬固定制下要少些。[②]

这是欧洲许多国家所采用的制度，在这种制度下，佃户实际上有固定的佃权；从而，只有通过经常的干预，地主才能使佃户在他的农场上保持一定的劳动数量，并制止他用耕牛从事于田间作业

---

① 出版商和作者之间的“红利对分”制关系，在许多方面类似于分成制下的地主和分益农的关系。

② 这可以从第四篇，第三章所用的图解中清楚地看出来。作一佃户份额曲线，位于 OD 与 AC 的二分之一（或三分之一，或三分之二）处；此曲线以下的面积代表佃户所得的份额，曲线以上的面积代表地主的份额；OH 和以前一样，是使佃户投一宗资本有利所需要的报酬；如果听其自愿，则他将不把他的耕作扩大到佃户份额曲线与 OH 的交点以外。因此，地主在较粗放经营的报酬中所得的份额比在英国制下要少些。这种图解可以用来说明李嘉图对决定土地的生产者剩余的原因所作的分析，如何适用于英国以外的租佃制。略加改变，将使它们适应于波斯的习惯，那里土地本身的价值很小；“收获分成五份，其分配如下：土地、灌溉用水等、种子、劳力、牛，各得一份。地主一般占有两份，因此，他获得五分之二的收获”。

以外的工作,这种工作的报酬归佃户所有,地主无权过问。

但是,即使在那些变化最少的地区,习惯上规定地主所供给的农具的数量和质量,总是无形中改变着,以适应变化着的供求关系。如果佃户没有固定的佃权,则地主可以任意安排佃户所供给的劳动和资本的数量,和他本身所供给的资本数量,以适应各种特殊场合的需要。①

很显然,分益农制的优点很多,如果佃地面积很小,佃户很穷,而地主对于许多琐事也不厌其烦的话。但是,它不适宜于那些大得足以发挥有才能的负责的佃户所具有的企业心的佃地。这通常是和小土地所有制相联系的;我们将在下节中加以讨论。

第五节　续前

小土地所有者的地位,具有很大的吸引力。他可以为所欲为,

① 在美国和法国的许多地区已经实行了这一点。有些明辨者认为这种办法可以大大推广,并使不久以前被看作垂死的分成制获得生机。如果实行得彻底,它将使耕作的程度与对地主所提供的收入,和该地主在英国制下用肥力和位置相等,并配备有等量资本的土地,以及在租用农场者具有正常经营能力的那些地方所能达到的耕作程度和所获得的收入相同。

关于法国分成制的弹性,请参阅希克斯和兰贝林在《经济学杂志》(1894 年 3 月)所发表的论文;和波流的《财富的分配》,第四章。

如在前注中一样,设在 OD 线上截取 OK 线段代表地主所供给的流动资本。那么,如果地主按照自己的利益自由地控制着 OK 数量,并能与佃户订定他所用的劳动数量,用几何就可以证明:他将把它调节得使佃户所进行的耕作集约程度恰如在英国制下那样;而他的份额将和在英国制下一样。如果他不能改变 OK 数量,但仍能控制佃户的劳动数量,则产品曲线将具有一定的形状,耕作的集约程度将比英国制下大些;但是地主的份额将有所减少。这种矛盾的结果虽不无科学趣味,但实际上却不重要。

既不受地主的干扰，也不怕自己勤劳的果实为他人所得。土地所有权给予他以自尊心和坚定的性格，并使他勤俭持家。他几乎没有闲过，而且很少把自己的工作视作苦役；这一切都是为了他所心爱的土地。

杨格说过，“财产如魔术，能变沙成金”。在小土地所有者具有特别能力的许多场合下，这无疑是真的。但是，如果这些人不把自己的视野局限于成为小土地所有者的狭隘范围，则他们也许有同样或更大的成就。因为这件事的确还有它的另一面；人们常说，“土地是劳动者的最好的储蓄银行”，有时它处于最好中的次要地位，而首要地位是他和他的子女的能力。小土地所有者对他们的土地是如此专心，以致往往不务他事。甚至他们中间许多最富的人，也精打细算，省吃省用。他们常以房屋和家具的排场而自夸；但他们为了经济而居住于厨房之内，实际上他们的食住条件远不及英国农民中较富裕的阶层。他们中间最穷的人，工作的时间很长，所费的辛苦很大，但是，他们所完成的工作却不多，因为他们吃得比英国最穷的工人还要差些。他们不知道，财富的效用，只是谋求真正幸福的手段；而他们为了手段却牺牲了目的。①

绝不应该忘记，英国劳动者代表了英国制度的失败，而不是它的成功。他们是那些人的后代，这些人在几代以来都没有利用那

① “小土地所有者”一词是一个很含混的名词：它包括许多通过幸运的婚姻而把几代辛勤劳动的果实和长期储蓄操于自己手中的人；普法战争后，法国有些小土地所有者能够自由地向政府贷款。但一般农民的储蓄却为数有限；十有八九他的土地因缺乏资本而荒芜：他也许有少量的货币或投资，但没有适当的理由使人相信他有大量的货币或投资。

些机会，这些机会曾使他们那些精明强干而富于冒险性的邻人在国内飞黄腾达，而更重要的是，在国外获得大量土地。英国民族成为新世界的主人原因很多，其中最重要的原因是那种进取心，这种进取心曾使一个富得足以成为小土地所有者的人，一般都不满足于农民生活的单调和收入的微薄。而助长这种进取心的原因很多，其中最重要的莫过于不受某种诱惑之害，这种诱惑就是等待小遗产，和为了财产而不是通过自由恋爱而结婚。这种诱惑往往使那些小土地所有制占优势的地方的青年在能力发展上受到限制。

部分的原因是由于缺乏这种诱惑，所以美国“农民”虽然是劳动者阶级，用他们自己的双手耕种自己的土地，但和“小土地所有者”却不相同。他们在发展本身和自己子女的能力上所用的收入很多，且极其明智。而这种能力就构成他们资本的主要部分，因为他们的土地只具有很小的价值。他们的思想往往很锐敏，虽然他们中间很多人都缺乏农业技术知识，但是，他们的锐敏和机变使他们有可能善于解决他们所面临的问题，几万无一失。

一般说来，问题在于农业上所得的产量和所消耗的劳动相比时较多，虽和他们所拥有的大量土地相比却较少。不过，在美国的某些部分，土地正在开始获得稀有价值，而靠近有利市场的地方，使耕作的集约化也逐渐有利可图，耕作和租佃方法正在按照英国的方式改变着。近几年以来，美国人有把西部的农场交给欧籍新移民经营的趋势，像他们把东部的农场和很久以前把纺织工业交给他们一样。

第六节　英国制度有可能使地主提供那部分他运用自如和对之负责的资本。它给予各种选择以很大的自由，虽然比在其他工业部门中的自由少些

让我们再来讨论英国的租佃制。这种制度在许多方面是有缺点的，而且也是苛刻的。但它对企业心和精力却有所刺激，有所节用，这种企业心和精力，辅以英国地理上的有利条件和不受破坏性战争的影响，使英国在加工工业、殖民事业和农业（虽然程度上较差）方面成为世界第一。英国在农业上从许多国家特别是荷兰学到一些经验。但总的说来她所教给人的比向人学的要多得多。现在，除荷兰外世界上没有一个国家在肥地的亩产量方面能和她相比。欧洲也没有一个国家相对于所消耗的劳动来说，能获得这样高的报酬。①

这种制度的主要优点是，它使地主有可能对那部分而且只对那部分财产负责，这部分财产的管理，既不费自己的很多操劳，也不给佃户带来许多麻烦。它的投资虽然需要企业心和判断力，但无须在细节上加以经常的监督。他的那部分就是土地、建筑物和

① 虽然有些可疑，但英国优等土地的单位面积产量甚至比荷兰似乎要高些。荷兰在工业进取心方面比任何其他国家对英国的启发都大；而这种进取心通过它那些密集的城市而传播于全国。但是这种公认是有错误的，即荷兰所维持的人口同英国一样稠密，可是仍有余力来输出大量的农产品。因为，比利时输入它的大部分粮食；甚至荷兰输入的粮食也和它的输出一样多，虽然它的非农业人口很少。在法国，农作物，甚至马铃薯，平均只有英国本土的一半重；法国就其面积而论，牛羊的体重也只有一半。相反地，法国的小农户在家禽、园艺和适应其温和气候的其他轻工业部门方面却占有优势。

永久的改良设备，而这些东西在英国平均等于农户所必须自备的资本的五倍。他愿意把这样大的资本充作事业中自己的股份，所得的纯地租，鲜有达到资本利率三厘者。没有其他一种企业，其中人能以如此低的利率借得所需要的资本，或不论按任何利率，总能借得如此多的资本。的确，分益农所借的资本甚至比这还多，但是，所付的利率要高得多。[①]

英国制度的第二个优点，部分地由于第一个优点而来，是它给予地主以极大的自由来选择有能力而富于责任心的佃户。就和土地所有权不同的土地经营而论，英国对出身的重视，远不及欧洲其他国家。但是，我们已经知道，即使在现代英国，在获得各种企业中的主要职位和参加自由职业，甚或工艺行业中，出身也是十分重要的，而在英国农业中则有过之而无不及。因为地主的长处和短处结合起来，使他们不能按严格的商业原则来选择佃户，而他们也并不经常更换佃户。[②]

第七节 续前

有机会把农业技术推进一步的人是为数众多的。因为农业各部门在一般性质上的区别远逊于工业，如有一种新的方法，则各部

---

① 就长时期来说，地主可以被看成是企业中的一个积极的主要合伙人；而就短时期来说，他却处于隐名合伙人的地位。关于地主的企业心所起的作用，请参阅阿盖耳大公所著《看不见的社会基础》，特别是第 374 页。

② 意见仍有很大分歧(1907 年)的是，地主的习惯和现行的租佃制结合起来，在什么程度上阻止了新的小土地所有制的形成，它给一个聪明的劳动者提供了独自创业的机会，像技工在五金或其他商品部门中创立零售商店和修理企业一样的容易。

门会迅速采用，而得到普遍传播。但是，相反的话，进步却比较缓慢。因为大多数有进取心的农业家都流入城市，而留在农村的人却过着多少孤单的生活；由于自然淘汰和教育的关系，他们的心眼往往不如城里人活动，多不愿提倡甚或采用新的方法。此外，虽然厂商在采用他的同业行之有效的那种方法方面几万无一失，但农户却不然。因为各个农场都多少有它自己的特点，因此，盲目采用周围行之有效的那种方法，势必归于失败；而这种失败促使别人更加相信，墨守成规乃为上策。

其次，农业上的各种细节很繁，使农业会计精确至感困难。其中有许多连带产品和许多副产品，以及各种作物和饲养方法之间的借方和贷方的关系又是如此复杂和变动不居，以致一个普通的农户即便对会计的喜好像他事实上那样厌恶一样，除非用猜测的方法，很难确定什么价格才值得他来增加一定的额外产量。他可以相当精确地知道它的直接成本，但他很少知道它的真正总成本，这就增加了及时吸取经验教训，从而借助它来取得进步的困难。①

①　在小土地所有者方面这种困难甚至更加严重。因为资本主义农场主无论如何是用货币来计算主要成本的。但是用自己双手耕种的农户却往往尽量把劳动投于他的土地，而不仔细计算其货币价值与其产品的关系。

虽然小土地所有者在他们比用较少的报酬所雇用的工人要劳动得更加谨慎方面，和其他的小业主相同；但是他们不同于工业中的小业主的是，他们往往不雇用额外的劳动，即使这样做使他们有利可图。如果他们和他们的家庭不足以照顾他们的土地，则土地一般得不到正常的耕耘，如果照顾有余，则土地往往超过有利耕作的界限。一个普通的准则是，把自己主要工作的业余时间从事于其他工业的那些人，往往把他们在这种工业中的所得（虽然很少）看作是一种额外收入。他们有时甚至在达不到对依靠该业维持生活的那些人来说是最低的工资时，也情愿工作。当副业是用不完全的工具耕种一小块土地（部分原因是为了消遣）时，这点尤其适用。

此外,农业和工业在竞争的方式上也有区别。如果某厂商的能力薄弱,则别人可以起而代之。但是,如地主不能按最好的方法来发展他的土地的资源时,则他人除非引起报酬递减趋势的作用,是不能弥补这种缺点的;因此,他的缺乏聪明和进取心,就使边际供给价格较高。[①] 但工农业在这方面的区别,的确只是程度上的区别;因为任何工业部门的发展,由于从事该业的各大厂缺乏能力和进取心而受到阻碍。农业上的主要改良,是由地主进行的,他们本身就是城里人,或和城里人至少有很密切的联系,此外农业的辅助行业的厂商也曾进行了这种改良。[②]

第八节 大土地占有制和小土地占有制。合作

虽然自然所提供的报酬,随着一定效率的劳动数量的增加而增加,但所增加的报酬却不能同劳动量的增加成比例;然单就人而论,在工业和农业中,一般都适用报酬递加规律(亦即总效率的增加超过工人人数增加的比例)。[③] 不过,这两种场合下的大规模生产的经济却截然不同。

首先,农业必须占用广阔的地面,原料可以运给厂商来用,而农业家非自己寻找工作不可。其次,农业劳动者必须按季节工作,很难在一年四季专门从事一种工作。因此,即使在英国制度下的

---

① 见第六篇,第二章,第五节,与该处所述之论点。

② 在普罗瑟罗《英国的农业》第 6 章中,提供了一些长期抗拒这种改变的事例,并继续指出,英国必须至迟在 1634 年通过一项"反对用一列人耕地"的法案。

③ 见第四篇,第三章,第五、六节。

农业，也不能向着工业生产方法的方向迅速前进。

但是，种种巨大的力量，有使它向着那个方向发展的趋势。发明上的进步，不断增加着用途很广而价值昂贵的机器的数量，所谓昂贵，因为其中大部分机器小农只能在很短的时间内使用。他可以租用某些机器，但是许多机器，只有他和邻人合作，才能加以使用。而天气的无常，往往使他在实践中不能顺利地实现这种计划。[①]

再其次，农场主为适应时代变迁的需要，就非摆脱他和他父亲的经验所得来的结果不可。他必须领悟农业科学和实践的发展，且足以用来改良他的农场。要适当地进行这一切，就非有机变之才不可。有这种才能的农场主，会腾出时间来决定几百亩甚或几千亩土地的管理上的一般方针。而专管工作上的细节，是一种和他不相称的工作。他应该担任的工作和大厂商所担任的工作同样困难，这个厂商不会把他的精力消耗在琐碎的监督上，而这种监督是他很容易用雇员来做的。能做这种高级工作的农场主，除非他所雇的许多工作队各队都有监工负责，则从事不值得他做的那种工作，势必浪费他的精力。但是，能发挥这种才能的农场不多，因此，使真正有能力的人从事农业企业的诱惑力并不大。国家最有才能的人，一般都回避农业，而从事工商业，在工商业中，具有头等能力的人有机会只做高级工作而不做其他工作，且高级工作做得很

① 畜力较之汽力或手工劳动，在英国比在其他国家要贵些。英国在农业机器的改良方面领先。畜力的便宜一般对中型农场（和很小的农场相比）有影响；但是汽力和汽油动力等的便宜，除农业机器可以随时廉价租用外，对很大的农场有影响。

多，从而获得管理上的高额报酬。[①]

如果假定，像现代的方式那样，农场主不常和他的雇工共同工作，也不以他的亲赴现场来鼓励他们，则为了生产上的经济似乎最好的办法是，农场应当在现有租佃条件所允许的范围内尽量扩大，以便有机会来使用极其专门的机器，和施展农场主的才能。但是，如果农场不很大，如果像一般的情况那样，农场主的能力和才智并不高于工业中的优等工头，则为了别人和最后为了自己的利益也许最好是沿用旧方法，和他的雇工一道工作。他的妻子也许也参加村里村外的某些轻便工作，而这些工作习惯上是由她来做的。它们所需要的是谨慎和判断，它们同教育与文化也并不是不相容的。同这些结合起来，它们不仅不降低，反而提高她的生活旨趣和他的社会地位。有理由认为，物竞天择原理的严酷作用，现在正淘汰着那些农场主，他们既无做艰难的脑力工作之才，又不愿从事体力劳动。他们的地位正在由那些高于一般天赋能力的人起而代之，这些人由于现代教育的帮助，逐渐脱离工人队伍；他们对于处理一个模范农场的日常工作是颇为胜任的；并且他们给予农场以新的生命和精神，因为他们是和他们的雇工一道工作，而不是吩咐

① 经营大规模农场的试验是困难的，而且是费钱的，因为它需要农场用房和特别适合于这种目的的交通工具；它也许要克服许多不完全是属于不健康的习惯和情操方面的阻力。风险也是很大的；因为在这些场合下，那些创办者往往失败，虽然他们的路径一旦走通以后，也许证明是一条捷径。

我们关于许多争论点的知识就会大大增加，并且可以作为未来的借鉴，如果有些私人或股份公司，或合作社试办少数所谓“工厂农庄”的话。根据这种计划，有一个中心建筑群（或一个以上），从这个建筑群有公路或轻便电车轨道通四方。在这些建筑物中，要运用工厂管理的既定原则，机器专门化并且合乎节约原则，避免原料的浪费，利用副产品，尤其是要运用精湛的技术和管理才能，但是只用于其所应用之处。

他们去工作。极大的农场既已不见，则英国农业最近的将来似乎寄寓于按照上述原则经营的小农场了。小佃地具有很大的优点，只要那里的作物必须加以小心保护，而机器则无能为力。但是，现代科学方法的应用，使专门技术所带来的经济日形重要，如在雇有几个工资优厚的助理以培植珍贵花草和果类的苗圃中所见的那样。

第九节　续前

其次，我们所要讨论的是，地主怎样为着他们自己的利益规划佃地的规模以适应人民的实际需要。小佃地比大佃地按其亩数来说，往往在房屋、道路和围墙上所需费用较大，给地主带来的操劳和附带的管理费用也较多。拥有一些优等土地的大农场主，能善于利用劣等土地，而小佃地[①]除非土质优良，一般就无法繁荣。因此，小佃地每亩的租金（毛租）总是比大农场高些。但是，可以断言，特别是当土地上住宅密集时，地主除非见到小佃地的地租除对他们的开支提供高额利润外，还能给予他们以巨额保险基金，以防佃地的重新合并，则他们绝不愿负担再分农场的费用。国内许多地方小佃地（特别是只有几亩地的）的租金是极其高的。有时地主

① 这个名词因当地情况和个人需要的不同而解释各异。在靠近城市或工业区的永久牧场上，小佃地的利益也许最大，损失最小，对小块耕地来说，土壤不应该是松散的，而应该是坚固的，土质越肥越好；而这在佃地小得只能多用锹铲的场合下尤其是如此。小农在土地丘陵起伏之区，也往往能支付他的地租，而毫不费力，因为在那里他由于不用机器而遭受的损失极小。

的成见和优越感使他断然拒绝把土地卖给或租给那些在社会政治或宗教问题上同他持有不同的见解的人。似乎可以肯定，这种弊端往往只发生在少数地区，而且是在日益减少，但确实引起很大的注意；因为各个地区公众既需要大佃地也需要小佃地，用以耕种和修建花园；且一般都需要小得可以由有其他职业的人来兼营的小佃地。①

最后，虽然小土地所有制不适合于英国的经济条件，她的土壤、气候和她的民性，但是，英国仍有少数小土地所有者，他们在这种情况下生活得很幸福。还有少数其他的人，他们会购买小块土地，甘以务农为生，如果他们在需要时仅能获得他们所需要的东西。他们的性格是，倘不服侍他人，则他们甘愿勤劳和节俭度日。他们喜欢安静，而不喜欢激动。他们对土地有无限的热爱。应该给这些人以相当的机会，使他们用自己的储蓄购置小块土地，在这些土地上，他们可以用自己的双手来种植相宜的作物；至少应当减少目前因转让小块土地而收的那些苛刻的法定手续费。

合作制在农业中似乎大有发展前途，并把大生产的经济和小

① 它们增加了在野外工作的人数：它们给予农业劳动者以进身之阶，使他不致为了寻求发挥自己野心的机会而被迫离开农业，从而，制止了最勇敢能干的农村青年不断流向城市的这种奇灾大祸。它们打破了生活的单调，把人们从室内生活解放出来，它们提供了使个人生活丰富多彩的机会；它们是低级趣味的挡箭牌，它们往往能使家人团聚，而在其他情况下势必分离；在顺利的情况下，它们大大改善工人的物质生活状况；并且减少因他们日常工作的不断中断而产生的损失和焦虑。

《小佃地调查委员会上的作证》(1906 年，第 3278 号)极其详尽地讨论了小佃户所有制的利弊；多数意见显然是反对这种所有制的。1904 年，英国的统计材料是，一至五英亩的有十一万一千户，五至十英亩的有二十三万二千户，五十至三百英亩的有十五万户；三百英亩以上的有一万八千户。同上书，附录二。

生产的快乐和社会利益结合起来。它所需要的是彼此信任，推诚相见。而遗憾的是，最勇敢有为而最为人所信赖的乡民都先后移入城中，所留下的农人却多疑善感。但是，丹麦、意大利、德国以及爱尔兰，曾领导了大有前途的合作化运动，如在乳制品的经销、牛油和奶饼的制造、农民必需品的采购和农产品的销售方面都组织了合作社。英国正在仿效它们。不过运动只局限于狭隘的范围，它几乎没有涉及田间工作本身。

如合作制可以兼容一切租佃制的优点，则爱尔兰的佃农制往往包括所有的缺点；但是，其中的弊害及造成这些弊害的原因，几已绝迹，而问题的经济因素此刻正为政治因素所蔽。因此，我们不得不略而不论。[①]

第十节　决定正常价格和正常收成的困难。佃户进行改良和获取改良果实的自由

英国租佃制度在爱尔兰的失败，曾显示了它所固有的那些困难，而这些困难在英国之所以得到隐蔽，是由于这种制度同人民的

① 一般对英国立法者在十九世纪上半期因力图把英国租佃制强加于印度和爱尔兰所犯错误的指责，大部分是李嘉图的地租理论所不应当承提的。理论的本身只讨论那些决定任何时候土地所提供的生产者剩余的数量的原因；而在为英国的英国人读的著作中，把生产者的剩余当作地主的份额是没有很大害处的。那是法律上的错误，而不是经济学上的错误，这种错误使我们的立法者给孟加拉的收税人和爱尔兰的地主提供了取得垦殖公司全部财产的种种便利，在爱尔兰的场合，这个公司包括地主和佃户，而在孟加拉的场合，包括政府和各级佃户；因为在大多数场合下，收税人并不是公司的一个真正成员，而只不过是它的一个差役而已。不过爱尔兰政府和印度政府现在都有了较明智而公正的认识了。

企业习惯和性格相合；其中最主要的困难导源于这一事实，即这种制度在本质上是竞争的制度，而甚至英国的农业条件都给予自由竞争的充分发挥作用以极大的阻力。首先，在确定竞争作用所必须根据的事实方面，存在着特殊的困难。如上所述，使农业会计精确，至感困难。此外，还必须估计到，农场主关于使他值得负担的那种地租的计算，往往因难于确定正常收成和正常物价水平而受到阻碍。因为丰年凶年如此交错，以致提供一个可靠的平均数非需要许多年不可。[①] 而在这些年代里，工业环境势必有很大的变动；当地的需求，使他能在遥远市场销售自己产品的便利，和使远地竞争者能在他的当地市场出售产品的便利，也许都有所变动。

地主在决定收取多少地租方面，也遇到这种困难，和另外一些因国内各地农场主的能力标准不同而产生的困难。农场的生产者剩余或英国的地租，是该农场的产品所提供的收益超过包括农场主正常利润在内的耕作费用的差额，其中所假定的是，农场主的能力和企业心，就该地该类农场来说，是正常的。所述困难在于决定该地二字应作如何解释，作狭义解抑作广义解。

很显然，如果农场主的能力在他的本地区的标准能力以下，如果他的唯一长处在于断断讲价，如果他的总产品很少，而他的纯产品甚至在比例上更少；在这种情况下，如地主把农场交给一个更有能力的佃户，他能支付较高的工资，所获得的纯产品也多得多，并能支付较多的地租，则他的行动代表了大家的利益。反之，如当地的正常能力和企业心的标准不高，地主尽量设法从达到该标准的

① 比较图克和纽马奇：《物价史》，第6卷，附录三。

农场主攫取大于他所能交付的地租，则从伦理的观点来看显然是不对的，在长期内同地主的利益也是不相容的，即使他从能力标准较高的地区移入农场主即可获得那种地租，这事也有欠妥当。[①]

和上述问题密切联系的另一个问题是，佃户应有自由来发掘土地的自然潜力，并自担风险，条件是，如他成功，则他可以获得大于正常的企业利润。就各种小的土地改良来说，长久租据在很大程度上克服了这种困难。苏格兰在这方面曾做了许多，但是，它们也有自己的缺点。如人们所常说的，“英国佃户，即使当他没有租权时，总像有租权似的”，“即便在完全英国式的租佃制中，也有一些分益农制的痕迹。”当年成和市场对农场主有利时，他付给全部地租，并避免向他的地主提出要求，而这种要求也许使他认为地租是否不应有所增加。当年成极其不利时，地主一方面由于同情，另方面也作为义务，暂时减免地租，并承担修理费用，而这种费用通常是由农场主负担的。可见，在地主和佃户之间，虽然名义地租不变，其实有许多的互相迁就现象。[②]

习惯常常使英国佃户对他所做的改良的补偿得到部分保证。立法方面最近与习惯并驾齐驱，甚至超过习惯。现在佃户实际上不

① 这种困难实际上是通过妥协来解决的，而这种妥协是经验认为可行，并且合乎科学地解释“正常”一词的。如果当地佃户显示了非凡的能力，则地主被认为贪得无厌，他以引用新佃户为威胁，力图索取一种高于当地正常农民所能支付的地租。相反地，一旦农场脱租后，如果地主所接纳的新佃户给当地树立了良好的榜样，并且和地主大致均分他的能力和技术（虽然严格地说不算特殊，但仍高于当地标准）所带来的额外纯剩余，则他的行动就被认为是合理的。比较本章第三节末段脚注中所指出的印度移民局就质量相同的土地由健壮种族和体弱种族耕种时所采取的措施。

② 参照尼科尔森：《佃户的利益，而非地主的损失》，第10章。

受由于他所做的相当改良的增产而增加地租的威胁。当他离开时，他可以对改良设施未耗尽的价值要求赔偿，数额由公断人决定。①

第十一节　关于建筑物、空地和其他方面的公私利害的冲突

最后，就城中空地对私人利益和公共利益的问题，还必须说一说。威克菲尔德和其他美国经济学家曾教导我们说，人稀的新地区，常以新来的人的降临而致富。反面的真理是，人稠的地区，每因增建一所房或多盖一层楼而致贫。新鲜空气和阳光的缺乏，为各种年龄的人和儿童游戏所需要的室外休息处的缺乏，耗尽那些不断流入大城市的最优秀的英国人的精力。允许在空地上任意建筑，从企业的观点来看，我们就犯了严重的错误。因为为了一点物质财富，我们耗费了作为一切财富的生产要素的人的精力。我们牺牲了那些目的，而物质财富只是达到这种目的的一种手段。②

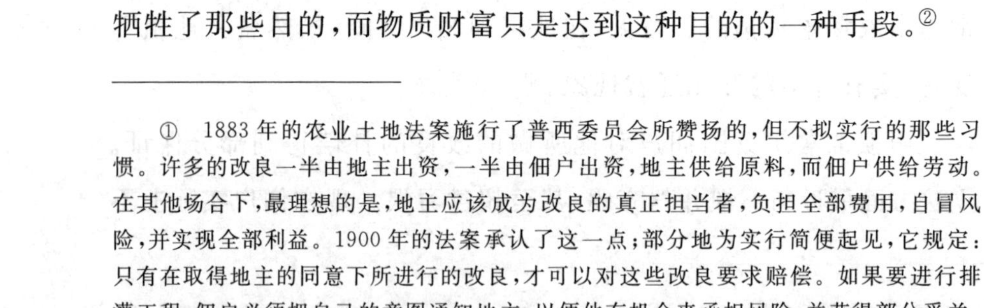

① 1883年的农业土地法案施行了普西委员会所赞扬的，但不拟实行的那些习惯。许多的改良一半由地主出资，一半由佃户出资，地主供给原料，而佃户供给劳动。在其他场合下，最理想的是，地主应该成为改良的真正担当者，负担全部费用，自冒风险，并实现全部利益。1900年的法案承认了这一点；部分地为实行简便起见，它规定：只有在取得地主的同意下所进行的改良，才可以对这些改良要求赔偿。如果要进行排灌工程，佃户必须把自己的意图通知地主；以便他有机会来承担风险，并获得部分受益。关于施肥和某些维修工程等，佃户有权自行处理，而无须同地主商量，不过他只冒着这样的风险，即仲裁人将不认为他的开支有权要求赔偿。

在1900年的法案下，仲裁人给新进的佃户所指定的赔偿，在扣除代表“土地潜力”所产生的那部分价值后，大体上等于改良的价值。但是这种扣除为1906年的法案所勾销；地主的利益被认为有了充分的保证，原因是它有这样的规定：即在可以引起潜力的那些场合下，需要他的同意；同时也因为给予他以在其他方面冒险的机会。

② 这个问题将在附录七中进一步加以讨论。

第十一章　分配总论

第一节　前八章摘要，其中寻求一条连续线横于第五篇第十四章中的那条连续线，并在决定各种不同生产要素和生产工具（物质的和人的）的正常价值的原因上达到统一

前十章的论点，现在可加以总结。它远不能完全解决摆在我们面前的问题。因为其中涉及对外贸易、信用与就业的变动，以及多种多样的集体作用和共同行动的影响。但是，以上所论，确实接触到支配分配和交换的那些最根本而经常存在的因素的广泛作用。在第五篇末尾的结论中，我们曾发现了一条连续不断的线，它使供求均衡的一般理论连续适用于各种不同时期，从这样短的时期，以致生产成本对价值没有直接影响，到那样长的时期，以致各种生产工具的供给可以和它们的间接需求（亦即从对它们所生产的商品的直接需求所派生的需求）相适应。在本篇中，我们曾涉及另一条连续不断的线，它横交于连接各个不同时期的那条线。它把各种不同的生产工具（物质的和人的）都连接起来；虽然它们在外表上有重要的差别，而它却使它们在根本上统一起来。

首先,工资及其他的劳动报酬,和资本的利息有许多共同之点。因为决定物质资本和人身资本的供给价格的因素具有一致性。使人投资于他的儿子的教育上的动机,和使他为他的儿子积累物质资本的动机相同。其中有一种相续不绝的过渡,即由父亲的工作和等待,而遗留给他的儿子一个极富的工业企业或商业企业,过渡到一个人的工作和等待,以维持他儿子的生活,使他逐步受到完全的医学教育,最后,为他获得一种有利的职业。此外,还有同样的相续过渡,即由他过渡到一个人的工作和等待,以能使他的儿子可以受到长期教育;在习艺时,工作可以不取报酬,而不是像杂勤童工早期被迫参加工作自食其力那样,这种童工的工资比较高,因为这种工作对他的未来发展没有什么帮助。

的确,在现存社会制度下,只有父母在发展青年能力的人身资本上愿付出很大的代价。而许多头等才能之所以未加培植,湮没无闻,是由于能发展这种才能的人对此事没有任何特殊兴趣。这种事实实际上至关重要,因为它的影响是积累性的。但这并不能使物质生产要素和人力生产要素发生根本的区别,因为它和这一事实相似,即许多良田耕作得很差,实因善耕者未曾耕之。

其次,因为人的成长很慢,消磨也很慢,父母为子女选择职业时,通常必须远鉴一百年,所以需求的变动要充分发挥它们的作用,在人力要素比在其他物质生产设备方面所需要的时间较长;而在劳动的场合,如使供求趋于协调的那些经济力量充分发挥作用,则非需要特别长的时间不可。因此,总的说来,任何一种劳动对于雇主的货币成本,在长期内和生产该劳动的实际成本大体一致。[①]

① 比较第四篇,第五、六章;与第六篇,第四、五、七章。

第二节　续前

一端是人力生产要素的效率，另一端是物质生产要素的效率，二者相权之后再与它们的货币成本相比较。一种要素，如它的效率相对于它的货币成本而大于另一种要素时，则有被使用的趋势。企业的主要职能，在于使伟大的代用原则自由发生作用获得便利。一般地与公共利益相合，有时也与它相反，企业家不断地比较着机器和劳工、熟练工人和非熟练工人，以及额外监工和经理所提供的服务；他们对于各种不同生产要素的使用经常筹谋划策，重新组合，而选择对他们最有利的那些组合。[①]

从而在一个或一个以上的生产部门中，几乎每一类劳动的效率（相对于它的成本）和其他几类的劳动是不断地加以比较的，其中每类劳动又和他类劳动相比较。这种竞争本质上是"纵的"竞争；因为它是属于不同级的，从事于同一生产部门而又为它所限制的工群为获得雇用场所而进行的斗争。但是，同时"横的"竞争也在时时进行，而所用的方法却比较简单；首先由于成年人在本业中可以从一业自由地转向他业；其次由于父母一般都能使子女参加同他们那一级相近的任何其他行业。由于纵的和横的竞争相并而行，虽然事实上不论哪一级的劳动大部分都可以从本级的子女得到补充，但各级劳动所得的报酬是按他们所提供的服务得到有效

① 比较第五篇，第三章，第三节；与第六篇，第七章，第二节。

而合理的调整的。[①]

可见，代用原则的作用主要是间接的。如有两桶，其中满盛液体，并有管相接，则在较高水平的桶内靠近该管的液体，虽有黏性，也将流入另一桶内。这样，即使没有液体从此桶的一端流向彼桶的另一端，而两桶的一般水平也可以趋于一致。设有数桶，以管相接，则各桶中的液体必将趋于同一水平，虽然其中有几个桶和别的桶并不直接相连。同样，代用原则不断通过间接的途径，有使所得的分配和各业甚或各工种的效率相准的趋势，而所谓各业和各工种彼此并没有直接的接触，乍看起来似乎无法彼此竞争。

第三节　续前

自非熟练工人进而至熟练工人，再进而至监工，再进而至主任，再进而至大企业的总经理（部分酬以红利），再进而至股东，再进而至大私营企业的财东，其中都是相连不断的。而在股份公司中，由董事而至承担企业的最后主要风险的普通股东，我们看到他们层层下退，如一梯形。不过，企业家在某种程度上另成一类。

因为代用原则在比较这一生产要素和那一生产要素时主要是通过他们的自觉作用的；就他们来说，除了他们相互竞争的间接影响外，代用原则就没有别的媒介。所以，它盲目地发生作用，且造成颇大的浪费。它强使那些许多如有良好的开端就能作出极大贡献的人遭到失败，兼以与报酬递加趋势相结合，它使强者更强，并

① 比较第四篇，第六章，第七节；与第六篇，第五章，第二节。

使弱者的企业落入已拥有部分垄断的那些人之手。

但是，另一方面，能打破旧有垄断，并给自身有极少资本的人提供创办新企业和升任各种大公司的经理的机会的那些力量也有不断的增加；而这种力量能使运用资本所需要的经营能力发挥出来。

总的说来，企业管理工作的代价是低廉的，的确也许不如将来的低廉，在将来，人们的集体智慧、责任感和公益精神更加发展，社会更努力使出身卑贱的人的才能有所发展，使企业的秘密减少；使各种投机和竞争的浪费方式都得到制止。但是，甚至现在管理工作也是低廉的，它对生产的增益大于它的报酬。因为企业家像熟练的工匠一样，所提供的服务是社会所需要的，如没有他来提供这种服务，则取得这种服务所用的成本也许更大。

决定一方面是普通能力与另方面是运用资本的经营能力的正常报酬的因素，其间的相同之点并不适用于它们的当前报酬的变动。因为雇主居于缓冲地位，在商品的买主和生产它的各种劳动者之间起着媒介作用。他取得商品的全部价格，而把它付给工人。他的利润随着他所售的商品的价格的变动而同时变动，且变动的幅度较大；而他的雇工的工资变动得较晚，且变动的幅度较小。在任何特定时间，他的资本和能力的所得有时很大，有时也是负数，而他的雇工的能力所得永不会很大，也永不会成为负数。工资领受者如失业时，势必受很大的痛苦，但这种痛苦的产生，并不是因为他是工资领取者，而是因为他手中没有积存。①

①　比较第五篇，第二章，第三节，与第六篇，第四章，第六节；及第八章，第七—九节。

某人因拥有特殊天赋能力而来的那部分收入，是对他的一种赠品；从抽象的观点来看，和其他自然恩赐品如土地所固有的属性的地租相似。但就正常价格来说，它应与荒地开垦者所获利润，或与寻珍珠者的所得列入一类。在垦荒者中，有的人的土地比原来预期的要好些，而有的人的土地却差些。寻珍珠者一次潜水的丰富收获，同多次潜水而毫无所获相抵消。律师、工程师或商人由于他的天才而得的高额收入，非与许多其他人的失败相较不可；而失败者在青年时似具有相同的前途，所受的教育和立业机会都一致，但是，他对生产所提供的服务，相对于该服务的成本却比成功者的要小些。最有能力的企业家一般都是那些获利最多的人，而同时他们所做的工作，反而极其低廉；如果社会把这种工作交给能力较差、索价较廉的人来做，则无宁等于浪费，如同把一块贵重的金刚钻交给一个工资很低而技术恶劣的人加工一样。

第四节　各种不同的生产要素争相雇用，但它们也是相互雇用的唯一泉源

回顾本篇第二章中所述的论点时，我们所应当铭诸于心的是，各种不同生产要素彼此保持着二重关系。一方面，它们往往为得到雇用而相互竞争；任何一种要素，它的效率相对于它的成本而大于另一种要素时，则有代替该要素的趋势，从而，限制着它的需求价格。另一方面，所有的要素都为彼此提供了雇

用场所，任何一种要素，除非其他要素给它提供了雇用场所，是得不到雇用的。一切生产要素所共同创造的，并随着各要素供给的增加而增加的国民收入，也是其中各要素的需求的唯一源泉。

因此，物质资本的增加，给它开辟了新的运用场所；虽然在进行新的投资时，它可以减少少数行业中的手工劳动的雇用场所，但就全体而论，它会大大增加对手工劳动和其他生产要素的需求。因为它将大大增加作为一切要素需求的共同源泉的国民收入；由于资本雇用竞争的增加，利率势必有所降低，从而，资本和劳动所共同创造的那部分国民收入将在比以前有利于劳动的条件下加以分配。

对劳动的这种新的需求，部分地由于新事业的开辟，而这种事业以前也许无法偿其所负。而一部分新的需求是由于制造昂贵的新机器需要工人。因为当人们说以机器代替工人时，它指的是以和大量等待相结合的劳动来代替和少量等待相结合的劳动，只根据这个理由，不可能以资本来代替一般劳动，除非就一个地方来说，它从其他地方输入资本。

不过，仍然真实的是，资本的增加所给予劳动的主要利益，并不是由于它使劳动得到新的就业机会，而是由于增加了土地、劳动和资本（或土地、劳动和等待）的共同产品，及减少了任何既定资本（或等待）数量在该产品中当作自己报酬所能要求的那一份额。

第五节　任何工种的工人人数增加或其效率提高有利于其他工人，但是当后者受益时，前者却受其害。它改变自己的和其他工人的边际产品，从而影响工资。计算正常边际产品时，要谨慎小心

在讨论任何一组工人的工作供给量的变动对其他各种工人的雇用所发生的影响时，无须追问这种工作量的增加是由于该组工人增加了人数，还是由于他们提高了效率。因为这个问题是同其他问题没有直接关联的。不论哪一场合，对国民收入的增加都相等，不论哪一场合，竞争将迫使他们不得不在相同程度上退入他们的边际效用较小的使用之处；从而在相同程度上减少他们在共同产品中所能得的份额，以作为某种工作的一定工作量的报酬。

但是，这个问题对于该组内的工人是极其重要的。因为如果这种变动是他们的平均效率提高十分之一，则他们十人中每人所得的总收入将等于人数增加十分之一而效率不变的十一个人中每人所得的总收入。①

每组工人的工资以他组工人的人数和效率为转移，是通例中

---

① 例如，假定该组劳动供给增加十分之一，使他们劳动的边际效用降低，从而，使任何既定工作量的工资降低三十分之一；那么，如果这种变动是由于他们人数的增加，则他们的工资会降低三十分之一。但是如果是由于他们效率的增加，则他们的工资会上升大约十六分之一$\left(\text{更确切地说，他们的工资是以前工资的}\frac{11}{10}\times\frac{29}{30}=1\frac{19}{300}\right)$。

的一个特例，即环境（或机遇）在决定一个人的工资所接近的纯产品中，至少和他的精力与能力起同等的作用。

任何一组工人的工资所接近的那种纯产品必须以下述假设为计算的标准，即生产已达到一点，在该点，产量的销售仅能带来正常利润，而不是更多的利润。同时它必须就具有正常效率的工人而加以计算，他所增加的产品，只能报酬具有正常能力、正常时运和正常资金的雇主以正常利润，而不是更多的利润（如求高于或低于正常效率的工人的正常工资时，则必须在该纯产品中增加或减去某种数额）。所选择的时间也必须是生意正常的时间，而各种劳动都有比较相宜的供给。例如，假使建筑业特别衰败，或特别繁荣，或如果它的发展因砖匠或木匠的供给不足而受到阻碍，而其他建筑工人的供给却有所过剩，则这种时机就不适合于估计砖匠或木匠的正常工资和纯产品的关系。[①]

① 关于工资与劳动边际纯产品的关系，参阅第六篇，第一、二章，特别是第一章第七节，与第二章第七节，这个问题将在第六篇，第十三章，特别是第八节最后一个注中，进一步加以讨论。关于寻求一个真正有代表性的边际的必要性，参阅第五篇，第八章，第四、五两节，那里的论点（第四节最后的脚注）是，如果已经达到那一边际，就业已计及任何一组工人的供给对其他组工人工资的影响：任何一个工人对一国工业的一般经济形势的影响是极小的，而与其纯产品和其工资关系的计算是无关的。在第五篇，第十二章和附录八中，提到产量急剧增加的种种障碍，即使在那里这种增长在理论上会提供许多大规模生产的经济；也提到就它们而使用“边际”一词时所需要的那种十分谨慎的态度。

第十二章　进步对价值的一般影响

第一节　新开发国家中资本和劳动投放场所的有利程度部分地取决于和旧世界市场的联系，在这些市场上它可以出售自己的产品，并以其未来的收入换取它目前所需要的各种供应品

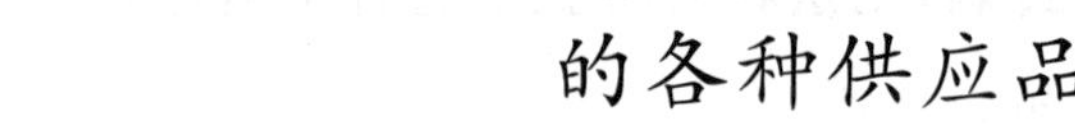

任何地方对劳动与资本的雇用取决于三个条件：第一，它的自然资源；第二，知识的进步和社会与工业组织的发展所产生的，善于利用这些资源的力量；第三，靠近有出售剩余产品的市场。最后这一条件的重要性，往往为人所忽视；但是，当我们观察新开发国家的历史时，它显得十分突出。

人们常说，哪里有不收地租的大量肥沃土地和相宜的气候，哪里劳动的实际工资和资本的利息就高。但这只有部分的真理。美国初期殖民者所过的生活很苦；自然界给予他们以大量的木材和肉类，几不取代价。但是，他们却很少享有生活上的安逸和奢侈。甚至现在也有许多地方（尤其是在南美和非洲），自然资源极丰，而

资本和劳动却裹足不前，因为他们缺乏交通工具，与外界隔绝。相反地，位于沙漠中的一个矿区，一旦有交通与外界相连，就可以给劳动与资本提供高额报酬（荒凉海岸附近的商埠也如此），如靠本地资源，则它们也许只能维持少数居民和赤贫。自从轮船交通发达以来，欧洲对新世界产品所曾提供的有利市场，就使北美、澳洲和非洲及南美洲的某些部分成为资本和劳动前所未有的极其有利而巨大的雇用场所。

但是，造成新开发国家的现代繁荣的主要原因毕竟在于欧洲所提供的市场不是现货市场，而是期货市场。一小撮殖民者在取得大量肥沃土地的产权以后，在当代就想获得它的未来利益。他们无法直接实现这一目的，而只有通过间接的办法，即以支付他们的土地在未来所生产的大量物资这一诺言来换取欧洲的现货。他们用这种或那种形式把自己的新地产以很高的利率抵押给欧洲。英国人和其他国家的人，他们积累了现成物资，就立即用这些物资来换取大于他们在本国所能得到的期货：大量资本流向新开发的国家，而资本的流入大大提高当地的工资率。新资本逐渐渗入边远地区，那里资本如此缺乏，而迫切需要资本的人又是如此之多，以致它在一个很长的时期内往往能得月息二厘，后来逐渐降至年息六厘，甚或五厘。因为殖民者富于进取性，同时又看到取得产权有利，它不久将具有极大的价值，他们都想成为独立的业主，或雇主（如果可能的话）；因此，工人必须用高额工资加以吸引，而这种工资大半都是用从欧洲抵押借款或其他方式所得的商品来支付的。

不过，精确估计新开发国家中边远地区的实际工资率，是很

困难的。工人都是优秀的人，富于冒险性，能吃苦耐劳，坚决果断，精明强干。他们都是壮年，从不生病；他们所经受的各种折磨，是英国普通工人，尤其是欧洲普通工人所不能忍受的。他们中间没有穷人，因为大家身体都很强壮。如果有人生病，则他只好到人口比较稠密的地区去，那里工资较低，但也可能过一种清静而安闲的生活。他们的工资，如用货币计算，是很高的，但是，有许多的安逸品和奢侈品，他们必须用极高的价格购买，或完全弃而不用，而如果他们住在人口比较稠密的地方，则他们会自由地（或按低价格）获得这些东西。不过，其中多数只是满足人为的需要；而这些东西在没有人有或者没有人要的地方，是很容易被弃而不用的。

随着人口的增长，优等土地既已被占，所以自然对耕作者的边际劳作所提供的农产品报酬一般地较少；这就有使工资稍微下降的趋势。但是，即使在农业里，报酬递加规律也时时在和报酬递减规律相抗衡，许多最初被人忽略的土地，在细心耕种以后，可以获得丰收；同时公路和铁路的开辟，以及各种市场和工业的发展，都使生产上的种种经济成为可能。这样，报酬递加和报酬递减规律似乎势均力敌，有时这一规律，而有时那一规律占优势。

如果劳动和资本的增长率相等；如果综合起来看生产规律是报酬不变，则分配给和以前保持同样比例的资本和劳动的报酬将不变，因此，工资或利息也无须有任何的变动。

但是，如果资本的增长比劳动要快得多，则利率势必下降；工资率或许上升，而牺牲一定量资本所应得的份额。不过，资本总份额的增长可以大于劳动总份额的增长。①

但是，无论商品生产规律是否是报酬不变规律，而新地契的生产规律却是报酬急剧下降的规律。外国资本的流入，虽然与以前也许相同，但同人口比较起来反而减少。工资大半不再靠从欧洲所借的商品来支付了。这就是一定效率的工作所能赚取的生活必需品、安逸品和奢侈品随着减少的主要原因。但是，还有两种原因，使用货币计算的平均日工资趋于下降。随着安逸品和奢侈品种类的增加，劳动的平均效率，由于体质比初期殖民者要差的移民的流入而有所下降。同时这些新的安逸品和奢侈品其中多数并不直接列入货币工资的范围内，而是在它的范围以外。②

① 例如，假定资本数量 C 与劳动数量 ι 结合，共同生产的结果为 $4p$；其中 p 作为利息归于资本，而余下的 $3p$ 却归于劳动。（劳动包括管理在内，是有许多级的；但是，这里所指的都是有一定效率的一日之非熟练劳动的共同单位，参阅以上第四篇，第三章，第八节。）假定劳动数量增加一倍，资本数量增加三倍，而生产它们各自的任何一定数量的绝对效率仍旧不变。那么，我们可以预料，$4C$ 和 2ι 共同生产的结果将为 $2\times3p+4p=10p$。现在假定利息率，即对任何资本量的报酬（除对管理等工作的报酬外），降低到原利息率的三分之二；因此，$4C$ 所得到的利息只是 $\frac{8}{3}p$，而不是 $4p$；而对各种劳动所余下的将为 $7\frac{1}{3}p$，而非 $6p$。归于各宗资本量的数量，和归于各种劳动量的数量，都将有所增加。但是归于资本的总量将依 8∶3 的比例增加，而归于劳动的总量将依 22∶9 的较低比例增加。

在这方面最好是把利息分开，但是比较资本家（而不是资本）和雇佣劳动的份额时，当然我们所指的是利润，而不是利息。

② 当我们得出这一结论，即报酬递加趋势大体上和报酬递减趋势相抵时，我们就考虑了它们。在研究实际工资的变动时，我们应该不折不扣地把它们计算进去。许多历史学家在比较各个时期的工资时，所注意的只是那些普通的消费品。但是从这个问题的性质来看，普通消费品恰是遵守报酬递减规律的那些东西，并且随着人口的增加而有稀缺的趋势，因此，这样得出的结论是片面的，而就其一般意义而论，也是错误的。

第二节　上世纪英国的对外贸易增加了它对安逸品和奢侈品的支配，而只是近来才大大增加了它对必需品的支配

英国经济现状，是大规模生产和大规模交易（不论商品或劳动）的趋势所直接造成的，它是在长期内慢慢地发展起来的；但是，它在十八世纪曾获得两种动力，一方面由于机械的发明；另方面由于海外消费者的增长，他们输入大量相同的货物。当时已经开始用机器制造部件，和用特殊机器制造各生产部门所使用的特殊机器。当时报酬递加规律在有定型工业和大资本的工业国家里首次显示了它的充分作用。特别是当大资本结成股份公司、母子公司或现代的托拉斯时，情形更是如此。当时对运销于远距离市场的货物开始了精细的“分等定级”（“grading”），这就引起了农产品市场和股票交易所中国内的，甚或国际的投机组织，这些组织的将来，和生产者中间的企业主或工人的持久性组织一样，是未来一代所必须解决的最严重的实际问题的根源。

现代运动的关键在于把大多数工作化为同一类型的工作和减少各种摩擦，而这种摩擦使得强大的要素不能充分发挥集体作用，并把它们的影响散布于广大的区域，以及在于用新的方法和新的力量求发展运输。公路和十八世纪轮船运输的改善，打破地方性的组合和垄断，并给广大地区中的组合和垄断的发展提供了便利。在我们的时代，海陆交通、印刷机、电报和电话的每次扩展和减价，都可以产生上述二重趋势。

第三节　续前

虽然在十八世纪，像现在那样，英国的国民收入，就其出口来说，多取决于报酬递加规律的作用，但这种依存的方式，却有很大的变动。当时英国几乎垄断了新的工业生产方法，它所出售的每包货物（总之，当它们的供给量加以人为的限制时）可以换取大量的外国产品。但是，部分原因由于远途运输笨重货物的时机尚未成熟，它从远东和美洲输入的商品，主要是供中产阶级享用的安逸品和奢侈品；而这些商品对于降低英国工人生活必需品的劳动成本所起的直接影响很小，虽然这种新兴贸易曾间接地降低五金、衣服和英国工人所消费的其他本国工业品的成本。因为为海外消费者大规模生产这些东西使他获得低廉的产品。不过，它对他的食物的成本却没有什么影响。而食物不得不在报酬递减的趋势下来生产，它之所以发生作用，是由于新工业区的人口迅速增加，那里狭隘的农村生活的传统限制不复存在。大战后不久，法国连年歉收，使食物成本提到欧洲前所未有的高度。

但是，对外贸易逐渐对我们的主要食品的生产成本开始有所影响。随着美国人口从大西洋沿岸移向西方，愈益富饶的、适于种植小麦的土地获得了耕耘。运输上的经济（尤其是在近几年来）增加得如此之多，以致从耕作区外的农场运输一夸脱小麦的总成本急剧下降，虽然距离有所增加。因此，英国就没有必要使耕作愈益集约化。李嘉图时代曾惨淡经营的那些种植小麦的荒山秃岭已经变成了牧场。现在农人只耕种那些能给他的劳动提供丰富报酬的土地。相反地，如果英国只靠自己的资源，他势必在日益贫瘠的土地上挣扎，并不断地再耕那些已经耕得很好的土地，以便用这种繁重的劳动使每亩增产一或二蒲式耳。也许现在从一般的年成来看，仅仅够支付开销的那种耕作（即处于耕种边际上的耕作）所提供的产量比李嘉图时代多一倍，比英国在现有人口下被迫生产她的全部粮食时多四倍。

第四节　英国从工业进步中所得到的直接利益比最初看起来要少些，但从新的运输业中所得到的利益要多些

工业生产技术的进步，提高了英国满足落后国家的各种需要的能力；因此，把用手工制造产品以供自己使用的那种精力，转而用于生产原料并以之购买英国工业品，是符合落后国家的目的的。这样，发明上的进步，为英国的特殊产品开辟了广阔的销售场所，并使她有可能专门在报酬递减规律不十分显示自己作用的条件下来生产她的粮食。但是这种好运却昙花一现。她在工业上的改良，为美国、德国和其他国家所效法，而近来往往为它们所超过。她的特殊产品几乎丧失了自己的全部垄断价值。例如，用一吨钢在美国所能购买的粮食和其他原料的数量，并不多于在当地用新方法炼一吨钢所用的劳动和资本所能提供的产品量；因此，交换比率随着美国和英国工人在炼钢方面的效率的增加而有所下降。正是由于这种原因以及由于许多国家对英国商品课以很重的关税，所以，尽管英国拥有大宗贸易，而工业生产技术上的发明进步对她

的实际国民收入的增益，比最初所想象的要少些。

英国能廉价生产衣服、家具及其他商品以供本国消费之用，这是不小的利益；但是，它同其他国家所分享的那些工业生产技术上的改良，并没有直接增加它用一定量的资本和劳动的产品在别的国家所能换取的农产品数量。它从十九世纪工业进步所获得的全部利益，其中也许四分之三以上是由于它的间接影响，即降低旅客与货物的运输成本，自来水与照明的成本，电力和新闻的成本。因为我们时代的基本经济事实是运输业的发展，而不是工业的发展。正是运输业，无论在总体上或在个别威力上，都发展得最快，而它们正在产生着最令人头痛的问题，即大资本有使经济自由的力量转而消灭那种自由的趋势。但是，另一方面，也正是运输业，对于英国财富的增加作出了最大的贡献。

第五节　谷物、肉类、住房、燃料、衣着、自来水、灯光、新闻纸和旅行的劳动价值的变动

这样，新的经济时代所曾带来的是，劳动与生活必需品在相对价值上的巨大变动。其中许多变动的性质，在前世纪的初期是料想不到的。当时人们认为美国不适于种植小麦；陆路远途运输小麦的成本太高。当时小麦的劳动价值（即购买一配克小麦所用的劳动量）达到它的最高点，而现在却降至最低点。似乎农业日工资一般曾在一配克小麦以下，但在十八世纪的前半期，却为一配克左右，在十五世纪为一配克半，或许略多于此数，而现在农业日工资则为二至三配克。罗杰斯教授对于中世纪工资的估计偏高，但他似乎

是以人口中待遇较高的那部分人作为全体的代表。在中世纪，甚至在相当丰收的年份，小麦的质量也低于现在的普通小麦；而在歉收年份，其中多数是如此发霉，以致现在没有人会吃它。同时如不对庄园领主的磨坊付以很高的垄断价格，则小麦很难变成面包。

的确，在人口稀少的地方，自然几乎无代价地供给草及饲料；而在南美洲乞丐骑着马行乞。但在中世纪时，英国的人口总是稠得足以使肉类有很大的劳动价值，尽管它的质量很差。因为牛虽说只有现在的五分之一重，但却有很大的躯体；它们的肉主要长在四肢附近。由于牛在冬季吃不饱，吃了夏草很快地长了膘，所以肉中含有大量水分，而在烧煮时失去大部分重量。每于夏末秋初，人们把牛宰了，把肉用盐腌起来，而盐当时是很贵的。甚至中产阶级冬季也很难吃到新鲜的牛肉。一个世纪以前，工人阶级所吃的肉很少，而现在虽然肉的价格比以前略高，平均起来，他们所消费的肉也许比英国历史上任何时期都多。

其次关于房租，我们知道，城市的地租，不论在它的深度和广度上都有所增加。因为日益增加的居民所住的房屋都必须按城市标准付租，而这种标准节节提高。但是，房租本身即总租额减去地皮的总租值的余额，比以前任何时期租用相同的房屋所出的租金也许稍有增加(如果要说增加的话)；因为现在建筑业中的资本的周转利润率较低，建筑材料的劳动成本也没有多大的变动。绝不应该忘记，出高额城市地租的人所换取到的是现代城市生活的各种娱乐以及其他的便利，而这些其中许多人是不愿弃而不享的，因为它们的利益比他们的总租额要大得多。

木料的劳动价值，虽比十九世纪初期为低，而比中世纪时却有所提高，但是，泥、砖和石墙的劳动价值并没有很大的变动，而铁的劳动价值(更不必说玻璃了)却大大地降低了。

的确，房租上涨这一信念，似乎是由于对我们祖先的实际住宅状况的无知而来。现代郊区工匠住宅中的卧室，比中世纪乡绅的要讲究得多。而那时工人阶级除了铺在湿地上的、满是臭虫虱子的散草外，就没有床了。即使在一丝不挂和人畜共居的条件下，也许比在为了尊严而复以时时散发着垃圾气味的草的条件下对人的健康损害的程度要小些。但不可否认的是，现在我们城市中最贫穷阶级的住宅条件是有害于身心的；而照我们现有的知识和资源，我们既没有理由，也没有借口使这种状况继续下去。①

燃料，像草一样，往往是自然给予稀有人口的恩赐品；中世纪时，村民一般都能(虽不总能)用劈柴生着小火，借以在室内围火取暖，而他们的小屋没有烟囱，热量无从散发出去。但是随着人口的增长，燃料的缺乏对劳动阶级的压力很大，如果没有煤起而代替木料作为家用和炼铁的燃料，则英国的进步实不堪设想。煤现在是如此便宜，以致甚至较穷的人也都能在室内取暖，而无须生活在有损人的健康的、令人头晕的气氛之中。

这是煤对现代文明所作的最大贡献之一；其次的贡献是提供了价廉的内衣，没有它，对于居住在寒冷气候中的人民群众来说，清洁是不可思议的。那也许是英国从直接使用机器为本国制造消

① 但是过去的这种祸害比普通所认为的要大些。例如，从沙弗斯伯利爵士和奥克太维亚·希耳女士在1885年住宅调查委员会上的有力作证中，就可以看出这一点。现在伦敦的空气满是烟雾；但是它对于人的健康的损害也许比科学卫生昌明以前要小些，尽管那时人口较少。

费品所获得的主要利益。再其次的具有同样重要性的贡献是提供了大量的自来水，即使在大城市中；[①]再其次的贡献是，借助于石油，供给廉价的灯光，它不仅为人的某些工作所必需，而且更重要的是，为晚间消遣所不可或缺。在一方面来自煤和另方面来自现代运输工具的这些文明生活所必需的东西之中，我们还必须加上(如上面所提到的)那廉价而完备的用汽力印刷机和汽力运送信件来传播新闻和思想的工具，以及依靠汽力的旅行上的便利。这些工具，辅之以电力，就使得那些气候不是热得使人们萎靡不振的国家中的大众有可能享受文明；同时不仅是为一个城市如雅典、佛罗伦萨或布鲁日的全体居民，而且是为一个大国，甚至在某些方面为整个文明世界的全体人民的真正自治和统一行动而铺平道路。[②]

第六节　进步提高了英国城乡土地的价值；虽然它使大多数物质生产工具的价值有所降低。资本的增加降低了它应得的收入，但没有减少它的总收入

我们已经知道，国民收入是一国所有生产要素的纯产品总额，同时又是支付它们的唯一源泉；国民收入愈大，在其他条件不变的情况下，每种生产要素所得的份额也愈多，任何要素的供给量增加

① 原始设备把水从高地引向少数公用水池：但是对清洁卫生起主要作用的自来水，如无用煤发动的汽力唧筒和煤制铁管是不可能的。

② 参考附录一，特别是第六节。

一般地将降低它的价格，以利于其他的要素。

上述一般原理，特别适用于土地。供应某市场的土地的生产力的增加，首先使那些拥有其他生产要素以供应同一市场的资本家和工人获利。在现代，新的交通运输工具所加于价值的影响，在土地史上所表现的最明显不过了；土地的价值，随着与农产品销售市场的交通的每次改善而上涨，也随着较远地区参加它的产品市场而下降。不久以前，伦敦附近的六郡害怕修好公路会使英国偏远地区在供给伦敦粮食方面和它们竞争。而现在英国农场的优势在某些方面由于粮食的输入而正在减退，这些粮食是经过印度和美国的铁路，由输船装运到英国的。

但是，如马尔萨斯所主张而为李嘉图所承认的，凡能增进人民福利的事，在长期内也能增进地主的福利。的确，在十八世纪初期，当连年歉收袭击着无法输入粮食的人民的时候，英国的地租大涨。但是，这种上涨，就其性质来说，是不能进一步持续的。十九世纪中叶，谷物自由贸易的实行，继之以美国麦田的扩大，这就迅速提高城乡土地的实际价值，这就是说，提高所有城乡土地所有者用总租金所能购买的生活必需品、安逸品和奢侈品的数量。①

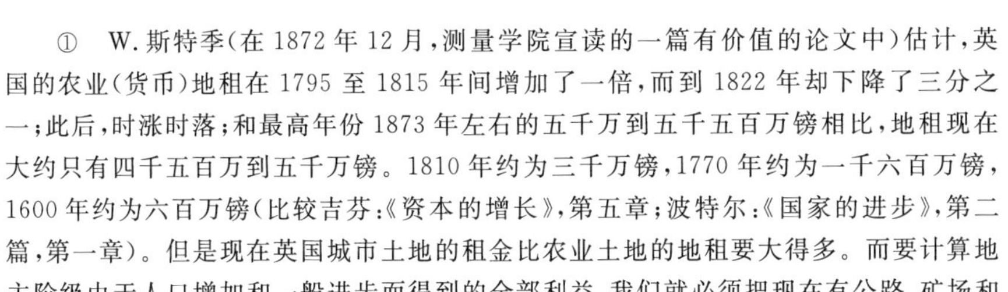

①　W.斯特季（在1872年12月，测量学院宣读的一篇有价值的论文中）估计，英国的农业（货币）地租在1795至1815年间增加了一倍，而到1822年却下降了三分之一；此后，时涨时落；和最高年份1873年左右的五千万到五千五百万镑相比，地租现在大约只有四千五百万到五千万镑。1810年约为三千万镑，1770年约为一千六百万镑，1600年约为六百万镑（比较吉芬：《资本的增长》，第五章；波特尔：《国家的进步》，第二篇，第一章）。但是现在英国城市土地的租金比农业土地的地租要大得多。而要计算地主阶级由于人口增加和一般进步而得到的全部利益，我们就必须把现在有公路、矿场和船坞等的土地价值也计算进去。加在一起，英国全国的货币租金总额相当于谷物条例废止时的两倍以上，而实际地租总额也许相当于那时的四倍。

第七节　续前

虽然工业环境的发展，大体上有提高土地价值的趋势，但是，它也往往降低机器和其他固定资本的价值，如果它们的价值可以和它们所在地的价值分开的话。繁荣的骤然到来，的确能使任何一业中的现有资本品暂时得到极高的收入。但是，可以无限增加的东西，是不能长期保持稀有价值的；如果它们是些相当耐久的资本品，例如轮船、高炉和纺织机，则它们很可能由于技术的迅速进步而大大贬值。

不过，有些东西像铁路和码头的价值，在长期内主要取决于它们的位置。如果位置相宜，则它们工业环境的进步，即使除去使它们的设备保持现代化所需的费用以后，也将使它们的纯价值有所提高。[①]

第八节　续前

政治算术在英国可以说是十七世纪开始的。从那时以来，我们知道，人口中每人所积累的财富数量是在节节上升着。[②]

虽然人还多少有些不耐烦等待，但是，他牺牲现在而为将来的

① 当然是有例外的。经济进步也可以采取建筑新铁路的形式，这些铁路将把现有铁路的大部分运输夺去，或采取另一种形式，即加大船的体积，直到它们不再能通过浅水进入船坞为止。

② 见第四篇，第七章。

安逸或其他享受的这种意向却逐渐有所增加。他获得了较大的“远视”力；这就是说，他预计将来和防患未然的能力增加了；他比较勤俭，比较克己，因此，也就比较乐于重视将来的不幸和利益，这些名词一般是用来包括人心的高尚和卑贱的感情的。他较不自私，因此，也较愿工作和等待，以便使他的家庭无后顾之忧；光明的未来，已隐约可见，那时，人们一般都愿意工作和等待，以便增加公共财富和使大众有机会过一种较高的生活。

虽然人比过去的时代更愿意为了将来的利益而忍受现时的不便，但是，我们现在是否能发觉他为了肯定的快乐（不论是现在还是将来的）而愿意付出更大的努力，这是值得怀疑的。许多世纪以来，西方世界的人不断地变得更加勤勉——假日减少了，工作时间增加了，人们由于自愿或被迫而愈来愈不愿意在工作范围以外寻求乐趣了。但是，这种动向似乎已经达到了极点，而现在正在下降。在除了最高级的各种工作中，人们对于休息比以前更加重视，而对于过度紧张所引起的疲劳则越来越不耐烦了；一般说来，他们也许不如以前那样为取得现在的奢侈品，而愿意经受长时间工作的不断“折磨”。这些原因就使他们不如以前那样乐于辛勤地工作，以应未来的需要。如果不这样，则他们预计将来的能力，甚至增加得更快，也许（虽不无怀疑之处）对于因拥有少量积累起来的财富而获得社会地位的那种欲望也会大大提高。

每人资本的增加，有使它的边际效用降低的趋势；因此，对新投资的利率下降了，虽然降得不一致。据说在中世纪很长一段时期内，利率为一分，但在十八世纪上半期却降低到三厘，后来工业和政治上大量需要资本，这又使它有所提高，而在大战时，利率是

相对地高的。当政治上的用款停止以后，当时黄金的供给量又很少，所以，利率下降了；但在十八世纪的六十年代，由于黄金的产量增加，和建筑铁路与开发新国家需要大量资本，它又上涨了。1873年后的和平时期，再加上黄金供给量的减弱，就使利率下降了。但是，现在它又在上涨，部分原因是由于黄金供给量的增加。[①]

第九节　不同工业阶层的所得变动的性质和原因

文明的发展和对青年人的责任心的提高，使国家大部分增加着的财富从物质资本的投资转向培养人才方面去了。结果使技能的供给大量增加，这些技能大大增加了国民收入，并提高了全体人民的平均收入。但是，它却剥夺了技能一向所具有的大部分稀有价值，并使它们的所得相对于一般进步（确非绝对地）有所降低。同时使不久以前算作技术性的而现在仍然叫做技术性的许多工作在工资上与非熟练劳动并列。

抄写就是一个显著的例子。的确，办公室中的许多种工作需要智力和品质的高度结合，但是，几乎每个人都能很容易地学会录事的工作，也许不久以后，英国人不论男的和女的都能写得很好。当大家都能写的时候，一向比几乎任何一种体力劳动所赚工资都要高的缮写工作，将成为普通的工作，而不算作技术。事实上，较好的技工工作对于一个人的教育意义较大，而且比那些既不需要

① 见以上第六篇，第六章，第七节。

判断力又不需要责任心的职员工作的报酬优厚。就一般而论，技工对他儿子的最大贡献莫过于培养他从事他手边的工作，从而，他可以了解和它有关的机械、化学及其他科学原理；并对于该工作的革新发生兴趣；如果他的儿子有相当的天资，则他从一个技工比从一个职员更容易显露头角。

其次，一个新的工业部门往往是困难的，只因为它是一般人所不熟习的；其中需要有巨大精力和技能的人来做的工作，一旦成为常规，一般人，甚或妇女和儿童也都能做。它的工资开头很高，但是，随着这种工作的普及而下降。这就造成对平均工资的上升的估计不足，因为事情是这样，许多统计，似乎是工资的一般变动的典型，其实是根据那些行业作出的，这些行业在一二百年以前是比较新的，而现在却为那些实际能力低于他们的先驱者的人所掌握。①

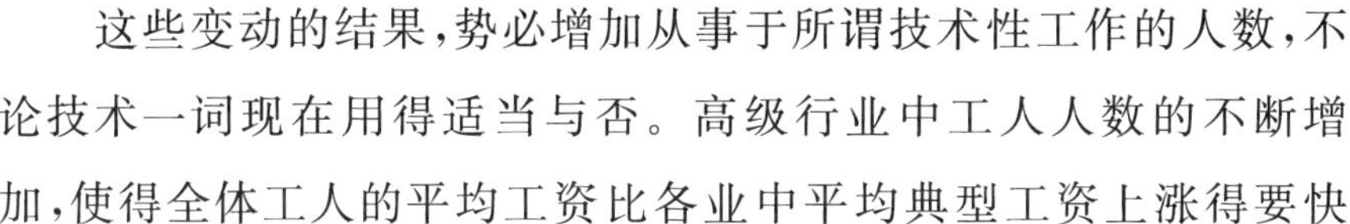

这些变动的结果，势必增加从事于所谓技术性工作的人数，不论技术一词现在用得适当与否。高级行业中工人人数的不断增加，使得全体工人的平均工资比各业中平均典型工资上涨得要快

① 比较第四篇，第六章，第一、二节；与第九章，第六节。随着商业的发展，机器的改良势必减轻完成任何一项工作所用的劳动；从而，使计件工资急剧下降。但同时机器的运转速度和每个工人所看管的机器数量增加得如此厉害，以致一日的劳动总量比以前要大些。雇主和工人们对这个问题往往有不同的看法。例如，纺织业中计时工资的上涨是肯定的；但是和雇主们相反，工人们认为他们劳动强度的提高比工资增加的多。在这种争论中，工资曾用货币来计算；不过如计及货币购买力的增加，则实际效率工资无疑是增加了的，这就是说，运用一定量的体力、技巧和精力比以前要得到更多的实物报酬。

得多。[①]

在中世纪，虽然某些有才能的人终身为技工，并成了艺术家；但是，当时技工作为一个阶级，比现在更近于非熟练工人。在十八世纪中叶工业新纪元的初期，技工丧失了许多旧有的艺术传统，并且在技术上和在精确完成困难任务方面所具有的准确性和机敏性上都不及现代的熟练技工。前世纪的初期，开始了一种变化，观察家都由于熟练工人和非熟练工人之间日益扩大的社会鸿沟而震动；技工的工资上涨到一般工人工资的两倍左右。因为对高度熟练劳动需求的大量增加（尤其在冶金业中），使劳动者中的优秀分子和他们的子女迅速参加到技工队伍中来。当时技工旧有的排外性的消除，使他们成为工人贵族，较之以往，由于才能者多，而由于出身者少；技工质量的提高，使他们在长期内所得的工资率大大超过一般的工人。但是，有些较简单的技术逐渐丧失了它们的稀有价值，因为它们不复是新奇的技术了；同时对那些习惯上认为非技术性职业中的人的能力的需求是在日益增加着。例如，路工和农业劳动者越来越使用着昂贵而复杂的机器，而这些以前却被认为熟练劳动所垄断，这两种有代表性的职业中的实际工资上升得很快。如果现代观念在农业区的传播未曾使那里许多最有能力的儿童离开农村而参加铁路或工厂，或进城当警察、车夫，或脚夫，则农

① 试举例以明之。如果甲级中有五百人，每周工资十二先令，乙级中有四百人，每周工资二十五先令，丙级中有一百人，每周工资四十先令。如果不久之后有三百人从甲级转至乙级，三百人从乙级转至丙级，而各级中的工资不变，则这一千人的平均工资大约将为二十八先令又六便士。即使各级中的工资率同时下降10%，则全体工人的平均工资也仍大约将为二十五先令又六便士，这就是说，上涨了25%以上。如吉芬爵士所指出的，对于这样一些事实的忽略，很容易造成大错。

业劳动者的工资上涨得比现在还要显著。留在农村的那些人所曾受的教育，比以前完善，虽然他们的天赋也许不及一般水平，但所得的实际工资却比他们的父亲高得多。

有些需要责任心的技术工作，如铁工厂中的炉前工和转滚工，需要有强壮的体力，且引起很大的不便，它们的工资很高。因为时代的趋势使那些能从事高级工作并能轻易获得优厚工资的人，除了很高的报酬，是不愿意忍受折磨的。[①]

第十节　续前

其次我们应当讨论的是，男工(老年和壮年)、女工和童工工资的相对变动。

工业条件的变动是这样的快，以致长期经验在某些行业中几无用武之地，而在许多行业中它的价值远不及迅速掌握新的观念和使人的习惯适应新的情况。一个人在五十岁以后，比在三十岁以前所赚的工资势必有所减少；这种情况引动那些技工向非熟练工人看齐，他们早婚的自然倾向，往往受到那种愿望的鼓励，这种愿望是，在他们的工资开始缩减以前，他们的家庭维持费可以减少。

性质相同的第二种倾向，甚至是更加有害的倾向是，童工的工

① 上面关于工资演变的简要叙述，很可以由希穆勒在其《经济原理大纲》中所作的考察来补充，第三章，第七节(第 2 卷，第 259—316 页)。特别值得注意的是他那考察范围的广泛，与进步的物质因素和心理因素的巧妙配合。并参阅同书第二篇的后半部。

资相对于他们父母的工资有上涨的倾向。机器曾代替了许多工人，但并不是代替了许多童工；把儿童排除于某些行业外的那些习惯上的限制，日益消失；这些变化同教育的普及一道，差不多在其他各方面都有所裨益，而在这方面却是有害的，即它们使男孩，甚至使女孩有可能蔑视他们的父母，而自求生路。

女工的工资，较之男工，由于相同的理由而上升得很快。就其有发展她们才能的趋势这一点而论，这是很大的一个优点；但是，就其引动她们忽略在建立美满家庭和大力培养自己儿童的品质和能力方面所应尽的义务这一点而论，却是一种损失。

第十一节　特殊才能的报酬

中等能力（虽然经过慎重的训练）所得收入的相对下降，由于许多格外有才能的人的收入的上升而显得更加突出。在过去，中等油画的售价从来没有现在那样便宜，而上等油画的售价也从来没有现在那样昂贵。一个具有平均能力和一般时运的企业家，现在从他的资本所得的利润率，比以前任何时候都低；而具有特殊天才和时运的人所能从事的投机买卖是这样的广泛，使他能以前所未有的速度积聚大量财富。

这种变动主要由于两个原因：第一，财富的普遍增长；第二，新的交通工具的发展，借着它，人们一旦获得了支配地位以后，就能把他们的组织天才或投机才能运用于比以前范围更大而所涉及的区域更广的那些事业上。

几乎只凭第一个原因，就能使某些律师收取极高的费用；因为事关他的名誉、财产，或二者兼而有之，一个富有的委托人不惜以任何高价聘请最好的律师。也正是这第一个原因，能使那些具有特殊才能的马术师、画家和音乐家获得极高的代价。在所有这些职业中，在我们时代所得的最高收入，是史无前例的。但是，如人的声音所能达到的那种歌唱家的人数极其有限，则任何歌手并不是不可能获得一万镑，像前世纪初期毕灵顿夫人据说在一个季节中所赚得的，几乎和当代企业界的巨头所赚的收入一样多。

这两个原因结合起来，就使大权和巨额财富操于现代美国和其他国家的企业家之手，他们有头等的天才，又有运气。的确，所获利益中的很大一部分，在有些场合，是来自竞争中失败的投机对手的破产。而在另一些场合，它们主要是由一种伟大组织天才的高度节约力而获得的，这种天才在处理一个新的重大问题时能运用自如：例如，范德比尔特家族的创始人，把纽约中央铁路系统搞得有条不紊，他对美国人民，所节约的也许超过他自己所积累的。[①]

① 不过应该注意的是，这些利益中有些也许是由于有机会成立由少数能干、富有而勇敢的人所操纵的那种商业同盟，他们为了自己的利益而占有广大地区的大部分工业、商业和运输业。其中以政治，特别是以保护关税为转移的那部分权力也许是消失了。但美国是如此辽阔广大，而事态又是如此变动不居，以致大股份公司的那种英国式的稳健而迟缓的管理和在巨大事业上情愿并能够比在英国场合下更充分地运用自己资金的一小群富有资本家的那种精明有力的策划和意志的果断相比，是处于劣势的。美国商业生活的千变万化，自然会从广大居民中选拔一批最优秀的商业人才，差不多他们每个人一入世以后，就决定在死以前要成为富翁。现代商业的发展和商业财富的积累，对于英国人具有莫大的兴趣和教益。但是除非把欧洲和美洲商业生活的基本不同条件时时记在心中，将不能从中吸取教训。

第十二节　进步对劳动工资提高的促进作用比一般想象的要大些，而且也许减少了，而不是增加了自由劳工的就业无常

但这些财富是例外的；教育的普及，和人民群众中的节约成风，以及新的企业方法给小宗资本所提供的保险投资的机会，对中等收入日渐发生影响。所得税和房捐报表，商品消费统计，政府和公司中各级职员的工资卡，都表明中产阶级的收入比富人增长得快；技工的工资比自由职业者阶级增长得快；强健的非熟练工人的工资甚至比一般技工增长得也快。富人的总收入，现在比从前，或许不占英国全部收入的较大部分。但是，在美国，土地的总价值正在急剧上升；优秀的劳动人民正在把土地转让给劣等移民，财政寡头日益获得大权，财产所得总额，比劳动所得有所增加，富人的总收入增长得最快，这也许可能是真的。

不能否认，工资的上涨，如伴以失业现象的增加，就会失去它的部分利益。就业的无常，是一种奇灾大祸，应当引起公众的注意；但是，几种原因凑在一起，就使它有所夸大。

如一个大工厂部分开工时，消息传遍邻里，也许报纸把它传遍全国；但是，当一个独立生产者，甚或一个小业主一个月内只能有几日的工作干时，却很少有人知道；因此，在现代，工业上不论发生什么纠葛，似乎比以前更加重要。在以前，有些工人是长工，但没有自由，是在体罚下来进行工作的。我们没有充分的理由来设想，中世纪的技工经常就业。现在欧洲最严重的就业无常，存在于西

部最带有中世纪色彩的手工业和东欧与南欧中世纪传统最浓厚的那些工业中。[①]

在许多方面，雇工中实际上成为长年工人的部分，是在节节上升。例如，这在发展最快的许多运输业部门中就是一个通例。运输业在某些方面是十九世纪后半期的典型工业，如同加工工业在前半期一样。虽然发明的迅速进步，式样的千变万化，尤其是信用的不稳定，的确给现代工业带来一些扰乱因素，但是，如我们立即就知道的，其他影响正在向着相反的方向起着强大的作用，因此，似乎没有充分理由认为就业无常整个说来是在增加着。

① 这里不妨说一下作者亲自观察到的一个事例。在巴勒摩，技工和他们的顾客之间存在着半封建关系。每个木匠或裁缝都有一所或一所以上的大房屋，他借此来包揽营生；如果他善于处身，他实际上就无竞争之虞。巨大的商业恐慌浪潮是没有的；报纸杂志从来没有登载那些失业者所受的苦难，因为他们的状况很少有所改变。但是巴勒摩繁荣时期技工的失业百分比，比近年来英国大恐慌时期还大。

第十三章　进步和生活程度的关系

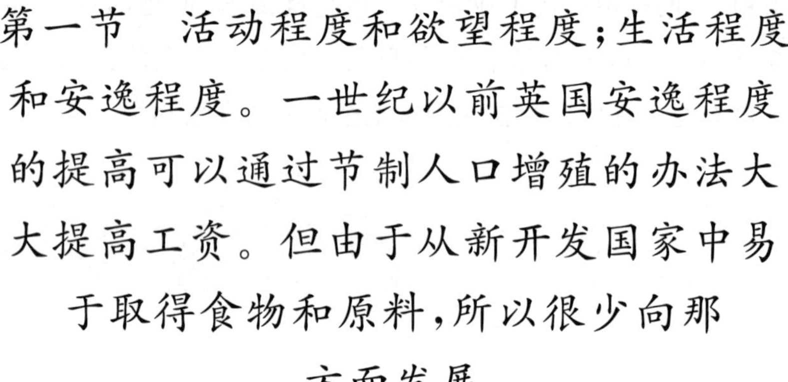

第一节　活动程度和欲望程度；生活程度和安逸程度。一世纪以前英国安逸程度的提高可以通过节制人口增殖的办法大大提高工资。但由于从新开发国家中易于取得食物和原料，所以很少向那方面发展

首先让我们进一步继续在第三篇讨论活动与欲望时所遵循的思路。在那里，我们有理由认为，经济进步的真正关键，是在于新的活动，而不是新的欲望的发展；现在我们就当代具有特殊重要性的一个问题加以研究；即在生活方式和所得率的变动之间有什么联系？其中之一在多大程度上可以视作另一个的原因？而在多大程度上又可以视作它的结果？

生活程度一词在这里指的是适应需求的活动的标准。因此，生活程度的提高，意味着知识、能力和自尊心的增加；在开销方面更加审慎，只满足食欲而不增加力量的饮食，避而不用，有损于身体和道

德的生活方式，加以拒绝。全民生活程度的提高，将大大地增加国民收入和各行各业所得的份额。任何一业或一行的生活程度的提高，将增进他们的效率，从而增加他们的实际工资，它将使国民收入稍有增加；并使其他行业能以比其效率稍小的成本得到帮助。

但是，许多学者曾认为对工资发生影响的不是**生活**程度的提高，而是**安逸**程度的提高；这个名词含有只增加人为的需要之意，其中低级趣味也许占优势。的确，安逸程度的总的增进，很可能带来一种较好的生活方式，并为新的高级活动大开方便之门。而以前既没有生活必需品又没有生活方便品的人们，由于安逸的增进，无不生气蓬勃，干劲冲天，不论他们对这种安逸所持的态度如何粗陋而偏重于物质因素。因此，安逸程度的提高，也许将引起生活程度的某些提高；如果这样，则它有增加国民收入和改善人民生活的趋势。

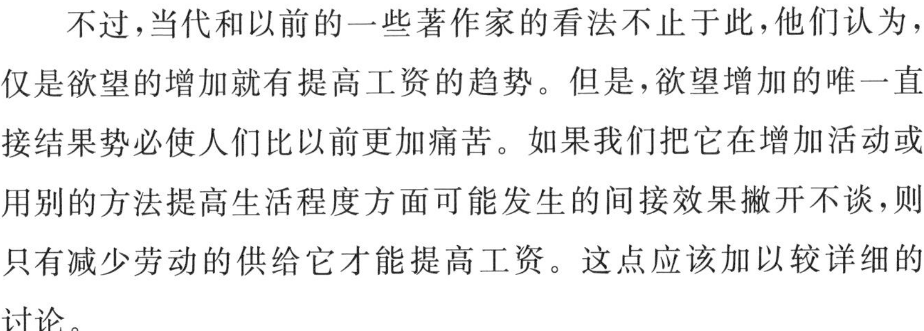

不过，当代和以前的一些著作家的看法不止于此，他们认为，仅是欲望的增加就有提高工资的趋势。但是，欲望增加的唯一直接结果势必使人们比以前更加痛苦。如果我们把它在增加活动或用别的方法提高生活程度方面可能发生的间接效果撇开不谈，则只有减少劳动的供给它才能提高工资。这点应该加以较详细的讨论。

第二节　续前

如已经所指出的，在一个粮食不易进口的国家中，如果人口历代都是以很高的几何级数不断地增加着，则劳动与资本向自然资源所索取的总产量仅够维持和培养新生一代的费用。即使我们假定几乎全部国民收入都归于劳动，几乎没有任何份额分配给资本家或地主，则上述命题也是真的。[①] 如果定量在该水平以下，则人口增长率势必下降；除非维持和培养费用缩减，结果降低效率，从而减少国民收入，因此减少所得。

但事实上人口的迅速增长也许得到较早的节制，因为一般人多半不会把他们的消费局限于生活必需品；一部分家庭收入无疑地要用在与维持生活和效率关系不大的那些满足上。这就是说，多少超过维持生活和效率所必要的那种安逸程度的保持，势必使人口增长的节制，比家庭支出和养马或蓄奴的支出所用原则相同时所达到的那个阶段要早得多。这种相似还有更多的方面。

维持充分效率所必要的三个条件——希望、自由和更动[②]——是奴隶很难办到的。但是，狡猾的奴隶主照例出资搞一些简单的音乐或其他娱乐，其用意和他供给药品相同。因为经验表明，奴隶生活的单调，像疾病或煤渣拥塞炉道那样浪费。如果奴隶的安逸程度提高到这样的地步，除非供给他们以昂贵的安逸品，甚或奢侈品，虽处罚和死亡的恐惧也不能使他们工作，那么，他们就会得到这些安逸品和奢侈品。否则他们就像一群不能自食其力的马一样，而行将消失。果真劳动者的实际工资主要由于获得食物的困难而被迫下降，如英国一百年以前的情况那样，

① 参阅第六篇，第二章，第二、三节；以及第四篇，第四、五章；与第六篇，第四章。

② 参阅第四篇，第五章，第四节。

则劳动阶级只有减少他们的人数，才能摆脱报酬递减规律的压力。

但是，他们现在不必这样做，因为这种压力并不存在。1846年英国港口的开辟，是铁路发达的许多原因之一，这些铁路把南北美和澳洲的广大农田同海口连接起来。在最有利条件下生产的小麦运给英国工人食用，其数量足以维持他的家庭，而所用总成本只占他工资的一小部分。人数的增加，提供了许多新的机会，使为满足人们的需要而共同运用的劳动与资本的效率有所增进；因此，倘新事业所需要的资本品增加得足够快的话，则它可以使工资在某方面的提高相当于在另方面的下降。当然，英国人并不是不受报酬递减规律的影响的；他不能用像靠近广大的处女地时那样少的劳动获得自己的粮食。但是，它对他的成本，现在既然是主要由新开发国家的输入量所决定，所以大都不受本国人口的增加或减少的影响。如果英国人能使自己在生产换取进口粮食的那些产品上的劳动效率提高，那么，他将能以少于自己所用的实际成本获得粮食，不论英国人口的增长迅速或迟缓。

当全世界的麦田利用到极点时（如果粮食不能自由输入英国，这个时期的到来甚至更早），则英国人口的增加的确可以降低工资，或起码使因生产技术不断完善而来的上涨受到节制。在这种场合，安逸程度的提高，只能由限制人数的增加，才可以提高工资。

但是，当英国人民现在获得丰富的进口粮食的时候，他们安逸程度的提高，并不能只靠它对人数的作用来增加他们的工资。此外，如果工资的上涨是由于采取了某些压低资本利润率的措施，而这种利润率甚至低于吸收资本的能力比英国大的那些国家中所能有的水平，那么，它就会节制英国资本的积累，并加速资本的输出。在这种场合，英国的工资，较之其他国家，不仅会相对下降，而且会绝对下降。反之，如果安逸程度的提高使效率大大增加，那么(不论它是否伴随着人数的增加)，它会使按照人口的国民收入增加，并使实际工资的上升建立在持久的基础上。例如，工人人数减少十分之一，而每个工人所做的工作和以前一样多，这不会使工资有多大的增加；因此，每人所完成的工作量减少十分之一，人数不变，一般会降低工资十分之一。

上述论点当然是和这一信念一致的，即一个工人团体能够在短时间内用使他们劳动稀少的办法，牺牲社会其他成员的利益，以提高自己的工资。但是，这种策略的成功远不能持久。他们所建立的那种防止他人分沾利益的反社会的障碍不论多么坚固，渔利者总是有机可乘：有的人回避这种障碍，有的人在这种障碍的掩护下，有的人却利用这种障碍。同时发明开始用别的方法或从其他地方获得该团体认为在生产上拥有局部垄断的那些东西；而对他们甚至更加不利的是，新东西的发明和推广使用，这些东西几乎满足相同的需要，但不使用他们的劳动。因此，在短时间以后，力图以垄断巧取豪夺的那些人，就会发觉他们的人数不是减少，而是增加，同时对他们劳动的需求总量却缩减了。在这种场合，他们的工资就大大下降。

第三节　通过缩短工作时间来调节活动的种种努力。过度的劳动时间并不经济。但是不长的劳动时间缩短一般会减少产量。因此，虽然它的直接结果也许可以刺激就业，但是除非这种剩余时间是用来发展更高级的和范围更大的活动，那就会很快地减少相宜工资下的就业量。资本输出的危险。从观察材料中寻找真正原因的困难。直接结果和最后结果往往背道而驰

工作效率和工作时间的关系是复杂的。如果紧张过度，长时间工作很容易使人疲乏，以致他很难身心俱佳，而往往远低于此种状态，甚或生病。就一般而论，计件付酬比计时付酬时他的劳动强度较大，如果情况果然如此，短工时特别适合于实行计件工作的那些工业。[①]

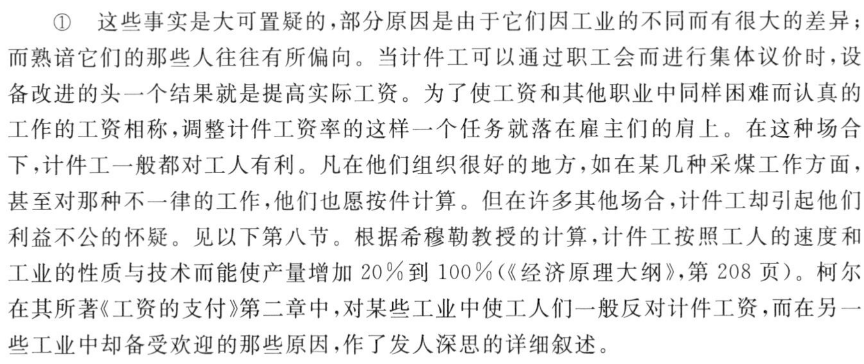

① 这些事实是大可置疑的，部分原因是由于它们因工业的不同而有很大的差异；而熟谙它们的那些人往往有所偏向。当计件工可以通过职工会而进行集体议价时，设备改进的头一个结果就是提高实际工资。为了使工资和其他职业中同样困难而认真的工作的工资相称，调整计件工资率的这样一个任务就落在雇主们的肩上。在这种场合下，计件工一般都对工人有利。凡在他们组织很好的地方，如在某几种采煤工作方面，甚至对那种不一律的工作，他们也愿按件计算。但在许多其他场合，计件工却引起他们利益不公的怀疑。见以下第八节。根据希穆勒教授的计算，计件工按照工人的速度和工业的性质与技术而能使产量增加 20％到 100％(《经济原理大纲》，第 208 页)。柯尔在其所著《工资的支付》第二章中，对某些工业中使工人们一般反对计件工资，而在另一些工业中却备受欢迎的那些原因，作了发人深思的详细叙述。

如工作时间、所做工作的性质、工作所处的物质条件和报酬方法，是造成身体、心灵或身心二者巨大耗损的原因，并导致生活程度的降低，如缺乏产生效率所必需的闲暇、休息和睡眠，则这种劳动从一般社会观点来看是不经济的，如同个别资本家使他的马或奴隶工作过度或营养不足所造成的浪费一样。在这种情况下，适当缩短工作时间，只会暂时减少国民收入，因为一旦生活程度的改善有时间对工人的效率发挥充分作用之后，他们的干劲和智力的增加以及体格的增强，就会使他们能在较短的时间内完成和以前一样多的工作。因此，即使从物质生产的观点来看，最后也没有损失，像把一个有病的工人送到医院去恢复他的体力一样。下一代所关怀的是把人们，尤其是妇女从过度劳动中解救出来，这种关怀至少像送给人们相当数量的物质财富一样有价值。

上述论点认为这种新加的休息和闲暇能提高生活程度。而在我们现在所讨论的那些工作过度的极端场合下，这种结果，势所难免。因为仅仅减少紧张就是上升一步的必要条件。最低级的那些诚恳的工人，工作时很少卖劲。但他们没有持久力，其中许多人是如此疲累不堪，以致他们也许在短时间以后能在较短的工作日内完成像目前在较长工作日内所完成的工作。[①]

此外，有些工业部门，现时对贵重设备的利用一天才只有九至十小时；在这些部门中，逐渐推行八小时，甚或八小时以下的双班制是有利的。这种变革需要逐渐加以推行。因为现有的熟练工人在数量上

① 在英国工业史上，关于劳动时间的差异对产量的影响，有极其多种多样，极其明确和极富有一般教益的实验。但是国际上对这个问题的研究，似乎以德国见长。如伯纳德：《缩短劳动时间，提高劳动强度》，1909 年。

还不足以使这种计划在所有宜于它的工厂内同时采用。但是,有些机器在用坏或陈旧以后,可在较小的规模上加以替换,而另一方面,许多新机器一天使用十小时没利,可以使用十六小时;一旦这样实行以后,它就会有所改进。这样,生产技术的进步较快,国民收入就会增加;工人能获得较高的工资,而无须节制资本的增长,或使它流入工资较低的国家中去。而社会各阶级都能从这种变革中获得利益。

这一问题的重要性,愈来愈明显,因为机器的日益昂贵和陈旧的迅速,使机器在二十四小时中闲置十六小时所造成的浪费变本加厉。不论在哪个国家中,这种变革会增加纯产品,从而,增加每个工人的工资;因为从总产品中减去的机器、设备和厂租的费用比以前要少得多。而英国的技工,技巧高明,精力过人,如果他们使机器一天充分开工十六小时,即便自己只工作八小时,所增加的纯产品要比任何其他国家的工人为多。①

① 关于这个问题,参阅《经济学杂志》,第 19 期所发表的卡普曼教授于 1909 年在英国科学协会上的演讲。

双班制在大陆上比在英国用得多。但是它们在那里没有得到合理的试验,因为劳动时间是如此之长,以致两个班几乎全夜都有工作;而夜间工作向来是不及日间工作的,部分原因是由于值夜班者在白天得不到完全的休息。无疑地,对双班制是可以提出某些实际的反对意见的;例如,两个人负责管理一架机器不如一个人管理得那样好;而工作上的缺点,由谁负责,有时也很难确定;但这些困难在很大程度上是可以通过把机器和工作交给两个同组的人负责来克服的。此外,在使行政措施适合一天十六小时的安排方面,也不无困难。不过雇主和他们的工头并不把这些困难看作是不可克服的;而经验表明,工人们很快地克服了他们最初对双班制所产生的那种厌恶情绪。一班可以在中午下班,而另一班从中午上班;或比较理想的也许是,一班从上午五点到十点,下午一点半到四点半上班,而第二班从上午十点一刻到一点一刻,下午四点三刻到九点三刻上班;在周末或月底,两班可以互换上班时间。普遍采用双班制将是必要的,如果把昂贵机器的威力扩展到各个体力劳动部门是对劳动时间有可能大大减至八小时以下所起的充分影响的话。

但是，绝不应该忘记，这种缩短工作时间的倡议，只适用于那些使用或能够使用贵重设备的行业；而在许多场合，例如在采矿业和有些铁路工作部门中，已经采用了轮班制，差不多使设备经常开工。

因此，余下的许多行业，其中缩短工作时间，势必减少目前产量，未必能立即提高效率，使每人所完成的平均工作量达到原有的水平。在这种场合下，工作时间的变动，就会减少国民收入。其中所引起的大部分物质损失，由工作时间遭到缩减的那些工人负担。的确，在某些行业中，劳动的稀少，在相当长的时间内会提高劳动的价格，而以社会其他成员的利益为代价。但是，劳动实际价格的上涨，照例造成产品需求的减少（部分原因由于代用品使用的增加），同时也引起待遇较差的那些行业中的工人的流入。

第四节　续前

仅仅用使劳动稀少的办法就一般能提高工资的这一坚持不渝的一般信念，是值得加以解释的。首先，这种变动的当前和永久的效果如何不同，甚至往往相反，是很难设想的。人们懂得，当电车公司门外有许多合格的人等待工作时，那些在职的工人所想的往往是如何保住自己的工作，而不是要求提高工资。如果没有这些人，则雇主们就不能抗拒提高工资的要求。他们详细考虑的一个事实是，如果电车工人工作的时间短，同时在现有路线上电车所跑的里程距离又没有缩短，那么，势必要雇用较多的工人，雇用时也许按较高的小时工资，也可能按较高的日工资。他们明白，在着手进行一件事业，例如建造一所房或一只船时，无论如何一定得完成，因为半途而废是得不偿失的。其中任何一个人所做的工作部分较多，给别人留下去做的工作部分则较少。

但是，还有其他的一些结果需要加以讨论，这些结果虽比较不是迫使人接受的，但却更加重要。例如，假使电车工人和建筑工人人为地限制自己的劳动，则电车路线的扩展将受到妨碍；在筑路和司机方面所雇用的人数将减少；许多工人和其他的人，过去也许乘车，而现在势必步行进城；许多的人本来可以在郊区享有花园和新鲜的空气，不得不挤塞在城中；尤其是工人阶级将无力租用他们在一般情况下所能租用的适当住宅；建筑行将减少。

总之，限制劳动可以不断地提高工资的这一论点，是建立在这样一个假设的基础上面。即永久固定的**工作基金**是存在的，亦即不论劳动价格如何，总有一定量的工作必须要做。而这种假设是没有根据的。相反地，工作的需求来自国民收入，也就是说，它来自工作。某种工作较少，对他种工作的需求也较少；如果劳动稀少，则所办的事业势必较少。

其次，就业的恒久不变，取决于工商业组织，并取决于安排供给的人预见到需求和价格的未来变动，从而调整自己行动的成效。但是，这点并不能因工作日较短而有所补益。的确，实行短工时制，如不用双班制，就会阻止贵重设备的使用，而这种设备的存在使得雇主很不甘心歇业。差不多各种人为的限制工作，总会引起摩擦，从而，往往使就业无常趋于增加，而不是减少。

的确，如果泥水匠或鞋匠不受外部竞争的影响，则他们仅仅用缩短工作时间或其他办法减少各自所完成的工作量就有机会提高自己的工资；但是，这种利益的获得只能以国民收入的其他分配者的较大损失总额为代价，因为国民收入是国内各业中的工资和利润的源泉。这一结论由于下述事实而更具有说服力，这个事实是经验所证明、分析所阐明的，即运用工会策略提高工资的大多数事例，出现在那些工业部门里，这些工业部门的劳动需求，不是直接的，而是从许多工业部门所协同制造的产品的需求中派生出来的；因为在策略上占优势的任何一个部门，能把归于其他部门的成品价格的一部分攫为己有。①

第五节　续前

现在我们来看一看坚持节制劳动的供给一般能永久提高工资这一信念的第二个原因。这个原因低估了劳动供给的变动对资本供给所产生的影响。

这是事实，而且就其影响所及，是一个重要的事实，即由于泥水匠或鞋匠的减产所造成的损失，某些部分将由劳动者阶级以外的人负担。一部分无疑地落在建筑业或制鞋业的雇主和资本家肩上；一部分由房屋或鞋的富有的使用者或消费者负担。此外，如果各劳动者阶级都用限制他们劳动的有效供给来提高工资，则由于国民收入的减少而来的大部分负担在短时间内势必落在本国其他阶级，特别是资本家阶级的肩上；但只是在短时间内。因为投资纯收益的大量减少，会使新资本品的供给迅速逃往国外。鉴于这种

① 见以上第五篇，第六章，第二节。

危险，所以有时主张，铁路器材和国内的工厂设备不能出口。但是，差不多全部原材料和大部分生产工具，每年都被消费掉了，用坏了，或陈旧了，而它们都需要加以补偿。补偿规模的缩小，再加上游离出来的一部分资本的出口，也许会使本国在几年之内对劳动的有效需求如此减少，以致工资反而会远远降至现有的水平以下。①

虽然资本的输出并不是在任何情况下都遭到许多困难，但是，资本家由于相当的企业理由和情感上的偏好，宁愿在国内投资。因此，使一个国家更宜于居住的那种生活程度的提高，在某种程度上势必抵消导致资本输出的那种投资纯收益下降的趋势。相反地，用减产的反社会的策划来提高工资的做法，势必使一般富有的人不得不移往国外；特别是那些资本家阶级，他们的企业精神和甘于克服困难对劳动者阶级至关重要。因为他们坚持不渝的主动性，有助于国家的领导地位，而在促进那些提高效率的生产工具供给量的增加，从而，保持国民收入增长的同时，能提高人们的实际工资。

工资的普遍上涨（不论是怎样造成的），如遍及全世界时，就不

① 例如，让我们假定鞋匠和帽匠是同一个等级，在劳动时间普遍缩减以前和以后，他们工作的时间相等，所领的工资也相等。那么，在缩减以前和以后，帽匠用一个月的工资可以购买相当于鞋匠一个月劳动纯产品的鞋子（参阅第六篇，第二章，第七节）。如果鞋匠工作的时间比以前减少，从而所做的工作也比以前减少，那么，他一个月劳动的纯产品势必有所下降，除非通过采用双班制的办法，雇主和他的资本获得了两班工人的利润，或者可以缩减他的利润，所减之数等于全部减产额。最后的这个假设是和我们所知道的决定资本和营业能力的供给的那些原因相矛盾的。因此，帽匠的工资所购买的鞋不如以前多；而对其他各业也以此类推。

会使资本从一处移向他处，这也是真的。全世界体力劳动者的工资，主要通过生产的增加，有希望及时上涨；但部分原因也由于利率的下降，和大于维持甚至从最广泛意义上说的有效率的工作和文化所必要的那种收入的相对（如果不是绝对的话）减少。但是，提高工资的种种方法，即用减少而不是增进效率的手段以维持较高的安逸程度的方法，是违反社会利益的，也是近视的，从而会引起迅速的报复。大多数国家采取这些方法的机会也许绝少：如果几个国家采用了这些方法，则向提高生活程度和效率水平迈进的另一些国家，就会迅速把大部分资本和核心力量从采取那种卑鄙限制政策的国家吸引到自己的周围。

第六节　续前

在这种讨论中，有必要坚持一般的推理；因为直接诉诸经验是困难的；而如果轻易引用经验，那只能导致错误。不论我们看的是工资及其改变以后不久的生产的统计，还是改变以后长期中的统计，突出的事实很可能主要是由于其他原因，而不是我们所要研究的那些原因。

例如，假使工作时间的缩短是罢工胜利的结果，那么很可能，选定举行罢工的时机是工人在战略上处于优势的时机，是一般商情使他们有可能增加工资的时机，如果工作时间没有变动的话；因此，这种变动对工资的直接影响表面上多半比实际上更加有利。此外，有许多雇主曾订了合同而且必须履行合同，在短时间内他们对短工时比以前对长工时所出的工资可能还高。但这是骤然变动的结果,而且只是昙花一现。如上所述,这种变动的直接结果多半与后来的那些更加持久的结果相反。

相反地,如果人们过度疲累,而工作时间的缩短又不能使他们立即振作起来,则工人的物质与精神生活条件的改善,从而效率的提高与工资的增加,就不能立即显现出来。

此外,工时缩短后几年之内的生产和工资的统计,所反映的很可能是国家的景气。特别是该业景气的变动,以及生产方法与货币购买力的变动。分出工时缩短的影响,像分出咆哮的海浪上掷一石子所产生的影响,也许是同样困难的。①

因此,我们必须要明辨两个问题:是否某种原因有产生某种结果的趋势,和是否该原因必然产生该结果。开开水库的闸口有使水位下降的趋势;但是,如果同时有较大的流量在另一端流入水库,则与开开闸口相随的是水位的上涨。同样,虽然工作时间的缩短,有使那些未曾充分开工而又无法实行双班制的行业减产的趋势,但是,它很可能伴随着由于财富和知识的普遍增进而来的生产

① 例如,当我们回顾澳大利亚采用八小时劳动日的历史时,我们发现,在金矿和黄金供应的繁荣方面,在牧场和毛价的起色方面,在向早开发国家借贷资本而用澳洲工人建筑铁路等方面,以及在移民和商业信用方面,都有巨大的波动。所有这些都是使澳大利亚工人状况改变的强大因素,以致掩盖了工作总时数从十小时(除用餐时间外为八又四分之三净工作小时)减至八小时(净工作小时)的各种影响。澳大利亚的货币工资比劳动小时缩减以前要低得多;尽管货币购买力也许有所增加,从而,实际工资并没有下降,但是似乎毋庸置疑,澳大利亚劳工的实际工资较之英国,几乎没有劳动时间缩短以前那样高了。未曾证明的是,它们并不比没有发生变化以前低些。缩短劳动时间不久以后澳大利亚所经历的商业危机无疑地主要是由连年的旱灾和任意扩展信用所造成的。但是一个辅助的原因似乎是由于对短工作时间的经济效率作了过分乐观的估计,从而在那些不宜于缩短劳动时间的工业里提前把它们缩短了。

增加。不过，在这种场合，不管而且也不是由于工时的缩短，工资会有所增加。

第七节　职工会的最初目的是在于提高工资，同时也在于使工人具有独立性，从而提高他们的生活程度。这种尝试的成功证明他们的主要武器——共同章程——的重要性。但是严格执行该章程的条款往往造成虚假的劳动标准化并挫伤积极性和驱除资本，以及其他方面损害工人阶级和其他社会阶层

在现代英国，差不多所有我们所讨论的这种运动都是由工会指导的。对工会的目的和结果给予充分的商榷，不在本书的讨论范围之内；因为它必须建立在一般结社、工业变动与对外贸易的研究上面。但是关于工会政策同生活程度，工作和工资最有关的那一部分，在这里还必须加以说明。①

职业上的变动不居，使一代某群工人的工资和工业政策对下一代该群工人的效率和生产所得的能力的影响，不论好坏，都模糊

① 拙著《经济学纲要》，第1卷中附有关于职工会的一个简要叙述，此书在其他方面是本书的一个提要。1893年劳工调查委员会的最后报告对职工会的目的和方法的阐述，是在雇主和具有特殊才能与经验的职工会领袖的合作下所提出的唯一可靠的根据。

不清。[①] 年青一代的培养费用的来源——家庭收入，现在很少来自一业。子从父业者，较不多见。强而有为者(任何职业的报酬有助于其性格的形成)多半到别处谋求较高的待遇，而弱而放荡者多半降于其下。因此，用经验证明任何职工会为提高会员的工资而做的努力，在提高借助于高工资而培养的这一代的生活程度的工作水平方面是否卓著成效这一问题，变得愈来愈加困难。但是某些显著的事实仍然十分突出。

英国职工会的目的原在提高工资率和工人的生活程度。最初给它们以巨大刺激的是这一事实，法律直接或间接地准许雇主结社以规定工资，保护自己的利益；并且严禁工人结社，违者受罚。这种法律不仅使工资有所下降，而且使工人的意志力受到压抑。他的视线是如此有限，以致他完全纠缠在周围的琐事上，而对国家大事毫不关注，因此，除了和自己及其家庭与邻人直接有关的事情以外，他很少考虑任何世事。与其他同业工人结社的自由，势必扩大他的视线，使他思索较大的一些问题，它会提高他的社会责任感，虽然这种责任也许染有大量阶级利己的色彩。因此，早期为实现这一原则而进行的斗争，即凡雇主在自由结社中所能做的事，工人同样也可以做，既是为提高工资而进行的斗争，其实又是为取得与真正自尊和广大社会利益相符的生活条件而做的一种努力。

在这方面，曾取得了彻底的胜利。职工会组织曾使熟练的技工，甚至和许多种不熟练的工人有可能用大国外交中所常见的那种严肃、克制、庄重和先见来同他们的雇主进行谈判。它曾使他们

① 比较以上第六篇，第三章，第七节，与第五章，第二节。

一般地认识到:单纯进攻的政策是一种愚蠢的政策,军事手段的运用主要是为保持有利的和平。

在英国的许多工业里,工资调整委员会顺利无阻地进行着自己的工作,因为有一种强烈的愿望来避免在小事上浪费精力。如果一个工人认为雇主或工头对自己的工作或报酬的规定不公,而发生异议,则雇主首先要求职工会的书记仲裁,他的决定一般为雇主所接受,当然也必须为工人所认可。如果这种具体纠纷牵涉到调整委员会过去没有明确规定的一个原则问题,则此事可以提交雇主联合会和职工会的书记开会讨论。如果他们达不成协议,则可以交给工资调整委员会处理,最后如果争论的利害关系至大,双方互不让步,则这个问题可以通过罢工或雇主的停工而由双方的力量来解决。但是即使在这种情况下,有组织的职工会在处理这种冲突中几代以来都起着模范作用,而这种冲突在方法上和一世纪以前的劳资冲突一般地有所不同,正如现代文明民族之间光明正大的战争和野蛮民族之间凶恶的游击战争有所区别一样。在国际劳工会议上,英国代表的那种克制、谦虚和目的的坚定,是其他国家的代表所不及的。

但是职工会服务的这种光明磊落,给自己提出了相应的义务。所谓位高者从不轻率。它们不得不对那些夸大它们能用特殊伎俩(特别是当这种伎俩含有反社会的因素时)来提高工资的人存有戒心。的确,不受指责的运动是极其罕见的。差不多在各种伟大的事业中,总潜伏着一些破坏作用。不过这种弊害不应加以曲解,而应慎重检验,以收息事宁人之效。

第八节　续前

职工会借以取得它们按平等条件和雇主谈判的权力的主要手段是关于对某工种一小时工作或对某种计件工所应付的标准工资的"共同章程"。习惯和法庭对工资的那种相当无效的规定，虽然阻止了工人的闹事，但也保护他使不受极端的压迫。但当竞争成为自由竞争的时候，无组织的工人在同雇主议价时却处于不利地位。因为甚至在亚当·斯密那个时代，雇主们一般都有正式或非正式的协定，雇用劳工不得争相抬价。而随着时间的推移，当单独一个厂往往能雇用几千工人的时候，它本身就变成一种紧密而巨大的议价力量，而为小职工会所不及。

的确，雇主们在不争相抬价方面的协定和谅解并不是普遍的，而且也往往得到破坏或回避。的确，如追加工人的劳动纯产品大大超过他们所得的工资，则贪婪的雇主不顾同业的愤慨，用较高的工资把工人吸引到自己方面来。的确，在先进的工业地区，这种竞争足以保证大量工人的工资不能长期大大停留在他们纯产品的等价之下。有必要在这里重提这一事实，即一个具有正常效率的工人的工资所接近的那种纯产品，是一个具有正常效率的工人的纯产品：因为有些主张厉行章程的人曾确实认为，竞争有使有效率的工人的工资和无效率的工人（他的效率如此不高，以致雇主刚能雇用他)的纯产品相等的趋势。①

但事实上竞争并不起这样的作用。它并没有使相同职业中的周工资相等的趋势。它有使周工资和工人们的效率相适应的趋势。如果甲将从事的工作为乙的两倍，则是否增雇工人尚犹疑不定的那个雇主以四先令雇用甲和各以两先令雇用两个乙是同样有利的交易。决定工资的因素可以从以四先令雇用甲和以两先令雇用乙的那一边际场合同样清楚地看出来。②

① 职工会领袖在许多方面对社会福利所起的有益影响，往往由于对这个问题的误解而受到损害。他们往往把韦伯夫妇那本极其重要而优秀的著作《工作的民主》当作自己的根据，但此书是有这种误解的。例如，韦伯夫妇说(第 710 页)，"如我们在《经济学家的判断》一章中所知道的，现在从理论上论证的是，在'完全竞争'和自由选择职业下，工资的一般水平只不过趋于边际劳动者(他处于不被雇用的边际!)的劳动纯产品而已"。又在第 787 页的脚注中他们把边际劳动者当作工业上的废物或乞丐时说，"如果在完全竞争下各类劳工的工资只不过趋于处在不被雇用边际的该类劳工中边际劳动者的追加劳动的纯产品，那么，从竞争的劳动市场中，而不必从为自己的生产劳动中，把这些乞丐抽出来，通过提高边际工资劳动者的能力，似乎就会提高整个工人阶级的工资"。

② 说在这种情况下竞争有使雇主情愿给甲支付二倍于乙之工资的趋势，其实是言不尽意的。因为一个有效率的工人将使同样的厂房、设备和监督所生产的为一个无效率的工人的两倍，他对雇主的价值就不只是两倍的工资，实际上他也许值三倍(见以上第六篇，第三章，第二节)。当然，雇主对较有效率的工人也许不敢按他的实际纯产品付给工资，惟恐有职工会支持的那些无效率的工人对他的利润率作过高的估计，从而要求增加工资，但是在这个场合下，当考虑值得他给效率较大的工人出多少工资时，引起雇主对效率较小的工人的纯产品的注意的那种原因，并不是自由竞争，而是由于误用章程而对自由竞争的抗拒。有些现代"分红"计划旨在大体上按有效率工人的纯产品的比例，也就是说按高于计件工资率的比例，来提高他们的工资；但职工会总是不赞成这些计划。

第九节　续前

一般说来，职工会通过运用那种使工作和工资趋向真正标准化的章程，特别是当伴以尽量发展国家资源，从而增进国民收入的增长的真诚努力时，而既对自己有利，又对国家有利。工资的任何上涨，或生活条件的改善和它们用这些合理方法所能获得的就业，多半对社会福利有益，它多半不会挫伤企业心，不会使那些大政治家的步调失调，也不会使资本大量外流。

而运用趋向于错误标准化的章程时，情况却有所不同。它有使雇主对较无效率的工人和对较有效率的工人支付同等工资的趋势；或它阻止任何人担任他所能胜任的工作，理由是这种工作在技术上不属于他的范围之内。这样来运用章程显然是反社会的。采取这种行动的确比表面上看来也许有更坚强的理由，但是这些理由的重要性往往由于职工会人员对他们所负责的组织上的技术完善的热忱而有所夸大，因此，那是这样一些理由，外界批评虽不表同情，对它们却也许有用。我们可以首先讨论一个现在意见分歧比较小的突出事例。

在职工会还不懂得充分自尊的时代，错误标准化的形式屡见不鲜。对使用先进生产方法和机器曾多方刁难；并且企图对一种工作按久已过时的方法完成时所用劳动的等价来规定它的标准工资。这又有维持有关工业特定部门中的工资的趋势；但这只有通过大大缩减生产的政策才能办到，这种政策如普遍成功，就会大大降低国民收入，并减少全国按适当工资的一般就业量。杰出的职工会活动家由于禁止使用这种反社会的措施而对国家的贡献，是永远不会被人遗忘的。虽然某一开明工会部分地脱离它的高尚原则，引起了 1897 年工程业中的大纠纷，但是这种错误很快地得到克服，至少在其主要方面是如此。[①]

此外，与错误标准化有关的，至今仍为许多职工会采用的一种办法是，坚持使一个不复能从事一整标准劳动日工作的年长工人取得全部标准工资。这种做法使该业的劳动供销稍受限制；而似乎对实行它的那些人有利。但是它不能长期限制人数：它对职工会福利基金的压力往往很大，因此，即使从纯粹自私的观点来看，这种做法一般也是鼠目寸光的。它大大降低国民收入，并使年长的工人在无聊的闲散和不适于自己的那种艰苦劳动的勉强挣扎中任选其一，它是苛刻的、反社会的。

让我们来考察一个更加可疑的事例。划定各群工人职能的界限是实行章程所必要的。每个城市技工应力求精通某部门的工作，自然对工业的进步有利。但是一个好的原则往往被实行得过火，而产生弊端，如果一个工人不准做他所从事的对他来说是相当容易的某一部分工作，借口是这种工作在技术上属于另一个部门。

① 在《工业的民主》(第 2 篇，第 8 章)中，有一段可供参考的反对机器的历史。其中有这样一个意见：即不要一般地反对机器的引用，而是不要为了和机器竞争而接受按旧方法劳动的较低工资。这是对青年人的金玉良言。但是它往往不能为成年人所接受：而如果政府的行政权力增加得比它们从私营企业所承担的那些新任务要快些，那么，它们对于解决那些由于方法改良而使中年人和老年人的技术几乎无用时所引起的社会冲突，也许会作出巨大的贡献。

这种禁止在生产大批同类商品的厂中为害较小。因为在这些厂中有可能把生产任务安排得对许多不同工种的每种工人大致雇用一个整数，所谓整数是指其中没有在别处谋部分生计的各种工人。但是这种禁止对小雇主，特别是对那些居于在一二代内能导致有助于国家领导地位的那些伟大成就的阶梯的最低级的人的压力很大。即使在大厂中，这种禁止也增加了这样的机会，即当时很难为自己找到工作的人，将被送往别处谋职；从而，在短时期内扩大了失业队伍。这样看来，划定界限，如适可而止，对社会是一件好事，如为它所提供的技术上的小小利益而走向极端，就变成了坏事。①

第十节　与货币购买力特别是商业信用的变动相联系的困难

其次我们可以考察一个更加微妙而困难的问题。那就是共同章程似乎失灵的问题。其所以失灵，并不是由于对它的运用粗暴，而是由于它所解决的任务要求它比现在或比所能拟定的在技术上要更加完善。问题的焦点在于标准工资是用货币来计算的。因为货币的实际价值前十年与后十年有所不同，并且年年都有急剧的波动，所以僵硬的货币标准不能成为真正的标准。使这种标准具有适当的灵活性，如果不是不可能的，也是困难的。这就是反对极

① 不妨指出，上面所说的那个工程师联合会是在类似工业部门间消除严密界限的共同行动的先导。

端运用共同章程的一个理由，因为这将不得不使用如此僵硬而不完善的一个工具。

上述考虑之所以更加迫切，是由于这一事实，即在短时期内使价格上涨并使货币购买力下降的信用膨胀的过程中，职工会有要求增加标准货币工资的自然倾向。那时雇主们甚至对那些尚没有达到完全正常效率水平的工人也情愿支付很高的工资（用实际购买力计算很高，而用货币计算则更高）。这样，只具有二等效率的工人也获得很高的标准货币工资，实现了参加职工会的愿望。但是不久信用膨胀停止，继而出现了衰退，物价下落，货币购买力上升，劳动的实际价值下降，而它的货币价值降得更快。膨胀时期所形成的货币工资的高标准，现在高得甚至使那些充分有效率的人也不能提供适当的利润。而在效率水平以下的那些人更不值这种标准工资了。这种错误的标准化对该业有效率的成员并不纯粹是一种灾难，因为它有使对他们劳动的需求增加的趋势，正如年长工人的被迫赋闲使对他们劳动的需求增加一样。但是只有通过缩减其他工业部门的生产，从而缩减它们的劳动需求，才能有这样的增加，职工会越坚持这种政策，国民收入所受的损害越大；而按适当工资的全国就业总量就越小。

如果各工业部门发奋建立几种劳动效率标准和相应的工资标准，一俟物价高涨的巨潮过去以后，就赶快降低适应这种暴涨的高额货币工资标准，则在长期内各部门都会获得较大的利益。这种调节是有许多困难的。但是如果对通过阻碍任何工业部门的生产而取得的高额工资势必增加其他部门的失业人数这一事实有普遍而明确的认识，则也许会很快获得这种调节。因为对失业唯一有效的药方就在于不断地使手段和目的相适应，这样才能使信用建立在相当可靠的预料这个坚固基础上面；信用的任意膨胀（一切经济病症的主要原因）才可以限制在狭隘的范围内。

这个问题在这里不便加以论证。但是略需加以解释。穆勒说得好，“构成商品支付手段的东西仅仅是商品而已。各人用以购买他人产品的支付手段是由他所拥有的那些东西构成的。一切卖主不可避免地都是买主（就此词的意义来说）。如果我们能把全国的生产力立即增加一倍，那么，我们就会使各个市场的商品供应增加一倍，但是同时我们会使购买力增加一倍。各个人的供给和需求都增加一倍，各个人所能买的东西增加一倍，因为各个人拿出交换的东西也增加一倍”。

虽然人们有购买能力，但是他们也许不愿使用它。因为一旦破产动摇了信心之后，资本便不被用来成立新公司或扩大旧公司。兴修铁路，无人问津，船只停航，新船订单绝迹。对掘凿机的工作几乎没有任何需求，对建筑业和发动机制造业的工作的需求也不大。总之，在任何生产固定资本的企业中，工作很少。这些行业中的资本家和熟练工人所赚极少，从而购买其他行业的产品也极少。其他行业发觉它们的商品销路很小，生产减少；它们的收入减少，因此，它们的购买量也减少。对它们的商品的需求减少，使它们对其他行业的商品的需求也减少。商业恐慌弥漫全国，一业的恐慌使他业失常，而他业又对它起着反作用，并加深它的恐慌。

这种灾难的主要原因是缺乏信心。如果信心可以恢复，并用它的魔杖触动所有的工业，使它们继续它们的生产和它们对其他各业商品的需求，则这种灾难大都会立即消失。如果生产直接消费品的各业同意继续开工，并像往常一样互相购买商品，那么，它们就会互相提供获得适当利润率和工资率的手段。生产固定资本的那些行业也许不得不等待较长的时间，但是当信心恢复到这样的程度，以致有资可投的那些人决定了如何投资的时候，它们也会获得雇用的。有信心就会使信心更足；信用增加了购买手段，从而物价有所回升。已开业者会获得适当的利润，新公司将要成立，旧企业将要扩大；不久甚至对那些生产固定资本的企业的工作也有适当的需求。关于重新全部开工并为自己的商品相互提供市场一事，各业当然是没有正式协定的。但是工业的复苏是通过各业信心的逐渐而往往是同时的增加来实现的；一俟商人们认为物价不会继续下降，工业就开始复苏，而随着工业的复苏，物价上涨。[①]

① 引自穆勒的那段原文和其后的两段文字都是摘自 1879 年我和我的妻子所出版的《工业经济学》(第三篇，第一章，第四节)。它们指出大多数追随古典经济学家传统的那些人就生产和消费的关系所持的态度。的确，在萧条时期，消费的瓦解是促成信用和生产继续瓦解的原因。但是救治的方法，并不是来自对消费的研究，像某些轻率的著作家所主张的那样。研究式样任意改变对就业的影响，无疑是有好处的。不过所需要的主要研究是对组织生产和信用的研究。经济学家们虽然在这方面没有成功，但他们失败的原因是在于问题的极其暧昧和不断改变的形式，而不是在于他们对它的无比重要性有所忽视。经济学自始至终都是研究生产和消费的相互调节的，当讨论其中一种时，而另一种也绝不会被遗忘。

第十一节　关于社会进步的可能性的临时结论。国民收入的平均分配会降低许多技工家庭的收入。社会的最底层需要加以特殊对待。但是提高非熟练劳动的工资的捷径，莫过于使各阶层人民的性格和才干受到如此完备的教育，以致一方面它大大减少那些只能胜任非熟练劳动的人的数量，另一方面增加那些善于进行独立思考(这是人对自然控制的主要源泉)的人的数量。而真正的高生活程度是不会达到的，除非人学会了善于利用空闲时间：这是剧烈的经济变革为害的许多迹象之一，如果这些变革超过了人类从长期自私自利和斗争中继承下来的那种性格的逐步转变

分配论研究的主要意义是使我们知道：现有的社会经济力量使财富的分配日趋完善；这些力量是经常起作用的、日益壮大的；它们的影响大多是积累性的；社会经济组织比乍看起来要更加微妙而复杂；考虑不周的巨大改革会引起严重的后果。它特别提醒我们，政府占有全部生产资料，即使这种占有是逐渐地稳步地实现

的，像较负责的“集体主义者”所提倡的那样，对社会繁荣的损害比初看起来要大得多。

从国民收入的增长取决于发明的不断进步和费用浩大的生产设备的不断积累这一事实出发，我们不得不想到，使我们驾驭自然的无数发明差不多都是由独立的工作者所创造的；全世界的政府官吏在这方面的贡献是比较小的。中央政府或地方政府集体所有的几乎全部贵重生产设备，是用主要借自企业家和其他私人储蓄的资金购置的。集权政府在积累集体财富方面有时也做了巨大的努力，也许可以指望，在将来先见和忍耐将成为大部分劳动阶级的共同财产。但是事实上，把进一步控制自然界所需要的资金的积累委托给一个纯粹的民主政府，也会引起巨大的风险。

因此，显然有很强烈的理由害怕，生产资料的集体所有制，除非在实行以前，全体人民已养成现在比较罕见的那种忠于社会福利的能力，会挫伤人类的积极性和阻碍经济的进步。虽然这个问题此刻不能加以讨论，但是它也许把私人和家庭生活关系中最美丽而和谐的东西毁其大半。这些就是使那些慎重的经济学家一般认为经济社会和政治生活条件的急剧改造是害多益少的主要理由。

此外，我们不得不想到，国民收入的分配虽有缺点，但不像一般所说的那样多。实际上英国有许多技工的家庭，美国这种家庭甚至更多(尽管在那里曾发现了巨大的宝藏)，它们会因国民收入的平均分配而受到损失。因此，人民群众的境遇虽然通过废除一切不均而在短时间内自必有很大的改善，但是甚至暂时也绝不会改善到社会主义者所憧憬的那种黄金时代给他们规定的水平。[①]

但是这种审慎的态度并不意味着对现时财富分配不均的默认。许多世纪以来，经济科学越来越相信，极端贫困伴随着巨大财富是没有实际必要的，从而，在伦理上是不对的。财富的不均，虽没有往往被指责的那样厉害，确是我们经济组织的一个严重缺点。通过不会伤害人们的主动性，从而不会大大限制国民收入的增长的那种方法而能减少这种不均，显然是对社会有利的。虽然算术提醒我们，把一切所得提高到超过特别富有的技工家庭业已达到的那种水平是不可能的，但是不到该水平的应加以提高，甚至不惜在某种程度上降低该水平以上的所得，自然是合算的。

第十二节　续前

对那些在体力上、智力上和道德上都不能做一整日工作赚一整日工资的“社会残渣”（它的人数很多，虽然现在有不断减少的征兆），需要采取迅速措施。这个阶层，除了那些绝对“不能就业的”人以外，也许还包括一些其他的人。但那是一个需要特殊处理的阶层。经济自由制度对那些身心健康的人来说，不论从道德或物

① 几年以前，英国四千九百万人的年收入约在二十亿镑以上。许多重要的技工一年的收入约为二百镑。有为数很多的技工家庭，其中四口或五口之家，每人每周所得的收入为十八先令到四十先令。这些家庭的开支，如不比总收入被平均分配，从而每人每年获得四十镑时大些，至少也和它相等（1920 年补写）。在这方面没有新的统计材料可以利用。但似可以肯定的是，工人阶级收入的增长速度至少和其他阶级相等。本章所提供的一些意见在《经济改革的社会可能性》一文中（《经济学杂志》，1907 年 3 月）得到进一步的发展。

质的观点来看也许是最理想的制度。但是那些社会残渣却不能善于利用这种制度。如果让他们按自己的方式教育儿童，则盎格鲁-撒克逊的自由通过他们势必贻害后代。把他们置于像德国所流行的那种家长制纪律之下，对他们有利，而对国家更有利。①

要解决的祸害是如此紧急，以致迫切地需要一种反祸害的有力措施。这样一个建议很早就引起学者的注意，即：政府当局给男工和女工都规定一种最低工资，在这种工资以下，他或她都可以拒绝工作。如果行之有效，则它的利益是如此之大，以致人们会欣然接受，而不顾它会引起某些副作用，和在某些毫无理由的场合下把它用作要求严格的虚拟工资标准的手段。虽然最低工资计划的细节，最近，尤其是近两三年以来，曾有很大的改进，但是它的基本困难似乎还没有得到正视。除了澳大利西亚的经验之外，几乎没有任何经验可作为我们的借鉴，在那里，每个居民都是大地产的部分所有者，近年来，有许多年轻力壮的男男女女都移居到那里。而这种经验对我国人民来说也用处不大，因为他们的活力曾为过去的济贫法和谷物条例所伤，为工厂制度（当不理解它的危险时）的滥

① 开始时对无依无靠者要加以救济，救济的范围要广，同时要有教育意义。分别上的困难势必加以正视，在正视这种困难时，中央和地方当局要获得大量情报，而这种情报是为指导，在极端场合下是为管理那些弱者，特别是其弱点造成对下一代严重危险的那些人所需要的。年长的人可以就其经济和个人的所好方面加以帮助。但是在那些抚养幼年儿童的人的场合下，就需要大量社会基金的开支，需要使个人的自由严格地服从社会的需要。消灭社会残渣头一个极其重要的步骤是，坚持正常上学，儿童们的衣服应当整洁，身体干净，吃得饱。如做不到这些，父母们就应当受到警告和批评：封家或限制父母的某些自由，以作为最后的手段。这种费用为数至巨，但是再没有比这种巨额开支更加迫切的了。它会消除感染全民的那个大毒瘤。一旦消除之后，过去用于这方面的资金就可以腾出来用在那些有益而较不迫切的社会事业上。

用所害。任何实用可行的计划必须建立在对那些赚不到最低工资，从而不得不请求国家补助的人的人数统计上面；特别要查明其中有多少人大体上可以维持生活，如果可能听其工作并在许多场合下以家庭而不以个人来调节最低工资的话。①

第十三节　续前

讲到那些身心相当健康的工人，大致可以作这样的估计。只能胜任非熟练劳动的约占人口的四分之一。适宜于低级熟练劳动，而不适宜于高级熟练劳动，又不能在责任重大的岗位上行动迅速自如的，占人口的四分之一左右。如果一世纪以前在英国进行同样的估计，则比例会截然不同。除普通的农业工作外，不适宜于任何熟练劳动的，也许占人口的一半以上，而适宜于高级熟练劳动或责任重大的工作的，也许还不到人口的六分之一。因为那时并不把人民教育当作国家的义务和对国家的一种经济。如果这是唯一的变动，那么，非熟练劳动的迫切需求势必迫使雇主对它支付几乎和对熟练劳动一样的工资。熟练劳动的工资会略有下降，而非熟练劳动的工资会上升，直至这两种工资大致相等为止。

尽管如此，非熟练劳动的工资涨得比任何其他劳动的工资，甚

① 最后这点似乎为人所忽略，主要是由于对"寄生性工作"的性质及其对工资的影响作了错误的分析。家庭就地理上的迁移而论大体上是一个单位。因此，在钢铁工业或其他重工业林立的地区，男人的工资较高，妇女和儿童的工资较低，而在某些别的地区，父亲的所得不及全家货币收入的一半，男人的工资较低。这种自然调节对社会是有益的；国家关于男人和妇女的最低工资（他们或她们不是忽视它，就是反对它）的严格规定，势必遭到反对。

至比熟练劳动的工资还要快些。如果完全非熟练劳动的工作没有被自动机器和其他机器代替得甚至比熟练劳动的工作还要快，那么，这种工资平均化运动也许会进行得更快些。因此，现在完全不需要技术的工作比以前要少些。的确，有几种历来属于熟练技工的工作现在所需要的技巧不及以前那样高，而相反地，所谓“非熟练”工人现在往往所须操纵的工具是这样的精巧昂贵，以致不便为一世纪以前的英国普通工人或现在某些落后国家的人民所应用。

这样看来，机械进步是各种劳动报酬之间仍然存在着巨大差别的一个主要原因；初看起来，这似乎是一种严重的控诉，其实不然。如果机械进步慢得多，则非熟练劳动的实际工资比现在要低些，而不会高些。因为国民收入的增长会受到如此大的限制，以致甚至熟练工人也不得不对一小时工作的所得还不及伦敦瓦工六便士的实际购买力而感到满足，而非熟练工人的工资当然还会更低一些。曾经有一种观点，认为倘生活上的幸福取决于物质条件，则收入足以提供**最必要的**生活必需品之时，可以说是幸福开始之日。此后，收入增加一定的百分比，将增加大约等量的幸福，不论收入何似。这种粗浅的假设导致这一结论：贫苦阶级中实际工人的工资（比方说）增加四分之一，对总幸福的增益，比其他阶级中相同人数的收入增加四分之一要大些。这似乎是合理的。因为它阻止了绝对的痛苦，消除了堕落的积极因素，并通向幸福之路，而这是收入的其他比例增加所不及的。从这点来看，贫苦阶级从机械和其他方面的经济进步中所获得的实际利益，比他们的工资统计数字所代表的要大些。但是力求用这样低的成本来进一步增加福利仍

是社会的当务之急。[①]

可见，我们必须力求使机械的进步大力向前发展，并减少不能从事任何技术性工作的劳动供给，以便使全国的平均收入增加得甚至比过去还要快些，使每个非熟练工人的收入份额增加得更快些。为了这个目的，我们需要向近几年来的那种方向迈进。但须更加努力。教育必须更加普及。学校教师必须懂得他的主要任务不是传授知识，因为几先令买来的报刊上的知识一个人的头脑就容纳不了。他的主要任务是培养个性、能力和才干；因此甚至那些轻率的父母们的子女也有机会被培养成下一代的审慎的父母。为了这个目的，必须大量使用公款，而这种公款必须用来提供新鲜的空气和场所，以供工人阶级住宅区的儿童做有益的游戏。[②]

这样看来，国家似乎需要对贫苦的工人阶级本身无法举办的那种福利要大力资助，同时要坚持室内必须清洁，适于日后成为强壮而有责任感的公民居住之用。每人应有若干立方英尺空气的强迫标准必须加以稳步提高，这和不准建造房前房后没有适当空地的高楼的规定结合起来，将加速工人阶级从大城市的中心市区移向可能有较空旷场所的那些地方。同时国家对医药卫生的补助和管理将在另一方面减轻贫苦阶级的儿童迄今所受的压迫。

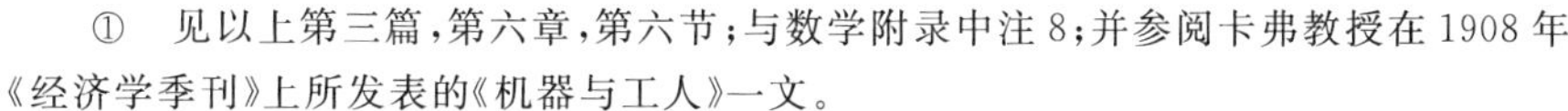

① 见以上第三篇，第六章，第六节；与数学附录中注8；并参阅卡弗教授在1908年《经济学季刊》上所发表的《机器与工人》一文。

② 在附录七的第八、九节中认为，工人阶级的，特别是他们儿童的健康，首先有权利利用对城市土地因人口集中而造成的特殊价值所征的税。

非熟练工人的子女有必要培养得能够赚取熟练劳动的工资；而熟练工人的子女有必要用同样的方法培养得能够担任更加负责的工作。挤入中下阶级，对他们不但不利，而确实有害。因为，如所指出的，只会书写和记账实际上属于比熟练手工劳动还要低一级的劳动，它过去之所以高于熟练手工劳动，只是由于普及教育曾视忽视。

任何一级的儿童挤入高于他们的那一级，对社会往往既有利，而又有害。但是我们现在那个最贫困的阶级的存在确是一种罪恶，促进该阶级人数增加的事，不应当做，而应当帮助不幸生而为该阶级的那些儿童来摆脱这个阶级。

在上层技工中有广阔的天地；而在上层中产阶级中对后进者也有广阔的天地。正是由于这个阶级的卓越人物的创造和智慧，才出现了大多数的发明和改良，而这些发明和改良使今天的工人有可能拥有几代以前最富的人也不常有的那些安逸品和奢侈品。没有它们，英国甚至不能给她现在的人口提供充分的普通食物。如任何一个阶级的子女厕身于那些从事新发明并把这种发明应用在实际建设上的一小群人之中，那确是一种纯粹的巨大收获。他们的利益有时很大，但是他们为世界赚得的也许比为自己多一百倍以上。

的确，许多巨大的财富是由投机，而不是由真正建设性的劳动得来的。这种投机大多是和反社会的策略，甚至和对一般投资者所凭恃的那些消息的蒙蔽分不开的。补救的方法不易，也许永不会完善。用简单的法令来控制投机的那种草率的做法，结果不是无效，就是有害。但这是经济研究的那种日益壮大的力量有希望在本世纪对世界作出巨大贡献的问题之一。

在许多其他方面，祸害可以通过对社会在经济上的慷慨捐输的广泛认识而有所减轻。富人对社会福利的热心，可以大大有助于收税人尽量利用富人的资金来为穷人谋福利，并可以消除贫困之害。

第十四节　续前

上面讨论了财富的不均和贫苦阶级的微薄收入，特别提到了它们使人不能满足需要和阻碍自然发育的种种影响。但是这里如往常一样，经济学家不得不提起注意的一个事实是，正确地使用一个家庭的收入和利用它所拥有的机会的那种能力本身就是一种最高级的财富，是各阶级极其罕见的一种财富。甚至英国各劳动阶级每年用得不当的钱约有一亿镑，其他阶级约有四亿镑。虽然缩短劳动时间在许多场合下的确会减少国民收入、降低工资；但是大多数人的工作时间缩短也许更加理想，如果所引起的物质收入的损失可以全由各阶级抛弃那种最无谓的消费方法来补偿，如果他们能学会善于利用自己的闲暇。

但遗憾的是，人性的改善很慢，在任何方面都没有比在学会善于利用闲暇这方面慢了。在各个时代、各个国家和各个社会阶层里，懂得善于工作的人比懂得善于利用闲暇的人要多得多。但是另一方面，只有通过有利用闲暇的自由，人们才能学会善于利用闲暇。没有一个缺乏闲暇的体力劳动者阶级，能够具有高度的自尊并成为完全的公民。在使人精疲力竭而无教育意义的工作之后，有一些可以自由支配的时间，是高等生活程度的一个必要条件。

在这个场合，像在所有类似的场合一样，正是青年人的能力和才干对于道德家和经济学家具有头等重要的意义。我们这一代最迫切的任务是给青年人提供发展其所长并使其成为有效率的生产者的各种机会。而达到这个目的的一个主要条件是长期免于机械劳动的自由；和有上学与进行各种有助于个性发展的游戏的充分时间。

即使我们只考虑到那些因生活在父母都过着不幸生活的家庭而使青年所受的损害，对他们加以适当的体恤对社会也会是有利的。能干的工人和优秀的公民多半不是来自那些母亲白天大部分时间不在家，或父亲不到半夜不回家的家庭。因此，社会即使与限制那些守矿车者和工作本身并不繁重的其他人员的过长的值班时间，一般也有直接的利害关系。

第十五节　续前

在讨论使各种不同工业技巧的供给和需求相适应的困难时，曾要求我们注意这一事实，即这种适应不会完全准确，因为工业方法的变动很快，而工人的技巧在他掌握以后还要用四十年，甚或五十年。[①] 上述困难的关键多半在于生活习惯和思想情感的持久性。如果我们的股份公司、铁路或运河的组织有缺点，我们用一二十年的时间就可以把它纠正过来。但是在几世纪以来的战争、暴

---

① 参阅第六篇，第五章，第一、二节。

力和卑鄙下流的放荡行为中形成的那些人性因素，用一代的时间也是不能大大加以改变的。

现在像往常一样，那些高尚而热心的社会改造家们曾给他们的想象所便于虚构的那种制度下的生活描绘了美丽的图景。但那是一种不负责任的想象，其所以不负责任，就在于它从这一虚伪的假设出发，即在新制度下人性将迅速改变，而这种改变在一世纪内，甚至在有利的条件下也是不可企求的。如果人性可以得到这样理想的改造，那么，即使在现存私有财产制度下，经济上的慷慨捐输也会在生活中占统治地位。而源于人类天性的那种私有财产就成为无害的了，同时也成为不必要的了。

因此我们有必要来提防那种夸大我们时代的经济灾难并忽视以往更严重的类似灾难的诱惑；尽管某些夸张在短时间内可以刺激我们和其他的人更加坚决地要求立即消除现有的这种灾难。但蒙蔽正义事业的真相和蒙蔽利己勾当的真相同样有害，而往往更加愚蠢。悲观主义者对我们时代的描绘，再加上对过去幸福的那种浪漫的夸张，必然有助于抛弃那些工作虽缓但是踏实的进步方法，有助于轻率地采纳许下更大诺言的其他方法，但是这些方法像江湖医生的烈性药一样，在立见微效的同时，却播下了长期到处腐烂的种子。这种不耐的虚伪为害之大仅次于这样一种道德上的麻痹，即在我们现代资源和知识的条件下，对不断毁坏无数生命中值得拥有的一切处之泰然，并以我们时代的灾难总不及过去这种感想来安慰我们。

现在我们必须结束我们的这部分研究。我们所得到的实际结论很少，因为在解决一个实际问题以前，一般有必要来考察它的经

济全貌，更不用说它那伦理方面和其他方面了。在现实生活中，每一个经济问题多少直接地取决于信用、对外贸易和垄断组织的现代发展的错综作用和反作用。但是我们在第五篇和第六篇中所讨论的那些问题，在某些方面是整个经济学领域中最困难的问题；懂得它们就可以研究其他问题了。

附录一

自由工业和企业的发展

第一节　在首先发生于温带的文明的早期阶段，自然因素的作用极其强烈

第一篇第一章的最后一节指出了附录一与附录二的目的；我们可以把它当作这两个附录的导论。

虽然历史上主要事件的近因，可以用各个人的行为去说明，但是，使这些事件成为可能的大多数条件是来自传统制度、种族的品质和自然环境的影响。而种族的品质主要是在悠久的岁月中由个人的行为和物质原因所形成的。强大的种族，不论在事实上或名义上，往往出自体质强壮、性格剽悍的祖先。使一个种族在平时和战时都强盛的那些因素，往往是由于少数大思想家的智慧，他们用道德上的戒律，也许用无形的影响，解释了并发展了它的习俗和制度。但是，如果气候对人的体质不利，则这些东西是不能有所作为的。自然的恩赐，它的土地、河流和气候决定着种族所事的性质，从而，给予社会政治制度以一定的特征。

当人尚处于野蛮时期，这些区别并没有清楚地显现出来。我们关于野蛮人部落的习惯虽然知道的很少，也不可靠，但就我们所

知道的也足以肯定，这些习惯在许多不同的细节中却具有普遍的一致性。不论他们的气候和他们的祖先如何，我们发觉野蛮人是在习惯和冲动的统治下生活的；从不为自己开辟新途径；从不为遥远的未来打算，甚至也很少为最近的将来预作准备；尽管他们受着习惯的支配，但由于一时的冲动而往往变化无常；有时也准备进行最艰巨的努力，但不能长期坚持扎扎实实的工作。尽量避免繁重的任务；而那些不可避免的工作是由妇女的强迫劳动来做的。

正是当我们从野蛮人的生活转向早期文明时才使我们不得不注意自然环境的影响。这部分原因是由于早期的历史贫乏，很少告诉我们指引和操纵民族进步的进程，以及加速和阻碍它的那些特殊事件和个性坚强的影响。但主要原因是由于在人类进步的这个阶段上人同自然作斗争的能力是薄弱的，没有它的慷慨赐与，人是什么也做不成的。自然在地球面上划出少数几个地方，特别适于人最初从野蛮状态分离出来；而文化和工艺的萌发正是由这些得天独厚地区的物质条件所培育出来的。[①]

除非人的劳动除提供自己的生活必需品外，还绰绰有余，甚至最简单的文明也是不可能的；超过生活必需品的某些剩余，是维持那种进步借以发生的脑力劳动所必要的。因此，差不多所有的古代文明都产生在气候温和的地方，在那里，维持生命所需要的东西很少，而自然甚至对最粗陋的耕作也提供了丰厚的报酬。它们往往聚集在大河的两岸，河灌溉了土地，并提供了交通上的便利。统

① 关于自然环境直接或间接通过决定主要职业的性质而对种族性格所起的影响，参阅克尼斯：《政治经济学》，黑格尔：《历史哲学》，布克耳：《文明史》，并参阅亚里士多德：《政治学》，与孟德斯鸠：《法的精神》。

治者一般都是新近从遥远的异乡或附近的山区之比较寒冷的气候中来的。因为温和的气候有损于人的精力；而使他们有可能进行统治的那种力量，差不多都是由他们故乡比较温和的气候中来的。的确他们把自己大部分的精力在他们新迁来的地方保存了好几代，同时靠被征服民族的剩余劳动生产物过着奢侈的生活；并把自己的才能多用于统治者、战士和牧师的工作上。最初他们是愚昧无知，但很快学会了他们应该向臣民学的一切东西，而且超过了他们。但是，在文明的这个阶段上，文化人只限于少数的统治者，而在劳苦大众中间几乎是绝无仅有的。

此中原因是，孕育早期文明的那种气候也必然使它衰落。①在较寒冷的气候中，自然提供了一种使人精神焕发的气氛；虽然人们最初进行了艰苦的斗争，但是，随着他们知识的增进和财富的增加，人们是能够丰衣足食的；在后一阶段，人们给自己建造了宽大而坚固的房屋，而这些房屋是在天气严寒使几乎一切家务和社交活动都需要有房屋庇护的那些地区的文化生活所最必需的。但是，生命充沛所必要的那种令人精神焕发的气氛，如自然不加施舍，②是完全无法得到的。尽管在热带的阳光下可以看见进行艰苦体力劳动的工人，尽管手工业者卓具匠心，尽管圣人、政治家和银行家机警而伶俐，但气候酷热使艰苦持续的体力劳动和高度文

① 孟德斯鸠耸人听闻地说(第十四篇，第二章)，寒冷气候所造成的体力上的优越也产生了其他的影响，其中有“优越感较大(亦即报复之心较小)和较为重视安全(亦即坦白有余，而怀疑、权谋与欺诈不足)”这些美德对经济上的进步显然是有帮助的。

② 如果F.高尔顿的这种想法证明是对的，即一个热带国家中的少数统治民族，例如印度的英国人，通过大量使用人造冰或冷气而能使他们的体力保持许多代而不变，则这点也许必须略加修正，但只是一点而已。

化活动不相容。在气候和奢侈的共同影响下，统治阶级逐渐丧失了自己的元气；他们中间能成大事的也愈来愈少。最后，他们被那多半来自较寒冷气候的强大民族所推翻。有时候他们形成一个前此为他们所统治的人和他们的新统治者之间的中间阶层；但更常见的是，他们湮没在那无精打采的人民大众之中。

这样的文明往往有许多是哲学史家感到兴趣的东西。它的全部生活几乎无意识地浸透了少数的简单思想，这些思想交织得十分和谐，像东方地毯那样美丽动人。从民族、自然环境、宗教、哲学和诗歌的共同影响以及战争和坚强个性的共同影响中说明这些思想的根源，一定有许多可学的东西，所有这些在许多方面经济学家都可以借鉴；但是，它不能直接阐明经济学家所专门研究的那些动机。因为在这样的文明中，最有能力的人都轻视劳动；没有那种热气腾腾的自由工人，也没有那种冒险的资本家，被人鄙视的劳动是由习惯所调节的，甚至把习惯看成是免受暴虐无理的唯一护身符。

绝大部分的习惯无疑只是压迫和迫害的具体形式。但只具有摧残弱者的作用的那套习惯，寿命是不长的。因为强者靠着弱者过活，没有他们的支持，强者是无力自持的；如果他们所组织的社会活动使弱者负担过重，无以复加，从而，也就毁灭了他们自己。因此，经得起时间考验的那些习惯，总是含有保护弱者免于遭受随意损害的规定的。①

实际上，当经营的事业很小，没有有效竞争的余地时，习惯不仅是防御比他们强的那些人所必要，而且甚至是防御他们同行邻

① 参阅白哲特：《物理学与政治学》；以及斯宾塞和梅因的著作。

里所必要的一面挡箭牌。如果乡村的铁匠除了本村就无法出售自己的犁头，而如果那个村子除了向他就无法买到犁头，那么，由习惯规定一个适当的价格水平，对大家都是有利的。这样，习惯成了神圣不可侵犯的东西。在进步的初期，没有什么东西有使那种原始习惯破坏的趋势，而这种原始习惯是把革新者视作异端或敌人的。这样，经济原因的影响就被抛到幕后，那里它们是在确实而缓慢地起着作用。它们用了几世纪而不是几年才产生了自己的影响。它们的作用微妙得往往为人所忽略，除了那些通过对现代类似原因的更加显著而迅速的作用进行观察，从而知道在何处寻找它们的人以外，它们几乎是不易为人所察觉的。①

第二节　所有权的分割加强习惯势力并抵抗各种变革

早期文明中的这种习惯势力，既是个人财产权限制的原因，又是它的结果。就一切或多或少的财产，特别是土地来说，个人的权利一般是从家族和家庭（从这个词的狭义来说）的那些权利中来的，并且受着它们的约束，而且处处都得服从它们。家族的权利同样服从村社的权利；而村社，根据传说（如果不是事实的话）往往只

① 例如，如分析所指的是在长期内给予铁匠的报酬（其中包括他的各种特权和犒赏）约等于对他那从事难易相同的工作的邻人的报酬，或换言之，如分析所指的是我们在自由经营，交通便利和有效竞争的制度下所说的正常报酬率，那么，就会发现习惯依以规定犁价的“适度水平”。如果环境的改变使对铁匠的报酬（包括各种间接的利益在内）小于或大于此数，则习惯的内容总会开始变动，而这种变动往往不易为人所察觉，同时一般也不改变形式，它将使报酬重新回到这种水平。

是一个扩大和发展了的家庭罢了。

的确,在文明的初级阶段,极力想摆脱人们中间所流行的常规的人也许极少。尽管各个人对他们的财产的权利有明确而完善的规定,他们也许不愿把自己置于他们那敌视革新的邻人的愤怒之下,也不愿受到那种针对任何自诩为比自己祖宗高明的人而发的嘲笑。但是,比较胆大的人也许会想到许多小的改变;如果他们为自己的利益可以随便进行试验,则那些改变也许会渐渐地、几乎不知不觉地发展起来,直至一般常规变得足以使习惯上的规定难以分辨并使个人选择有很大的自由为止。但是,当各个家长被视作唯一的长辈和家产的经管人时,稍微离开祖先的陈规陋俗,就会遭到那些有权顾问一切琐事的人的反对。

此外,在家长反对的背后,还有村社的反对。因为虽然在短时期内家家都有固定使用的耕地,但是,许多操作一般都是共同进行的,因此,在同一时间内人人都必须做同样的工作。当每一块田地轮休时,它就变成公共草地的一部分;村社的全部土地经常重新分配。① 因此,村社显然有权禁止任何技术革新;因为那种革新也许妨碍他们集体耕作的计划;也许最后破坏土地的价值,从而,当下次重新分配时,使他们遭受损失。因此,往往有一套极其繁琐而复

① 我们现在的确知道日耳曼人的马克制度远不及某些历史家所想象的那样普及。但是在马克制度完备的地方,一小部分,即住用马克,被长期地划分出来,以供居住之用,各家永久保有它在住用马克上的份额。第二部分,即耕用马克,分为三大块田地,在其中的每块田地上各家一般都有几条零散的田地。每年耕种其中的两块,有一块休耕。第三部分,也是最大的一部分用作全村的公用草地,耕用马克上的休耕地也是如此。在某些场合下,耕用马克时时变作草地,而用于新耕用马克的土地是削自公共马克的,这就引起了重新分配。各家对它的土地的处理,好坏都影响村社的全体成员。

杂的规定，它把各个农户束缚得如此之紧，以致甚至在最细小的工作上他都不能行使自己的判断和抉择。[①] 这也许是阻滞人类自由经营精神的发展的所有原因中最重要的一个原因。不妨指出，财产的集体所有制是同弥漫在许多东方宗教中的那种无为主义相调和的；它在印度人中间的长期保留，部分原因是由于他们的宗教经卷中所宣扬的那种静寂主义。

人们对习惯加于价格、工资和地租的影响也许作了过高的估计，而对它加于生产形式和一般社会经济布置的影响也许又作了过低的估计。在一种场合下，这些影响是明显的，但不是累积性的，而在另一种场合下，它们是不明显的，但是累积性的。这几乎是一个普遍的规律：即某种原因的结果，虽然在任何一个时间是很小的，但如不断地向着同一方向发生作用，则它们比乍看起来似乎可能有的影响要大得多。

不论早期文明中习惯的影响有多么大，而希腊人和罗马人却充满了进取精神，他们对我们认为很有趣味的那些经济问题的社会方面为什么如此漠不关心，这倒是值得研究的问题。

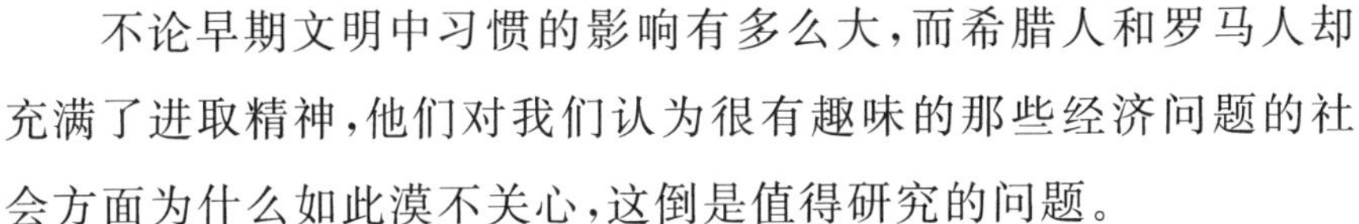
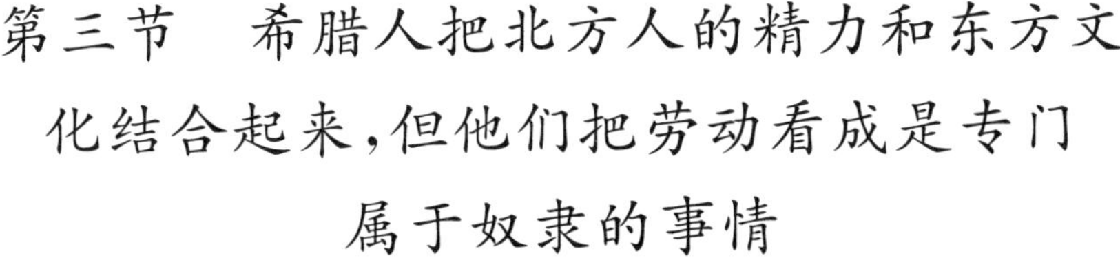

第三节　希腊人把北方人的精力和东方文化结合起来，但他们把劳动看成是专门属于奴隶的事情

古代文明的发源地大多在大河流域，它的平原因受灌溉之利，

① 参阅阿格尔大公：《看不见的社会基础》，第九章，关于共耕制的叙述。

很少受到饥荒的袭击，因为在不缺乏热度的那种气候中，土壤的肥沃度几乎是和它的湿度成正比例而变化。大河也提供了有利于简单的作业分工和劳动分工的交通上的便利，且不妨碍借以维持中央政府暴力的大军的调动。的确，腓尼基人靠海为生。这个伟大的塞姆族在为各民族自由往来所创造的条件方面，以及在传播书法、算术和度量衡的知识方面，都作出了很大的贡献，但是，他们主要从事于商业和工场手工业。

充分享受海上的自由，并把旧世界高尚的思想和优美的艺术吸收在他们的自由生活中，就有待于希腊人的创造精神了。他们在小亚细亚、马格那、格来细亚和希腊本部的无数殖民地在向他们扑来的新思想的影响下使他们的理想得到自由的发展；因为这些殖民地彼此之间以及和原来的学术中心保持经常的接触，彼此交流经验，取长补短，而不受任何权威的束缚。他们的精力和进取心，不是被传统习惯的重负所压服，而是用来建立新的殖民地和自由地创造新的观念。

他们的气候使他们无须进行艰巨的劳动；他们把那些必要的繁重工作交给奴隶来做，而使自己浸于沉思默想之中。衣、住、取暖所费无几；他们那晴朗而温暖的天空，使他们惯于室外生活，从而，使社交和政治活动便于进行，且不费钱。而地中海的凉风使他们的体力这样振作，以致他们许多世纪都没有丧失他们从北欧家乡所带来的那种坚忍不拔的性格。在这样的情况下，就孕育了各种各样的美感，出现了奇妙的幻想和创造性的思维，热中于政治生活和个人乐于服从国家，而这是空前绝后的。①

① 参阅纽门和帕迟:《希腊的自然地理》，第一章；格罗特:《希腊史》，第二篇，第一章。

在许多方面，希腊人比中世纪欧洲各民族还更接近现代；在某些方面，甚至比我们的时代还要进步。但是，他们没有获得人之所以为人的尊严概念；他们把奴隶制度看作是天定的，他们容忍农业，但认为所有其他行业都是可耻的；他们对我们时代认为有莫大兴趣的那些经济问题，不是知之甚少，就是一窍不通。[①]

他们从来没有感到贫困的极度压迫。土地和海洋、阳光和气候一起都使他们易于获得完美生活所需要的物质资料。甚至他们的奴隶也有学文化的大量机会。不如此，就无所谓希腊人的性格了，世人直到那时所受的教益也就无须加以严重地考虑了。希腊人的卓越思想，使它成为后代许多大思想家进行研究的试金石。古代学者对经济学研究的不耐烦，在很大程度上是由于希腊人对企业上的操劳和琐务感到的那种不耐烦。

但是，从希腊的衰亡中也许可以学到一些教益。希腊的衰亡是由于缺乏完成目的的坚毅热忱；而任何民族如无勤劳锻炼就不能把它保持许多世纪。在社会和文化方面，他们是自由的，但他们不懂得好好运用他们的自由；他们优柔寡断，没有坚定不移的决心。他们领会力很强，也时刻准备推陈出新，这都是企业心的要素，但他们没有固定的目标和坚忍不拔的精神。温暖宜人的气候逐渐地使他们体质的力量松弛；他们对来自艰苦工作中的那种坚

① 见本书上卷第一篇第一章第三节。例如，甚至柏拉图也说："鞋匠和铁匠都不是天生的；这些职业使从事它们的那些人堕落；可怜的佣工正是由于他们的身份而被剥夺了政治权利"（《法律》，第十二章）。亚里士多德接着说："在政治上轨道的国家里，公民们绝不应该操机械业或商业，因为这种生活是不高尚的，有害于德行的。"（《政治学》，第七章，第九节；并参阅第三章，第五节）这两段代表了希腊人关于商业的基本思想。但因古代希腊不劳而获的财富极少，所以许多希腊的大思想家也不得不从事一些商业。

忍不拔的意志力等闲视之，而最后却沉沦于无聊的琐事之中。

第四节　罗马与现代的经济条件的相似是表面的；但是斯多噶学派和晚期罗马法学家的世界经验对经济思想与经济行为产生了巨大的间接影响

文明向西再扩展，就到达它的下一个中心罗马。罗马人是一支庞大的军队，而不是一个伟大的民族。正像希腊人一样，他们尽可能把工作交给奴隶来做。但是，在其他许多方面，罗马人却和希腊人截然不同。和雅典人生活中的那种充沛有力以及和他们尽量施展自己的才能并发挥自己特长的那种儿时的喜悦不同，罗马人表现了坚强的意志、铁一般的决心，并具有全面发展的人那种坚定不移的严肃的目的。[①]

完全摆脱了习惯的约束，他们以前所未有的那种郑重选择精神塑造自己的生活。他们既强且勇，目的坚定，富于机智，行动有序，判断明确；从而，他们虽酷嗜战争和政治，但经常运用企业上所

① 黑格尔在他的《历史哲学》中，对希腊人和罗马人性格之间的根本对立作了明确的阐述。"讲到生活在自由的第一个真正形态中的希腊人，我们不妨说，他们并没有良心；为祖国而生活、无须作进一步的分析和反省的那种习惯，是他们的主要原则。……主观性使希腊世界陷入灭亡之中"；而希腊人的和谐的诗意给"罗马人那种淡泊的生活"开辟了道路，它充满了主观性和"对一定志愿的深思熟虑"。罗雪尔在其所著《德国国民经济学史》（第188页）中对黑格尔对历史经济学所作的间接贡献倍加赞扬，虽然这种赞扬是有分寸的。参阅蒙森：《历史》中关于宗教的那几章，这几章似乎深受黑格尔的影响；并参阅考奇：《国民经济学的发展》，第一篇。

用的各种才能。

联合结社的原则也不是未起作用的。尽管自由技工很穷，而行会却相当发达。希腊人从东方所学到的那些企业上的协作方法和用奴隶在工厂中进行大规模生产的方法，一经输入罗马，就获得了新的力量。罗马人的才能和性格特别宜于经营合资的事业；比较少数的富人，不用中产阶级，而辅以奴隶和获得自由的人，就能在国内和国外进行大量的海陆贸易。他们使资本成为可憎的东西；但他们却使它具有威力和效率；他们大力发展了借贷工具；部分原因是由于罗马帝国的统一和罗马语言的普及，在某些重要方面，罗马帝国时代文明世界中的商业和往来，甚至比我们现在还要自由。

如果我们追忆罗马是怎样大的一个财富中心；罗马人的财产怎样大得可怕(他们只是近来才被超过)，而罗马的军民机构和维持它们所需要的给养以及运输机构又是怎样的庞大，则我们就不会奇怪，许多学者认为他们发现罗马的经济问题和我们当代的经济问题有许多共同之点；但这种共同性是表面的、靠不住的。它只涉及形式，而没有涉及国民生活的真正的精神。它没有涉及对普通人民生命价值的承认，而这点在我们时代却给予经济科学以莫大的兴趣。[①]

在古代罗马，工商业缺乏它们在现代所具有的那种活力。它

① 参阅前述第一章，第二节。这种误解在某种程度上是由于一般锐敏而稳健的罗雪尔的影响。他特别喜欢指出古代和现代问题上的相同点；虽然他也指出了其间的差异，但是他的著作的一般影响有使人误解的趋势(克尼斯对他的立场有适当的批判，参阅《从历史观点来看的政治经济学》，特别是第 2 版，第 391 页)。

的输入品是用武力得来的；而不是用像威尼斯、佛罗伦萨或布鲁日的市民引以为荣的那些熟练劳动的产品换来的。创办工业和设立交通，唯一的目的在于获利；而商业生活风气因官方的鄙视而有所败坏，这种鄙视表现在元老院除对土地以外的各种商业形式所加与的“法律的和实际有效的限制”[①]上。骑士团在包揽租税，劫掠各省，以及后来在取得皇帝的宠爱中大发横财，他们缺乏一种缔造一个伟大的国家商业所需要的那种一丝不苟的正直精神；最后，私人企业因国运日衰而受到挫折。[②]

虽然罗马人对经济科学的进步很少有直接的贡献，但是，不管是好是坏，他们却因奠定现代法学的基础而对经济学间接地产生了极其深刻的影响。罗马的哲学思想主要是斯多噶派；罗马斯多噶派的巨子大多出身于东方。他们的哲学移植在罗马以后，发挥

① 弗里德兰德：《罗马民俗史》，第 225 页。蒙森（《历史》，第四篇，第十一章）甚至这样说：“讲到贸易和工业，除了意大利民族在这方面仍像野蛮时期那样不活动外，就没有什么可说的了……罗马私人经济的唯一异彩是货币交易和商业。”凯恩斯的《奴隶强国》中有许多段落读起来宛如蒙森《历史》的现代翻版。甚至在城市里，贫苦的罗马自由人的命运也类似于美国南部蓄奴诸州中的“无产的白种人”、“意大利的庄园”；但它们是一些像美国南部诸州的农场，而不像英国的农场。关于罗马自由劳工的软弱，参阅李卜诺的《罗马工会史》。

② 其中的一个方面在希穆勒关于古代贸易公司的简练而生动的叙述中有所描述。在指出其全体成员都属于一个家族的商业团体如何在原始民族中也可以得到发展以后，他认为（《立法年鉴》，第 16 期，第 740—742 页），现代类型的商业组合形式，除非它拥有像税吏团所拥有的那些额外的特权或利益，在像罗马所处的那种环境中，是无法长期存在的。我们现代人能把许多人纠集起来，在“共同目标下”一道工作，而古代人却不能，此中原因不外是“现在比那时的文化道德水平高些，通过社会同情把人们在商业上的自私自利的活动结合在一起的可能性大些”。参阅德鲁姆：《罗马的钱商》；W. A. 布朗在《政治科学季刊》（第 2 期）上所发表的《四世纪时国家对工业的管理》一文；布朗基：《政治经济学史》，第五、六章；英格拉姆：《政治经济学史》，第二章。

了实际威力，而毫没减少它的情感强度；尽管它在节欲上持严厉态度，它和现代社会科学的见解却有许多类似之处：罗马帝国的大法律家多数都信仰这种哲学，从而，影响了后来的罗马法，通过它又影响了所有现代欧洲的法律。罗马国家的力量使国家权利消灭氏族和部落的权利，在罗马比在希腊要早些。但是，许多亚利安人关于财产的原始思想习惯甚至在罗马也残存了很长的时间。家长对其成员的权力虽很大，而他所支配的财产在很长时间内是被认为把他看作家庭的代表而不是一个个人而委托给他的。但是，当罗马变成帝国之后，罗马的法律家就一跃而为许多国家的法权的最后解释者。而在斯多噶派的影响下，他们致力于自然根本大法的发现，而这种法他们认为是隐藏在各种具体的法典之中。这种和偶然的司法因素相区别的对普遍的东西的追求，使公共持有权（除了当地习惯再没有别的理由）就像春天阳光下的积雪很快地消失了。因此，后来的罗马法，逐渐而稳步地扩大了契约的范围；使它更加精确，伸缩性更大，力量也更强；最后，几乎一切社会事务都置于它的支配范围之内；个人的财产划分得十分清楚，他可以任意处理他的财产。现代法律家从斯多噶的各种高尚品质中继承了一种高度的责任感。从它的严厉的自决中他们获得了明确规定个人财产权的趋势。因此，我们现在的经济制度中许多好的和坏的方面都可以间接地从罗马特别是斯多噶派的影响中得到说明。一方面个人在处理自己事务方面的放任自由，另一方面不容许在法律体系所确立的权利的掩护下有任何一点粗暴，而这是确定不移的，因为它的主要原则是公平合理的。

斯多噶派从东方家乡所带来的那种强烈的责任感本身也多少

含有东方无为主义的气息。斯多噶主义者虽然积极行善，但以脱俗为荣。他也分享人生之苦，因为责任使然，但他从不与之妥协。他的生活凄惨而严肃，深觉生活本身的失败而受到压抑。如黑格尔所说，这种内在的矛盾，除非把德性当作只能用否定自我而达到的那种目的，是不会消失的；从而，追求这种目的，就安于一切社会工作所必然带来的种种失败。犹太人强烈的宗教情感，为这种巨大的变动铺平了道路。但是，直到基督教因日耳曼民族的爱戴而盛行时，世人并不轻易充分接受它的精神。甚至在日耳曼各民族之间，基督教的发展也是很慢的。而在罗马灭亡后的一段很长的时间中西欧处于混乱状态。

第五节　条顿族不善于向他们所征服的民族学习。撒拉逊人高举学术火炬

条顿人虽然刚勇强悍，但很难使自己摆脱愚昧无知和习惯的束缚。给他以特殊力量的那种热诚和孝心多使他过分重视他那家庭和部落的制度和习惯。[①] 没有其他强大的征服民族像条顿族那样不善于从他们所征服的文化较高的弱小民族中接受新思想的了。他们以蛮勇而自豪；多不喜欢知识和艺术。但学术只能暂时停留在地中海的东岸；直到从南方来的另一个征服民族才使它重

① 黑格尔(《历史哲学》，第四部)在谈到日耳曼人的精力、自由的精神、绝对的自决力和热诚以后，又接着说“忠诚是日耳曼人的第二个口号，就像自由是他们的第一个口号一样”，这样，他揭示了这个问题的真相。

新发展起来。

撒拉逊人热切地学习了他们向被征服民族所应学的最好的东西。他们提倡科学和艺术，在基督教世界对学术漠不关心的时候，他们却高举着学术的火炬；这点我们总该是铭诸于心的。但他们的道义性并不像条顿人那样充沛。温暖的气候和他们宗教上的好色使他们的体力迅速减退；他们对现代文明问题所起的直接影响是微不足道的。[①]

条顿人的开化，进展得较慢，但较稳健。他们把文明传播到北方，那里坚忍不拔的工作和各种健壮的文化形式的逐渐成长是相并而行的。他们又把文明向西传播而及于大西洋。很早以前就离开大河流域而到达内海沿岸的文明，最后要横渡大洋了。

但是，这种变迁是慢慢地实现的。新时代中使我们感到兴趣的第一点是，因罗马大一统局面而终止了的城市和国家之间的旧有冲突重新出现了，罗马的确是一支庞大的军队，城市是它的大本营，而广大的国土却是它力量的源泉。

第六节　自治只能存在于自由城市

还在几年以前，完全直接自治的民主政府在一个大国中是不可能的；它只能存在于城市或很小的国土上。政府必然操于少数人之手，他们把自己看作是特权阶级，而把劳动者看作是下等阶

① 德莱柏在《欧洲的文化发展》第十三章中对他们的贡献歌颂备至。

级。因此，即使劳动者在被容许管理他们自己的当地事务时，也往往缺乏勇气、自信和考虑，而这些都是企业的要素。实际上，中央政府和地方当局都直接妨害了工业自由；他们禁止人们自由移动，并征课各种苛捐杂税。甚至下等阶级中那些名义上自由的人，也受到掠夺，方法是在各种借口下任意罚款和摊税、不公道的裁判和公开劫掠。这些负担主要恰恰落在比他们的邻人更加勤俭节约的那些人的肩上。这些人中间，如果乡村得以解放，经营上的进取精神势必逐渐提高，以摆脱传统和习惯的束缚。

城市居民的情况却迥然不同。那里各工业阶级的力量寄寓于他们的人数；即使当他们不能完全制胜时，他们也不能像他们乡村的那些同行被看作仿佛和统治者属于不同阶级的人那样。在佛罗伦萨和布鲁日，像在古代雅典那样，全体居民可以听到，有时的确听到政府领导人关于他们自己的计划和提出这些计划的理由的报告，并且在采取进一步措施以前可以表示同意或反对。全体居民有时可以在一起共同讨论当时的社会工业问题，彼此交换意见，交流经验，取长补短，共同作出决定，并且自己来实行这个决定。但是，在电报、铁路和廉价印刷机的发明以前，这种事情是不可能在广大的区域内进行的。

借助于电报、铁路和印刷机，国民早晨可以知道政府领导人昨日晚上发表了些什么意见；而在翌日以前，全国对这些意见的看法就人所共知了。借助于它们，各大职工会的理事会能够以很少的费用把一个困难问题交给全国各地的会员来讨论，并且在几天以内可以得到他们的答复。即使一个大国现在也可以由人民来治理了；但是，直到现在所谓“民治”实际上只能是或多或少的一种寡头政治；只有那些可以经常到政府的中心或至少和它保持密切联系的少数人，才能直接参加管理。虽然有一个大得多的人数，他们通过选举自己的代表足以知道他们的意志实现到什么程度，但直至几年以前他们在全国人口中只是一个很小的少数；代议制只是新近的产物。

第七节　续前

中世纪城市兴亡的历史，是进步浪潮相继起伏的历史。中世纪的城市一般都起源于工商业，因而并不藐视工商业。虽然较富有的市民有时能建立一个不准工人参加的限制性政府，但是，他们很难长期保持自己的权力。大多数居民经常享有充分的公民权利，自己给自己决定本城的对内和对外政策，同时以自食其力为荣。他们组织成行会，从而，加强他们的团结并养成自治习惯；虽然行会往往具有排外性，它们的章程最后阻碍了工业的发展，但是，在这种腐蚀影响出现以前，它们却作出了巨大的贡献。[①]

市民们获得了文化，而没有丧失他们的精力，没有忽略自己的商业，除商业外，他们在知识上对许多事情都发生兴趣；他们在艺术方面领先，而在武功方面也不落后。他们以把大量经费用于公共事业为荣，同时也以节约使用公款，保持预算平衡，和

① 凡适用于实际上拥有自治权的那些大自由城市的，在较小的程度上也适用于英国所谓的自由市邑。它们的组织甚至比它们的政治特权的来源还要多种多样；但是现在似乎可以肯定的是，它们一般是民主较多，寡头政治较少，而不像过去一个时期人们所想象的那样。

实行以健全商业原则为基础的公平税制为荣。这样，他们就成了现代工业文明的先驱；如果他们在进行中一帆风顺，并保持最初他们对自由和社会平等的热爱，则他们也许很早以前就解决了我们现在才开始遭遇的许多社会经济问题。但是，在久经战乱的蹂躏之后，他们最后败于他们周围的强大邻国了。的确，当他们的邻人隶属于他们的时候，他们的统治往往是如此残暴，所以，他们最后被邻国所推翻，在某种程度上是公平报复的结果。他们因不义而备受折磨，但是，他们辛勤劳动的果实仍然存在，而且是我们时代从前代所继承的社会经济传统中许多精华的源泉。

第八节　骑士和教会的影响。庞大军队的建立导致自由城市的崩溃。但是印刷术的发明，宗教改革和新大陆的发现又燃起了进步的火焰

封建主义也许是条顿族发展过程中的一个必要阶段。它给予统治阶级以发挥政治才能的机会，并使庶民百姓养成遵守纪律、讲求秩序的习惯。但是，封建主义在某种外部美的形式下却掩盖着许多身心上的残忍和肮脏。骑士的手法是，当众对妇女卑躬屈膝，而在家里却暴虐无礼。对骑士的许多繁文缛节是由对下等阶级的残酷和勒索来维持的。统治阶级多以坦率而慷慨的态度来解除他

们彼此之间的义务。[1] 他们的生活也有理想，这种理想并不缺乏高尚的因素；因此，他们的性格对有思想的历史家和对记载那些场面豪华的战争及爱情决斗的编年史家，总是具有某种魅力。但是，当他们履行了本阶级要求他们履行的那种义务之后，他们就心安理得了。而义务规定中有一条是使下等阶级安分守己；虽然他们对终日与其相处的家仆往往是仁慈恩爱的。

就个人的苦难而论，教会力求保护弱者，并减轻穷人的痛苦。如果那些优秀的教士得以娶妻入俗，也许他们往往会起着更深刻而广泛的影响。但这并不是说我们低估了教士，尤其是僧侣对较贫苦阶级所提供的利益。寺院是工业的策源地，特别是讲求农艺的策源地。它们是学者们的安全大学，是苦难者的医院和救济所，不论大事小事，教会都加以调解。在它容许下而举行的节日和市集使商业获得自由与安全。[2]

① 但是背信弃义在意大利的城市十分普遍，而在北方的城堡也不罕见。人们常暗杀或毒害他们的亲朋。当主人给他的来客进茶或用餐时，他往往预先要尝一番。如同一个画家把他能发现的最美的画面上画布，而尽可能把不美的部分藏起来一样，一个通俗的历史家在用突出男女贵族们的生活，而力求回避周围道德败坏的那些历史画面来激发青年人的进取心时，也许是做得对的。但是如果我们要考察世界的进步，我们就必须计及过去实际上所存在的弊害。偏袒我们的祖先，就是失信于我们的民族。

② 我们也许易于过分强调教会对“高利贷”和某几种商业的禁止。当时出借用于商业的资本的机会很少，如果有机会的时候，这种禁止也可以用许多的方法来回避，其中有些的确是教会所认可的。虽然圣克里索斯吞说过“凡贩卖物品以取利者，死后就不能升天堂”；但是，教会仍鼓励商人们在市集和其他地方来做生意。教会和国家的权力与人们的偏见结合起来，就使那些为零售取利而购买大批货物的人遭到困难。虽然这些人的生意大都是合法的生意，不过其中有些确像现代谷物市场上的垄断居奇。参阅艾希利在其所著《经济史》中关于教会原则的那一章，和休文斯在《经济评论》第 4 期上所作的书评。

此外，教会经常反对等级上的门户之见，它在内部组织上是民主的，如同古代罗马的军队那样。它随时准备使不论什么出身的那些最有才能的人担任最重要的工作；教士和各个教派做了许多有益于人民的物质和精神福利的事情；有时教会甚至领导人民公开反抗他们统治者的暴政。①

但是，另一方面，教会并没有致力于帮助人民发展他们自恃和自决的才能，从而得到真正的内在自由。在希望那些具有特殊天赋的人通过自己的职务而攀登到最高地位的同时，它不是阻止了而是帮助了那些封建势力，竭力使劳动阶级成为一群愚昧无知，缺乏进取心和处处依靠上级的人。条顿人的封建主义在本性上比罗马的军事统治要温和些；僧俗们虽对基督教关于人之所以为人的尊严的教义理解得不够彻底，却受了它的影响。但是，在中世纪的早期，乡村的统治者把东方神权等级的妙术和罗马人的纪律与果断力中最强有力的东西结合起来，他们把这些力量运用得完全阻滞了下等阶级中意志力的成长和个性的发展。

不过，封建主义的军事力量因地方上的倾轧而被长期削弱。这恰好适合于把广大区域的治理在查理大帝的天才下糅合成一个有机的整体。但是，一旦这种领导天才消失，也易于把它分成几个组成部分。意大利长期受着它的城市的管辖，其中属于罗马系统的，具有罗马人的野心和坚定意志的一个城市，直到近代还守水路

① 教会通过组织十字军而对进步间接有所帮助；讲到十字军英格拉姆说(《政治经济学史》，第二章)，他们“由于在许多场合下把封建领主的财产转移给工业阶级而产生了巨大的经济影响，并通过使各个不同国家和不同民族相接触，通过扩大居民的眼界，以及通过对航海的特殊刺激，他们推动了国际贸易”。

以御外侮，在尼德兰和大陆上的其他地方，自由城市长期以来都能抵抗国王和男爵的挑衅。但最后奥地利、西班牙和法兰西都建立了稳固的王国。少数能人服侍的一个专制王国，训练并组织了由广大无知而强壮的农民所组成的军队；自由城市的经营，其文化与工业的高尚结合，等不到矫正其以前的错误就告中断。

如果正当那时没有新的力量起来冲破束缚的桎梏，并把自由传播到大地上，则世界也许会倒退的。在很短的时期内，印刷术发明了，文艺复兴、宗教改革都出现了，到美洲和印度的航路也发现了。单单其中任何一个事件也许就足以开辟历史上的一个新纪元；但是，因为它们都一道出现，并且都向着同一个方向起作用，所以，它们引起了一个全面的革命。

思想变得比较自由了，知识对人民也并不是高不可攀的了。希腊人的自由性格复活了；坚强自决的志士获得了新的力量，并能把他们的影响扩及别人。一个新大陆对有思想的人提出了各种各样的新问题，同时它也使勇敢的冒险家有了用武之地。

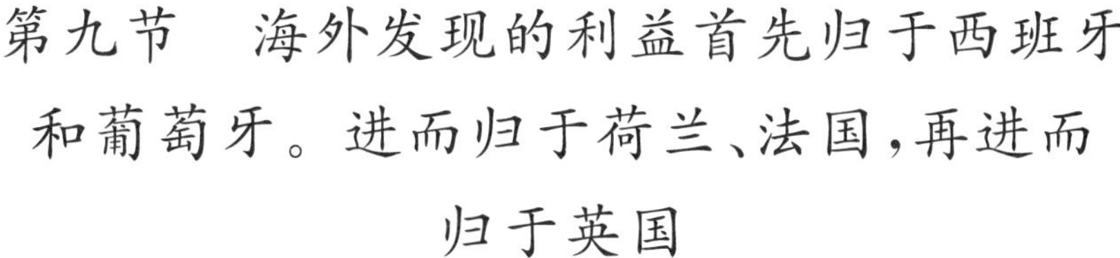

第九节　海外发现的利益首先归于西班牙和葡萄牙。进而归于荷兰、法国，再进而归于英国

在这种新的航海事业中领先的国家是西班牙和葡萄牙。仿佛世界的领导权在最初落于地中海最东部的半岛，从此又移向中部半岛之后，似乎暂时又定着在分属于地中海和大西洋的西部半岛了。但是，工业的力量这时已经成长得足以使北方保有财富和文

明了。西班牙和葡萄牙是不能长期抵抗北方民族那种更大的毅力和更加慷慨的精神的。

荷兰人民早期的历史，的确是一部卓越的传奇史。他们以捕鱼和织布为生，创造了高尚的文学和艺术，建立了科学和政府机构。像波斯围困爱奥尼亚，只是更加激起希腊本土的士气那样，奥匈帝国征服荷兰，也只能更加激发荷兰人和英国人的爱国心和精力。

荷兰因英国嫉妒它的商业，尤其是因法国跃跃欲试的军事野心而受到损害。不久就看得很清楚，荷兰是抵抗法国侵略而保卫欧洲的自由的。但是，在它那历史上的生死关头，它没有得到信新教的英国理应给予它的那种援助；虽然自 1688 年起，得到过大量的援助，但那时它的最勇敢而慷慨的儿女已经战死于战场，同时它也负债累累。荷兰愈来愈不为人所注意了，但是英国人首先应当承认它对自由和企业心所已作的和也许还会作出的更多的贡献。

这样，只留下英国和法国来争夺海上的霸权了。法国所拥有的自然资源比任何其他北欧国家丰富，也比任何一个南欧国家更合于新时代的精神；有一个时期它曾是世界上最大的强国。但是，在连年战争中它挥霍了自己的财富，断送了那些没有因宗教迫害而被驱逐的最优秀的公民的生命。文明的进步本身并没有使统治阶级对被统治阶级施行仁政，也没有使开支更加合理。

被压迫的法国人民起来反抗他们统治者的主要刺激是来自革命的美国。但是，法国人十分缺乏美洲移民所特有的那种克己的自由。他们的精力和勇敢在伟大的拿破仑战争中再一次表现出来。但是，他们的野心太大，不能实现，最后不得不把海上经营的领导权让给英国。这样，新世界的工业问题是在英国人性格的直接影响下解决的，如同旧世界的工业问题是在它的间接影响下解决的那样。那么，让我们较详细地来研究一下英国自由企业的发展过程罢。

第十节　英国人的性格很早就显示了他们具有现代组织才能的迹象。农业资本主义组织为工业资本主义组织铺平道路

英国的地理位置使北欧最强大民族中最强大的成员移来居住；自然淘汰过程使那些最勇敢而依靠自己的人相继移入英国。它的气候比北半球任何其他地方都更宜于保持精力。它没有崇山峻岭的阻隔，它的任何一个角落离可通航的水道都不超过二十英里，所以，英国各地都可以自由往来，而没有自然障碍；同时诺曼和普拉特琴各个国王的力量和英明的政策又使当地诸侯不能设立人为的障碍。

罗马在历史上所起的作用主要由于它曾把大帝国的军事力量同城中寡头政治成员的胆识和坚定的意志结合起来，同样，英国之伟大也是由于它把中世纪城市的自由风气同国家的力量和广泛的基础结合起来，如荷兰从前在较小规模上所做的那样。英国的城市没有其他国家城市那样声势显赫；但是，它比任何其他国家都容易同化这些城市，从而最终获得它们的实惠。

长子继承制使贵族之家长男以外的诸子倾向于自谋生计；

他们没有特殊的阶级特权，很容易和普通人打成一片。不同阶级的这种融合使政治很有条理；同时也使企业冒险具有贵族那种勇敢而传奇式的抱负的性质。英国人一方面坚决反对强暴，另一方面勇于服从权威（当他们的理性认为应该时），他们进行过许多次革命；但是，没有一次革命是没有明确的目的的。在修改宪法时，他们遵守法律。如果我们除去荷兰人不计，则只有他们懂得如何把纪律和自由结合起来，只有他们把崇古和为将来（而不是过去）而生活的能力统一起来了。但是，后来使英国成为工业进步领导者的那种意志的力量，最初主要表现在政治、战争和农业方面。

英国的射手是英国技工的前身。他因自己的食物和体格胜过大陆上的对手而感到同样的光荣；在学习纯熟地运用自己的双手中，他具有同样的顽强性、同样的自由独立性、同样的自制力和赴汤蹈火的精神；当时机适当时，他同样惯于诙谐，但当危急之际，即使面临着艰苦和不幸，他也同样惯于保持纪律。[①]

但是，英国人的工业才能长期隐而不显。他们对文明所提供的安逸品和奢侈品向来是不大熟习，也不大喜欢的。在各种工场手工业方面，他们落后于意大利、法国和西班牙这些拉丁国家，以及北欧的自由城市。后来较富有的阶级逐渐对进口奢侈品有所喜好，而英国的贸易慢慢地发展起来。

① 要在统计上加以比较，富农必须与今日的中产阶级并列，而不能与今日的技工划归一类。因为比他富有的人为数甚少；而大多数的人却远比他穷；他们所处的境遇几乎在各个方面都不及现在。

但是，很长一段时间表面上看不出英国未来商业的模样。的确，在商业形成的过程中，英国的特殊环境如不比英国人的某种天性重要，则至少具有相同的作用。他们最初和现在都不像犹太人、意大利人、希腊人和亚美尼亚人那样特别喜欢讲价还价，也不像他们那样特别喜欢较抽象的金融业务方面；同他们做生意，总是直截了当的，而不是尔虞我诈的。甚至现在伦敦股票交易所中最巧妙的金融投机主要也是由那些民族干的，他们继承了同样的生意习惯，而英国人却继承了同样的实践传统。

使英国后来在各种不同环境中勘察世界，并成为世界加工厂的那些因素，甚至在中世纪就使英国为现代农业组织开拓了道路，从而，为许多其他现代企业的建立树立了榜样。英国首先把劳役改成交纳货币，这是一种变革，它大大增进了各个人根据他自己的自由选择而来调理自己生活的能力。不论好坏，人民可以自由交换他们对土地的权利和义务。十四世纪中黑死病所造成的实际工资的激剧上涨；十六世纪时因银价跌落、货币贬值和寺院收入划归王室挥霍而引起的实际工资的急剧下降；最后是牧场的扩大，它使许多劳动者流离失所，减少了所在者的实际收入并改变了他们的生活方式；所有这些都使习惯愈来愈不能维持。这一运动因都铎王朝诸王手中权力的增长而进一步有所扩大，这种权力的增长结束了私人之间的战争，并使贵族和乡绅们所豢养的大批食客游勇皆无用武之地。把不动产遗给长子而把动产分给全家成员的这种习惯，一方面增加了地产的规模，另一方面减少了土地所有者经营

土地所运用的资本。①

上述原因有助于英国建立租佃关系。外国对英国货的需求和英国对外国奢侈品的需求,特别在十六世纪使许多份地集中而成资本主义农场主所经营的大规模的牧场。这就是说,那样的农场主人数得到很大的增加,他们自己经营农业,自担风险,自己出一部分资本,但租用土地,每年付一定的租金,并雇用工人;如同后来英国的新型企业家一样,他们自己经营工业,自担风险,自己出一部分资本,但以利息借用其余部分的资本,并雇用工人。自由经营发展得既快且猛,它的作用是片面的,对穷人是无情的,但是说,英国的箭术是英国工匠技术的前身,同样,用借贷资本经营的英国大农场(不论用于耕种或放牧)是英国工厂的前身,这仍是正确的。②

第十一节　宗教改革的影响

当时英国人的性格是在不断地深化着。定居在英国海岸的那些坚强民族所幸有的庄重和大无畏精神,使他们很容易接受宗教改革的理论;这些理论对他们的生活习惯起了作用,而对他们的工业也有所影响。人原原本本地被直接置于上帝的面前,其间用不着人的媒介;大多数粗野而无文化的人第一次向往着绝对精神自由的奥秘。各个人的宗教责任和他同辈的宗教责任的分离,如加

① 罗杰斯说,十三世纪时耕地的价值只等于经营它所需要的资本的三分之一;他相信只要土地所有者保有自己耕种的习惯,则长子往往会用各种方法把他的一部分土地分给他的弟弟,以便换取他们的一些资本(《六百年来的劳动与工资》,第51—52页)。

② 此类例,在第六篇,特别是在第九章,第五节中,有进一步的说明。

以正确的理解，是最高精神进步的一个必要条件。[①] 但这个概念对世人来说是崭新的、素朴而无掩饰的，尚未消融于快感之中；甚至在温和的人方面，个性也表现得轮廓分明，而粗俗的人也自觉自尊起来。特别在清教徒中，使他们的宗教信条赋有逻辑上的确定性和严密性的那种热中，是一种全注的情感，敌视一切肤浅的思想和不健康的娱乐。必要时，他们采取一致行动，而这种行动由于他们的坚定意志成为不可抗拒的。但是，他们很少分享社会上的快乐；他们不参加公共娱乐，而宁愿在家享受清福；必须承认，他们当中有些人对艺术是持有敌视态度的。[②]

可见，意志力的最初成长本身含有某些粗暴不雅的因素；但那种力量是社会生活的下一个阶段所必要的。在新的本能围绕着它成长以使用更高的形式把原来集体趋势中最美丽最殷实的东西恢复过来以前，它必须通过许多磨难而加以精炼和柔化；它必须变得较不武断，而不失原有的力量。它增进了家庭情谊，这种世俗情感中最丰富最充实的情感。也许从来没有过如此坚实而纤细的原料可用它来组成社会生活的高尚结构。

---

① 宗教改革"是对个性的确认，……个性并不是生命的总和，而是在我们为部分和为全体工作中，在我们的天性和工作的任何一个领域中，生活的一个主要部分。我们只能同上帝共生死，同患难，这是真理，虽然它不是全部真理"。韦斯科特：《基督教的社会相》，第 121 页。并参阅黑格尔：《历史哲学》，第四部，第三篇，第二章。

② 某些猥亵的艺术形式使那些严肃而狭隘的人对各种艺术抱有成见。相反地，社会主义者现在攻击宗教改革，说它损害了人的社会的和艺术的本能。但是，宗教改革所产生的各种感情，其强烈性使艺术丰富的程度是否比其严肃性所加于它的损害更大，这是值得怀疑的。他们发展了自己的文学和音乐；如果他们曾使人瞧不起他自己的创作的美，则他们无疑会提高人对自然美的欣赏能力。山水画大多发达于新教流行的那些国家，这绝不是偶然的。

荷兰和其他国家也和英国一起经受了中世纪末期精神革命的伟大考验。但是，从许多观点特别是从经济学家的观点来看，英国的经验是最有教益的、最丰富的；而且是所有其他经验的典范。英国在由主动性和自由意志所促成的现代工业企业的演进中起了领导作用。

第十二节　续前

英国工商业的特点因这一事实而更加突出，即其他国家许多接受新教义的人为了避免宗教迫害而来到了英国。由于某种自然淘汰，性格与英国人十分相近、并且由于那种性格而曾使他们掌握了工业技术的那些法国人、法兰明斯人和别的人，来和英国人住在一起，并把完全适合他们性格的那些技术教给他们。[①] 在十七世纪和十八世纪中，上层统治阶级仍然有些骄奢淫逸，但是中产阶级和一部分劳动阶级对生活却十分严肃；他们不喜欢妨害工作的那种娱乐，并且对于那些只有用坚持不懈的辛勤劳动才能获得的物质安逸品也具有很高的标准。他们所力求生产的是坚固而耐用的东西，而不是仅仅用来装潢门面的东西。这种趋势一旦开始之后，就因气候而有所增进；因为它虽然不很严寒，但特别不宜于那种轻佻的娱乐；在这种气候中一种舒适生活所需要的衣着、住房和其他必需品，具有特别昂贵的性质。

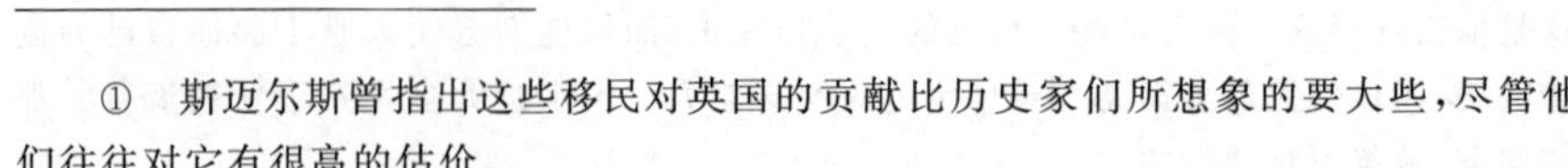

① 斯迈尔斯曾指出这些移民对英国的贡献比历史家们所想象的要大些，尽管他们往往对它有很高的估价。

英国现代工业生活借以发展的条件是：物质享受的欲望使人不断努力从每周中攫取最大可能的工作量；要让各种行为服从于理性判断这一坚定的决心使每一个人经常反省他是否不能因改变他的企业或经营的方法而改善自己的处境；最后，完全的政治自由和安全使每一个人有可能按照他认为有利于自己的做法来调整他的行为并毫无顾虑地把他和他的财产从事于新的未来事业。

总之，影响英国和它的殖民地的现代政治的那些因素也影响了现代企业。给予它们以政治自由的那些因素，也给他们带来了工商业经营上的自由。

第十三节　英国的企业为需要大量简单商品的海外消费者的增长所促进。企业家最初只是组织供应，而不监督工业；后来才把他们的工人集中在工厂中

工业企业的自由，就其作用所及，有使每一个人把他的资本和劳动运用到恰到好处的趋势；而这又使他在某特定工作上力求获得特殊的技巧和能力，借助于这种技能他可以获取购买他所需要的东西的那种手段。因此，就产生了具有十分精细的分工的复杂工业组织。

在任何一种长期持续的文明中，某种类型的分工，不论它的形式多么原始，是势必要出现的。甚至在十分落后的国家里，我们也看到了极其专门化的行业；但是，我们没有看到各业中的工作如此划分，以致企业的计划和安排，它的管理，以及它的风险由一伙人

所承担，而企业所需要的体力劳动却由雇佣工人所担任。这种分工形式一般说来是现代世界的特点，特殊说来又是英国民族的特点。它也许只是人类发展中的一个过渡阶段；它也许会被使它存在的那种自由企业的进一步发展所消灭。但是，就目前而论，不管是好是坏，它表现为现代文明形式中的一个主要事实，表现为现代经济问题的核心。

直到现在工业生活中所发生的那些极其重大的变化，是围绕着企业家[①]的成长进行的。我们已经看到，企业家在英国农业的初期是怎样出现的。农场主从地主租得土地，并雇用必要的劳动，而自己负责管理并承担企业风险。农场主的选择的确不是由完全自由竞争所决定的，而在某种程度上是由财产继承和其他影响所限制的，而这些因素往往使农业的领导权操于那些对农业没有特殊才能的人的手中。但英国是唯一的国家，在这个国家中自然淘汰起着很大的作用。大陆上的农业制度曾容许出身来决定各个人参加农业或经营农业的事情。英国仅凭这种狭隘的选择作用所获得的威力和弹性，也足以使它的农业比所有其他国家都先进，并使它有可能比欧洲任何别的国家用同样的土地和等量劳动所获得的产量要多得多。[②]

① 这一名词来自亚当·斯密，而惯用于欧洲大陆，用它来指那些把企业的风险和管理看作自己在组织工业工作中应尽的本分的人，似乎最适当不过了。

② 十八世纪后半期，农业的改良尤其进展得很快。各种农具都得到了改进，排水是根据科学原理来进行的；牲畜的饲养由于白克威尔的天才而得到了彻底的改革；芜菁、三叶草、黑麦草等都为人普遍使用，并且能使休耕制为输耕制所代替。这些和其他的变化不断地增加了耕种田地所需要的资本；而商业财富的增长使那些有能力和情愿通过购置大地产而在农村立足的人有所增加。这样，现代商业精神就从各个方面侵入农业了。

但是,物竞天择、适者生存(即创办、组织和管理企业)在工业中有大得多的活动余地。在英国对外贸易得到大发展以前,工业企业家已逐渐在成长;实际上在十五世纪的毛织业中就可以看出它的迹象来。但是新开发国家中庞大市场的开辟,直接地并且通过它对工业布局(亦即把特定工业部门集中在一定的地区)的影响大大地推动了这一运动。

中世纪的市集和行商的纪事表明,有许多东西,其中每一种东西只在一两个地方生产;从那里再分发到欧洲各处。但是生产局部化而运销很远的那些商品,差不多总是价格很高、体积不大的商品。价格较廉、体积较大的商品都由各地自行供应。不过在新世界的各个殖民地,人们并不总是有余暇来为自己提供工业品的,并且即使他们生产他们所能生产的东西往往也是不容许的;因为英国对待它的殖民地虽然比任何其他国家都更加宽大,但是它认为它为殖民地所出的费用使它有理由来强迫它们向它购买各种工业品。对销售于印度和野蛮民族的简单商品的需求也是很大的。

这些原因导致加工工业中许多繁重工作的局部化。在那种需要高度技巧和工人的丰富想象力的工作中,组织有时倒居于次要地位。但是,在对少数式样简单的商品有大量需求的时候,组织多数人的能力却具有无比的优势。这样,工业布局和资本主义企业家制度的成长是两个并行的运动,都由于同一个一般原因,且彼此互相促进。

工厂制度和工业中贵重设备的运用,是在后一阶段出现的。它们通常被认为是企业家握有英国工业大权的渊源;无疑地它们增加了这种权力。但是在它们的影响被察觉以前,这种权力已经清楚地表现出来了。法国大革命时代，投资在以水或蒸汽为动力的机器上的资本是不很多的；工厂的规模不大，为数也不多。但那时差不多英国的全部纺织工作都是按合同制来进行的。纺织业操于比较少数企业家之手，他们力图查明买卖什么东西，在哪里买卖和在什么时候买卖是最有利的，生产什么东西是最有利的。然后他们就和分散在全国各地的为数很多的人订立合同来生产这些东西。企业家（即包买主——译者）一般供给原料，有时甚至供给所使用的简单工具。那些承包人用自己和他们家人的劳动和有时用少数徒工的劳动（但未必总是如此）来完成包工任务。

随着时间的推移，机械发明的进步使工人们愈来愈聚集在靠近水力的那些小工厂里，而当蒸汽逐渐代替了水力之后，他们又集聚在大城市的大工厂里。这样，那些承担生产上的主要风险而又不直接管理和监督的大企业家（指包买主——译者）开始让位于富有的雇主，他们经营着大规模的全部加工事业。这些新的工厂引起了那些最不经心的观察家的注意；像以前的变动一样，这种变动也不轻易为那些实际上不从事商业的人所忽略。①

① 在1760年后的二十五年中，工业上的改良发明相继出现，其速度甚至驾乎农业之上。在这个时期，布伦德莱的运河使笨重货物的运输便宜了，瓦特的蒸汽机使动力的生产费用低廉了，柯特的炼铁法，以及娄巴克用煤代替木炭（当时已感缺乏）的冶炼法，使铁的生产费用降低了；哈格里夫斯、克朗普顿、阿克赖特、卡特赖特和其他的人，发明了纺绩机、锤纺机、梳棉机和动力织布机，或至少是使得它们经济适用。韦季伍德大大地促进了那正在迅速发展着的陶瓷业的进步。在印刷方面，在用化学方法漂白方面，以及在其他生产方法方面，都有重大的发明。在这个时期的最后一年，即1785年，出现了第一个直接使用蒸汽动力的棉纺厂。十九世纪初，出现了轮船、汽力印刷机，城市照明上使用了煤气。不久以后，又有了火车、电报和照相术。详见克拉潘：《剑桥近代史》，第10卷。

这样，酝酿了很久的那种工业组织的巨大变革最后引起了普遍注意；人们所见到的是，由劳动者所管理的小企业的制度正在被那些由有特殊才能的资本主义企业家所管理的大企业的制度所代替。即使没有工厂，这种变革也会照样实现的。即使电力或其他动力的零销使得现在在工厂中所做的那部分工作可以拿回劳动者家里去做，这种变革也会实现。①

第十四节　此后，工业劳动得到成批的雇用。新的组织带来了一些巨大的灾难，不过其中有些是由于别的原因，这种新制度使英国免于法国军队的蹂躏

这种新的变动，不论就以前的形式或以后的形式来说，都有不断冲破那几乎使每个人定居在他所出生的乡镇上的那种束缚的趋势；它开辟了自由劳动市场，这个市场招引人们来寻求就业的机会。由于这种变动，决定劳动价值的那些因素就开始了新的一页。直到十八世纪，工业劳动照例总是零雇的；虽然那时以前一个大而流动的劳动阶级（它可以大批地雇用）在欧洲大陆某些特定地区和英国的工业史上起了重大的作用，在十八世纪中却一反常规，至少对英国是如此；劳动价格不再由习惯或小市场上的议价决定了。在最近几百年中，它愈来愈由广大区域（一个城市，一个国家或全世界）中的供求情况所决定。

① 参阅赫耳德：《英国社会史》，第2篇，第3章。

这种新的工业组织大大地提高了生产效率；因为它对保证每个人应该从事他最能胜任的那种工作，和保证他的工作适当地辅以当代知识和财富所能提供的最好的机械与其他的帮助起了很大的作用。但是，它本身也带来了巨大的祸害。其中哪些祸害不可避免，我们是无法判断的。因为正当那种变革急剧进行的时候，英国受到史无前例的各种灾害的袭击。它们是人们所受的通常被认为是无限制竞争的骤然出现所造成的大部分苦难的原因（究竟有多大的部分是不可能判断的）。英国丧失了一些大的殖民地之后，接踵而来的是拿破仑战争，结果使英国所受的损失比战争开始时它所拥有的蓄积财富的总价值还大。空前的连年歉收，使谷价暴涨。而最坏的是，采用了实施济贫法的方法，它损害了人民的体力和自立精神。

因此，在上世纪的前半期中，英国是在有利条件下确立自由经营的。它的祸害为外部灾难所加剧，而它的有利影响却为这些灾难所妨害。

第十五节　续前

过去保护弱者的那些商业习惯和行会规章现在与新的工业不相适应了。有的地方，人们因一致同意而废止了它们；有的地方在短时期内却成功地保留了它们。但那是一种得不偿失的成功；因为在旧有束缚下不能发展的新工业就离开那些地方，而转向它可以有更多自由的其他地方去了。[①] 于是工人们请求政府实行规定商业经营方式的那些议院的旧法案，甚至请求恢复由治安当局来规定价格和工资。

这些努力注定是要失败的。旧有的规章制度是当时社会、伦理和经济思想的体现；它们是摸索出来的，而不是想出来的；它们是那些在几乎不变的经济条件下生息的人们多少代经验的自然结果。而在新时代中，变化是如此之快，以致没有时间来这样做。各个人都必须自行其是，很少借鉴过去的经验。那些力图保存旧传统的人很快就被抛在一边。

新兴的企业家族主要是由这些人组成的：他们自力更生、坚强、敏捷并富有进取心。他们看到以自己的努力所获得的成功时，往往认为贫者和弱者的不幸应归罪于他们自己，而不应加以怜恤。深感于那些力图支持进步潮流所损害了的经济秩序的人们的荒谬，他们往往认为，除使竞争完全自由和让强者自行其是以外，再没有什么可需要的了。他们赞扬人的个性，而且并不急于寻求一种从前使人们结合在一起的社会工业约束的现代替代品。

同时这种不幸曾减少了英国人民的纯收入总额。1820 年，仅国债的利息就用去了纯收入总额的十分之一。因新发明而价格低廉的那些商品主要是工业品，而这种工业品劳动者消费极少。因为英国那时差不多是工业的垄断者，如果工业家可以自由地以自

① 工业撤出基尔特管理过严的那些地方的倾向，由来已久，十三世纪时就有了这种倾向，虽然当时这种倾向较为薄弱。参阅格罗斯：《基尔特商人》，第一卷，第 43、52 页。

己的商品交换外国的粮食，则他显然会得到便宜的食物。但是议会中掌权的地主阶级却禁止这样做。劳动者的工资，就用于普通的食物而论，等于他的劳动在一块很贫瘠的土地上所生产的数量，这块土地是为了补充较肥沃的土地所提供之数量不足而被迫耕种的。他必须在市场上出卖自己的劳动，其中供求力量即使自由地起着作用，则它们也只能给他带来低微的工资。但是他并没有享受经济自由的全部利益。他同其他工人也没有有效的联合；他既缺乏市场知识，又缺乏商品卖主们所具有的那种坚持不卖以求善价的能力，他被迫在不卫生的条件下工作，并使他的家人也在这种条件下进行长时间的劳动。这就影响了劳动人民的效率，从而也影响了他们劳动的纯价值，从而它降低了他们的工资。雇用童工进行长时间的劳动并不是一件新鲜的事情，甚至在十七世纪的诺尔维奇和其他地区就已经十分普遍了。但是十九世纪的三十年代因在恶劣条件下进行过度劳动而造成的道德上的败坏、身体上的痛苦和疾病在工厂居民中却达到了顶点。在十九世纪的中叶，它们逐渐减少，此后，减少得更快。

工人们认识了企图恢复管理工业的旧规章的愚蠢之后，就再没有钳制经营自由的任何愿望了。英国人民所受的痛苦，充其量也永不能同革命前的法国因没有自由而造成的那些痛苦相提并论，有一种论点，认为如果不是由于英国从它的新兴工业中所得到的那种力量，它也许会屈服于外国的军事独裁之下，如同它以前的那些自由城市所遭遇的那样。它的人口虽少，但有时却几乎独自负担着那反抗控制大陆几乎全部资源的征服者的战争重担；而在反抗那个征服者的斗争中它有时又资助一些较大而较贫的国家。

不论正确与否，当时人们认为，如果自由的英国工业不供给反对共同敌人的战费，则欧洲也许会长期受着法国的统治，如同它以前受着罗马的统治那样。因此，很少听到对自由经营的过度的怨言了，而多数的暴怨是对英国人以自己廉价生产的商品来交换外国的粮食所加与的那些限制。

甚至那些当时正在开始英国史上几乎比任何其他事物都富有趣味和教益的光辉而波折重重的生涯的职工会，也转入明哲保身的时期。它们根据辛酸的经验知道企图实行政府借以指导工业行径的那些旧规章的荒谬；但是关于如何用它们自己的行动来调节商业，他们还没有深远的见解。它们所关怀的是通过取消反工人结社的立法来增加本身的经济自由。

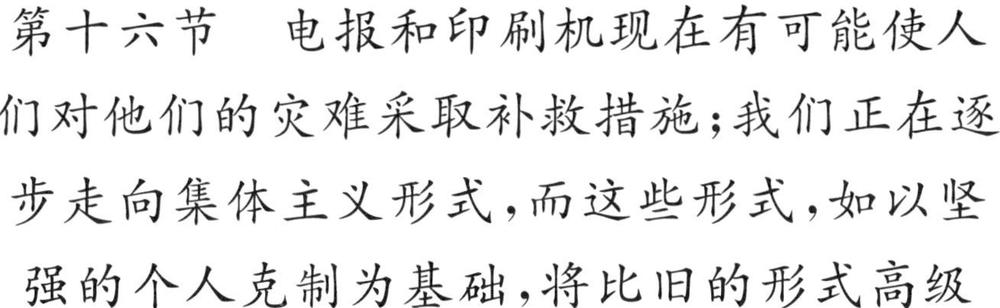

第十六节　电报和印刷机现在有可能使人们对他们的灾难采取补救措施；我们正在逐步走向集体主义形式，而这些形式，如以坚强的个人克制为基础，将比旧的形式高级

目睹经济自由的急剧增长所带来的各种祸害就有待于我们这一代了。现在我们才第一次逐渐懂得不尽自己新义务的资本家如何力图使工人的福利服从于他的致富愿望。现在我们才第一次逐渐知道坚持富人不论以个人或集体的身份除享权利外还得尽义务的重要性。现在新时代的经济自由才第一次如实地出现在我们面前。这一部分是由于知识的扩大和热诚的增加。但是不论我们的祖先如何明智，他们绝不能像我们那样了解事物；因为他们忙于应

付各种紧急需要和可怕的灾难。[①]

我们必须用更高的标准来衡量自己。因为英国虽然近来为了民族生存而再次要求进行斗争，但是它的生产力有了巨大的增长；自由贸易和交通的发达使人数大大增加了的人口有可能以有利的条件获得充分的粮食。人民的货币收入平均增加了一倍以上；除了饲料和住房差不多所有商品的价格下降了一半，甚或多些。的确，即使现在如果财富加以平均分配，则全国的总生产也许只足以提供人民的必需品和较需要的安逸品，而实际上许多人只有最低生活必需品。但是国家的财富增加了，卫生条件改善了，教育发达了，道德增进了；我们不再被迫几乎把其他各种考虑都置于增加工业总产量的需要之下。

特别是这种新增加的繁荣使我们富强得足以对自由经营加以新的限制。虽然为了高尚的最后较大利益而必须忍受暂时的物质损失。但这些新的限制与旧日的限制是不同的。它们并不是作为一种阶级统治的手段而强加上的，而是为了在那些不能利用竞争力量来保护自己的事务中来保护弱者，特别是儿童和有子女的母亲。目的是周到而迅速地提供一些适于现代工业急剧变化着的环境的药方；从而，得到其他时代中逐渐由习惯而来的那种从前对弱者的保护之利，而不受其害。

即使当工业在性质上有好几代几乎都没有变动时，习惯的成

① 在和平时期，没有人敢公开地把金钱看得和人的生命同样重要；但是在费用浩大的战争的紧急关头，金钱往往能被用来拯救人的性命，一个将军，在紧急关头为保护物资而牺牲一些生命，这种物资的损失，会造成许多人的死亡，他的行动就被认为是正确的，虽然在和平时期没有人敢公开主张为了保护少许军用物资而来牺牲士兵的性命。

长也太慢，盲目性也太大，不能在压力有利时来施加压力。在后一个阶段它的利少而弊多。但是借助于电报、印刷机、议会政治和商会人们有可能对他们自己的问题想出解决办法。知识的增进和自赖性的加强，曾给予他们以真正克己的自由，而这种自由使他们有可能自愿地对他们自己的行动有所约束；集体生产、集体所有和集体消费这些问题正在进入一个新的阶段。

实行巨大而急剧的变革的计划，现在和以往一样，注定是要失败的，而且也会引起反作用；我们是不能稳步前进的，如果我们前进得如此之快，以致我们新的生活方式超过了我们的本能的话。的确，人性是可以改变的——新思想、新机会和新的行为方法甚至用几代的时间就可以使它有很大的改变，如历史所表明的那样；人性的这种改变所涉及的范围也许从来没有现在那样广泛，所进行的速度也许从来没有现在那样快。但它仍然是发展的，从而是渐进的；我们社会组织的变革必然由它而生，因此也必然是渐进的。

虽然社会变革由它而生，但是这种变革因经常使它承担某种新的更高尚的工作和争取某种远大的实际理想而促进我们更高的社会性的发展时，往往会多少走在它的前面。这样，慢慢地我们就会达到一种社会生活的秩序，在这种秩序中，公益战胜了个人的反复无常，其程度甚至超过个人主义开始以前的那些时代。但那时大公无私将是有意识的产物；虽然借助于本能，那时个人自由将在集体自由中发展自己。这是和旧的生活秩序成为一个可喜的对照，在旧的生活秩序中，个人受习惯的奴役造成了集体的奴役和停滞，而这些只有用专制主义的任性或革命的任性才能打破。

第十七节　续前

直到现在我们都是从英国的观点来考察这种运动的。但是其他国家也向着同一个方向迈进。美国以这样勇敢而直率的态度来处理新的实际困难，以致它已经在某些经济事务中获得了领导权。它提供了当代最近经济趋势中许多最有教益的事例，如各种形式的投机和商业联盟的发展，不久它也许将在为世界其他各国开拓道路方面起主导作用。

澳大利亚也不示弱，它在人口的较纯方面较之美国显然具有某些优越性。因为虽然澳大利亚人（大致也同样适用于加拿大人）来自许多国家，从而，通过各种各样的经验和思想习惯可以启发思想和胆识，但是差不多所有的澳大利亚人都属于一个民族。社会制度的发展在某些方面比它们必须要适应各个不同民族的能力、性格、趣味和需要的条件下可以进行得更加顺利而迅速。

在欧洲大陆上通过自由结社而获得重要成果的力量比讲英语的国家差些；因此，在处理工业问题上采取的办法较少，也较不彻底。但是对这些问题的处理没有任何两个国家是完全相同的。它们所采取的方法各有特点，也各有所长；特别是关于政府行动方面。在这方面德国领先。它的加工工业比英国发展得晚，对它来说是一种很大的利益；它能够借鉴英国的经验，少走许多弯路。①

① 李斯特得出了一种很有参考价值的见解，他认为一个落后国家必须向那些进步的国家学习，但要学习的是当它们处于它今天所处的地位时的那些措施，而不是它们的当前措施。但是如克尼斯所指出的（《政治经济学》，第二章，第五节），商业的发展和交通运输的改良有使各个不同国家的发展同时并进的趋势。

在德国绝大部分本国的高级知识分子都在政府任职，也许没有其他政府，它本身容纳了这样多的有才华的人。另一方面，造成英美最优秀企业家的那种精力、创见和勇敢在德国最近才得到充分的发挥；同时德国人民具有很大的服从性，因此他们和英国人有所不同；英国人的意志力当必要时将使他们能够遵守完全的纪律，但他们不生来就是百依百顺的。在德国可以看到政府管理工业的最好和最吸引人的形式。同时私营工业的种种特长，它的活力、它的弹性和它的方法也开始在德国得到充分的发展。因此关于政府经济职能的问题在德国已加以仔细的、有成效的研究，而这些对讲英语的民族来说也许是很有教益的，只要他们记着，最适合于德国人性格的那些措施对他们也许不是十全十美的；因为即使他们愿意，他们在坚定不移的服从性以及安于粗陋的衣食住和娱乐方面也不能与德国人相比。

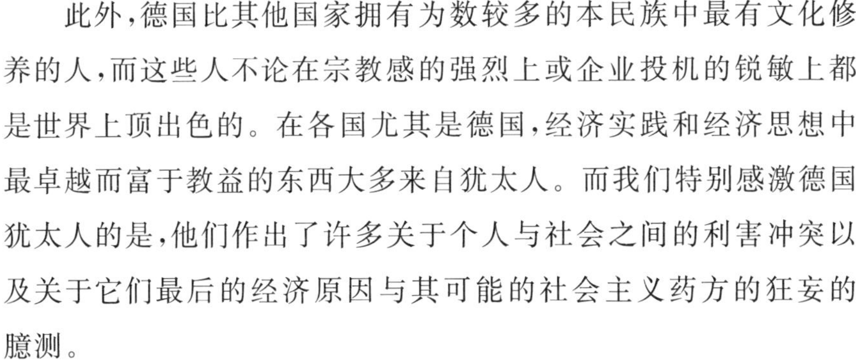

此外，德国比其他国家拥有为数较多的本民族中最有文化修养的人，而这些人不论在宗教感的强烈上或企业投机的锐敏上都是世界上顶出色的。在各国尤其是德国，经济实践和经济思想中最卓越而富于教益的东西大多来自犹太人。而我们特别感激德国犹太人的是，他们作出了许多关于个人与社会之间的利害冲突以及关于它们最后的经济原因与其可能的社会主义药方的狂妄的臆测。

但是我们快要谈到附录二的主题。在这里我们已经见到经济自由是怎样在最近才发展起来，而经济科学现在所必须讨论的问题的本质又是怎样的新鲜；其次我们必须研究的是，此问题的形式是怎样由于事件的发展和大思想家个人的特点而形成的。

附录二①

经济科学的发展

第一节　现代经济科学受古代思想的影响间接者居多，而直接者却少

我们已经知道，经济自由有它的历史根源，但它基本上还是近代的产物；其次我们必须探究经济科学的相应发展。现代社会条件是借助于希腊思想和罗马法从早期亚利安和塞姆人的制度发展而来的；不过现代经济学的研究却很少受古代人的理论的直接影响。

的确，现代经济学和其他科学一样，都导源于文艺复兴时期。但是，建立在奴役制基础上的那种工业体系和鄙视工场手工业与商业的哲学是同那些固执的市民格格不入的，他们对于他们的手工业和商业如同对于参预管理国家政治一样都是引以为荣的。这些顽强而粗野的人很可能从过去大思想家的那种哲学上的锻炼和广泛的兴趣得到实惠，但是，事实上，他们却大力着手来解决自己的问题；现代经济学在初期具有一定的局限性和朴素性，同时对把

① 参阅第一篇，第一章，第五节。

财富当作目的而不当作维持人的生活的手段抱有偏见。它直接讨论的大体是公共收入、租税的收益和效果；在这一点上，自由城市和大帝国的政治家们，都一样地随着商业的扩大和战费的增加而愈来愈感到自己经济问题的迫切和困难了。

在历代，尤其是在中世纪的早期，政治家和商人忙于尽力通过管理商业来使国家富强。他们主要关怀的一点是贵金属的供给，而他们认为这种贵金属，不论对个人或对国家，都是富的指标，如果不是它的主要原因的话。华斯哥·达·加马和哥伦布在地理上的发现把商业问题在西欧各国从次要的地位提升到主要的地位。关于贵金属的重要性和获得贵金属供应的良方的理论，在某种程度上成了足以决定战争与和平以及引起国家兴亡的那种结盟的公共政策裁决者。有时，这类理论还大大地影响了各民族在地球上的迁徙。

有关贵金属贸易的种种条例只不过是许多条例之一，这些条例力图以不同程度的细节和严密来为每个人规定他应该生产什么、怎样生产、他应该赚取什么，以及如何使用他的所得。条顿民族的自然吸收力在中世纪的早期给予习惯以一种非凡的力量。这种力量在它们从事应付那些在美洲贸易中发生的连续变化的趋势时，影响了商人基尔特、地方当局和国家政府。在法国条顿人的这种偏向通过罗马人的天才而转化成制度，家长式的统治达到了顶点；科耳伯特的贸易条例已成为金科玉律。正当这个时候，经济理论出现了，所谓重商主义体系显露了头角；贸易条例以前所未有的严厉程度实行着。

随着岁月的推移，产生了一种走向经济自由的趋势，反对新思潮的人们在他们方面征引前代重商主义者作为根据。但他们体系中所含的那些规定和限制是当时的时代精神;他们力图实现的许多变革都指向企业自由。和主张严禁贵金属出口的那些人相反,他们特别论证的是,在长期内凡能使本国金银之输入多于输出的各种贸易都不应加以禁止。让商人自由地经营企业国家是否蒙受其害,通过对问题的这种提法,他们曾倡导了一种新的思潮;这就不知不觉地走向经济自由,其中一方面由于时势,他方面由于西欧之人心所向。这种节制贸易限制的运动一直继续到十八世纪后半期,当时是这一理论成熟的时期,即如国家企图以人为的规定和每人各行其是的天赋的自由权相对抗,则社会的福利莫不深受其害。[①]

第二节 重农学派。亚当·斯密发展了自由贸易论,并认为价值论是使经济科学成为一个统一体的核心

在广泛的基础上第一次有系统地建立经济科学是由十八世纪中叶法国一群政治家和哲学家在路易十五[②]的御医魁奈医生领导

① 同时德国"官房学派"发展了对于国家事务的科学分析,最初只就财政方面;但自1750年以后,日益着重于和人的因素相区别的国家财富的物质状况。

② 坎悌恩于1775年所写的,内容十分广泛的《商业性质的考察》一书,堪称为有系统的著作,立论尖锐,而且在某些方面也是超时代的;尽管我们现在知道,他的几个重要论点早在六十年前就为尼古拉·巴本在其著作中提出过了。考奇是第一个肯定坎悌恩著作的重要性的人;杰文斯宣称他是政治经济学的真正奠基者。关于坎悌恩在经济学上所占地位的公平估价,参阅希格斯在《经济学季刊》(第6期)上所发表的论文。

之下进行的。他们政策的基石是顺从自然。[①]

他们是最初宣布自由贸易主义学说为行动的一般原则的人，在这方面比起英国的先进作家达德利·诺斯爵士来实有过之而无不及；在他们讨论政治社会问题的语调和性质中，许多都预示着后代。不过他们的思路不清，而这又是当时科学家的共同特点，这种思路不清经过了长期的斗争才从自然科学中清除出去。他们把顺从自然的伦理原则和因果规律混同起来，前者用的是祈使语气，规定某些行动规律；而后者用的却是陈述语气，是由研究自然而为科学所发现的规律。由于这点以及其他理由，他们的论著很少有直接的价值。

但它对现代经济学的间接影响却是很大的。理由有二：第一，他们论证的清晰和逻辑上的一致使他们对后代的思想产生了很大的影响；第二，他们研究的主要动机，不在于增加商人的财富和充填国库收入，像大多数他们的前辈那样，而在于减轻因过度贫困所引起的痛苦和堕落。这样他们就给予经济学以寻求有助于提高人

① 在前两世纪中，讨论经济问题的作家们时时诉诸自然；争论的一方宣称他的方案比另一方的更加接近自然；十八世纪的哲学家，其中有些对经济学产生了巨大的影响，常常依自然来确定是非的标准。特别是洛克，在他诉诸自然的一般情调上，以及在他理论的细节上，有许多是比法国经济学家先走一步。但是魁奈和追随他的其他法国经济学家对于社会生活的自然规律的研究，除了受英国的影响外，还受其他原因的支配。

法国宫廷的豪华和使法国日趋灭亡的那些上层阶级的特权，都显示了人为文明的罪恶，并引起了一些有思想的人对较原始的社会状态的渴望。法国许多能思善辩的法律家深通晚期罗马帝国斯多噶派法律家所制定的自然法，而随着岁月的推移，卢梭所竭力提倡的对美国印第安人那种“自然”生活的崇拜，开始对经济学家产生了影响。不久他们就被叫做重农主义者，或自然秩序的维护者；这个名称源于1768年所出版的杜邦著作的书名。不妨指出的是，他们对农业的热中和对自然状态与朴素的乡村生活的贪恋，部分地是取之于他们那些斯多噶大师的。

类生活品行的现代目的。①

第三节　续前

在前进中的第二大步，亦即经济学所曾迈的最大的一步，并不是一个学派的著作，而是一个人的著作。亚当·斯密的确不是当时唯一伟大的英国经济学家。在他著书立说的不久以前，休谟和斯图亚特对经济理论已作出很重要的贡献，安德森和杨格发表了一些极其有价值的经济研究。但亚当·斯密的讨论范围足以包括他当时英法同辈著作中的全部精华。虽然他无疑地从别人承袭了不少的东西，但是我们越拿他和他的前辈和后继者相比较，我们觉得他越有才华、知识越渊博、判断越公正。

他在法国住过很长的时间，和重农主义者有过接触；他钻研过当时英国和法国的哲学，而他的通晓世事实际上是由于他的远游异乡以及和苏格兰商人的亲密往还。除这些有利的条件之外，还有他那非凡的观察力、判断力和推理力。结果是，凡他和他的前辈有意见分歧的地方，他比他们差不多是更正确一些。而现在所知

① 甚至宽宏的沃邦(写于1717年)也不得不为他对人民福利的关心辩解，说使人民富有就是使国王富有的唯一方法。相反地，对亚当·斯密有巨大影响的洛克，不仅他在重农主义者所持有的某些奇特的经济见解上，而在他们所倡导的博爱上，也是先走一步的。重农主义者所惯用的口号放任(Laissez faire)、自由(Laissez aller)现在一般都被误用了。Laissez faire的意思是，人人都应该准许任其所好，并按其所好行事；各种商业都应该向每个人开放；像科耳伯特派所主张的政府不应该给工业家们规定他们所生产的布的样式，Laissez aller(或passer)的意思是，人和货物都应该准许自由通行各地，特别是从法国的一地到另一地，而不缴纳各种苛捐杂税，也不受繁琐规章的限制。不妨指出的是，Laissez aller是中世纪时主帅命令比武双方停止时所用的信号。

道的经济学上的真理，几乎没有一个不是他所涉猎过的。因为他是头一个就其各个主要社会方面论述财富的人，单凭这个理由，他也许有权被视作现代经济学的奠基者。①

但是他所开辟的领域太大，不能由一个人全部勘测完毕。有时他所看到的许多真理，而在另一个时候却从他的视野消失。因此，引证他以确证许多错误是可能的；虽然在检查以后，他总是向着真理迈进的。②

他用如此丰富的常识和渊博的实际商业知识发展了重农学派的自由贸易理论，以致使得这一理论成为现实生活中的巨大力量；他因政府干涉贸易一般有害无益这一论证而扬名本国和外国。在举出利己心会使商人个人为害社会的种种情况的例证的同时，他认为即使政府行事的用意至善，它对公众的服务差不多总比商人的企业心差些，而不论该商人如何自私自利。他对这一理论的辩

① 参阅瓦格纳《基础》第3版，第6页及其余诸页中关于亚当·斯密应占最高地位的简要叙述；哈斯巴赫：《亚当·斯密研究》（其中关于荷兰思想对英法思想的影响的讨论饶有趣味）；普赖斯：《亚当·斯密及其与近代经济学的关系》（《经济学杂志》，第3期）。肯宁安（《历史》，第306页）坚决认为，"他的伟大贡献在于把国家财富的概念抽出来，而以前的经济学家却有意识地把它置于国家权力之下"；但是这种比喻也许过于呆板。坎南在他给"亚当·斯密的演讲"所作的序言中指出了赫契逊对他的影响的重要性。

② 例如，他并没有完全摆脱当时十分流行的那种把经济学法则和应依从自然的伦理戒律混为一谈的情况。对于他，"自然的"有时是指现有的各种力量实际上产生的，或会产生的东西，有时是指他的本性使他希望它们产生的那种东西。同样地，他有时把阐明一种科学看作是经济学家的本分，而有时又把提出一部分政治管理措施当作他的本分。不过虽说他的用语往往不谨严，可是我们仔细推敲以后就知道，他自己完全懂得他所从事的是什么。当他探求因果规律，亦即现代所谓的自然规律时，他使用的是科学方法；而当他谈论实际戒律时，他一般知道他只是表示他自己认为所应当做的事而已，即使他似乎认为这些戒律有自然根据。

护给予世人的印象是如此深刻，以致大多数德国学者在谈到斯密主义的时候主要指的是这一点。①

但毕竟这不是他的主要功绩。他的主要功绩在于他把当时英法学者和他的前辈关于价值的研究加以综合和发展。说他在思想上开辟了一个新纪元是由于他首先对价值测量人类动机的方式作了慎重而科学的研究，其中一方面测量买主获得财富的欲望，另方面测量生产者所出的劳作和牺牲（或“实际生产成本”）。②

他所进行的工作的要旨很可能连他自己都不晓得，自然许多他的后继者也没有看出来。尽管如此，《国民财富的性质和原因的研究》以后在上乘经济学著作和以前的著作有所区别，这种区别在于对用货币一方面衡量获得一物的欲望和他方面衡量生产该物直接或间接所引起的种种劳作和自制看得更加清楚。其他学者向这方面所做的努力虽然很重要，但是他对它的发展是如此之大，以致他实际上倡导了这种新见解。在这方面，不论他或他的前辈和后继者都没有发明一种学术上的新概念；他们只不过把日常生活中所惯用的概念加以明确化。事实上不惯于分析的一般人很容易把货币看作动机和幸福的比实际上更加精确的尺度；此中原因，部分

① 德国对这一名词的通俗用法，不仅指亚当·斯密认为个人利益的自由发挥作用对社会的福利比政府的干预要大，而且指它差不多总是按最理想的方式发生作用。但是德国的一些大经济学家十分清楚，斯密不断坚持个人利益与社会利益经济发生矛盾，而斯密主义一词的旧用法日趋过时。例如，克尼斯在其所著《政治经济学》，第3章，第3节中从《国民财富的性质和原因》征引了许多这样的矛盾；参阅费尔鲍根：《斯密与杜阁》；蔡叶士：《斯密与利己主义》。

② 重农主义者和许多早期著作家，如哈里斯、坎悌恩、洛克、巴本、配第曾指出了生产成本和价值的关系；甚至霍布斯也模糊地暗示了富裕取决于人对自然物的加工和积累所用的劳动和节欲。

地是由于他没有想到尺度由以形成的方式。经济学上的用语似乎比日常生活中的用语专门些，现实性小些。但事实上它更加真实，因为它更加慎重、更周密地考虑到各种分歧和困难。①

第四节 对事实材料的研究并没有为他的后辈所忽视，虽然他们中间有些人对演绎法持有偏见

在亚当·斯密的同辈和直接后继者中，没有人具有像他那样广阔而不偏的才智。但是他们都作出极有价值的贡献，各人都从事某类问题的研究，其中有些问题的研究出自个人的天禀，而有些问题却源于当时的特殊事件。在十八世纪的晚期，主要的经济著作是历史和叙事的，论述劳动阶级特别是农业区劳动阶级的状况。杨格继续写他那有名的旅行纪要，伊登著述贫民史，此书充作所有后来工业史家的基础和范例；而马尔萨斯通过对历史的钻研指出在不同时期和不同国度中实际上决定人口增长的各种因素。

但总的看来，在亚当·斯密的直接后继者中最有影响的人物

① 亚当·斯密清楚地知道，经济科学必须建立在对实际材料研究的基础上面，而实际材料又是如此复杂，以致它们一般地不能直接告诉我们什么；它们必须通过慎重的推理和分析来加以解释。而《国民财富的性质和原因的研究》，如休谟所说，“有许多用奇异的实际材料说明的论证，它一定会引起公众的注意”。亚当·斯密的确是这样做了的：他往往不用详细的归纳来证明一个结论，他的证明论据主要是人所共知的一些关于自然、精神和道德的材料。但是他用奇异而有意义的那些材料来解说他的证明；这样他就使它们有血有肉，并使他的读者觉得它们是在讨论现实世界的种种问题，而不是在玩弄抽象；他的书虽然布局欠佳，却提供了方法上的一个范例。亚当·斯密和李嘉图各自的长处，尼克逊教授在《剑桥近代史》，第十卷，第二十四章中，说的很清楚。

要算边沁了。他在经济学方面的著作很少，但他对十九世纪初期新兴的英国经济学派却产生了重大的影响。他是一个顽强的逻辑学家，反对贸易方面的各种毫无理由的限制和规定；他严正地要求这些限制和规定提出足以证明其存在的合理性的理由来，而这种要求深受当时的支持。英国由于迅速地使自己适应各种新的经济运动而称雄世界，而中欧各国由于墨守成规而不能利用它们丰富的自然资源。因此，英国的商人多认为商业上的清规戒律是有害的，至少它在英国有所减少，正在减少，并且不久就要消失。边沁的门徒们立即得出结论说，他们无须对习俗多所操心；对他们来说，根据各人都在追求自己的私利这一假设来讨论人的行为的趋势就够了。①

因此，对十九世纪初期英国经济学家经常提出的指责，即他们没去仔细研究集体行为较诸个人行为在社会经济生活中是否不应给予较大的注意，此外，他们过分夸大了竞争的力量及其作用的迅速，这些指责是相当公正的。至于他们的研究因有某种僵硬的概括甚至语气刻薄而遭到损害的这种非难，也是不无小小理由的。这些缺点部分原因是由于边沁的影响，部分原因是由于他所代表的那个时代的时代精神。但部分原因也由于这一事实，即经济学的研究又

① 他影响他周围那些年轻经济学家的另一个途径，是在于他对安全的热爱。他的确是一个热诚的改革家。他竭力反对各不同阶级之间的一切人为区别。他强调说，任何一个人的幸福和任何另一个人的幸福同样重要，一切行为的宗旨应该是增进人类的总幸福；他承认，在其他条件不变情况下，财富分配越平均，这种总幸福就越大。但是他的心灵中满是法国大革命的恐怖，而他又把对安全的极小威胁看成是如此巨大的灾难，以致尽管他是一个勇敢的理论家，他自己同时也培养他的门徒对现存的私有财产制度崇拜到了迷信的程度。

多操于那些人之手，他们的力量寄寓于干劲而不是哲学思想。

第五节　续前

政治家和商人们又热中于货币和对外贸易问题的研究了，他们所用的精力甚至比这些问题最初发生在中世纪末的那个巨大经济变革的早期还要大些。他们同现实生活的接触，他们的丰富经验，以及他们的渊博知识，乍看起来似乎很可能使他们对人性作一广泛的研究，并把他们的推理建立在广阔的基础之上。但是实际生活的熏陶往往使他们从个人经验中草率地作出概括性结论。

在他们所从事的领域中，他们的研究是极有价值的。因为货币理论正是经济科学中的那一部分，其中对人类动机（除致富动机外）略而不论，亦殆无所害；李嘉图所领导的那个有名的演绎法学派在这里却立于不败之地。[①]

① 他往往被认为是一个典型的英国人。但实际上却不然。他那卓越的创造力是各国最高天才的标志。但是他厌恶归纳，而喜欢抽象的推理，这不是由于他受了英国教育，而像白哲特所指出的，是由于他是犹太血统。差不多各个犹太民族的分支都有一些从事抽象的特殊天才，其中有几支特别喜欢和货币交易业与股票交易相关的抽象计算；李嘉图经过曲折的道路，而无失足，以获得新奇结果的那种能力是空前绝后的；甚至对一个英国人来说，也是很难理解他的；而他的外国批评家们照例都没有理解他的著作的真谛。因为他自己从来没有解释过。他起初用一种假设，继而又用另一种假设，其目的何在，他从来没有说明，通过把根据各种不同假设所得的结果适当地结合起来，怎样能包括各种各样的实际问题，他也从来没有说明。原来他写作的目的并不是为了发表，而是为了澄清他和几位朋友关于一些特殊困难问题的疑虑。他们和他一样，是些深通现实生活的实践家，这就是他偏好与一般经验相合的广泛原理，而不喜欢从特选材料中作出具体归纳的一个原因。但是他的知识是片面的，他了解商人，而不了解工人。不过他是同情工人的；他支持他的朋友休谟来保卫工人像他们雇主那样结社互助的权利。参阅以下附录九。

其次经济学家们从事于对外贸易理论的研究，并清除了亚当·斯密在这方面所留下的许多缺点。经济学中除了货币理论没有其他部分更属于纯演绎推理的范围。的确，对自由贸易政策的充分讨论必须考虑到许多严格说来不是经济学上的问题；而这些问题中的绝大多数虽然对农业国家特别是新兴国家来说十分重要，但对英国却关系很小。

在整个这一时期中，英国在经济事实方面的研究也未予忽略。配第、杨格、伊登和其他学者的统计研究由图克、麦卡洛克和波特加以继承和发挥。虽然在他们的著作中似乎过分突出了那些和商人与其他资本家们有直接关系的事实，但对在英国经济学家影响下所完成的议会关于工人阶级状况的大量调查研究却不能这样说。事实上，在十八世纪末期和十九世纪初期英国问世的官方与私人的统计资料和经济史，堪称为经济学上有系统的历史和统计研究的起点。

不过他们的研究具有一定的狭隘性。它诚然是历史的，但大部分却不是“比较的”。休谟、亚当·斯密、杨格和其他学者虽曾受自己的直觉天才和孟德斯鸠的范例的指引，也偶尔比较不同时代和不同国家中的社会现象，并从中吸取教训，但没有一个掌握了对历史按有系统的方案进行比较研究的观念。因此，当时的学者在搜求材料方面是认真的、能干的，而在研究工作上却是相当盲目的。他们把我们现在认为极其重要的大批材料忽略了，而且往往不能善于利用他们所搜集的东西。当他们从搜集材料转向一般推理的时候，这种狭隘性就更加露骨。

第六节　但他们对人性决定于环境估计不足。社会主义者和生物学家的研究在这方面的影响。约翰·斯图亚特·穆勒。现代著作的特点

为了论证的简单，李嘉图及其追随者在他们的议论中往往仿佛把人看成是一成不变的，他们对人的变异，从未大力研究。他们所最熟习的人是市民；而且有时由于表述的不慎，以致几乎暗示其他的英国人和他们所知道的市民完全相似。

他们懂得其他国家的居民有值得加以研究的他们自己的特点；但是，他们似乎认为这些差别是表面的，而且也是一定能够消除的，一旦其他民族学会英国人准备教给他们的那种较好的生活方式的话。这种想法曾使我们的律师把英国民法强加于印度人身上，使我们的经济学家暗中根据世界是由市民构成的这一假设制定自己的理论。如讨论的是货币和对外贸易，则它的为害不大，如讨论的是不同工业阶级之间的关系，却使他们误入歧途。它使他们把劳动说成是商品，而不去研究工人的观点；不仔细斟酌他的情感、本能和习惯，他的同情和反感，他的阶级嫉妒和阶级友情，他的缺乏知识和自由活动的机会。因此，他们认为供求的力量具有比现实生活中更加机械而规则的作用；他们所定下的利润和工资的

规律甚至在当时的英国也是站不住脚的。[①]

但他们的致命缺点是他们不懂得工业上的常规和制度是极易变动的。他们尤其不明白穷人的贫困是造成他们贫困的那种衰弱和劳动效率不高的主要原因。他们没有现代经济学家所具有的那种对于大大改善工人阶级状况的可能性的信心。

诚然社会主义者主张人的全面发展。但是他们的见解却很少有历史和科学研究的根据；同时由于表述的狂妄，这就引起当代严肃的经济学家的鄙视。社会主义者没有研究过他们所攻击的那些理论；也不难指出，他们不理解现存社会经济组织的性质和效率。因此，经济学家们不屑于认真检验他们的任何学说，尤其是他们关于人性的各种臆测。[②]

① 关于工资，在他们从他们自己的前提推出的结论中甚至也有一些逻辑上的错误。这些错误，如究其本源，也无非是由于表述方法上的草率。但是它们立刻成为那些人的借口，这些人不潜心于经济学的科学研究，而只好征引经济理论，以便使劳动阶级安分守己；也许从来没有其他伟大学派因其“寄生者”（用德国常用的一个名词）的作为而如此信誉扫地，这些“寄生者”在宣称简化经济学说时，实际上是在没有使它们成立的那些条件下来表述它们。玛提诺女士在其反对工厂法的激烈著作中就有这种色彩，西尼耳也是如此。但玛提诺女士并不是一个真正的经济学家。她自己说，在她写一篇阐明经济原理的故事以前，她从来没有同时读完一章以上的经济学书籍，唯恐束缚了她的思想。而在她死以前，她对经济学原理（如她所理解的）是否站得住脚，曾有所怀疑。当西尼耳刚刚开始研究经济学的时候，他就著文来反对工厂法。几年以后，他正式收回他的意见。有时人们认为麦卡洛克是工厂法的死对头；但实际上他是热烈拥护工厂法的。图克是委员会小组的负责人，该委员会关于煤矿中雇用童工和女工的报告，使群情激愤，坚决反对这种雇用。

② 马尔萨斯是部分的例外，他对人口的研究多得力于葛德文。但他并不真正属于李嘉图学派，他也不是一个商业家。半世纪后，有巴师夏出，他是一个通俗的作家，而不是一个深邃的思想家，他高唱一种理论，即在竞争影响下的社会自然组织，不仅在实际可行方面，而且在理论所能及的方面，都是最理想的组织。

但是社会主义者的感情强烈；他们懂得经济学家所未考虑的那些人类行为的潜在动机。在他们的狂文绝句之中，潜伏着锐敏的观察和建设性的意见，其中哲学家和经济学家有许多值得学习。他们的影响逐渐扩大，孔德得力于他们的帮助是很大的；约翰·斯图亚特·穆勒一生中的转变，正如他在自传中告诉我们的那样，是由阅读社会主义者的著作而来的。

第七节　续前

当我们拿现代人对于财富分配这一重大问题的看法和十九世纪初期所流行的见解相比较的时候，我们发现，除开细节上的各种改变和推理上的科学精确性方面的改进以外，在对待问题上有了根本的转变；因为以前的经济学家的论证仿佛把人的性格和效率看成是不变量，而现代经济学家却始终不忘人是他所生存的那个环境的产物这一事实。经济学观点的这种改变部分原因是由于这一事实，即在十九世纪最后的五十年中人性的改变是如此迅速，以致迫使他们不得不加以注意；部分原因是由于各个作家，社会主义者以及其他学者的直接影响；部分原因是由于自然科学中某些部门有类似改变的间接影响。

在十九世纪的初期，数理科学大有欣欣向荣之势。这些科学虽彼此有所区别，却有一个共同的特点，即它们的研究对象在各个国家和各个时代中都是固定不变的。科学的进步是人所熟知的，但科学对象的发展却是陌生的。随着岁月的推移，生物学逐渐在进步，人们开始对动植物生长的性质有了较明确的概念。他们懂得如果科学的对象经过不同的发展阶段，则适用于某一阶段的规律如不加修正就很难适用于其他阶段；科学规律必须同它们研究对象的发展有一个相应的发展。这种新观念的影响逐渐扩展到人文科学；而在歌德、黑格尔、孔德和其他人的著作中显现出来。

最后，生物学的研究有了长足的进步。它的各种发现，像早年物理学上的发现一样，大大引起世人的注意，伦理和历史科学的语调有了显著的改变。经济学也参加到这个总的运动中来，对于人性的柔韧性以及财富的生产、分配和消费的现行方法对人性的作用和反作用给予不断增大的注意。在约翰·斯图亚特·穆勒那有名的《政治经济学原理》中我们可以看出这种新趋势的最初重要的迹象。[①]

穆勒的追随者离开李嘉图直接继承者所采取的立场，向这个方向继续前进；和机械因素相区别的人的因素在经济学中占有越来越重要的地位。且不提当时在世的经济学家，这种新的风气弥漫于克利夫·莱斯里的历史研究，白哲特、凯恩斯、托因比和其他学者多方面的著作之中，尤其是杰文斯的著作，它因巧妙地综合了

① 詹姆斯·穆勒用谨严的边沁和李嘉图的学理来教育他的儿子，并且使他养成热爱明朗确定的习惯。1830 年约翰·穆勒写了一篇讨论经济学方法的文章，在这篇文章中，他提倡经济学要有轮廓分明的抽象。他坚持了李嘉图的这一暗设，即除了贪财的动机外，经济学家无须更多地考虑其他动机；他认为这个假设如不加以明确的表述，那是有危险的。他打算有意识地、公开地根据这个假设写一本书，但是他并没有履行他的诺言。在 1848 年发表他的经济巨著以前，他的思想情感发生了变化。他把它叫做《政治经济学原理，及其对社会哲学的某些应用》（他不说对其他社会哲学部门的反用，是有意义的；参阅英格拉姆：《政治经济学史》，第 154 页），在这本书中，他没有严格地区分这两种推理，即根据人的唯一动机乃追求财富这一假设的推理，与不根据它的推理。他态度上的改变，是他周围世界正在进行的巨大变化的一部分，尽管他并不完全知道这些变化对他的影响。

各种绝大的优点而在经济学史上取得了辉煌不灭的地位。

一种新的社会责任观到处流传。在议会中，在报纸和讲坛上，人道主义精神响彻云霄。穆勒和追随他的那些经济学家促进了这一运动，反过来他们又从这个运动得到很大的启发。一半由于这个原因，一半由于现代历史科学的发展，他们对实际材料的研究也更加广泛而达观。的确，有些早期经济学家在历史和统计方面的研究，即或有超过者，亦不多见。但是他们从前无法知道的许多情况，现在是人所共知了。既不像麦卡洛克那样深通商业又没有他那渊博历史知识的经济学家，对经济理论和现实材料的关系也能提出比他广泛而明确的见解。在这方面他们曾得力于各种科学（包括历史学在内）方法的普遍改进。

从而，经济学上的推理在各方面现在比过去是更加精确了。任何研究中所假设的前提表述得比从前是更加谨严了。但是思想的缜密在它的运用中却起了部分破坏作用；事实表明，一般理论在以前的许多运用现在是站不住脚了，因为以前没有留心想到所暗含的全部假设以及在所讨论的特殊事例中是否大体可以作这样的假设。因此，许多教条已被打破，这些教条仅仅因为它们表述得不谨严，所以看起来似乎十分简单；但是由于同样的理由，它们充作那些以之武装自己而进行斗争的卫道者（主要是资本家阶级的）的武器库。这种破坏作用乍看起来似乎贬低了经济学上一般推理过程的价值，但结果适得其反。它为我们正在兢兢业业地建立的那种更新更强大的理论机器扫清了道路；它使我们有可能比那些最初着手解决经济难题的能手巨匠对生活看得更加全面，前进得更加稳健，科学性更大，教条主义气习更少；而我们现在的坦途是由他们开拓的。

这种变化也许可以看成是从经济学方法发展的初级阶段到高级阶段的过渡，在初级阶段，对自然运转的描摹照例是简单的，为的是能使这些现象用简易的语句表述出来，而在高级阶段，对自然现象的研究却更加仔细，描摹的也更加原本，甚至牺牲一定程度的简明性和通俗性也在所不惜。因此，经济学上的一般推理有了长足的进步，并在步步都易引起敌对批判的这个世纪中所建立起来的阵地，比它那威望极高的时候还要巩固。

上面我们仅从英国的观点考察了近来的发展。但英国的发展只不过是扩及西欧各国的这一广泛运动的侧面而已。

第八节　续前

英国经济学家在外国有许多信徒，也有许多批判者。法国学派从它那十八世纪的大思想家那里获得了继续的发展，并且避免了英国第二流经济学家所常犯的特别是关于工资的许多错误和混乱。自从萨伊以来，它做了许多有用的工作。古尔诺是法国学派最有天才的建设性思想家；而傅立叶、圣西门、蒲鲁东和路易·勃朗却提出了许多最有价值和最狂妄的社会主义见解。

近几年以来，最大的有关的发展也许要算美国了。一世纪以前，"美国学派"被认为是由凯雷领导下的一群保护主义者组成的；但现在由一些英明思想家组成的新学派正在形成；有迹象表明，美国在经济思想上正在取得它在经济事务上已经取得的那种领导地位。

经济科学在它的两个策源地荷兰和意大利大有复苏之势。奥国经济学派的精湛的分析工作尤其引起各国极大的注意。

但总的看来，近代大陆上所曾作的最重要的经济研究工作是在德国。在承认亚当·斯密的领导地位的同时，德国经济学家首先被他们所认为的那种岛国偏狭性和李嘉图学派的自信所激怒。他们尤其不满的是英国自由贸易主义者所作的那种假设，即就一个像英国这样的工业国家所确立的命题可以原封未动地搬到农业国家中去。李斯特的卓越天才和爱国热忱推翻了这个假设，并指出，李嘉图主义者很少考虑到自由贸易的间接效果。就英国而论，忽视了它们，也为害不大；因为它们基本上是有益的，并从而扩大了直接效果的影响。但是他指出，在德国尤其在美国，自由贸易的许多间接效果是有害的；他认为这种害处超过它的直接利益。他的许多论点是站不住脚的，但有些却是适用的；因为英国经济学家不肯对它们进行耐心的讨论，所以，为那些正确论点所感服的政客们，为了鼓动群众，对那些不科学的但对工人阶级具有较大感染力的论点的使用，也默不作声。

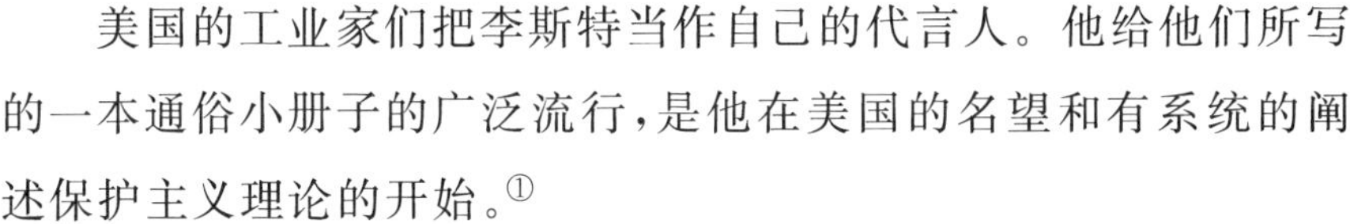

美国的工业家们把李斯特当作自己的代言人。他给他们所写的一本通俗小册子的广泛流行，是他在美国的名望和有系统的阐述保护主义理论的开始。①

---

① 前面已经指出，李斯特忽略了现代交通有使各国同时发展的这一趋势。他的爱国热忱在许多方面伤害了他的科学判断。但是德国人很喜欢听他的这个见解，即各国都必须经过英国所曾经过的发展阶段，当它从农业阶段过渡到工业阶段时，它必须对本国工业家实行保护。他有追求真理的真诚愿望；他的方法是和德国各类学者，特别是德国历史家与法学家所厉行的比较研究方法一致的。他的思想所产生的直接和间接的影响是很大的。他的《政治经济学大纲》于 1827 年出版于美国费城，他的《政治经济学的国民体系》出版于 1840 年。凯雷是否多受益于李斯特，是有所争论的；参阅赫斯特女士：《李斯特传》，第四章。关于他们学说之间的一般关系，参阅克尼斯：《政治经济学》，第 2 版，第 440 页，及其余诸页。

德国人喜欢说重农主义者和亚当·斯密学派对国民生活的重要性作了过低的估计；说他们有一方面为了自私的个人主义和另方面为了无力的博爱的世界主义而牺牲国民生活的倾向。他们认为李斯特在激起爱国主义情感方面作出了很大的贡献，爱国主义的情感比个人主义的更加慷慨，比世界主义的更加坚强确定。重农学派和英国经济学家的世界主义感是否如德国人所想象的那样强烈，是值得怀疑的。但近代德国政治史对德国经济学家在国家主义方面的影响，是毫无疑问的。为侵略大军所包围的德国，只有借助于爱国热忱才能存在。德国学者竭力主张(也许有些过分)，利他主义感在国与国之间的经济关系方面的活动范围比在个人与个人之间的经济关系方面还要狭隘。

虽然德国人在情感上是民族主义的，但在他们的研究上却是高尚国际主义的。在经济史和通史的"比较"研究方面他们是领先的。他们罗列了各个国家和各个时代的社会工业现象，把它们作了这样的整理，以便阐明各现象彼此之间的关系；并对这些现象和可供参考的法学史结合起来加以研究。[①] 德国学派中少数成员的著作有夸张毛病，甚至对李嘉图学派的理论持有小心眼儿的轻视态度，而这种理论的要义和目的连他们自己也不懂。这就引起了许多无味的激烈争论。但这个学派的领导者几乎都没有这种偏狭心理。对他们和他们的国外同行在研究和解释经济习惯和经济制

① 这种卓越的研究，一部分也许应归因于对德国(正像对其他欧陆国家)的多种谋生门路的法律研究和经济研究的结合。瓦格纳对经济学的贡献就是其中一个显著的例子。

度的历史方面所进行的工作作出过高的估价,也许是困难的。它是我们时代最大的成就之一,是我们真实财富中的一项新的宝贵财富。它几乎比任何其他东西都能扩大我们的眼界,提高我们对自己的认识,帮助我们理解人类社会伦理生活和它所体现的那种神圣原则的演进。

他们把自己的注意集中在历史地探讨科学上,集中在把科学应用在德国社会政治生活条件特别是德国官僚政治的经济义务上。但是由于赫尔曼的卓越天才的指导,他们曾进行了精辟的理论分析工作,这种分析丰富了我们的知识,同时他们也大大地扩大了经济理论的范围。[①]

德国思想也促进了对社会主义和国家职能的研究。世人所知道的近代极其彻底的大多数倡议即为了社会的利益而几乎无偿地征用私有财产,正是来自德国学者,其中有些是犹太血统。的确,仔细研究以后,他们的著作不如初看起来那样深刻和卓具创见。但是它从它那辩证法妙术和优异的风格,以及有时从那渊博而被歪曲了的历史知识中,取得了巨大的力量。

除了革命的社会主义者以外,德国还有许多思想家,他们坚决认为,私有财产制度的现存形态缺乏历史根据;并根据许多科学和哲学的理由要求重新考虑和个人相对的社会权利。德国人民的政

① 在这方面,英国人、德国人、奥国人,和各个民族对自己成就的肯定比其他民族所愿承认的要多些。其所以如此,部分原因是由于各个民族在文化上都有它自己的优点,而外国人的著作却缺乏这些东西;同时它也不十分理解其他民族对它的缺点的那些责难。但主要的原因是,一种新思想的发展一般是循序渐进的,而且往往也是由几个民族同时提出的,其中每个民族多半都认为是自己的思想;这样,每个民族对其他民族的思想独创性动辄估计不足。

治军事制度，近来助长了他们那种比英国人依赖政府多依赖个人企业少的自然趋势。在有关社会改良的各种问题上，英德两国有许多值得互相学习。

但是在当代的各种历史知识和要求改良的热潮中，经济科学上一件困难而十分重要的工作有被忽略的危险。经济学的流行在某种程度上有忽略慎重而严密的推理的趋势。所谓科学的生物学观的抬头，有把经济规律和经济尺度的概念抛入幕后的倾向；仿佛这些概念太谨严死板，不适用于那种活的不断变化的经济有机体。但是生物学教导我们说，脊椎动物的机体是最发达的，现代经济组织是有脊椎的；而讨论它的科学也不应当是无脊椎的。它应当有使自己密切适应世界现实现象所需要的那种巧妙和敏感；但是它还必须具有一个仔细推理和分析的坚固脊椎支柱。

附录三[①]

经济学的范围和方法

第一节 统一的社会科学可望而不可即。孔德建议的价值，他的非难的弱点

有些人和孔德同样认为，人类社会行为任何有益的研究其范围和整个社会科学一样广泛。他们认为，社会生活各个方面的联系是如此密切，以致单独对其中任何一个方面加以研究必然是徒劳无益的；他们力劝经济学家放弃经济学研究，而专心致志共同发展统一的无所不包的社会科学。但是人类社会行为的范围太广太繁杂，是不能单独由一种科学加以分析和解释的。孔德自己和斯宾塞以无比的知识和卓越的天才曾从事于这一工作。他们以他们的广泛研究和建设性意见在思想上开辟了一个新纪元；但在统一的社会科学的建立上，他们甚至很难说是迈了第一步。

当卓越而性急的希腊天才家坚持寻求单一的基础以解释一切自然现象的时候，自然科学的进步很慢；而现代自然科学有了长足的进步，是由于它把广泛的问题分割成几个组成部分。无疑地，成

① 见第一篇，第二章。

为一切自然力的基础的统一性是存在的；但是在发现这种统一性的过程中所取得的任何进展，虽取决于对整个自然领域所作的偶然观测，也同样取决于由坚持不渝的专门研究所获得的知识。增加使后代有可能比我们更好地了解支配社会组织发展的那些因素的材料，需要同样耐心的细致的研究工作。

但另一方面，也必须完全承认孔德的看法，即使在自然科学方面，专门从事某一领域的人，也有责任和从事相近领域的人保持经常不断的接触。视线永不越出自己范围的那些专门家，往往把事务看得和实际不相称；他们所搜集的知识，大多用处较相对的不大；他们在一些旧问题的细节上绕圈子，而这些问题多数失去自己的意义，且为用新观点提出的新问题所代替；他们没得到各种科学上的进步通过比较周围现象所提出的真知灼见。因此，孔德的一大功绩是，他坚持认为社会现象的统一性必然使社会科学专家的研究工作甚至比自己科学专家的研究工作更加徒劳无益。穆勒在承认这点的同时，继续说："对其他事物一窍不通的人多半不是一个好经济学家，各种社会现象都在彼此交互作用着，如孤立起来，则不能加以正确的理解；但这绝不是说，社会物质工业现象本身不容作出有用的概括，而只是说，这些概括势必同一定的文明形态和一定的社会发展阶段相关的。"①

① 穆勒：《论孔德》，第 82 页。孔德对穆勒的攻击说明了这样一个准则，即：在讨论方法和范围方面，一个人当坚持他自己方法的有用性时，差不多总是对的，而当否认别人方法的有用性时，却差不多总是错的。美国、英国和其他国家目前对社会学的趋之若骛，认识到有必要来大力研究经济学及其他社会科学。但是社会学这一名词的使用也许为时过早：因为它似乎认为各种社会科学的统一业已在望。虽然在社会学的名义下曾经发表了一些有价值的深入的研究，但是那些协同的研究，除为我们的后代（他们对这种巨大工作的才智并不比我们差）创造条件，提供线索外，是否还取得任何其他巨大成就，是值得怀疑的。

第二节 经济学、物理学和生物学的方法

的确,经济学所讨论的种种因素在使用演绎法上具有一个有利条件,即它们的结合方法,正如穆勒所说,是机械的,而不是化学的。这就是说,当我们分别知道两种经济因素的作用时(例如,工资率的增加和某业工作困难程度的减少,将分别对该业劳动供给发生影响)我们就能够大致预料它们的联合作用,而无须等待它的出现。①

但即使在机械学上,冗繁的演绎推理也只能直接适用于实验室里所发生的现象。仅凭这些推理,还不足以处理参差不齐的材料和现实世界中各种因素错综而无常的结合。因此,它们必须补充以具体经验,并和不断研究新的材料与不断寻求新的归纳结合起来加以运用(而且它们往往居于次要地位)。例如,工程师可以相当精确地计算装甲舰在静水中失去稳定的角度;但是在他预料该舰在暴风雨中所要发生的情况以前,他将利用那些有经验的水手的观察,他们曾在日常海面上观察过它的动作;经济学所必须考虑的因素比机械力量的数目多,确定性少,且不易为人所觉察,同时性质上也更加不同;而它们对其发生作用的材料更变动不居,齐一性更小。此外,有些场合,其中经济因素的结合取化学上的随意

① 穆勒夸大了这种预断的可能程度;从而他特别强调经济学上的演绎法。参阅他《论文集》中的最后一篇论文;他的《逻辑学》,第六篇,特别是第九章;《自传》,第157—161页。像讨论各种经济方法的许多其他学者一样,他的实践不如他的理论那样极端。

性者多，而取机械上的纯规则性者少，这些场合既不是极其罕见的，也不是无关重要的。例如，某人的收入稍有增加，一般会使他在各方面多买些东西。但是收入增加很多，可能改变他的习惯，也许提高他的自尊心，使他完全不喜欢某些东西。一种时尚从上流社会传到下流社会，可以使它在上流社会中绝迹。其次，我们体恤贫民的心切，可以使我们滥发布施，也可以完全取消某些慈善形式。

最后，药剂师所研究的东西始终是不变的，而经济学像生物学一样，它所研究的东西，其本性内部结构和外形都是经常变化着的。药剂师的预断全部建立在这一暗设之上，即所用的试药是应有的试药，或至少其中的杂质可加以忽略。但即便是他，在处理人的时候，离开了具体经验，也很难有多大的进展。他主要依靠的是，告诉他新药对健康人的影响如何，以及对患有某种疾病的人的影响又如何；甚至在一般经验以后，他在该药对体质不同的人的作用方面，或在和其他药品新的配用方面，也可以发现料想不到的结果。

如果我们看一看像商业信贷与银行，职工会和合作社这样一些严重经济关系的历史，我们就知道，在某时某地大体上成功的经营方式(modes of working)，而在他时他地却完全失败了。这种区别有时可以仅仅归结为文化或道德和相互信赖的不同；但这种解释是较困难的。在某时某地人们将过于彼此信赖，并牺牲自己以求公共福利，但只在某些方面；而在他时他地将有同样的限制，但方向将有所不同；每次这样的变动使经济学上的推理范围受到限制。

就此刻而论，种族的易变性比个人的易变性更为重要。的确，个人性格的改变，一半出于任意，一半却按照常规。例如，参加劳资纠纷的工人的平均年龄在预测它所用的方式方面是一个重要的因素，这也是真的。但一般说来，因为年轻的和年老的，性情刚强的和性情沮丧的人，在某时某地和在他时他地约占有相同的比例，所以，个人性格上的特点和性格的改变，对于演绎法的一般运用比初看起来妨碍要小些。这样，通过对自然的耐心研究和分析上的进步，规律的作用便侵入到医疗学和经济学这两个新的领域来了；关于日益增加的各种因素的单独作用和共同作用的某种预测，不靠具体经验，也成为可能的人。

第三节　解释和预断是方向相反的同一过程。只有以全面分析为基础的对过去材料的解释才能作为将来的借鉴

可见，经济学上分析和演绎的作用，并不在于锻造几条推理的长链锁，而在于恰当地锻造许多短链锁和基本环节。但这也不是轻而易举的事。如果经济学家漫不经心地进行草率的推理，他就很容易使自己的研究工作处处都联系得很坏。他需要仔细利用分析和推理，因为只有借助于它们，他才能选择正确的材料，进行适当的分类，并使它们在思想上有参考价值，在实践上有指导作用；同时因为每次推理都必须建立在归纳的基础上面，所以，每个归纳过程势必包括分析和推理。换言之，解释过去和逆料未来并不是两件不同的事，而是同一件事的两个相反方面，一个是从结果到原

因，另一个是从原因到结果。希穆勒说得对，“要获得各个各别原因的知识，我们需要归纳法，它的最终结论不是别的，而只不过是演绎法所用的三段论法的倒置而已……归纳法和演绎法都建立在同样的趋势，同样的信念和同样需要我们的理性的基础上面。”

只有通过发现能够影响某事件的所有事件和其中各个事件独自影响的方式，我们才能全部说明该事件。如我们对其中任一事件或关系的分析不完全，如我们的解释有错误的倾向，则内在的推论已经向建立那种归纳发展，这种归纳虽似乎可以自圆其说，其实却是错误的。而如我们的知识和分析是完全的，则我们只要颠倒我们的思维过程，我们就能够推知未来，几乎像我们根据同样的知识对过去所能作的解释那样准确。只有当我们越过第一步的时候，预断的准确性和解释的准确性才有了很大的区别；因为在预断的第一步中所作的任何错误，在第二步中将有所积累和加剧；而在解释过去方面，错误多半不易积累起来；因为观察或有记载的历史在每一步中都可重新予以检查。归纳和演绎的同一过程在解释历史上的已知事件和预断未知事件方面，几乎可以同样地加以运用。[1]

因此，绝不能忘记，观察或历史虽然可以告诉我们一件事和另一件事是同时发生或连续发生的，但不能告诉我们第一件事是否为第二件事的原因。只有通过作用于材料的理性，才能求得答案。当人们说历史上某事件教导这点或那点时，该事件发生时所存在的全部情况是从未加以正视的。有些情况被暗地（如果不是无意

---

① 参阅穆勒：《逻辑学》，第六篇，第三章。

识地）假设成不相关的；这种假设在某特定场合可能是对的，但也可能不对。丰富的经验和较仔细的研究可以证明，被认为引起这一事件的那些原因，如无外援，或许不会造成那一事件；甚至也许证明，这些原因阻碍了该事件的发生，而它是由遗漏了的其他原因产生的。

这种困难在关于我国当代事件的最近争论中表现得十分突出。每当从这些事件作出有反对意见的结论时，它须付诸公决；不同的解释提出来了；新材料被发现了；旧材料被审查和重新整理了，而在某些场合还支持最初从它们所作的那种相反的结论。

分析上的困难和对分析的需要，因没有两个经济事件在各方面都完全相同这一事实而增加。当然，两个单纯事件尽管十分相似，如两个农场的租佃条件尽管由几乎相同的原因所决定；交给咨询委员会的两个工资案件尽管可以提出大致相同的问题；但是，即使小规模的完全重复也是不存在的。不论两个事例如何相似，我们必须决定，二者之间的区别是否因实际上无关重要而可以忽略；而这也许是不很容易的，即使这两个事例所指的是同一个时间和同一个地方。

如果我们讨论的是古代材料，我们就必须考虑到同时涉及经济生活全部性质的那些变化；不论现在的问题和历史上所载的另一个问题在外貌上如何相似，很可能，进一步研究会发现它们在本质上有根本的区别。除非这样，从前者到后者不可能作出有效的论证。

第四节　借助于常识往往能作广泛的分析，但它发现不明的原因特别是原因之原因却是罕见的。科学机器的职能

这就使我们来考虑经济学和古代材料的关系了。

经济史的研究有各种不同的目的，从而也相应地有各种不同的方法。当作通史的一个分支，它的目的也许在于帮助我们理解“各个时期所曾有的社会组织，各社会阶段的结构及其相互关系”；它也许要问“什么是社会生活的物质基础；生活必需品和生活方便品如何生产；什么组织提供并指导劳动；从而所生产的商品如何分配；什么是以此为基础的制度和分配”等等。[①]

这种工作虽然本身是饶有趣味的、重要的，但它不需要大量的分析；一个勤而好学的人可以为自己提供大部分所需要的东西。深通宗教伦理、文化艺术和社会政治状况的经济史家可以扩大我们的知识范围，提出宝贵的新见解，即使他满足于观察那些靠近表面的近似现象和因果关系。

但是，不知不觉地他的目的势必超过这些范围，并企图发现经济史的底蕴，揭示风俗兴败的秘密，并解释那些不再认为是自然所赋与的难以解释的其他现象。对于借鉴过去以指导现在，他多半也不加规避。的确，人类理智不喜欢在它所遇见的那些事件的因果关系的概念中留有空白。仅仅通过按一定顺序整理材料并有意

① 艾希利:《论经济史的研究》。

无意地提防因果倒置，经济史家就担负了向导的责任。

例如，英国北部实行了按固定货币地租的长期租佃，接着农业和当地居民的一般状况就有了很大的改善；但是，在推断它是这种改善的唯一甚或主要的原因以前，我们必须研究同时还发生了哪些别的变化。以及这种改善在多大程度上是由于其中的各个变化。例如，我们必须斟酌农产品价格的变动和边陲社会秩序确立的影响。这就需要谨慎和科学方法；除非这样，就不可能作出关于长期租佃制的一般趋势的可靠结论。即使这样，我们也不能根据这种经验主张在，比方说，爱尔兰现在实行长期租佃制，而不考虑各种农产品的国内市场和国外市场的质的区别，以及金银产销方面的可能变动等等。土地使用的历史充满着好古趣味；除非借助于经济理论对它加以仔细的分析和解释，它就不可能很好地说明什么是各国现在成应采用的最好的土地使用形式这一问题。例如，有的人认为，因为原始社会通常都共同占有土地，所以，土地私有制显然是一种人为的过渡制度，有的人同样自信地认为，因为土地私有制随着文明的进步而扩大了它的范围，所以，它是未来进步的必要条件。但是，要想从历史汲取关于这个问题的真正教益，就需要分析过去共同占有土地的种种影响，以便发现其中各种影响在多大程度上始终保持同一作用，在多大程度上因人类习惯、知识、财富和社会组织的改变而有所改变。

工业、国内贸易和对外贸易方面的行会与其他同业会社和团体的那些声明（即他们利用他们的全部特权以求公众福利）的历史，甚至是更饶有趣味而富于教益的。但是，要对这个问题作出完全的判断，尤其是要以它作为我们现在的借鉴，就不仅需要老练历

史家的丰富知识和机警的直觉，而且还需要掌握有关垄断、对外贸易和租税归宿等方面的许多极其困难的分析和理论。

而如果经济史家的目的是在于发现世界经济秩序的动力，是在于取法过去以指导现在，他就应当利用有助于他去粗取精、去伪存真的各种方法；他就应当找出各种事件的真正原因，并使之占有适当的地位；尤其要找出动变的原因。

试以海事观之，使用陈旧武器的战斗详情也许对那时代的通史学者具有很大的兴趣；但它们对今日的海军指挥却没有多大的指导意义，因为他所必须应付的是性质完全不同的战争。因此，正如马汗上尉所说，今日的海军指挥对过去的战略比战术将更加注意，他并不十分关心各个具体战役的细节，而关心的是那些基本作战原则的实际运用，这些原则使他能统帅全军，而各部队仍不失应有的主动性；保持广泛的交通，而仍能迅速集中，并以优势兵力突破一点。

同样地，深通某时期通史的人，可以生动地描绘某战役中所用的战术，而这种描绘在其主要轮廓方面是真的，即使有时错了，也无妨大体；因为武器已经过时，人们多半是不会抄袭战术的。但是，要了解一个战役的战略，要区别过去某大将的真正动机和表面动机，他自己必须是一个战略家。而如果他负责提出（不论如何谦逊）今日战略家从他所记载的战役所必须受到的一些教益；那么，他对今日和往昔的海军状况势必作了详尽的分析；他对许多国家中研究困难战略问题的人的著作对他的帮助决然不能加以忽视。海军史是这样，经济史也是这样。

只是在最近，而且多半由于历史学派批判的有益影响，经济学上的一种区别始为人所注目，这种区别相当于战争中战略与战术的区别。相当于战术的是经济组织的外部形态和偶然事件，它们取决于暂时的或当地的倾向、风俗和阶级关系；取决于个人的影响；或取决于生产资料。而相当于战略的是经济组织的比较根本的本质，它主要取决于人人所具有的欲望的活动、偏好和嫌厌。的确，它们在形式上既不是始终如一，在本质上甚至也不十分相同；但是，它们具有永恒性和普遍性的因素，足以使它们在某种程度上加以概括，借助于这种概括，某时某代的经验可以说明他时他代的困难。

这种区别与经济学上运用机械学和生物学举例的区别相似。十九世纪初期的经济学家对它没有充分的认识。李嘉图的著作也显然缺乏这种区别。当人们没有注意他的研究方法中所含的原理而只注意他所作的具体结论时；当这些结论被变成教条并生硬地运用于与他不同的时间地点时，无疑地，它们的为害很大。他的思想像锋利的凿一样，不小心就很容易割手，因为它们的柄十分笨拙。

但现代经济学家在去其糟粕、取其精华、反对教条、发展分析和推理的原理时，却发现了一中有多和多中有一。例如，他们知道，他分析地租的原理，对许多今日通常叫做地租的东西和中世纪历史家往往不正确地描述为地租的绝大部分东西是不适用的。但地租原理的运用范围是在扩大，而不是在缩小。因为经济学家也知道，只要谨慎小心，它可以适用于各个文明阶段初看起来似乎完全不像地租的许多东西。

当然，战略家是不能忽视战术的。虽然人的寿命有限，不能对他同经济困难所作的各次搏斗中的战术加以详细的研究，但是，除

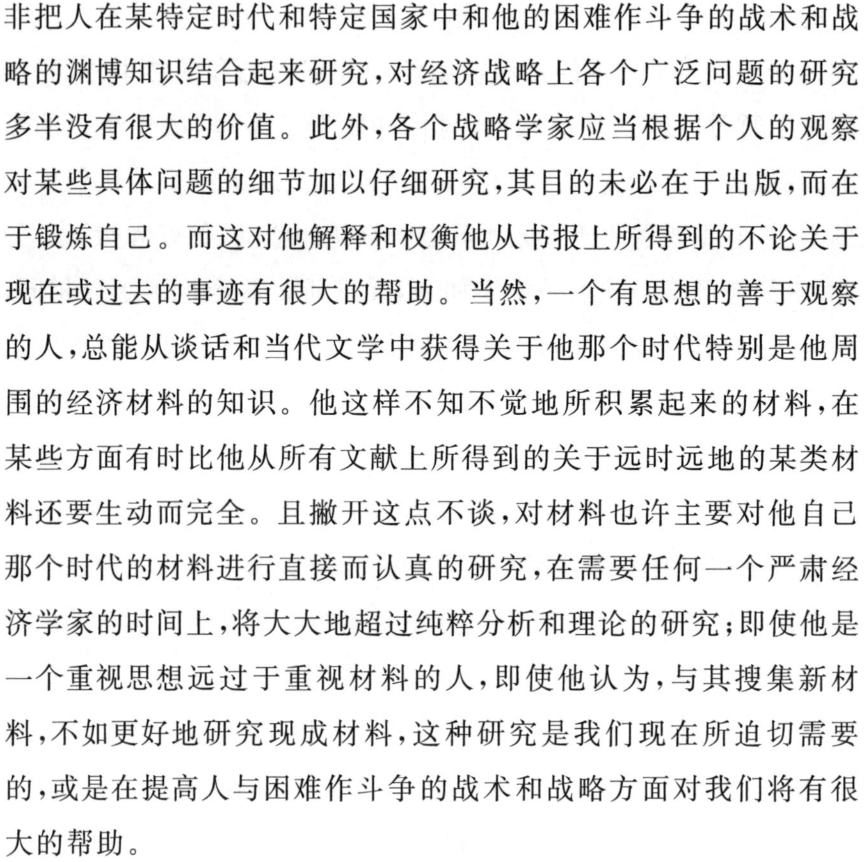

非把人在某特定时代和特定国家中和他的困难作斗争的战术和战略的渊博知识结合起来研究，对经济战略上各个广泛问题的研究多半没有很大的价值。此外，各个战略学家应当根据个人的观察对某些具体问题的细节加以仔细研究，其目的未必在于出版，而在于锻炼自己。而这对他解释和权衡他从书报上所得到的不论关于现在或过去的事迹有很大的帮助。当然，一个有思想的善于观察的人，总能从谈话和当代文学中获得关于他那个时代特别是他周围的经济材料的知识。他这样不知不觉地所积累起来的材料，在某些方面有时比他从所有文献上所得到的关于远时远地的某类材料还要生动而完全。且撇开这点不谈，对材料也许主要对他自己那个时代的材料进行直接而认真的研究，在需要任何一个严肃经济学家的时间上，将大大地超过纯粹分析和理论的研究；即使他是一个重视思想远过于重视材料的人，即使他认为，与其搜集新材料，不如更好地研究现成材料，这种研究是我们现在所迫切需要的，或是在提高人与困难作斗争的战术和战略方面对我们将有很大的帮助。

第五节　续前

诚然无疑，许多这样的工作需要细致的科学方法者少，而需要机智、分寸感和丰富的生活经验者多。但另一方面，许多工作，如没有这种机器，是不易完成的。自然本能将正确地选择并适当地综合与所述问题有关的那些事项；但它主要从所熟悉的事物中加以选择；它很少使人洞见他个人经验的底蕴，或远远超出这种经验的范围之外。

已知原因的那些结果和已知结果的那些极其明显的原因一般都不是最重要的,这在经济学上也是有的。“看不见的东西”比“看得见的东西”往往更加值得研究。如果我们并不是正在讨论仅仅具有局部兴趣或暂时兴趣的某一问题,而是在制定谋求公众福利的长远政策方面寻求指导;或如果我们由于某种别的原因考虑直接原因少,而考虑原因的原因多,则情形尤其是这样。因为经验表明,常识和机智,如所预期的那样,是不足以胜任这种工作的;即使实际锻炼也往往不能使人摸清超出他的直接经验范围以外的那些原因的原因;即使他想这样做,那也往往不会使他成功。为了做到这一点,各人都得求助于历代所逐渐积累起来的思想和知识这一强有力的机器。因为有系统的科学推理在生产知识中所起的作用的确像机器在生产货物中所起的作用一样。

当同一种操作必须用相同的方法重复进行的时候,制造一架机器来做这种工作一般是有利的。纵令工作细节上的变化是如此变动不居,以致使用机器不利,货物必须用手工生产。在知识方面也一样,如有任何研究或推理的过程,其中同一种工作必须用相同的方法重复进行,则把过程化成体系,组织推理方法,并制定一般命题,以便用作材料加工的机器和在工作位置上牢牢夹住它们的一把钳子,是值得的。纵或经济原因和其他原因的交错是如此纷繁,以致精确的科学推理对我们所寻求的结论很少有巨大的帮助,但是,在它所能达到的范围内,不利用它的帮助,却是愚蠢的。这和科学万能、实践才能和常识将无用武之地这一极端相反的假设,是同样愚蠢的。不论某建筑家具有多么丰富的机械学知识,如果他的常识不丰富、审美观念不发达，则他只能建筑一所很不雅观的房子；而一个不懂机械学的人，他的建筑不是不稳固，就是在施工过程中有所浪费。没有受过高等教育的布林德利，也许比一个机智较差但受过很好训练的人在某种工程上做得更好；一个聪明的护士，一看她的病人，也许比一个有学问的医生在某些方面提出较好的诊断；但是，工程师却不应当忽视理论机械学的研究，医生也不应当忽视生理学的研究。

因为才智和手艺一样，是与其所有者共生共灭的。但各代对工业机械或科学工具的改进却传于后一代。现在也许没有一个雕刻师比修建巴特农神殿的雕刻师更加能干，没有一个思想家比亚里士多德更富有理智。但思想工具的发展像物质生产工具的发展一样，是累进的。

不论科学艺术思想或实用工具中所体现的思想，都是历代相承的最"真实的"遗产。如果世界物质财富遭到破坏，而这种财富由以制造的思想却被保留下来，则它会很快地得到补偿。但是如果所丧失的是思想，而不是物质财富，则这种财富会逐渐消失，世界复归于贫困状态。如果我们丧失了对纯事实材料的绝大部分知识，而保留了建设性的思想观念，则我们会很快地重新获得这种知识；而如果思想消灭了，则世界势必复归于黑暗时代。可见，追求思想比搜集材料，从严格意义来说并不是不"真实的"工作；虽然搜集材料在某些场合可以适当地用德语叫做实际研究（real Studium），也就是说，特别宜于实科学校（real Schulen）的那种研究。经济学广大领域中的任何部门的研究，其中搜集材料和把材料联系起来的分析与构思都配合成这样的比例，而这种比例被认为最能增进知识和促进该特殊部门的发展，这种研究，从严格使用这个字的意义来说，才是最“真实的”。至于什么是这样的比例，却不能随便决定，而只能由潜心的研究和具体经验加以解决。

第六节　续前

经济学所取得的进步比任何别的社会科学都要大，因为它比其他社会科学更加精确。但是，经济学范围的每次扩大，总会使这种科学精确性受到损失。而这种损失究竟大于或小于因范围扩大而来的利益这一问题，是不能呆板决定的。

有很大的争论范围，其中经济问题具有很大的但不是唯一的重要性；每一个经济学家都有权合理地给自己决定，他在该范围内将探索多远。他离开他的据点愈远，而对那些不能在某种程度上至少可以纳入科学方法的生活条件和行为动机考虑得愈多，则他所能议论的信心也就愈小。不论什么时候，他从事于生活条件和动机的研究，而它们的表现又不能化成确定的标准，他绝不能借助于古今国内外其他学者的观察和思想；他必须主要依靠他自己的直觉和推测；他必须以个人判断所具有的那种谦逊态度说话。但是，如果深入到社会研究的偏僻领域时，他谨慎地进行自己的工作，并完全认识到他的研究工作的局限性，则他将会作出极大的贡献。[①]

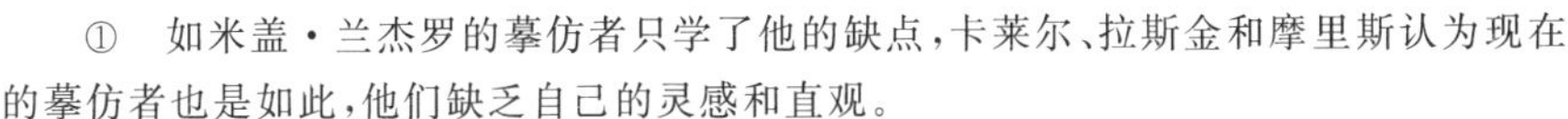

① 如米盖·兰杰罗的摹仿者只学了他的缺点，卡莱尔、拉斯金和摩里斯认为现在的摹仿者也是如此，他们缺乏自己的灵感和直观。

附录四[①]

抽象推理在经济学中的运用

第一节 经济学中没有进行一长串演绎推理的余地。数学所提供的服务的性质及其局限性

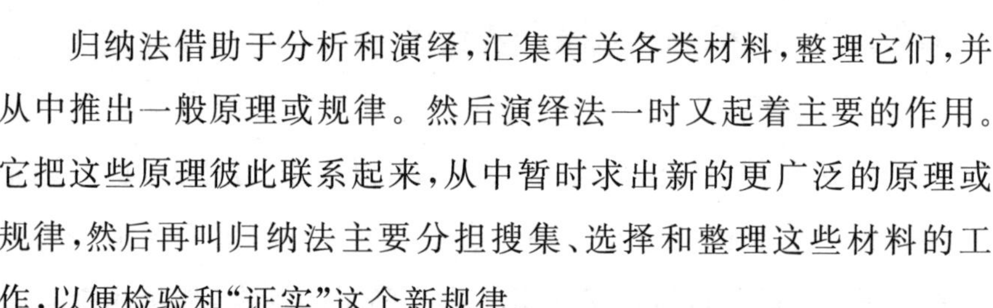

归纳法借助于分析和演绎，汇集有关各类材料，整理它们，并从中推出一般原理或规律。然后演绎法一时又起着主要的作用。它把这些原理彼此联系起来，从中暂时求出新的更广泛的原理或规律，然后再叫归纳法主要分担搜集、选择和整理这些材料的工作，以便检验和“证实”这个新规律。

很显然，经济学上是没有进行一长串演绎推理的余地的。经济学家甚至像李嘉图也没有做过这样的尝试。经济研究中经常使用数学公式，初看起来似乎主张与此相反的东西；但是，经过研究之后，我们发现这种主张是虚妄的，也许除了某理论数学家为了数学游戏而使用经济学假设的场合，因为那时他所关注的是，根据经济研究已提供了宜于使用数学方法的材料这一假设来证明这种方

① 见第一篇，第三章。

法的潜力。他对这种材料不负技术上的责任，而且往往不知道这种材料是如何不足以承担他那强大机器的压力。但数学上的熏陶有助于运用极其简练的语言来清楚地表述经济学推理的某些一般关系和某些简短的过程，而这些虽然能用日常语言表述，但表述得不能同样轮廓分明。尤其重要的是，用数学方法处理物理学问题中的经验使我们对经济变动的交互作用的理解，比用任何其他方法所得到的理解更加深刻。直接运用数学推理去发现经济学真理，近来在大数学家手里对研究统计平均数和机遇率以及衡量相关统计表的一致程度都提供了很大的帮助。

第二节　独立思考是科学工作中的主要力量；它的作用并不在于提出抽象的假设，而在于使广大范围内发生作用的现实经济力量的错综影响相联起来

如果我们闭目不见现实，我们可以用想象来建造一所水晶大厦，它将间接说明现实问题；并且对那些全然没有像我们所遭遇的经济问题的人来说也许饶有趣味。这种游戏往往有意料不到的价值。它启发心灵，并且似乎只能带来好处，如果清楚了解它的目的的话。

例如，货币在经济学中所占的支配地位来自它是动机的尺度而非努力的目的这一论断，可以由下述假想加以说明，即货币充作动机尺度的这种专门用途可以说是一个偶然现象，也许是我们世界中所特有的偶然现象。当我们要引诱某人给我们做事的时候，

我们一般都给他钱。的确，我们可以诉诸他的慷慨或责任感；但这就要引动那已有的潜在动机，而不是补充新动机。如果我们必须补充一个新动机，我们一般要考虑恰恰使他值得做某事需要货币若干。诚然有时充作行动引诱的感恩、尊敬或荣誉可以表现为一个新动机，尤其是它如果能凝成一定的具体形象；例如，像有权使用学士字样，或佩戴星勋章或爵士最高勋章。这些荣誉是比较罕见的，而且也只和少数事件相关的；它们不会充作支配人在日常行动中的那些普通动机的尺度。但是，政治上的功绩通常都以这些荣誉嘉奖，很少用别的方式。这样，我们就逐渐习惯于用荣誉而不用货币来衡量它们。比如我们假定某甲为他的党或国家利益的效劳，按照情形，适当地酬以骑士身份，而这种身份对某乙的报劳却显然不足，因为他已获得了男爵身份。

很可能，也许有些世界，其中没有人听说过物质东西或一般所理解的财富的私有制；各种善行都按等级表授予荣誉。如果这些荣誉不通过外力的干涉而能彼此转让，则它们可以充作动机力量的尺度，如同货币对我们那样方便和精确。在这个世界中，尽管很少提到物质东西，也完全不提到货币，也可以出现和我们现在相似的经济理论著作。

坚持这点，看来似乎是无足轻重的，但情况并不如此。因为在人们的心中就经济学上占支配地位的动机尺度和极端重视物质财富而忽略其他更高尚的目的这两件事情，产生了错误的联想。衡量经济动机的尺度所需要的仅有条件是，它应当是某种确定的可以转让的东西。它采取一种物质形态实际上是方便的，但不是必要的。

第三节　续前

从事抽象，如限制于适当的范围，则是一件好事。经济学所讨论的那些人类经济动机的广度曾被英国和其他国家的某些经济学家作了过低的估计；而德国经济学家对它的强调却是一种贡献。但他们似乎误认为英国经济学的鼻祖也忽略了它。殊不知留有很大余地让读者的常识去补充是英国人的一种习惯；在这种场合，过分保持缄默会经常引起国内和国外的误解。这种缄默也曾使人们认为经济学的基础比它们实际上所具有的还要狭隘，和现实生活的联系还更不密切。

例如，人们过分注意了穆勒的这一论点即，“政治经济学把人看作是专门从事于获得财富并消费财富的人”(《论文集》第138页，《论理学》，第六篇，第九章，第三节)。但所忘却的是，他在那里是就抽象地讨论经济问题来说的，这种抽象讨论他曾一度设想过，但从未实现，而宁愿著述《政治经济学及其对社会哲学的某些应用》一书。也遗忘的是，他继续说道，“一个人的一生中，既不受除了追求财富以外的任何动机的直接影响也不受它的间接影响的行动，也许是没有的”；其次遗忘的是，在讨论经济问题的过程中，他经常考虑到追求财富以外的许多动机(见以上附录二，第七节)。不过，他对经济动机的讨论，不论在本质上或方法上，都不及他当时的德国经济学家，尤其是赫尔曼。在克尼斯的《政治经济学》第三章第三节中有这样一个具有启发性的论点，即不能购买的不能衡量的愉快因时代的不同而不同，且有随着文明的进步而增加的

趋势;英国读者可以参阅塞姆所著的《工业科学大纲》。

这里似乎有必要指出瓦格纳的巨著第三版中关于经济动机分析的主要项目。他把经济动机分为利己动机和利他动机两类。利己动机有四:第一个也是经常起作用的动机是争取个人的经济利益和畏惧个人的经济困难。其次是畏惧惩罚和希望报酬。第三是荣誉感和争取承认,其中包括希求他人的赏识,以及畏惧羞耻和轻蔑。最后一个利己动机是,贪求职业和活动的乐趣;以及工作本身及其环境的舒适,其中包括“行猎的快乐”。利他动机是“内心命令善行的冲动力和责任感的压力,以及畏惧个人内心的谴责,也就是说,畏惧良心的谴责。在它的纯粹形态上,这个动机表现为‘绝对命令’,人之遵从它是因为人在内心感觉有照这样或那样的方式行事的命令,并且感觉这种命令是对的……遵从这种命令无疑会产生快感,而违反这种命令则感到苦痛。这些感觉在驱使我们或参加驱使他们继续或停止行动方面,往往有和无上命令同样强烈的作用,甚或有过之而无不及。就这点而论,这个动机本身也具有利己因素,或至少使它消融成一体”。

附录五[①]

资本的诸定义

第一节　产业资本不包括雇佣劳动的全部财富

第二篇第四章中说过，经济学家对于资本一词的用法，除了遵从一般商业上的习惯(即商业资本)是别无他法的。虽然这种用法的缺点很多，也很明显。例如，它迫使我们把游艇看成是资本，而不把游艇制造者的车看成是资本。因此，如果他过去一直是常年租车，而不是零星租车，把一只游艇售予过去一直租游艇的制车商，并买了一辆车以供自己使用；则结果是，本国的资本总额有所减少，减少之数为一只游艇和一辆车。虽然没有东西遭到破坏，虽然储蓄品仍旧相同，它们本身对当事人和社会带来和以前相同的甚或更大的利益。

这里我们也不能利用资本因其具有雇佣劳动的特别力量而区别于其他财富形式的这一概念。因为事实上当游艇和车在商人手中，从而算作资本的时候，比它们在私人手中，不算作资本的时候，

① 见本书上卷第二篇第四章第七节最后的注。

对劳动的雇佣将有所减少，减少之数等于划船和驾车的劳动。以饮食店和面包房（那里所有的设备都算作资本）来代替私人厨房（那里没有东西算作资本），对劳动的雇用不会增加，而只会减少。在企业雇主下，工人也许可能享有更多的个人自由，但他们所得到的物质福利和工资相对于他们所做的工作却比在私人雇主的松散制度下要少些。

但是，一般都忽略了这些不利条件；几种原因结合起来就使得资本的这种用法风行一时。其中的一个原因是，私人雇主和受雇人之间的关系，很少涉及企业主和工人之间或普通所谓劳资双方之间在战略和战术上的冲突行动。这点曾为马克思和他的信徒所强调。他们公开使资本的定义以此为转移；他们断言，只有那种生产资料才是资本，这种生产资料是由某人（或某群人）所占有，一般通过雇用第三者的劳动，而用于生产他人所享用的东西；从而生产资料所有者有机会掠夺或剥削别人。

其次，资本一词的这种用法，在货币市场上和在劳动市场上都是便利的。商业资本通常是与信贷联系着的。如果人能看见运用资本的好机会，则他毫不犹豫地进行借款，以便增加他所支配的资本。为此他能通过一般商业手续提出他自己的商业资本作为担保，比提出他的用具或私人车辆更加简便易行。最后，某人仔细地计算他的商业资本账目，他当然酌加折旧，从而使自己的资本不动。自然一直常年租车的人能用铁路股票的售价购买一辆车，而这种股票的利息比他所付的车租要少得多。如果他把年收入积累到车被用坏的时候，则这种收入将能给他购买一辆新车，而绰绰有余。这样，他的总资本因这种变动而必将有所增加。但是，他也许不这样做，如果该车为商人所有，则他可以通过一般商业行径对它提供补偿。

第二节　关于两种主要性质即预见性和生产性的相对重要性的争论之无谓

让我们从社会的观点来看资本的定义。已经指出，唯一严格的逻辑立场是大多数用数学阐明经济学的那些著作家所采取的立场，它把“社会资本”和“社会财富”等同起来；虽然这种方法使他们失去一个有用的术语。但是，不论某学者在开头采取什么定义，他发觉他包含在那个定义中的各种因素以不同的方式进入他所必须处理的各个相连问题之中。因此，如果他的定义以精确自命，则他势必用解释各资本要素和所述问题的关系来补充这个定义；而这种解释在本质上和其他学者的解释十分相似。从而，最后结果趋于一致；而读者不管经由什么途径都可以达到十分相同的结论，虽然要看出潜藏在形式和措辞上的差异的底里的本质上的统一，也许比较费事。开头的分歧原来却比所想象的害处要小些。

此外，尽管措辞不同，而各代和各国的经济学家对资本所下的定义却是一脉相承的。的确，有些经济学家侧重资本的“生产性”，而有些经济学家则侧重资本的“预见性”，这两个术语都不是完全精确的，都没有指出严密的分界线。虽然这些缺点是精确分类的致命伤，但那只是次要的问题。关于人类行为的事物，是从来不能根据任何科学原理加以精确的分类的。纳入一定类别而为警官或关税员司参考的那些东西可以制定精确的表，但这种表也显然是人为的。我们应该慎重保存的是经济传统的精神，而不是它的字句。如我们在第二篇第四章的末尾所指出的，没有一个聪明的学者曾遗忘了生产性方面，或预见性方面。但有的人着重讨论了某一方面，而别的人却着重讨论了另一方面。不论在哪方面要划一条确定的分界线是有困难的。

那么我们看一看把资本当作人类劳作和牺牲的结果，并主要用于获得将来利益（而非现在利益）的各种东西的蓄积这一概念。这个概念本身是明确的，但它不能使我们作出确定的分类；如同长度的概念是明确的，但除了用任意一个界尺不能使我们划分长墙与短墙一样。当野蛮人收集树枝以保护他过夜的时候，他表现了某种预见性。如他用木杆和兽皮搭了一个帐篷，则他所表现的预见性更多，如他建造了一个小木屋，则他所表现的预见性越更多。当文明人用坚固的砖房或石房代替小木屋的时候，他表现了日益增加的预见性。不论什么地方都可以划出一条线以区别那些东西，它们的生产是为了未来的满足而不是为了现在的满足。但这种界线也是人为的、不稳固的。寻求这样一条线的那些人们，发现他们的地位不稳固，除非他们把全部积累财富当作资本包括进去，他们就不能达到一个稳固的立足点。

这个合乎逻辑的结果是由许多法国经济学家得到的；他们沿着重农学派所指示的方向，运用资本（capital）一词以包括全部积累财富，亦即生产超过消费的总差额，这种用法同亚当·斯密和他的直接继承者运用股本（stock）一词的意义大致相仿。虽然近几年以来，他们有一种从狭义的英国意义使用资本一词的显著趋势，但同时德国和英国有些渊博的思想家却沿用从前广义的法国定

义。这点特别显著地表现在那些学者身上，他们和杜阁一样，喜欢运用数学的思想方法；其中最著名的是赫尔曼、杰文斯、瓦尔拉和帕累托与费希尔教授。费希尔教授的著作立论精辟，见解丰富，赞成资本一词的广泛定义。从抽象的数学观点来看，他的论点是无可争辩的。但他似乎很少考虑到那种合乎市场用语的现实讨论的必要性；也似乎忽略了白哲特的警告“以固定使用的有限词汇来表示复杂事物的不同意义”。①

第三节　续前

不论在英国或其他国家，给资本下一个严格的定义时大多侧重于它的生产力方面，而对资本的预见性却比较忽视。他们把社会资本看成是生产手段或生产资料的蓄积。但这个一般概念却有不同的解释。

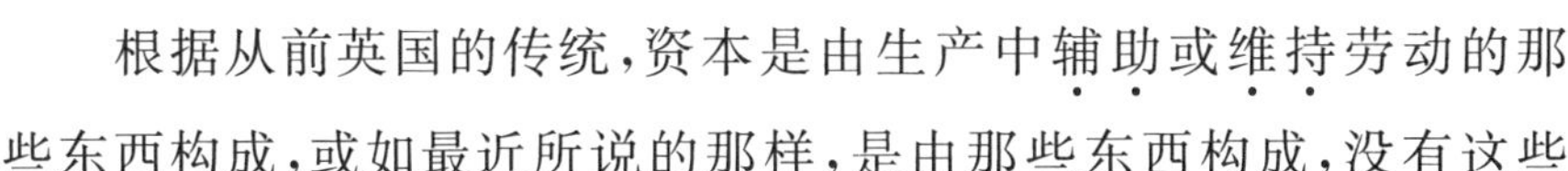

根据从前英国的传统，资本是由生产中辅助或维持劳动的那些东西构成，或如最近所说的那样，是由那些东西构成，没有这些

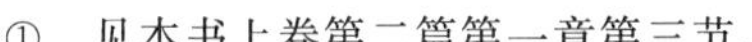

① 见本书上卷第二篇第一章第三节。

赫尔曼说(《政治经济学研究》，第三、五章)，资本是“由有交换价值的作为满足的不断源泉的那些财货构成的”。瓦尔拉(《政治经济学原理》，第 197 页)给资本下的定义是：“完全不被消费的，或消费很慢的各种社会财富；数量有限的，经过初次使用而尚存的各种使用价值；一句话，它可以使用一次以上，如一所房屋、一件家具。”

克尼斯给资本下的定义是“准备用于满足未来需求的那些现有的财货量”，尼科尔森教授说，“亚当·斯密所提出的，而为克尼斯所发展了的那种思想，结果导致这样的结论：资本是为了直接或间接满足未来需要而被分开的财富。”但是整个句子，特别是“被分开”一语，似乎有欠明确，似乎是回避问题的困难，而不是克服这种困难。

东西生产不能以相同的效率进行，但它们不是自然恩赐品。正是根据这种观点，才作了上述消费资本与辅助资本的区别。

对资本的这种看法，是由劳动市场上的事务提供的。但它从来都不是完全一致的。因为它把雇主直接或间接提供的支付工人劳动的各种东西工资资本或所谓报酬资本都算作资本；但是没有包括他们自己或建筑家、工程师和其他自由职业者维持生活所需要的任何东西。而要求得一致，它必须包括各类劳动者维持效率所需要的必需品；并排弃体力劳动阶级和其他劳动者的奢侈品。不过，如果过去达到了这个合乎逻辑的结论，则它在讨论劳资关系中也许会起着较不显著的作用。①

但在某些国家，特别是在德国和奥国，有把资本（从社会观点来看的资本）局限于辅助资本或工具资本的一种趋势。论点是，为了使生产和消费截然分开，凡不直接进入消费的东西，都应该看成是一种生产手段。但是，为什么不应该以二重资格看待一种东西，

① 下面是亚当·斯密的英国门徒给资本下的一些主要定义。李嘉图说："资本是在生产中使用的，由实现劳动所必要的食物、衣着、工具、原料和机器等构成的那部分财富。"马尔萨斯说，"资本是一个国家在生产和分配财富中，为了获利而保有或使用的那部分财货。"西尼尔说："资本是在财富的生产或分配中所使用的作为人类劳动成果的一件物品。"约翰·斯图亚特·穆勒说："资本对生产的功用是提供生产所需要的厂房、工具和原料，并在生产过程中养活或维持工人。凡用于此项目的者皆是资本。"在讨论工资基金学说时，我们还要考察资本这个概念；见附录十。

如赫耳德所说，十八世纪初期所突出的那些实际问题使人们产生了这种资本概念。人们坚信，工人阶级的福利取决于预贮的雇用手段和食物，并且急于强调在保护制度和旧恤贫法的荒唐措施下企图人为地使他们就业的那种危险性。在凯南那异趣横生的《生产和分配》一书中，赫耳德的观点得到了进一步的发展：虽然早期经济学家们（1776—1848）的某些言论似乎比凯南对它们的解释能有更合理的其他解释。

看来似乎是没有适当理由的。[①]

其次一个论点是，有些东西对人所提供的服务不是直接的，而是通过它们在生产供人使用的其他东西中所起的作用来服务的，这些东西形成严整的一类；因为它们的价值是从它们帮助生产的那些东西的价值中来的。给这一类东西命名固然有许多话可说，但是，它是否可以叫做资本，是值得怀疑的；它是否像乍看起来那样严整，也是值得怀疑的。

例如，我们可以给工具品下定义，使它包括电车及其他东西，它们从它们给人提供的服务中获得自己的价值；或者我们沿用生产劳动的旧概念，从而认为只有那些东西才可以看作是工具品，它们的劳务直接体现在物品上。前一个定义使该术语的这种用法和上节所述的用法颇为接近，都有含混不清的缺点；后一个定义稍微比较明确，但似乎作了一种本来不存在的人为区别，和生产劳动的旧定义一样，不适合于科学之用。

结论是：从抽象的观点来看，费希尔教授和其他学者所主张的法国定义，立于不败之地。某人的上衣是过去劳作与牺牲的蓄积，是专供给他提供未来满足的一种手段，正如工厂一样：二者都能给他直接遮蔽风雨。但是如果我们寻求一个与市场相合的现实经济学的定义，那么，必须仔细考虑市场上认为资本，但不属于中间品范围的那些东西的总量。倘有怀疑，最好是依据传统。由于这些考虑，使我们从企业和社会观点给资本下了一个上面所述的二重

① 关于与此意相同的论证和对整个问题的困难的彻底讨论，参阅瓦格纳：《基础》，第3版，第315—316页。

定义。①

①　见第二篇，第四章，第一、五节。资本生产性和资本需求的关联，以及资本预见性和资本供给的关联，早就为人所察觉；但它多为其他考虑所掩盖，许多这些考虑，现在看来似乎是建立在错误观念的基础上。有的学者比较注重资本的供给，而有的学者却比较注重资本的需求。不过他们的区别往往不全是着重点的区别。注重资本生产力的那些学者，对人们不愿储蓄和牺牲现在以成全将来的这一事实，并不是熟视无睹，充耳不闻的。而相反地，注重延期所引起的那种牺牲的性质和程度的那些学者，把生产工具的储藏使人类满足其需要的能力大大增加这一事实看作是自明的。总之，没有理由来使人相信，庞巴维克教授对资本和利息的"纯生产力理论"、"效用理论"等的叙述，会被前辈经济学家当作公正而全面的提法接受下来。他似乎也没有找到一个明确而一致的定义。他说，"社会资本是一堆用来进行生产的产品，或简单地说，是一堆中间品"。他本来不包括(第一篇，第六章)"住宅和各种直接用于娱乐，教育与文化的其他建筑物"。为求一致起见，他必须不包括旅馆、客轮、火车等等，甚至也不包括供应私人住宅电力的发电厂；但那就会使资本这一概念丧失全部实际意义。包括电车，而不包括戏院，似乎是没有适当理由的，那也不会成为包括生产手织物的工厂，而不包括生产花边的工厂的理由。在回答这种反对意见时，他理直气壮地说，经济学上的各种分类必须在两类之间留有一条界线，以包括那些部分地属于其中每一类的东西。但是对他的定义的责难是在于，它的界线和它所划定的范围相比是宽得太不相称了；它完全违背了市场的习惯；它不像法国的定义那样，含有完全一致而相互关联的抽象思想。

附录六[①]

物物交换

在物物交换中，市场交易的不稳定性比使用货币的地方大；部分原因是由于某人一般地能够以货币形式付出或收回一定量（非一定的百分比）价值，而不会大大地改变货币对他的边际效用，而以单一商品的形式则不然

让我们考虑两个人进行物物交换的那种场合。假如甲有苹果一篮，乙有胡桃一篓；甲需要一些胡桃，乙需要一些苹果。乙从一个苹果所得到的满足也许超过他割让十二个胡桃所失去的满足。而甲也许从三个胡桃所得到的满足超过他割让一个苹果所失去的满足。交换将在这两个比率中间的某一点开始。但是，如果交换继续进行，则甲所割让的每个苹果将增加它对他的边际效用，并使他不愿意再割让更多的苹果，而他每增加一个胡桃将减低胡桃对他的边际效用，并使他不愿要更多的胡桃；乙的情况则恰恰相反。最后，甲对胡桃的热中和苹果相比不再超过乙；而交换势必停止，

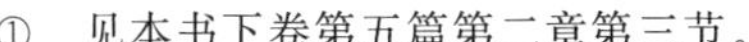

① 见本书下卷第五篇第二章第三节。

因为一方所愿意提供的任何条件都不利于他方。直到这一点，交换增加了双方的满足，而不能有所再增。均衡出现了；但其实它不是唯一的均衡，而是一种偶然均衡。

但是，有一种均衡交换率，可以叫做真正均衡率，因为一旦遇着这种交换率，则它会被保持到底。很明显，如果始终要用许多胡桃交换一个苹果，则乙愿意交换的极少，而如果要用很少的胡桃交换一个苹果，则甲愿意交换的也极少。必须有一种中间比率，在这种比率下，双方都愿意进行同样程度的交易。假定这个比率是六个胡桃换一个苹果；甲愿意以八个苹果换四十八个胡桃，而乙愿意按照那个比率收受八个苹果；但是，甲不愿意用第九个苹果再换六个胡桃，而乙不愿意再用六个胡桃换第九个苹果。这就是那时的真正均衡位置；可是，没有理由假定实际上会达到这种均衡。

例如，假定甲的篮子里原来有二十个苹果，乙的篓子里有一百个胡桃，假定开始时甲诱使乙相信他不大愿意要胡桃；从而设法以四个苹果换了四十个胡桃，以后又用两个苹果换了十七个胡桃，再以后又用一个苹果换了八个胡桃。假定当时达到了均衡，进一步交换对双方都不利。甲拥有六十五个胡桃，不愿意再用一个苹果甚至来换八个胡桃；而乙因为只有三十五个胡桃，所以对它们的估价很高，不愿意用八个胡桃再换一个苹果。

另一方面，如果乙交易有术，他也许可能诱使甲以六个苹果换十五个胡桃，然后又以两个苹果换七个胡桃。那时甲让出八个苹果而得到了二十二个胡桃。如果开始时的条件是六个胡桃换一个苹果，他用八个苹果换得了四十八个胡桃，则他也许不肯再用一个苹果甚至来换七个胡桃。但是，因为他拥有的胡桃这样少，他急想多得到一些，并且愿意再用两个苹果换八个胡桃，然后再用两个苹果换九个胡桃，再用一个苹果换五个胡桃；于是又达到了均衡；因为乙只有十三个苹果和五十六个胡桃，也许不肯以多于五个胡桃之数换一个苹果，而甲所剩苹果无几，以一个苹果换不到六个胡桃，也许不干。

在这两种场合，交换，就其所及，增加了双方的满足；当它中止以后，进一步交换势必至少减少其中一方的满足。在各个场合，都达到了均衡；但它是一种任意的均衡。

其次假定，有一百个人和甲所处的地位相同，每人都约有二十个苹果，和甲对胡桃都具有同样的欲望；在对方也有一百个人，和乙最初所处的地位相同。市场上最机敏的卖主也许有些在甲方，有些在乙方。不论市场上是否可以互通声息，交易的平均数多半不会远离六个胡桃换一个苹果的比率，像在两个人交易的场合那样。但是，多半没有我们在谷物市场所见的那种紧密依附该比率的可能性。交易时甲方的人很可能在不同程度上战胜乙方的人，因此，接着就用七百个苹果换了六千五百个胡桃；甲方的人既拥有这样多的胡桃，除了至少按一个苹果换八个胡桃的比率，也许不愿意再进行任何交易。而乙方的人因为每人平均只剩下三十五个胡桃，按照那个比率也许拒绝继续出售。另一方面，乙方的人交易时也许在不同程度上战胜甲方的人，结果不久就用四千四百个胡桃换了一千三百个苹果，那时乙方的人因拥有一千三百个苹果和五千六百个胡桃，除了按五个胡桃换一个苹果的比率，也许不肯多售，而甲方的人因为每人平均只剩下七个苹果，也许拒绝那个比率。在一个场合，按八个胡桃换一个苹果的比率达到了均衡，而在

另一个场合，按五个胡桃换一个苹果的比率才达到了均衡。

借以达到均衡的那种比率，其所以不稳定间接地取决于这一事实，即一种商品和另一种商品交换，而不是和货币交换。因为货币既是一般购买手段，则似乎有许多人，他们能方便地收回或抛出大量的货币；这就有使市场稳定的趋势。但在物物交换盛行的地方，苹果很可能有时和胡桃交换，有时和鱼交换，有时和箭交换等等；使市场（其中价值表现为货币）统一的那些稳定因素是不存在的；我们不得不把各种商品的边际效用看成是可变的。的确，如果胡桃种植业是我们这个物物交换地区的主要产业，所有的买主卖主都存在大量的胡桃，只是甲方的人拥有苹果，那么，几把胡桃的交换，对它们的储量不会有显著的影响，对它们的边际效用也不会有显著的改变。

例如，设有某甲有苹果二十个，和某乙进行交易。设某甲愿意以五个苹果卖十五个胡桃，第六个苹果卖四个胡桃，第七个苹果卖五个胡桃，第八个苹果卖六个胡桃，第九个苹果卖七个胡桃，余此类推；因为胡桃对他的边际效用始终不变，所以，他恰愿以第八个苹果卖六个胡桃，余此类推，不论在以前的交易中他是否占了乙的便宜。同时假定乙购买头五个苹果宁愿付五十个胡桃，而不弃而不用，购买第六个苹果付九个胡桃，购买第七个苹果付七个胡桃，购买第八个苹果付六个胡桃，购买第九个苹果只付五个胡桃；因为胡桃对他的边际效用不变，所以他恰愿以六个胡桃买第八个苹果，不论他以前买的苹果是贱是贵。在这种场合，第八个苹果既然只卖六个胡桃，则交易势必以八个苹果的转移而告终。当然，如果甲开始时在交易中占了便宜，他也许用头七个苹果买了五十或六十个胡桃;而如果乙开始时在交易中占了便宜,他也许用三十或四十个胡桃换取了这头七个苹果。这和文中所述的谷物市场以三十六先令的最后价格出售七百夸脱左右的小麦这一事实相符;但是,如果卖主开始时占了上风,则所付的价格总额也许大大多于 700×36 先令,而如果买主开始时占了上风,则价格总额也许大大小于 700×36 先令。交易理论和物物交换理论的真正区别是在于,在交易理论中,假定市场上所存的准备与另一种商品交换的某种商品数量很多,且操于许多人之手;因此它的边际效用实际上是不变的;这种假定,一般是对的;而在物物交换的理论中,这种假定一般却是错的。参阅数学附录中注 12(乙)。

附录七[1]

地方税的征税范围及有关政策的几点意见

第一节　地方税的最后征税范围要看居民是否流动，要看有偿税还是无偿税，而有很大的不同。条件的剧变使准确的预见成为不可能

我们已经知道，[2]对印刷业征收新的地方税和征收国税不同，这种不同主要在于它使印刷业的某些便于转移的部分转移到地方税的范围之外。那些需要在当地印刷的顾客要付相当高的印刷费；排字工人也开始外流，直到所剩下的人在当地就业只能维持以前的工资水平而后止；有些印刷机构转向别的工业部门。对不动产所征收的一般地方税在某些方面却循着不同的途径。逃税力在这里是一个重要的因素，如对印刷业征收地方税那样。但也许更

---

① 见本书下卷第五篇第十一章第七节和第六篇第十章第十一节。

② 见以上第五篇，第九章，第一节。此附录多半是以那里所指的备忘录为基础的。

重要的是这一事实，即大部分地方税用于直接增进当地居民和工人的福利上，否则他们也许会离开。这里我们需要两个术语。无偿税是对给纳税人不提供补偿利益的税。某市政府借款从事一种企业，这种企业失败了，只得半途而废，而用于支付这笔借款利息的税，就是无偿税的一个极端的例子。主要的向富人征收的济贫税也是一个比较典型的例子。当然，无偿税有驱逐纳税人的趋势。

反之，有偿税是花用在照明、排水及其他用途方面的税，以便给纳税人提供生活上的某些便利和福利，而这些便利和福利除由当地政府是不能用其他方法更便宜地提供的。这种税，如管理得当，可以使纳税人受到实惠；它的增加可以吸引居民和工业，而不是驱逐它们。当然，某税对居民中的一个阶级可以是无偿的，而对另一个阶级却是有偿的。用在举办完善的初级和高级小学上的高税率，可以吸引技工户，而排斥富户。“偏重于全国性的服务”，“一般是无偿的”，而“偏重于地方性的服务一般给予纳税人的直接利益和特殊利益是和他们的负担或多或少相称的”。[①]

但是，“纳税人”一词，就不同种类的地方支出而必须加以不同的解释。用于清洗街道的税，对住户来说是有偿的，而用于永久改良物的那些税，当然只给他提供部分收益，而大部分收益终归地主所有。

住户把向他征收的税一般看作是构成他的租金总额的一部分；但是，他也考虑那些由于地方有偿税的支出而得到的生活福利，这就是说，在其他条件不变的情况下，他有选择租金和无偿税总额较低地区的趋势。可是，要估计这种考虑实际支配迁移的程

① 《皇家地方税调查委员会的最后报告》，1901年，第12页。

度，是有很大的困难的。它受消息不灵通和漠不关心的阻挠也许比一般所想象的要小些，但它受各人具体要求的阻挠却很大。得文郡的低税率不会把喜欢伦敦生活的人吸引到那里；某些工业家阶级关于他们定居在哪里，实际上很少有选择的余地。除开人事和商业关系不说，住户还受到迁移上的辛劳和费用的阻挠。如果这种辛劳和费用相当于两年的租金，除非他所获得的利益是按10％的比率计算三十年，则他势必因迁移而受到损失。但是，当某人因为某种理由移居时，他对适合他住的各个地区的现在税率和未来税率多半予以充分的考虑。

劳动阶级的流动性在某些方面大于中产阶级；但是，如果税率很重，有时会对租户方面发生阻力，并使这种新的负担延期转嫁给他。工业家受他的工人住宅税的影响，往往和受他自己的住宅税的影响是相同的。虽然高税率也许是使某些工业家离开大城市的原因之一，但是，如运用得经济，它们是否会产生这样的结果，是值得怀疑的。因为这种税的大部分新支出，如运用得当，从工人的观点（如果不从工业家本身的观点）来看，会大大增进当地的福利，或减少当地的不便。此外，虽然相权之下有倾向表明，租户慎重地考虑地方税的现在及其未来，但是，他们不能预测得很远，甚至很少作这样的预测。[①]

对租税征收范围的分析，必须当作是指一般的趋势，而不是指实际事实。使这些趋势不能加以预料的原因，类似使数学推理不能用来计算在逆浪中摇摆前进的某船甲板上的球的轨道那些原

① 皇家地方税调查委员会就这几点提出了大量的证据。

因。如果该船只向一面倾斜,则球的运动可以计算。但是,在任何一种趋势有时间产生许多结果以前,它必将停止,而继起的趋势不能加以预测。正如同这样,虽然经济学家差不多在一世纪以前一度解决了租税转嫁的一般趋势;但是,各地无偿税的相对压力往往变化的如此迅速,以致一种趋势在它被那些不能预料的变化阻止,甚或反转以前,即告中断。

第二节　地产的"建筑价值"和它的地基价值加起来就构成它的全部价值,如果建筑物和该地基相称的话,否则另当别论

我们已经知道,某建筑商对任何地基所愿支付的地租,是由他对那块地基对建筑物所增加的价值的估计来决定的。在承租以前,他的资本和他因建筑而借的资本是"流动"资本,并表现为货币;他投资的预期收入也表现为货币。他一方列出他的建筑费用,另一方列出建筑物同地基的租值和他即将支付的地租的差额,他计算这一差额九十九年租期的折现值(也许是主观上的大致估计,而不是明确的数学计算)。最后,如果他看见有相当的利润可图,[①]他的企业眼前又没有较好的机会,他就租了那块地基。

①　见以上第五篇,第十一章,第三、八节。

营造商一般在租期未满以前希望出售他的产业,他所预期得到的价格是该产业的租价减去未来几年地租的差额(折现值);因此,他的计算本质上和他企图自己保有该产业时大致相同。

他竭力设法使该地基和在它上面所建筑的房子（或其他建筑物）将永久彼此相称；如他能做到这点，则该地产在将来任何时期的租等于它的年地基价值与年建筑价值之和。他期待这笔款项对他的支出提供充分利润，其中酌加对一种相当冒险的事业的保险费。租中的第二部分普通叫做（年）建筑价值或房子的建筑租，虽然这种叫法也许不十分确切。

随着时间的推移，货币的购买力可能发生变动；该地基适合建筑的那种房子的等级多半会有所改变；建筑技术也势必有所进步。因此，该地产后来的年价值总额包括它的年地基价值同建筑一所和当时已有的房子提供同样便利的房子的成本和利润。但是，所有这一切都服从房子的一般性质始终和它的地基相称这样一个先决条件。如果不相称，就不能精确说明总价值，地基价值和建筑价值之间的关系。例如，假使为了充分发挥该地基的潜力而需要建筑一个货栈或一所性质完全不同的房子，则该地产的总价值也许小于它的地基价值，因为不拆除旧房而建筑新房，就不能提高地基价值。而原房上的旧材料的价值也许比拆除它们的成本要小些，其中酌加因此而遭受的时间上的耽误和损失。

第三节　向地基价值征收的无偿税主要由地基所有者负担；或如事先不知道，则由承租人负担

在其他方面同样相宜的两所房子中，住户将对位置较好的那所房子支付一笔等于它的特殊利益的年金；他不管这笔款项中哪

部分充作租，哪部分充作税。因此，地基价值的无偿税有从地主或承租人所收的租金中减去的趋势。从而这租税，如能加以逆料，将从建筑商（或任何别的人）对建筑权所愿支付的地租中扣除。有偿的地方税在长期内是由住户支付的，但对他不是真正的负担。“在长期内”这个条件很重要。例如，城市改良，在未来几年中将阻塞交通，而不能收到实效，由于这种改良的偿债基金和利息而征收的税，将对住户是无偿的，如果他纳税的话。就公道而论，这种税应该从他的租中扣除；因为当改良完毕，特别是当债务付清，从而该税取消的时候，地产所有者将获得因改良而向最初住户所征收的无偿税的利益。[①]

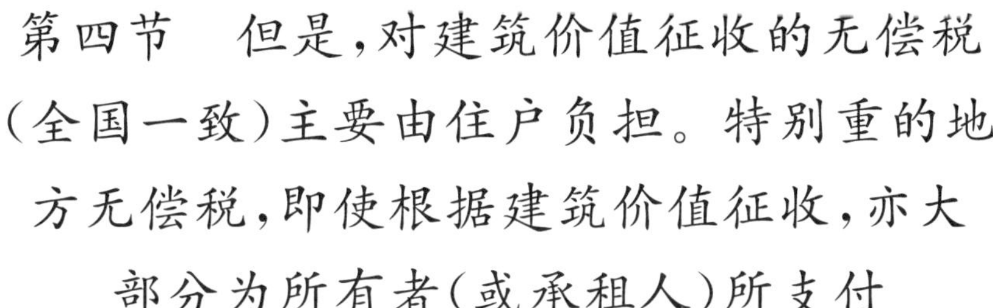

第四节　但是，对建筑价值征收的无偿税（全国一致）主要由住户负担。特别重的地方无偿税，即使根据建筑价值征收，亦大部分为所有者（或承租人）所支付

对建筑价值所征收的税却处于不同的地位。如果该税遍及全国，则它们不能改变有利地基的差异优势；从而，不能或至少不能直接使建筑商或其他别的人对好地基不愿支付高额地租；如果税

① 这假定，土地不论如何使用，它所负担的税额相同。因特殊使用而征收的附加税，可用第五篇，第十章，第六节中的方法加以处理。如果农业土地免税，则乡下的房客或工厂主就会逃避对建筑用地价值超过农业土地价值的差额所课的那部分地基税。这也许使城市的集中略有增加，从而多少减轻城市地基所有者的负担；但是它实质上不会影响城市中心的那些地基的价值。见以下第六节。

很重,以致大大缩小建筑用地的面积,则它们将的确减低一切建筑用地的价值,而特殊的地基价值随着其他地基价值的下降而下降。但是,它们在这方面的影响是很小的,因此认为建筑价值的等一税不由地主负担的这种看法不会有很大的错误。倘建筑商预料到这种税,他可以根据它们来调整自己的计划。他力求建造这样一种用费的房子,它能按给他提供正常利润的租金租给住户;而让租户纳税。他当然可能算错。但在长期内建筑商作为一个阶级,和所有其他的商人一样,差不多是不会算错的。在长期内,建筑价值税落在住户身上,或最后由他的顾主负担,如果他把那所房子充作营业之用,而他的竞争对手也纳相同的税的话。

但就对建筑价值征收特别高的无偿地方税而言,情况却截然不同:这里出现了不动产国税和地方税的主要区别。这种税的有偿支出对生活福利的增进大于它的成本等价,当然不能驱逐住户。其中征自建筑价值的部分由他支付,但对他不是一种真正的负担,如我们在地基价值的有偿税的场合所见的那样。

但是,建筑价值税超过其他地区的那个无偿部分,主要不是由住户负担。任何额外负担会使他们移出它的范围之外,所迁移的人数足以减少对该地房屋和其他建筑物的需求,直到这种额外建筑价值税由承租人或地主负担而后止。因此,建筑商如能逆料将来,势必从他们所愿支付的地租中扣除这种额外建筑价值税和各种地基价值税。

但其中这种扣除很大的那些场合,是不很多的,也是不重要的。因为无偿税的长期不等虽然很大,却比普通所想象的要小些,其中许多是由于不易逆料的事件造成的,如某些地方官的失职。

的确有一个显著的也许是永久的原因，预示其兆，即富户有从热闹区迁往空旷而时髦的郊区的趋势，从而，使劳动阶级在对穷人的国税中担负了一个不适当的份额。但是，不等这种弊窦十分显著，人们就会通过立法扩大税区或用其他方法把穷人区和富人区置于同一预算之下。

更重要的是不应当忘记，建筑价值的额外无偿税，在征收该税的地区中虽有降低地基租和租契更新时的地租的趋势，但对全体土地所有者的负担并不像初看起来那样严重，因为建筑业的大部分经营受到这种税的节制以后，不是被破坏了，而是被导向别的地区，并加剧那里对新建筑权的竞争。

第五节　原有税捐如向住户征收，其负担之分配很少受其影响，但无偿税的急剧增加在目前征课制度下对住户特别是店主是一种严重的负担

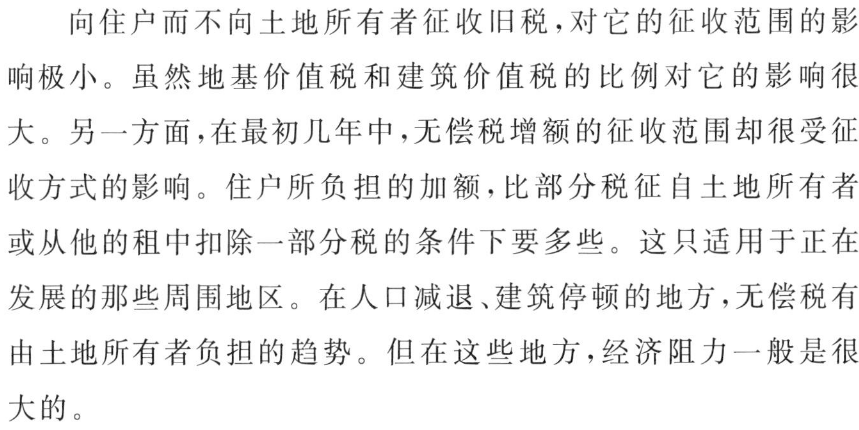

向住户而不向土地所有者征收旧税，对它的征收范围的影响极小。虽然地基价值税和建筑价值税的比例对它的影响很大。另一方面，在最初几年中，无偿税增额的征收范围却很受征收方式的影响。住户所负担的加额，比部分税征自土地所有者或从他的租中扣除一部分税的条件下要多些。这只适用于正在发展的那些周围地区。在人口减退、建筑停顿的地方，无偿税有由土地所有者负担的趋势。但在这些地方，经济阻力一般是很大的。

似乎很可能，无偿税对建筑投机商和其他中间人的企业的总负担不是很大的；他们自以为苦的许多税，实际上使他们发了横财。但是，税的变化使建筑业所冒的那些巨大风险略有增加，从而，不可避免地社会对这些风险所付的代价超过它们的实际等价。所有这一切都指明那些由于急剧增税而来的严重弊端，特别是那些房屋的增税，它们应担的税值相对于住户的纯收入而言是较高的。

商人，尤其如果他是一个店主，总之，如果他所经营的商品不易从远方得到，往往能把他所负担的税部分地转嫁给他的顾主。但是，店主的税和他的收入相比是很大的；其中有些开支，从富有的居民来看是有偿的，但在他看来却是无偿的。他的工作属于那样一种类型，其中经济进步提高供给多，而提高需求少。不久以前，他的报酬是牺牲社会而人为地提高的。但现在它正在降到较低的，也许是更加合理的水平，而他不轻易承认现实。他恋恋不忘那种因急剧增税而使他遭受的真正不平；并把那些实际上由于较深刻的原因造成的对他的某些压力归咎于这种不平。他的不平感因他总不能和他的地主以相当公平的条件议价这一事实而变得更加敏锐。因为除开固定设备的成本和一般的乔迁费用不谈，即使他迁到就近同样适宜的处所，他也会损失大部分顾客。但绝不能忘记，店主有时的确会迁移，他警惕着，并充分考虑到税；从而，几年以后，他把无偿税的负担转嫁给土地所有者和顾主，甚至比任何阶级中的人还要更加彻底（旅馆主、公寓主在这里和店主相同）。

第六节　根据其资本价值向空建筑地基征税和建筑价值税部分地转移给地基价值，一般说来是有益的，如果它们逐步进行并伴之以关于建筑物高度与其前后应留空地的严格规定

靠近一个新兴城市仍然当作农田使用的土地，所提供的纯租也许极少，但可能是一个有价值的地产。因为它的未来地租已经包括在它的资本价值当中。此外，该地的占有除开收取货币地租外还多半能提供一种满足上的收入。在这种场合，即使按它的全部租值课税，也很容易课得少了；因此，就产生了是否应该按它的资本价值的百分之几而不按地租的百分之几课税这样一个问题。

这种方针会加速建筑的进行，从而，有使建筑物市场阻塞的趋势。因此，房租趋于下降，而建筑商也许不能租用高地租的建筑地基。这种变动因此也许会把现在归于那种土地所有者的一部分"公有价值"转移给一般的人，而这种土地是已经盖了房的，或多半要盖房的。除非城市当局采取有效措施，作出城市应当发展的规划，那就会造成建筑多而质量差的局面；这是一种错误，后代的人也许为它付出损失美观甚或健康的巨大代价。

这种计划所根据的原则是有广泛运用的余地的。我们可以谈一谈近来曾引人注意的一个极端性建议，大意是在将来应该主要甚或全部对地基价值课税，而很少或不问建筑物的价值。它的直接结果是牺牲其他地产而提高某些地产的价值。特别是它使重税区中高大豪华的建筑物的价值提高得甚至比低税区还要厉害。因

为它可以减轻较大的负担。但是它使重税区中大地基上低矮而陈旧不堪的那些建筑物的价值有所降低。不久之后，一块地基上的建筑量，在建筑章程的范围内，一般地会和它在位置上的有利条件成比例，而不像现在那样，部分地和位置上的有利条件成比例，部分地和税成反比例。这就会增大集中程度并有提高有利地区中总地基价值的趋势。但是它会使这种税的总支出也有所增加，因为这种支出由地基价值负担，所以纯地基价值可能很低。总起来看，人口集中是否增加是很难判断的。因为大量的建筑也许在郊区进行，那里空地不再逃脱重税。许多都取决于建筑章程：集中程度可能因高大建筑物的前后都应有很大空地这一严格章程而大大减少。[①]

第七节　再论农业税

我们已经谈过英国农业中佃户和地主的一般共事关系。[②] 农村中的竞争不如城市中的起作用。但另一方面，地主对农场基本建设的投资是有伸缩性的，往往由于环境的压迫而有所改变。这

① 例如，假定有一百万平方英尺的一块面积，要盖四十英尺高，四十英尺深的几排房子；规定天空必须对着地面前后四十五度角的建筑法，将使各排之间的距离为四十英尺，则总建筑量将等于四十英尺乘五十万英尺（总面积的二分之一），即两千万立方英尺。现在假定房屋的高度为以前的三倍，在同一建筑法下，则各排之间的距离必然为一百二十英尺。根据不便把房屋的高度增加至四十英尺以上这一假设，则总建筑量将为一百二十英尺乘总面积的四分之一，即三千万立方英尺。因此，房屋总量将只增加二分之一，而不是增加三倍，像各排之间的距离仍保持原来四十英尺时那样。

② 见第六篇，第十章，第十节。

种调节模糊了农业税的归宿，如旋风掠过房的时候，往往使雪花飞扬，它压抑而不是消灭地心引力的趋势一样。因此，就产生了如下的一般说法，即如果对农场的竞争激烈，则农场主将支付他和地主所应负担的农业税部分，如果地主有理由害怕农场脱不了手，则他将付全部农业税。

但是农村居民所负担的无偿税也许比普通所想象的要少些。他们因公安的改善和通行税的废除而获得了利益，并且越来越享有附近城市的税所换来的种种利益，而这些税他们并没有出一臂之力，且一般比他们自己的税要高得多。倘税在眼前是有偿的，虽然住户纳税，则该税对他也不是一种纯负担。但农业税占农场主纯收入的一个很大比例部分；在无偿的农业税急剧增加的那些稀有场合，他的负担往往过重。如已经指出的，在一个地区范围内的无偿税比在全国范围内的一般无偿税对当地地主和农场主的压迫似更加严重。[①]

第八节　一些实际建议。土地供给的永久局限性以及集体行动对其现在价值的巨大贡献，为了征税目的，有必要把它列入单独项目

本书主要从事于科学研究，但对那些有经济研究旨趣的实际问题也不无涉猎。[②] 在这里关于租税政策的某些讨论似乎是相宜

① 见本书下卷第五篇第十章第四节末尾。

② 见第一篇，第四章，第二—四节。

的，因为所有的经济学家都认为，早开发国家中的土地在许多方面和其他财富形式相同，而在另一些方面却有所区别；在最近的某些争论性文献中，有把不同点降至次要地位，而把相同点提到首要地位的趋势。如果只有那些相同点对迫切的实际问题具有重大的意义，那么，适当地偏重这一方面也许是明智的。但事实恰恰相反，因此似乎有必要来考虑财务行政方面的某些重大问题，其中那些其他财富形式大多没有而土地所有的特点起着重要作用。但是首先必须谈一谈公平原则。

如因某特定用途而征收一种特别税，同时在这种场合政府当局又不干涉现存的所有制（例如，像建立土地排水系统时），则对地产收益户可以适当地按“股份原则”征税，根据这一原则，受益多者多出，受益少者少出。每一种这样的税，公平与否，必须分别加以判断。相反地，一切无偿税，公平与否，必须从总体上加以判断。差不多每一种无偿税，就其本身而言，都对某阶级或其他阶级加以不当之压迫但是这并不重要，倘各种税的不均为其他税的不均所抵消，且各部分的差异同时发生。如果这个困难条件得到满足，则租税制度可以说是公平的，虽然只就其中任何一部分来看却有欠公平。

其次，一致认为租税制度应当根据人民的收入或最好是根据他们的支出划分适当的等级而加以调节。因为一个人所储蓄的那部分收入在用完以前，又有助于国库的充实。因此，当我们考虑到我们的现行租税制度（一般的和地方的）加于房屋的负担很重这一事实的时候，绝不应该忘记，房屋大支出也大。一般支出税，特别是等级支出税，对征税人有很大的技术上的困难。此外，它们使消费者直接或间接所出的费用比给国库带来的收入要大得多。而房屋税则简便易行，征收费用低廉，不易脱漏，且易于划分等级。[①]

第三，不过这个论点，不适用于住宅以外的其他建筑物。由于这种原因，对店铺、货栈和工厂等比对房屋课以较低的税，也许是公平的，无论如何，就新税而论，应该如此。旧税业已从营业所占用人那里转嫁出去，一部分转嫁给他们的房东，一部分转嫁给他们的顾客。转嫁是在不断地进行着。因此，如果对城区商人阶级从新税的每一便士中一次征收一法寻，其余三法寻的一部或全部以后逐年再按很小的百分比加以征收，则他们不会感受很大的痛苦。如果市政府的经费增加得很快，则这种方法也许是必要的。

上述种种考虑使我们不得不重申这样一种看法，即不论在早开发的国家或新兴的国家里，一个有眼光的政治家在进行土地立法比在进行其他财富形式的立法时，对后代将感到有更大的责任；从经济和伦理的观点来看，土地总必须处处被划作一个独立自在之物。如果国家最初就把真正地租保留在自己手中，则工业的元气和积累未必受到损害，虽然在少数场合下向新开发国家移民略有耽搁。而对来自人为产业的那些收入却绝不能这样说。但在讨论土地公有价值是否公平时，有关的公共利害关系是如此之大，以

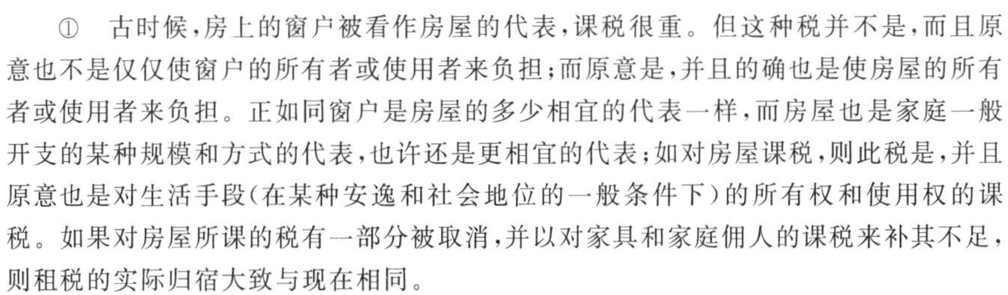

① 古时候，房上的窗户被看作房屋的代表，课税很重。但这种税并不是，而且原意也不是仅仅使窗户的所有者或使用者来负担；而原意是，并且的确也是使房屋的所有者或使用者来负担。正如同窗户是房屋的多少相宜的代表一样，而房屋也是家庭一般开支的某种规模和方式的代表，也许还是更相宜的代表；如对房屋课税，则此税是，并且原意也是对生活手段（在某种安逸和社会地位的一般条件下）的所有权和使用权的课税。如果对房屋所课的税有一部分被取消，并以对家具和家庭佣人的课税来补其不足，则租税的实际归宿大致与现在相同。

致使我们特别有必要牢记的是，国家忽然把其私有权曾为它所认可的那些地产的收入攫为己有，就会破坏安全和动摇社会的基础。轻率而极端的措施是不公平的。部分地由于这种原因（而不是完全由于这种原因），这些措施是不明智的，甚至是愚蠢的。

警惕是必要的。但地基价值很高的原因是由于人口的集中，而这种集中有使新鲜空气、阳光和活动场所发生严重不足的危险，以致毁坏青年一代的体力和幸福。从而，巨大的私人利益不仅是由那些社会性质（而不是个人性质的）的原因造成的，而且是以牺牲一种主要的公共财富形式为其代价的。取得新鲜空气、阳光和活动场所是需要巨额经费的。而这些经费由以开支的最适当的来源似乎是土地私有的那些极端权利，而这些权利从代表国家的国王是唯一土地所有者的时候起就几乎不知不觉地形成了。私人只是土地持有者，有义务为公众的福利服务。他们没有用拥挤不堪的建筑来损害那种福利的合法权利。

第九节　续前

因此，似乎可以提出以下的几点实际建议：关于旧税，骤然改变纳税人似乎是要不得的。但是新税，在可能便利的条件下，应该向它的最后负担者加以征收；除非像所得税 A 式表格中那样，向租户征这种税时，说明它将从他的租金中加以扣除。

这样做的理由是，对土地的公有价值或地基价值所课的旧税几乎全部都已经为所有者（包括承租人在内，就这些税而言，它们虽然是旧税，但他们在订租约时却没有事先料到）所负担；其余部分差不多完全由租户或他们的顾客所负担。这种结果不会因让租户从他的租金中扣除一部甚或全部他所负担的税而受到很大的干扰，虽然这样一种法律有把所有者的一部分产业转让给承租人的危险，他们订立租约时就料到要缴纳那些旧税。另一方面，分担新税（亦即增加的税）的规定有很大的优点：不论农场、铺面或住宅的租户从他的租金中扣除二分之一的新税；他的直接地主（或房东）再从他对他上级地主（或房东）的支付中按比例加以扣除；余此类推。此外，各种营业所的新的地方税，如上面所说，最初不能征收全额，以后逐年增加。通过这些规定，农场主、店东和其他商人就不会有那种偶然不公的待遇，和对这种不公的经常顾虑，而这种不公现在是和突然地不适当地增加特殊阶级的公共负担相联系的。

关于地基价值，不妨这样规定：一切土地（不论在技术上是否属于城市土地），在不计算建筑物而每亩可按不太高的价格，（比方说）两百镑出售时，就应被视作具有特殊的地基价值。对它的资本价值课以一般的地基税，此外，并课以“新鲜空气税”，以便由当地政府集中使用于上述目的上。这种“新鲜空气税”对所有者不会是一种很重的负担，因为其中大部分会以所余建筑地基的价值增加的形式还给他们。事实上，像首都公园协会这些私人团体的支出，和大部分为市政建设而征收的建筑价值税，其实是对那些已经幸运的所有者的一种无代价的财富。

城乡地区都一样，除原来的土地税外，取得其余的必要基金的最好办法也许是不动产税，再辅以地方当局所征收的一些地方捐。住宅税可以禁用，除非要用它来征集像养老金那种新的巨额经费，主要的税率可以像现在的住宅税所划分的等级；不过对一般的住宅要低些，而对很大的住宅要高些。因为在一个人对租税的征收和使用有权投票表决的情形下，他完全不负担租税是不妥当的。但是以等于他的税款的这些利益（如增进身心健康与精力，和不趋向于政治腐败）来报酬他或他的子女倒是妥当的、合理的。①

① 最近成立的地方税调查委员会着重解决确定地基价值税的困难；解决甚至更加严重的困难，即同时作出把旨在最后由土地所有者所应担负的一部分（不论多少）税，由住户转给租户的那些措施（见该委员会的"最后报告"，特别是第153—176页）。定税的这种困难，无疑是很大的，但是通过经验可以很快地减少的：最初一千个这样的定额比以后两万个定额，困难也许较大，准确性也许较差。

附录八[①]

关于报酬递加的静态假设的运用的局限性

第一节 严格的供给表的假设会导致多重均衡(稳定和不稳定的)位置的可能性。但是这一假设,就报酬递加来说,与现实相距是如此之远,以致它只能在狭隘的范围内加以尝试性的运用。因此,在使用正常供给价格一词时,须加小心

我们已经暗示了那些遵守报酬递增规律的商品的均衡理论所遭遇的困难。这些暗示现在需要加以进一步的发挥。

关键就在于,“生产边际”一词,在长期内就生产成本随着产量逐渐增加而减少的那些商品来说,是没有意义的。而报酬递增的趋势在短期内一般是不存在的;因此,当我们讨论遵守报酬递增趋

① 见本书下卷第五篇第十三章第三节。

势的那些商品的价值的特殊条件时,“边际”一词应该避而不用。就需求上的短暂变动而论,它当然可以用于这些商品,像用于所有其他商品一样;因为适应这些变动的那些商品和其他商品的生产,遵守的是报酬递减而不是报酬递增规律。但是,在报酬递增趋势起有效作用的那些问题中,是不能给边际产品下明确的定义的。在这些问题上,我们不得不选择较大的单位,我们必须考虑的是“代表性”企业而不是某个别企业的情况。尤其我们必须考虑的是整个生产过程的成本,无须把单个商品如一支来福枪或一码布的成本从中分出来。的确,如某工业部门几乎全部操于少数大企业的手中,则其中没有一个企业堪称为“代表性”企业。如果这些企业融合而成一个托拉斯,甚或彼此密切地联合起来,则“正常生产费”一词就没有精确的意义。在我要写的下一本书中将充分论证,

表面上它必须被看成是一种垄断;而它的进程必须根据第五篇第十四章中的原则加以分析;虽然十九世纪末期和二十世纪初期表明,即使在这种场合下,竞争仍有大得多的作用,“正常”一词的使用不如原来似乎可能的那样不相宜。

第二节　续前

我们再回到这个例子上,即因时髦运动而造成对无液气压表需求的增加,不久之后,它导致组织的改善,并使供给价格降

低。[1] 当最后时髦力量消失时，气压表的需求又只建立在它们的实际效用的基础上；这个价格可能大于或小于相应生产规模的正常需求价格。在前一场合，资本和劳动对该业抱有戒心，在那些已经成立的企业中，有的也许继续营业，虽然所得纯利比它们所希望的要少些；而有的却渐渐转入某些比较兴盛的相近的生产部门。由于旧厂衰落，新厂起而代替者寥寥无几，生产规模也有所缩减；旧有的均衡位置也许显得相当稳定，而不易破坏。

但是，现在让我们考虑另一种场合，在这种场合下，已增产量的长期供给价格下降得如此厉害，以致需求价格仍居于它之上。在这种情况下，企业家们展望着从事该业的某厂的寿命，考虑它成功和失败的机会，折算它的未来支出和未来收入，最后也许断定收入大大超过支出。资本和劳动迅速流入该业；而在需求价格的下降和长期供给价格的下降相等，并发现稳定的均衡位置以前，生产也许增加了十倍。

因为虽然在第三章说明供给和需求围绕一个均衡位置摆动中，的确像普通所暗示的那样，我们暗示了在一个市场内只能有一个稳定的均衡位置，但实际上在某些可以想象的、虽然极其罕见的情况下，可以有两个或两个以上的真正供求均衡位置，其中任何一个均衡位置和该市场的一般情况同样是一致的，其中任何一个均

① 见第五篇，第十二章，第一节。

衡位置一经确立，直到某种大的干扰出现，将会是稳定的。①

① 除了稳定均衡位置之外，从理论上讲至少还有一些不稳定均衡位置：它们是两个稳定均衡位置之间的分界线，宛如划分两个流域的分水岭一样，价格有从它们流向每一方的趋势。

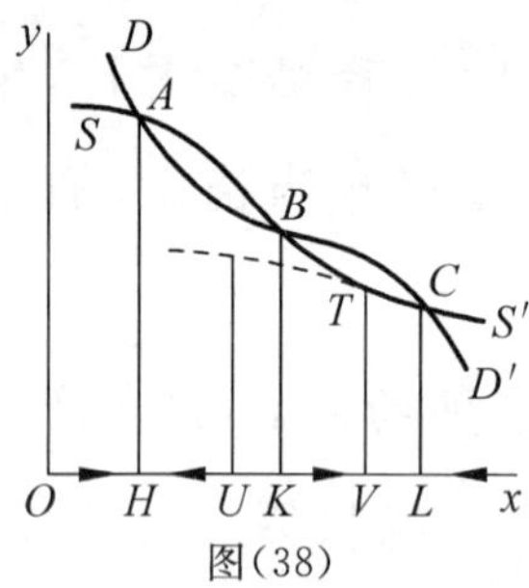

图(38)

当供给与需求处于不稳定均衡状态时，那么，如果生产规模曾受到扰乱，以致多少离开它的稳定均衡位置，则它将迅速移向它的稳定均衡位置之一；像一个直立的鸡蛋稍受摇动，就倒卧一样。一个鸡蛋平衡直立，在理论上是可能的，而在实际上是不可能的，同样，生产规模在不稳定均衡中保持均衡，在理论上也是可能的，而在实际上却是不可能的。

例如，在第 38 图中，诸曲线相交几次，Ox 上的箭头表示 R 有沿着 Ox 移向原位的趋势，这就表示，如果位于 H 或 L 之 R 向左右稍离原位，一俟干扰因素消失，则将复归其所离开之均衡位置。但是如果 R 位于 K，并离向右方，那么，甚至在干扰因素停止以后，它也将继续向右方移动，直到 L 为止，而如果离向左方，则它将继续向左方移动，直到 H 为止。这就是说，H 与 L 为稳定均衡点，K 为不稳定均衡点，从而我们可以得出这样的结论：

相应于供求曲线交点的供求的均衡，是稳定均衡或不稳定均衡，依需求曲线正在该点左方位于供给曲线之上，或位于供给曲线之下而定；又依需求曲线正在该点右方位于供给曲线之下，或位于供给曲线之上而定。

我们已经知道，需求曲线是全部向下倾斜的。由此可以得出结论：如果供给曲线正在任何交点的右方位于需求曲线之上；那么，如果我们沿着供给曲线向右方移动，则我们势必使需求曲线位于供给曲线之上，直到第二个交点为止。这就是说，在稳定均衡点右方的第二个均衡点必然是不稳定均衡点。同样可以证明，在左方相邻的交点也是不稳定均衡点。换句话说，在供求曲线相交一次以上的那些场合下，稳定均衡点与不稳定均衡点是交替着的。如我们向右移动，则最后的交点也必然是稳定均衡点。因为如果产量无限增加，它的销售价格势必降到几乎等于零的程度；但是补偿其生产费用所需要的价格不会如此下降。因此，如果把供给曲线充分向右延长，则该曲线最后必然位于需求曲线之上。

我们从左向右所得出的第一个交点，可以是稳定均衡点，也可以是不稳定均衡点。如系不稳定均衡点，则这就表明所述商品的小规模生产将对生产者无利可图；因此，除非一时的事件暂时引起了该商品的迫切需求，或暂时降低了它的生产费用，或一个大展宏图的厂准备运用大量资本来克服生产上的初期困难，并按行将保证巨额销量的价格来生产这种商品，就绝不会开始生产它的。

第三节　续前

但是，必须承认，这个理论是和现实生活脱节的，只要它所假定的是，如果某商品的正常生产增加，继而又减至原有的产量，则需求价格和供给价格将又回到它们在该产量上的原来位置。①

不论某商品遵守的是报酬递减规律，或报酬递加规律，价格下降只能使消费逐渐增加。② 此外，某商品价格低时一旦形成使用它的那种习惯，当它的价格复涨时，是不能很快放弃的。因此，如果在供给逐渐增加之后，它的某些来源阻塞，或任何其他原因出现，从而使该商品稀少，则许多消费者将不愿放弃旧习。例如，美国战争时期棉花的价格很高，如果以前的低价格没有使棉花共同用来满足那些由于低价格所产生的需要，则它的价格也许不会那样高的。因此，对某商品生产的前进运动有效的需求价格表，很少适用于它的倒退运动，但一般将需要加以提高。③

此外，供给价格表也许颇能代表供给正在增加时所出现的商品供给价格的实际下降；但是，如果需求减少，或如果由于任何其他原因供给必须减少，则供给价格不会沿着原道后退，而会采取较低的路径。对前进运动有效的供给价格表，不适用于后退运动，而必须以较低的供给价格表来代替。不论商品生产所遵守的是报酬

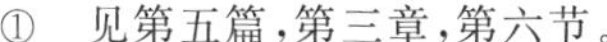

① 见第五篇，第三章，第六节。

② 见第三篇，第四章，第六节。

③ 这就是说，对于销售量的任何倒退运动来说，需求曲线的左端也许有必要加以提高，以便使它代表新的需求情况。

递减规律或报酬递增规律，这都是真的。但在报酬递增的场合下，它具有特殊的重要性，因为生产遵守这一规律的事实，证明它的增加导致组织上的大加改善。

因为当任何偶然的干扰使某商品的生产有了很大的增加，从而，导致大规模经济的引用时，这些经济是不易丧失的。机械工具、劳动分工和交通运输的发展，以及各种组织上的改进，一旦被利用之后，是不会轻易放弃的。资本和劳动一旦从事于某特定工业部门，如果对它们所生产的商品的需求减少，则它们的确可以贬值，但它们不能迅速转向其他职业；它们的竞争在短时间内将使已减少的需求不能提高商品的价格。①

部分地由于这种原因，即使有关的商人能确定市场的全部实情，两个稳定均衡位置同时并存，作为可能更替的场合是不多的。但是，当某工业部门处于这样的情况时，即如果生产规模有某种巨

① 例如，第 38 图中的供给曲线的形状意味着，如果所述商品每年是按 OV 的规模生产的，则它的生产中所出现的经济大得足以使它按 TV 的价格销售。如果这些大规模生产经济一旦实现之后，则曲线 SS 的形状也许不再能确切地代表供给情况。例如，产量 OU 的生产费用在比例上也许不再比产量 OV 的生产费用大得多。因此，为了使这一曲线还可以代表供给情况，就有必要作一条较低的曲线，如图中的虚曲线。布洛克教授(《经济学季刊》，1902 年 8 月，第 508 页)认为，这条虚曲线不应从 T 向上倾斜(哪怕是很小的倾斜)，而应向下倾斜，以表示生产缩减将“通过挤掉弱小生产者”而降低边际成本，因此，边际成本将来就是那些比现在更加胜任的生产者的边际成本了。这种结果是可能的。但是绝不应该忘记，最弱小的生产者的边际成本并不决定价值，而只是表明决定价值的那些因素的作用。如大规模生产经济是“内部”经济，亦即属于各个别厂的内部组织的经济，则各弱小厂必然迅速为强大厂所驱逐。各弱小厂的继续存在是强大厂不能无限增加其产量的明证；其所以不能无限增加产量，部分原因是由于扩大市场的困难，而部分原因是由于一个厂的力量并不能长期保持。今日强大的厂在过去一个时期也许由于年轻而弱小；而在未来一个时期却由于衰老而虚弱。产量虽然减少，仍有一些处于边际的弱小厂；随着时间的推移，它们也许比保持过去总产量时将有所削弱，外部经济也将有所减少。换句话说，代表性企业的规模也许将较小，力量较弱，所拥有的外部经济较少。见福拉克斯教授在《经济学季刊》(1904 年 2 月)上所发表的论文。

大的增加，则供给价格迅速下降，那么，使该商品需求由以增加的那种短暂的干扰，可能使稳定均衡价格大大下降；此后，生产一个数量上比以前多得多的商品按比以前低得多的价格出售。如果我们把供求价格表向前推得很远，发现它们十分接近的话，这总是可能的。① 因为如果那些激增产量的供给价格略居于相应的需求价格之上，需求的适度增加，或稍微新的发明，或其他使生产低廉的方法，就可以使供求价格相遇，造成新的均衡。这种变动在某些方面类似从一个稳定均衡位置移向另一个均衡位置，但和后者有所区别，这种区别就在于除正常需求或正常供给的情况有了某些变动时，它是不能出现的。

上述种种结果之难如人意，部分原因是由于我们还没有完善的分析方法，由于我们科学机器的逐渐改进，日后它的减少是可以设想的。如果我们能把正常需求价格和正常供给价格表现为正常生产量和该产量成为正常产量的时间的函数，我们就大大地迈进了一步。②

---

① 这就是说，当在均衡点右方很远的时候，供给曲线仅稍位于需求曲线之上。

② 有一种困难源于这一事实，即对增加一次生产规模所引出的经济而留有的适当时间，对另一次较大的增加是不够长的，因此，我们必须事先选定一段相当长的时间，而这种时间多半为当前的特殊问题所揭示，并使所有的供给价格与之相适应。

如果我们可以用较复杂的例解，我们就能进一步摸清问题的性质。我们可以用许多曲线，其中第一条曲线计及一年内生产规模增加所引起的经济，第二条曲线计及两年内生产规模增加所引起的经济，第三条曲线计及三年内生产规模增加所引起的经济，等等。从纸板上把它们剪下，并把它们并排立起，我们就有了一个平面，它的长宽厚分别代表产量、价格与时间。如果我们在各条曲线上画出相应于那一产量的点，这一产量，就预料所及，似乎多半是与此曲线相关的那一年的正常产量，则这些点就会在平面上形成一条曲线，而这条曲线就是遵守报酬递加规律的那种商品的真正长期正常供给曲线。参阅肯宁安在《经济学杂志》(1892 年)上所发表的论文。

第四节　续前

其次，让我们重申平均价值和正常价值之间的区别。[①] 在静态中，因为各生产工具所得的收入可事先加以准确的预计，所以，它是使该工具出现所需要的劳作与牺牲的正常尺度。

边际费用乘商品的单位数量，或把商品各部分的实际生产费相加起来，再加生产上的差异优势所得的全部地租，就求出生产费用总额。生产费用总额既由这种种方法所决定，则平均费用等于生产费用总额除以商品数量；结果就是长期或短期的正常供给价格。

但是，在现实世界中，"平均"生产费一词有些令人不解，因为制造某商品的大多数生产工具（物资的和人力的）很早就存在了的。因此，它们的价值多半不恰是生产者原来所期望的价值。它们的价值有的较大，有的较小。它们现在所赚取的收入，是由它们产品的一般供求关系来决定的；它们的价值是这些收入的资本还原。因此，当我们作正常供给价格表时，它和正常需求价格表连接起来就是决定正常价值的均衡位置，如认为这些生产工具的价值已定，我们就不能不陷入循环论。

这种警戒，就有报酬递增趋势的那些工业来说，是特别重要的。可用静态中也只是在静态中可能的那些供求关系的图解加以强调。在那里，各种特定的东西在一般成本中都负担它应有的份

① 见以上第五篇，第三章，第六节；第五章，第四节；与第九章，第六节。

额;生产者除按总成本(其中包括建立典型厂的商业往来和外部组织的酬劳)的价格也许不值得接受某特定订货的。这个图解没有积极的价值,它仅仅防止在抽象推理中可能犯的错误。①

① 右图中的 SS' 不是和我们生存于其中的现实世界的情况相适应的真正供给曲线;但是它有一些往往为人所误解的性质。我们把它叫做特殊生产费用曲线。如往常一样,Ox 代表商品的数量,Oy 代表商品的价格。OH 是每年所生产的商品数量。AH 是单位商品的均衡价格。第 OH 单位的生产者被假定是不拥有级差利益的,而第 OM 单位的生产者却拥有级差利益,这种利益使他能用 PM 的支出生产一个单位,而如无这种利益时,生产一个单位势必使他用去 AH 的支出。P 点的轨迹就是我们的特殊生产费用曲线;它是这样一条曲线,即在其上任取一点 P,并通过 P 作 PM 垂直于 Ox,PM 就代表生产第 OM 单位所用的特殊生产费用。AH 与 PM 之差等于 QP,为生产者的剩余或租。为方便起见,拥有级差利益的生产者可以从左到右按下降的次序加以排列;从而,SS' 就成为一条向右上方倾斜的曲线。

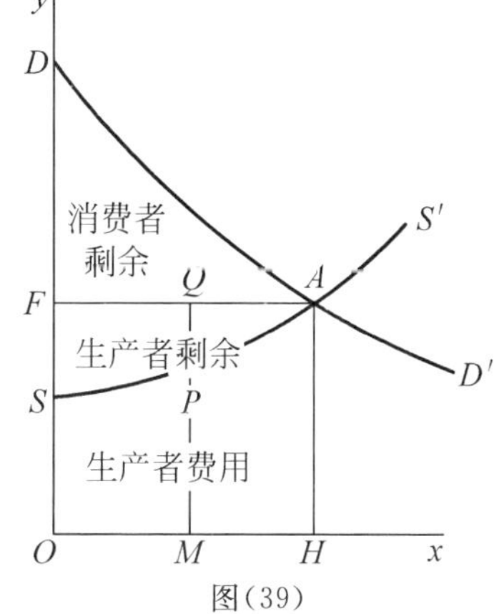

图(39)

如在消费者剩余或租的那一场合(第三篇,第六章,第三节)下的做法一样,我们可以把 MQ 看作是一个薄薄的平行四边形,或一条粗直线。随着 M 在 OH 上依次采取的位置,我们就得出由曲线 SA 分成两段的许多粗直线,各直线的下段代表单位商品的生产费用,而上段则为对租的贡献。所有粗直线的下段连在一起,就成为面积 $SOHA$,它代表产量 OH 的总生产费用。粗直线的上段连在一起,就成为面积 FSA,因此,它代表生产者的剩余,或日常所指的租。在上述修正(第三篇,第六章,第三节)的限制下,DFA 代表消费者的剩余,即从 OH 数量所得的满足超过以货币总额 $OH \times AH$ 所代表的满足的剩余。

特殊生产费用曲线和正常供给曲线的区别是在于,在前一场合,我们把大规模生产的一般经济始终看作是固定不变的,而在后一场合却不然。特殊生产费用曲线完全是建立在这一假设的基础上面,即总生产量为 OH,所有的生产者都拥有属于这个生产规模的外部经济和内部经济;如把这些假设牢记在心,则此曲线可以用来代表任何一业,不论农业或工业的一个特定阶段,但是它们不能用来代表它的一般生产情况。

只有通过正常供给曲线才能代表该业生产的一般情况,其中 PM 代表第 OM 单位的正常生产费用,而根据的假设是,OM 单位(而不是任何其他数量,如 OH)正在被生产

着，现有的大规模生产的内部经济和外部经济是属于总产量为 OM 的代表性企业的那些经济。这些经济一般比总产量为较大数量 OH 时要小些；因此，M 既在 H 之左方，则此供给曲线于 M 之纵坐标比总产量为 OH 的特殊生产费用曲线于 M 之纵坐标要大些。

由此可知，在我们现在图中代表总租额的面积 SAF，过去所代表的租额势必小于此总租额，如果 SS′过去为农产品的正常供给曲线（DD′为正常需求曲线）。因为甚至在农业中生产上的一般经济也是随着总生产规模的增加而增加的。

不过如果我们为了某特定论证而宁愿忽略这一事实，也就是说，如果我们宁愿假定，MP 是在生产 OM 单位时；在极其困难条件下（因此不支付租）所生产的那部分产品的生产费用，它也是甚至在生产 OH 时，生产第 OM 单位的生产费用（不包括租）；换言之，如果我们假定产量从 OM 增加至 OH 并不改变第 OM 单位的生产费用，那么，即使当 SS′是正常供给曲线时，我们也可以把 SAF 看作是总租额的代表。这样做有时也许比较方便。不过要时时注意所作特殊假设的性质。

但是对遵守报酬递增规律的商品的供给曲线来说，是不能作这样的假设的。这样做就是自相矛盾。遵守报酬递增规律的商品生产这一事实，意味着总产量大时所提供的一般经济比总产量小时所提供的一般经济是大得如此之多，以致它战胜自然界对该业所利用的原料的增产所提供的日益增加的困难。在特殊生产费用曲线的场合下，MP 将总是小于 AH（M 在 H 之左方），不论商品遵守的是报酬递加规律，还是报酬递减规律；相反，在遵守报酬递增规律的商品的供给曲线的场合下，MP 一般地大于 AH。

尚待指出的是，如果我们所讨论的一个问题，其中甚至把人造的那些生产工具在短时期内也必须看作是一个既定量，从而，它们的报酬将具有准租的性质，那么，我们就可以作一特殊生产费用曲线，其中 MP 代表狭义的不包括这种准租的生产费用；这样，面积 SAF 就代表租和准租的总额。处理短期正常价值问题的这种方法是吸引人的，也许最后还是有用的，但是需要谨慎从事，因为它所根据的假设是极不可靠的。

附录九[①]

李嘉图的价值论

第一节　李嘉图的价值理论虽含糊不清，然比杰文斯和一些其他批评家，更能预见到近代关于成本、效用与价值之间的关系的学说

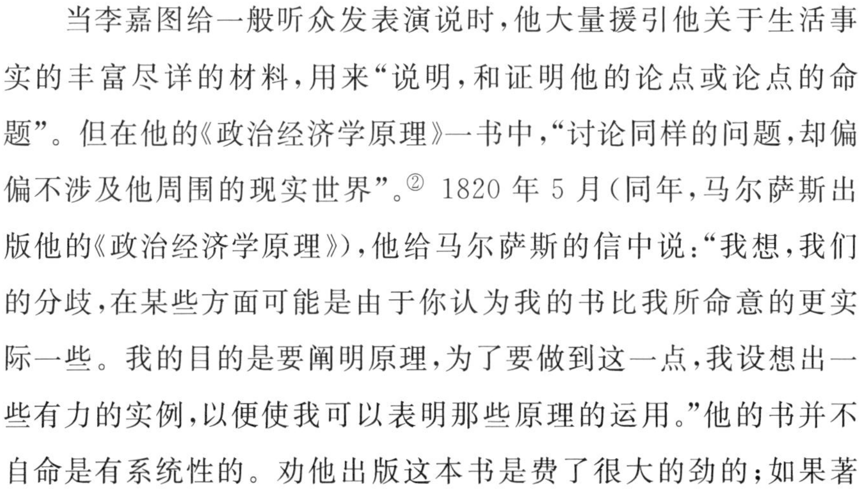

当李嘉图给一般听众发表演说时，他大量援引他关于生活事实的丰富尽详的材料，用来“说明，和证明他的论点或论点的命题”。但在他的《政治经济学原理》一书中，“讨论同样的问题，却偏偏不涉及他周围的现实世界”。[②] 1820 年 5 月（同年，马尔萨斯出版他的《政治经济学原理》），他给马尔萨斯的信中说：“我想，我们的分歧，在某些方面可能是由于你认为我的书比我所命意的更实际一些。我的目的是要阐明原理，为了要做到这一点，我设想出一些有力的实例，以便使我可以表明那些原理的运用。”他的书并不自命是有系统性的。劝他出版这本书是费了很大的劲的；如果著

① 比较第五篇的结束语，与附录二，第五节。

② 见前登巴教授在哈佛大学《经济学季刊》第 1 期上所发表的那篇优秀论文，《李嘉图的使用材料》。

书时他心目中有读者的话，那主要是他所交往的那些政治家和商人。因此，他故意省略了他的论证完全合乎逻辑所必要的许多东西，只要他认为这些东西对他们是自明的东西的话。此外，如他在次年十月告诉马尔萨斯的那样，他“只是一个不擅长文字的人”。他叙述的杂乱同他的思想的深邃相映成趣；他用词牵强附会，而不加解释，同时也不固守其虚构的意义；而且他总是从一个假设转向另一个假设，而不加以说明。

因此，如果我们想正确地理解他，我们就必须宽宏地解释他，也许比他自己解释亚当·斯密还要宽宏些。当他的文辞含混不清时，我们必须用他著作中其他段落所指示的意义加以解释。如果我们抱着确定他的本意的态度行事，则他的学说虽远不完善，却可以从人们通常归咎于它的许多错误中摆脱出来。

例如(《原理》，第一章，第一节)，他认为效用虽不是衡量(正常)价值的尺度，但对它是“绝对必要的”；而“数量极有限的”东西的价值，“是随着那些想要占有它们的人的财富和愿望而改变的”。在别处(同书第四章)他坚持，市场价格的变动是一方面由可供出售的商品数量和另方面由“人类的欲望和愿望”来决定的。

此外，在关于《价值和财富》的区别所作的一个深刻而远不完全的讨论中，他似乎在探索着边际效用和总效用之间的区别。因为他把财富理解成总效用，他似乎总是要叙述说，价值相当于刚刚值得买主去购买的那一部分商品所产生的财富增加量；当供给由于偶然事件而暂时减少，或由于生产成本增加而长期减少时，由价值衡量的财富的边际增加额便会增加，同时，从这种商品所产生的财富总体亦即效用总额却会减少。在全部分析中，他力图说，供给一受任何抑制，边际效用就会增加，而总效用却会减少，虽然（因不知道微分学的简明术语）他没有找到精确表达它的用语。

第二节　续前

但是，在他不以为他对效用这一问题有很多重要可说的东西的同时，他相信人们对生产成本和价值的关系的理解是不完全的；而关于这个问题的错误见解在实际租税和财政问题中极易使国家误入歧途；因此，他特别从事于这个问题的研究。但在这里，他也走了捷径。

因为虽然他知道商品依遵守报酬递减、报酬不变或报酬递增规律而分成三类，但是，他认为在适用于一切商品的价值理论中最好不管这种区别。任取一商品，在二规律之中它可能遵守报酬递减规律，也同样可能遵守报酬递增规律；因此，他认为自己有理由暂时假定所有商品都遵守报酬不变规律。在这方面也许他是对的，但他没有明白表述自己的意图却是一种错误。

在《原理》的第一章第一节中，他认为在社会的初期，当时几乎很少使用任何资本，任何一个人的劳动和任何其他人的劳动几乎具有相等的价格，一般说来，的确，“商品的价值或它将交换的商品量，取决于生产该商品所必要的相对劳动量”。这就是说，如果两个东西是由十二个人和四个人一年的劳动生产的，且所有的人都属于同一等级，则前者的正常价值等于后者的正常价值的三倍。因为如果对一个场合下所投的资本加10%的利润，则对另一个场合下所投的资本也必须加10%的利润（如果w代表此类工人每人一年的工资，则生产成本 $=4w\cdot\frac{110}{100}$ 和 $12w\cdot\frac{110}{100}$。二者的比率为 4∶12 或 1∶3)。

但是，他继续指出，在文明的晚期，是不宜于作这样的假设的，价值和生产成本的关系比他由以开始时的关系更加复杂；而他的下一个步骤便是在第二节中加入"性质不同的劳动，报酬也不同"这样的考虑。如果宝石匠的工资为普通劳动者工资的两倍，则前者一小时的劳动必须算作后者两小时的劳动。他们的相对工资倘有改变，则他们所生产的东西的相对价值当然也有相应的改变。但是，他不像当代经济学家那样去分析使(比方说)宝石匠的工资较之普通工人的工资一代代改变的那些原因，而他反以说明这种差别不能很大为满足。

其次在第三节中他认为，在计算商品的生产成本时，不仅要计算直接生产商品的劳动，而且还要计算用在辅助劳动的器械、工具和建筑物上的劳动；在这里，必须纳入时间因素，而这种因素是他开头力求避免的。

因此，在第四节中，他更充分地讨论了对"一组商品"(他有时用这种简单的方法来避免直接成本与总成本的区分上的困难)的价值所产生的各种不同的影响；特别是他计及运用一次消耗完毕的流动资本和固定资本的不同结果，又计及用在制造生产商品的机器上的劳动时间。如果时间很长，商品的生产成本将较大，并"具有较大的价值，以便补偿商品运入市场以前所必须经过的一段较长的时间"。

最后，在第五节中，他总结了投资的时间不等(不论直接的或间接的)对相对价值的影响;正确地指出,如果工资一同涨落,则这种涨落对各种不同商品的相对价值将不产生永久的影响。但是,他认为如果利润率下降了,则它将降低那些商品的相对价值,这些商品的生产在它们能运至市场以前需要资本作长时间的投资。因为如果在一个场合平均投资是一年,并且需要在工资总额上加10%的利润,而在另一个场合,平均投资是两年,需要增加20%的利润;那么,利润下降五分之一,在后一场合附加利润将从二十减少至十六,在前一场合将从十减少至八(如果它们的直接劳动成本相等,则利润变动以前它们价值的比率为$\frac{120}{110}$或1.09;而利润变动以后为$\frac{116}{108}$或1.074;下降2%左右)。他的论证显然只是临时的;在以后几章中,除了投资的期限,他还考虑到使不同工业部门中利润不等的其他原因。但是,很难设想,还会比他在第一章中对劳动和时间或等待是生产成本的要素这一事实更加强调。而遗憾的是,他喜欢用简短的词句,并且他认为读者总会给自己补充他曾暗示的那些解释。

的确在他的第一章第六节的尾注中,他曾说过,"马尔萨斯先生似乎认为我的理论中一物的成本和价值相同;如果他所指的成本是包括利润的'生产成本',则他的看法就是对的。但在上节中,他不是指的这个意思,因此,他显然不理解我的学说"。但洛贝尔图斯和马克思都认为李嘉图主张,物的自然价值只是由消耗在它们上面的劳动构成的;甚至那些极力反对这两个学者的结论的德国经济学家也往往认为他们对李嘉图作了正确的解释,他们的结论是李嘉图结论的逻辑结果。

这点和其他类似的事实表明，李嘉图的沉默引起了误解。如果他反复申述：两种商品的价值在长期内可以被看作是和生产它们所需要的劳动量成比例的，但只是在其他条件不变的情况下。这就是说，在两种场合下所使用的劳动具有相同的熟练程度，因此，也获得同样高的报酬；根据投资的期限，劳动佐以相应的资本数量；利润率相等，则误解也许会少些。他没有清楚地说明，而在某些场合他也许没有充分地明白理解，在正常价值问题中各种因素是如何相互制约着，而不是在因果关系上依次制约的。而他所犯的一个最大的罪过就是力图用简短的语句来表述深奥的经济学说的恶习。[①]

第三节　续前

现代著作家中，像杰文斯那样具有接近李嘉图的奇才的独创

① 艾希利教授在对这个注解所作的那种发人深省的批判中(作为“李嘉图的复原”的一部分，见《经济学杂志》，第1期)认为，一般相信李嘉图事实上的确认为只有劳动数量才构成生产成本，决定价值，不过“略需修正”；并且认为，对他的这种解释是和他的整个著作极其一致的不容置疑，这种解释曾为许多有资格的学者所接受，否则就没有必要来“重述”他那十分朴素的学说了。但是李嘉图是否被认为在其著作的第一章中没有讲什么东西，仅仅因为他没有不断地重复其中所含的解释这一问题，是一个仁者见仁，智者见智的问题。它不宜于通过辩论来解决。这里并不认为他的学说包含一种完全的价值理论，而只是认为这些学说，就其所及，大体上是正确的。洛贝尔图斯和马克思对李嘉图学说的解释是，利息不包括在决定(或参加决定)价值的生产成本之中，关于这点，当艾希利教授(第480页)确认李嘉图“把利息(亦即超过资本更新的部分)的支付视作当然之事”时，他似乎完全同意这里的看法。

性的人，是极少的。但他对李嘉图和穆勒的判断似乎过苛，并把他们的学说似乎说成是比他们原来所主张的还要狭隘些，科学性较小。他强调他们未曾充分讨论的价值的一个方面的愿望，在某种程度上也许可以用他话来说明："反复的思考和研究使我得到价值完全取决于效用这样一个较新的见解"(《理论》，第一页)。这种说法较之李嘉图由于不慎的省略词句而往往说价值取决于生产成本，其片面性则一，而其错误更大，因为李嘉图只把它看作整个学说的一部分，其余部分他曾试图加以解释。

杰文斯继续说："我们只需仔细地寻出按照我们所持有的商品数量而定的效用增减变化的自然规律，以便求得一个令人满意的交换理论，而供求的普通规律只是这种理论的必然结果……人们往往认为劳动决定价值，然而劳动只是以间接方式，通过供给的增加或减少去改变商品的效用的大小，来决定价值的。"如我们将在下面知道的，在这两种表述中，李嘉图和穆勒从前以几乎相同的粗率而不确切的形式作了后一种表述，但是，他们绝不会接受前一种表述。因为他们把效用增减的自然规律看作是自明的，无须加以详细的解释的。他们认为，如果生产成本对生产者拿来销售的数量没有影响，则它对交换价值也不会有影响；他们的学说暗示着，凡适用于供给的，稍加适当的修正，也适用于需求，如果商品的效用对买主取自市场的数量没有影响，则它对商品的交换价值也不会有影响。那么，让我们来检验杰文斯在他的《政治经济学理论》第二版中所表述的基本论点的因果关系，然后再拿它同李嘉图和穆勒所持的论点加以比较。他说(第 179 页)：

“生产成本决定供给，

供给决定限界效用，

限界效用决定价值。”

如果这种因果关系的序列真正存在，则删去中间环节而只说成本决定价值，也不会有很大的损害。因为如果甲是乙之因，乙是丙之因，丙是丁之因，则甲必是丁之因。但实际上这样的序列是不存在的。

对他的理论的头一个责难是，“生产成本”和“供给”的意义含混，而这种含混是杰文斯理应用他有而李嘉图没有的半数学用语的分析工具来避免的。其次较严重的责难是针对着他的第三个命题。因为一个市场上的不同买主对一种东西所愿支付的价格不仅仅决定于它对他们的限界效用，而决定于限界效用连同他们各自所拥有的购买力数量。一种东西的交换价值在市场上到处都是相同的；但和它相适应的限界效用在任何两个部分都是不相等的。杰文斯在说明决定交换价值的原因中。以“限界效用”代替“消费者恰愿支付的价格”一语时（在本书中，该语简化成“边际需求价格”），他自认为摸着交换价值的底蕴。例如，当描述（第二版，第105页）一个只有小麦的商业团体和另一个只有牛肉的商业团体成交时，他用图代表“一个人”所得的“效用”（沿着一条线测量），和所失的“效用”（沿着另一条线测量）。但这并不符合实际情况；一个商业团体并不是一个人，它所割让的东西对它的所有成员都代表相等的购买力，而却代表着不同的效用。的确，杰文斯自己也意识到这一点。只有用一系列的解释才能使他的说明和现实生活相

一致，这种解释就是以“需求价格”和“供给价格”来代替“效用”和“负效用”。但是，一经这样的修正他的学说大都失去对旧学说的批判力了，如果二者都严格地按字面意义解释，则旧的说法虽不完全确切，似乎比杰文斯和他的追随者曾力图用以代替的理论要正确些。

但是，对他基本理论的正式命题的最大责难是，它没有把供给价格、需求价格和产量说成是彼此制约的（在一定的其他条件下），而说成是按顺序一个决定一个的。正如同一个碗中有三个球，甲、乙、丙彼此相依，不说这三个球在地心引力的作用下彼此制约，而他却说，甲决定乙，乙又决定丙。但是另一个人也许同样合理地可以说丙决定乙，乙又决定甲。我们可以用颠倒他的顺序而提出一个和他同样真实的因果关系序列来回答杰文斯吧：

> “效用决定必须供给的数量，
> 必须供给的数量决定生产成本，
> 生产成本决定价值。
> 因为它决定使生产者照常生产所需要的供给价格。”

让我们转过来再考察李嘉图的学说，这种学说虽然缺乏系统性并有许多可议之处，但在原则上似乎是高明一些，同现实生活比较密切。他在上面所引的给马尔萨斯的信中说，“当萨伊先生认为商品的价值和它的效用成比例时，他对价值这一概念没有一个正确的概念。如果只是买主调节商品的价值的话，他的看法就是正确的；那时，我们会料到，所有的人都愿意按照他们对商品估价的比例，规定商品的价格；但是，从事实看来，买主们在世界上对调节价格所起的作用最小；价格都是由卖主们的竞争来调节的；尽管买主们对铁比对黄金也许真正愿意支付较高的价格，但他们不能这样做，因为供给是由生产成本来调节的……您说，需求与供给调节价值（原文如此）；我认为这等于什么都没说。理由像我在这封信的开头所指出的：正是供给来调节价值，而供给本身又受比较生产成本的制约。用货币计算的生产成本是指劳动和利润的价值”（参阅鲍纳博士所编的《通信集》，第 173—176 页）。他又在第二封信中说，“我既不争辩需求对谷物的价格的影响，也不争辩需求对其他一切东西的价格的影响，但是，供给紧跟在需求后面，并且很快就握有调节价格之权，而在调节价格的时候，供给是为生产成本所决定的。”

当杰文斯著书的时候，这些信还没有发表，但是，在李嘉图的《原理》中，也有类似的见解。穆勒在讨论货币的价值（第三篇，第九章，第三节）时，也提到公认对一切商品适用的供求规律，在货币的场合和在大多数其他东西的场合下一样，是受生产成本规律的支配的，而不是把它置之一边的，因为生产成本如对供给没有影响，则对价值也不会有影响。在总结他的价值理论时（第三篇，第十六章，第一节），他又说：“由此看来，供给和需求似乎支配着各种场合下的价格变动和一切商品的永久价值，而这些商品的供给除了由自由竞争是不能由其他媒介决定的。但是，在自由竞争的制度下，商品大抵是按能给各生产者阶级提供相等利益的价值和价格而相互交换和出售的；而这只有在商品按各自的成本相互交换时才是可能的。”在第二页，提到具有连带生产成本的商品时，他又说，“因为在这里我们没有生产成本，所以，我们必须诉诸存在于生产成本以前的价值规律，更本质的是供求规律。”

杰文斯（第215页）提到上一段的时候，谈到“穆勒思想中所存在的一个错误，即他又回到一个先在的价值规律，亦即供求规律中，事实是在引用生产成本原理时，他始终没有离开供求规律。生产成本只是支配供给的一个条件，从而，只是间接地影响价值”。

虽然这个批评的最后一部分的措辞有可议之处，但它似乎含有一个重要的真理。如果这个批评发表在穆勒活着的时期，则他也许会接受它的；也许因不能表达他的意愿而会撤销“先在”一词。“生产成本原理”和“最后效用”原理无疑是支配一切的那个供求规律的组成部分；每个原理都可以比作一把剪刀的一叶刃片。当一叶不动而裁剪是由另一叶的移动实现时，我们可以粗率地说，进行裁剪的是第二叶；但这种说法不能作为正式的表述，也不是经过深思熟虑的辩护词。[①]

如果杰文斯没有养成一种习惯，谈论实际上只在需求价格和价值之间存在的那些关系，仿佛李嘉图和穆勒认为在效用和价值之间的关系，如果他像古尔诺一样强调（数学形式的运用可能使他这样做）供求与价值所保持的一般关系的基本对称，而这种对称是和那些关系在细节上的显著差别共存的，则他对他们的攻击也许会小些。我们绝不应该忘记，在他著书的时候，人们对价值理论的需求一方却多所忽略，他因提醒人们注意它并发展它而作出了极大的贡献。思想家中，值得我们像对杰文斯那样热诚感激的极少。

① 见第五篇，第三章，第七节。

但是这种感激绝不应该使我们草率地接受他对他以前那些伟大经济学家的批评。①

为了回答而选择杰文斯的攻击似乎是做得对的。因为，尤其是在英国，这种攻击比任何其他攻击更加引人注意。许多别的学者对李嘉图的价值理论也曾有过类似的攻击。其中特别要提到的是麦克里奥先生，他在 1870 年前的著作中，先于其他现代批评家而在形式和内容上对价值和成本的关系的古典理论提出了批评，而这些批评家有的是和杰文斯同时的，如瓦拉斯和门格教授，有的却在杰文斯之后，如庞巴维克和维塞尔教授。

李嘉图对时间因素的疏忽，曾为他的批评家所效法，从而，成为二重误解的源泉。因为他们企图借助于以价值的暂时改变或短期变动的原因为基础的论点来否认关于生产成本和价值之间的关系的最后趋势或原因之原因的学说。无疑地当表述他们自己的见解时，差不多他们所说的一切，按照他们所指的意义解释，都是对的。其中有些是新的，而有好些在形式上却有所改进。但是，他们

---

① 参阅作者在《学术杂志》(1872 年 4 月 1 日)上所发表的关于杰文斯的《政治经济学理论》的论文。在 1911 年他儿子出版的那个版本中有一个讨论利息的附录，是针对那篇论文的(并见以上第六篇，第一章，第八节)。他认为他父亲的理论，“就其所及，是正确的”，虽然他“沿用了李嘉图学派那种不幸的做法，即为了讨论而把某些思想加以抽象化，并以为他的读者懂得它们的关系，同意他的观点的”。这个儿子可以被认为是他父亲的正确的解释者：杰文斯对经济学的贡献无疑是大得可与李嘉图对经济学的卓越贡献相比。但是杰文斯的《政治经济学理论》既有建设性的一面，又有论争性的一面。其中很大一部分是对他在自己序言中所说的“那个能干而顽固的，使经济学误入歧途的李嘉图”的攻击。他对李嘉图的批判，由于假定李嘉图认为价值取决于生产成本，与需求无关，而取得了某些显然不公的辩辞上的胜利。对李嘉图的这种误解在 1872 年为害很大。似乎有必要指出，杰文斯的利息理论，如照他对李嘉图的解释那样加以解释的话，是站不住脚的。

在建立和旧学说截然不同或和旧学说的发展、引申有所区别的崭新的价值理论方面，似乎是没有多大进展的。

这里，仅就李嘉图的第一章中关于支配各种商品的相对交换价值的原因进行了讨论，因为它对后来思想的主要影响是在这个方面。但是，它原来和劳动价格作为尺度货币的一般购买力的标准究竟相宜到什么程度的争论是有关的。在这方面，它的兴趣主要是历史的。但是可以参阅霍兰德尔教授在1904年《经济学季刊》上所发表的那篇著名的论文。

附录十[①]

工资基金学说

第一节　一世纪以前，资本的缺乏使经济学家过分强调资本的供给在工资决定方面所起的作用

十九世纪初期，英国人民虽然很穷，欧洲各国人民则更穷。大多数国家的人口都很稀少，因此，粮价低廉；但是，即使如此，他们还食不果腹，且不能自筹军饷。法国在最初几次胜利后，靠勒索他国度日。而中欧各国如无英国的帮助，就不能维持自己的军队。就连年轻力壮而拥有国家资源的美国也并不富裕；她不能补助大陆上的军队。当时的经济学家们寻求解释；并且认为主要是由于英国的积累资本，而以现在的标准判断这种资本虽为数很少，但在当时，英国的积累资本比起任何别的国家来都多得多。其他各国都很羡慕英国，想效仿英国；但是，它们力不从心，部分是由于别的原因，而主要是由于它们没有足够的资本。它们的年收入都用于直接消费。在这些国家中，没有大批的人，他们存有大量财富，无

① 见本书下卷第六篇第二章第十节。

须立即消费，并把这些财富用于制造机器和能辅助劳动的其他东西上，使劳动能够生产大量物资以供未来消费之用。由于到处（甚至包括英国在内）缺乏资本，由于劳动日益依靠机器的辅助，由于卢梭信徒们的那一套傻话（他们告诉工人阶级，如果他们完全没有资本，他们的生活会大大改善），使他们的说法具有一种特殊的色调。

因此，当时经济学家极端强调的是，首先，劳动需要资本维持即需要已经生产出来的新衣服等等的给养；其次，劳动需要采取工厂、原料贮藏等形式的资本的辅助。当然，工人也许会供给自己资本，但实际上他只有几件衣服和家具，也许还有自己的少数简单工具。而在其他方面他都是依靠别人的储蓄的。劳动者领到的是现成的衣服、可食用的面包，或用以购买这些的货币。资本家得到的是，毛纺成毛线，毛线织成毛布，或土地的耕耘，而只有在少数场合下，才得到供直接使用的商品、供现穿的衣服，或供食用的面包。诚然有一些重要的例外，但雇主和雇工之间一般的交易是，后者所得到的东西是供直接使用的东西，而前者所得到的东西是有助于制造以后行将使用的东西。经济学家们把这些事实表述成：一切劳动都需要资本的维持，不论这种资本属于自己或属于别人；此外，当任何一个人受雇于人时，他的工资照例是从资本家的资本中预付给他的——所谓预付，指的是不等到工人所从事制造的东西可供直接使用的时候。这些简单命题受到很多批评，但是，它们从来没有被任何人所否认，只要他按照它们的原意来理解。

不过，较老的经济学家继续说，工资数量是受资本数量的限制的。而这个命题是不能成立的；充其量它只不过是一种粗枝大叶

的说法而已。它曾给人这样一种想法：一个国家在比方说一年中所能支付的工资数量是一个固定的数量。如果一群工人用罢工的威胁或其他方法而提高了工资，人们会告诉他们，其他工人群众因此会受到损失，而损失的总额恰等于他们的工资增加额。说这种话的那些人也许想到一年只收获一次的农产物。如果一次收获的小麦在次年收获以前势必吃光，如果本国不输入小麦，那么的确，任何人食用的小麦份额如果增加，则其他人恰将减少同样的份额。但是，这点并不能作为一国应付工资数量由该国资本所规定这一命题的口实，这个命题是被称为"庸俗形式的工资基金理论"的一种学说。[①]

第二节　这种夸大可以从穆勒的《价值论》前的第二篇《工资论》中看出来；但在第四篇《分配论》中，却不再有这种扩大。资本和劳动，以及生产和劳动之间相互关系的部分对称

前面已经指出(第一篇，第四章，第七节)，穆勒晚年在孔德和社会主义者及民心的一般趋向的交错影响下，从事强调经济学中和机械因素相对立的人的因素。他欲使人注意那些习俗和社会不断的变迁以及人性的不断改变对于人类行为的影响；他和孔德一致认为从前的经济学家对人性之易变作了过低的估计。正是这种

① 这三段摘自给《合作年刊》写的一篇论文，后又载入《工业报酬会议报告》(1885年)，这个报告含有第六篇头两章的一些主要论点。

愿望推动他晚年从事于经济研究工作，而这种工作和他写《关于未解决的几个问题的文集》时在性质上是不同的；也正是这个愿望诱引他把分配和交换区别开来，并主张分配规律取决于“特定的人类制度”，并随着人类的情感、思想和行动从一种状态转入另一种状态而往往变化不绝。从而，他把分配规律和他认为建立在一成不变的自然基础上的生产规律，以及和他认为与数学的普遍性十分相似的交换规律都对立起来。的确，他有时说，仿佛经济科学主要讨论的是财富的生产和分配，因此，似乎是暗指他把交换理论视作分配理论的一部分。但实际上他把这两种理论区分开了；他在《原理》的第二篇和第四篇讨论《分配》，而在第三篇讨论《交换的机器》（参考他的《政治经济学原理》，第二篇第一章的第一节和第十六章的第六节）。

这样做的时候，他让经济学更合乎人情的那种热诚战胜他的判断，并且促使他工作而没有完全地分析。因为他把主要的工资理论放在供求的说明以前，这样就使他失去满意地讨论工资理论的一切机会；而事实上他竭力主张（《原理》第二篇第十一章第一节），“工资主要取决于人口和资本的比例”；甚或像他后来解释的，取决于“雇佣劳动阶级的人数”和“由用来雇佣劳动的那部分流动资本构成的所谓工资基金总额的比例”。

事实是，分配和交换的理论密切联系得略多于同一个问题的两个方面；其中每个方面都有机械准确性和普遍性的因素，每个方面都有取决于“特定的人类制度并因时因地的不同而不同或行将不同的因素”。如果穆勒认识到这个伟大的真理，他也许不会像他在第二篇中那样力求用工资问题的提出来代替它的解决，而也许会把他在第二篇中的描述和分析同第四篇中关于决定国民收入的因素的精湛的研究结合起来；这样，也许会大大促进经济学的发展。

实际上当他的朋友桑顿跟在郎格、克利夫·莱斯里、杰文斯和其他学者之后，使他相信他在第二篇中的措辞不当时，他完全接受了这个意见，并夸大叙述了他自己的过去错误和他不得不向他的敌人所作的让步。他说(《论文集》，第 4 卷，第 46 页)，“没有这样的自然规律，它生来就使工资不可能上涨到这一点，在这点，它不仅吞尽他(雇主)企图用在营业上的基金，而且还吞尽他除了生活必需品以外所留下的全部私人用费。这种上涨的真正限界是，对他有多大的损害或迫使他歇业的实际考虑，而不是一成不变的工资基金限界。”他并没有说明，他所指的是直接结果还是最后结果，指的是短期还是长期，但不论在哪种场合下，这种说法似乎都是站不住脚的。

就长时期来说，限界定得太高，工资不能长期上涨得几乎吞尽像这里所指的那样多的国民收入。就短时期来说，限界又定得不够高：因为当危险之际一次组织得很好的罢工在短时间内可以向雇主强索一种超过支付该时期原料以后的全部产值，从而，使他在当时的毛利成为负数。的确，不论较旧或较新形式的工资理论都和劳动市场上的任何特定斗争问题没有直接的关系。它取决于斗争双方的力量对比。但是，工资理论对劳资关系的一般政策却有很大的关系。因为它表明那些政策本身含有或不含有它们最终失败的因素；哪些政策可通过适当的组织加以维持；哪些政策最后将使劳资双方都两败俱伤，虽然他们组织得十分完善。

不久凯恩斯在他的《基本原理》中力图用一种他自认为可以避

免攻击的叙述形式来恢复工资基金学说。虽然在他的大部分叙述中他避免了从前的陷阱，但是，他之所以能这样做，只是由于他把这个学说的特征都给解释掉了，从而，所剩下的很少名副其实。不过，他说（第 203 页），“在其他条件不变的情况下，工资率和劳动的供给成反比例的变化”。就劳动供给的急剧增加的直接结果来说，他的论点是对的。但是，在人口增长的一般过程中，不仅资本的供给有某些增加，而且同时劳动的分工也愈细，效率愈高。他使用“成反比例的变化”一语是错误的。他应当说“在短时间内至少向着相反的方向变化”。他进而得出一个“出于意料的结果”，即劳动供给的增加（如系和固定资本与原料一同使用的那种劳动）会使工资基金“随着领工资的人数的增加而减少”。但这只是在工资总额不受生产总额的影响的条件下才会产生的结果；而实际上生产总额是所有影响工资的那些因素中最强有力的因素。

第三节　续前

不妨指出，工资基金的极端形式把工资说成是完全由需求决定的，虽然需求被粗浅地表达为取决于资本的数量。但有些经济学的通俗注释者似乎同时主张工资基金学说和工资铁律（认为工资严格受人的培育费的决定）。当然他们可以把这两种理论都加以改造，并造成一个多少和谐的整体，如凯恩斯后来所做的那样。但似乎他们并没有这样做。

工业受资本的限制这一命题，往往被解释得实际上和工资基金理论意义相同。它可以被解释得正确，但一种类似的解释可以使“资本受工业的限制”一语同样正确。而穆勒之使用它主要和这个论点有关，即用保护关税或其他方法使人们不按他们所喜好的方式来满足自己的需要，一般是不能增加劳动雇佣的总量的。保护关税的影响至为复杂，在这里无法加以讨论；但穆勒显然说得对。就一般而论，用来维持或辅助任何一种保护关税所建立起来的新工业中的劳动的资本，“一定是撤自或停办某种别的工业而来的，在该工业中，它雇用或势必雇用的劳动量，大概等于它在新工业中所雇用的劳动量”。或用比较现代的形式来表述这个论点：这种立法显然既不增加国民收入，也不增加归于劳动的国民收入份额。因为它不增加资本的供给，也不能使劳动的边际效率较之资本的边际效率有所提高。因此，使用资本时须付的利息不会降低；国民收入得不到增加(实际上，几乎一定有所减少)；因为劳动和资本在订约分配国民收入时没有一方能得到新的利益，所以，它们都得不到这种立法的好处。

可以把这个学说颠倒过来说，推动保护关税所建立起来的新工业中的资本所需要的劳动，一定是由撤自或停办某种别的工业而来的，在该工业中，它推动或势必推动的资本量也许等于它在新工业中所推动的资本量。这种说法虽然同样正确，但它不易为一般人所接受。因为货物的买主通常被认为给予卖主以特殊的利益，虽然实际上买主和卖主彼此提供的服务在长期内是同等的。同样，雇主通常被认为给予工人以特殊的利益，虽然雇主和雇工彼此提供的服务在长期内是同等的。这两件事的原因和结果，我们在以后的研究中将大大加以讨论。

某些德国经济学家曾有过这样的论点，他们说，雇主支付工资的资金取自消费者。但这似乎出于一种误解。如果消费者预购个别雇主所生产的东西，则这种说法也许对他适用。但事实上却有相反的常规；消费者往往过期付款，买现成商品时只给一种对它们的延期支配权。不能否认，如果生产者不能出售他的货物，则他在短时间内也许不能雇用工人；但这只是意味着生产组织部分发生障碍。如果机器的一个联杆坏了，则它可以停顿，但这并不意味着机器的原动力就是联杆。

雇主在任何时候所支付的工资额也不是由消费者们对他的货物所付的价格来决定的，虽然雇主对消费者们行将支付的价格的期待对它一般都有很大的影响。诚然无疑，在长时期的正常条件下，消费者们所支付的价格和他们行将支付的价格其实是相同的。但是，当我们从一个雇主的特殊付款转向一般雇主们的正常付款（我们此刻所讨论的其实只是这种付款）时，消费者们就不成其为一个独立的阶级了，因为人人都是消费者。当羊毛或印刷机从库房或车间转移到毛纺工业家或印刷家的手中时，从广义上讲，我们说它们进入消费领域，这种国民收入专用于消费者。而这些消费者也是生产者，这就是说，也是劳动、资本和土地这些生产要素的所有者。儿童和他们所供养的其他的人以及向他们征税的政府[①]只消耗他们的部分收入。因此，认为一般雇主们的资金最后取自一般消费者，无疑是正确的。但那只不过是下述事实的另一种说法而已。一切资金都是国民收入的组成部分，它们被作成适于延期使用而不适于直接使用的形式。如果其中有些现在用于其他目

① 的确除非我们把政府所提供的安全和其他利益算作国民收入的独立项目。

的而不用于直接消费，则它们势必由国民收入的流入加以代替(带有增加额或利润)。①

穆勒的第一个基本命题和他的第四个基本命题即商品需求不是劳动需求是密切地联系着的。但是，这个命题又没有很好地表达他的意见。的确，购买某特定商品的那些人，一般都不供给辅助和维持生产那些商品的劳动所需要的资本。他们只是把资本和雇佣从别的企业转向那种企业，而这种企业的产品是他们增加需求之所必需。但是，穆勒不以证明这点为满足，他似乎是说，把货币用在雇佣劳动上比把货币用在购买商品上对劳动者更加有利。这是一个其中含有点滴真理的意见。因为商品的价格包括工业家和中间人的利润；如果买主充作雇主，则他稍微减少对雇用阶级服务的需求，并且增加劳动需求，正像他不买机制花边而买手织花边所增加的劳动需求那样。但是，这个论点假定，工资是在工作过程中支付的，像一般的做法那样，而商品的价格，照普通的办法，是在商品生产出来以后支付的。我们发现，在穆勒拿来说明他的学说的各种场合下，他的论点暗示着，虽然他自己似乎不知道，消费者从购买商品转向雇佣劳动时，把他自己消费劳动果实的日期推后了。而同样的延期对劳动者产生同样的利益，如果买主用钱的方式没

① 沃克的著作对工资基金这一问题和与其相关的各种论争作了精辟的说明，他所收集的雇工在受酬以前提供服务的那些事例，其实与争论的某些说法有关，而与其主要问题无关。凯南的《生产与分配》(1776—1848)对早期的工资理论有极其尖锐的批评，如果有时是过苛的话。陶西格在《资本与工资》这一重要著作中所采取的态度是比较保守的；欲知文中所说的那些德国理论的详细内容和对它们的批判，英国读者务须参阅此书。

有改变的话。[1]

第四节　产业资本和其他财富形式与工资的关系

在国民收入的整个讨论中，饭店的厨房用具和私人家中的厨房用具同雇用厨师的关系，暗中曾以同等的关系对待的。这就是说，资本就广义的资本而言，它并不仅仅局限于产业资本。不过，关于这个问题还须略加讨论。

人们往往认为，虽然那些稍有或没有自己积累财富的工人们，因资本的增加而大得其利，这里的资本是狭义的资本，它和维持并在工作中辅助劳动的产业资本大体是相同的。但是，他们从不属于自己所有的其他财富形式的增加中很少获得利益。无疑地，有几种财富，它们的存在几乎不影响工人阶级；而他们却差不多由于（产业）资本的每次增加而直接受到影响。因为较大部分的资本是作为他们工作中的工具和原料而通过他们的手的；同时很大一部分是由他们直接使用，甚或消费掉了。[2] 因此，当其他财富形式变成产业资本的时候，工人阶级似乎势必得利，反之则反是。但实际情况并不是这样。如果一般私人不再置车或船，而从资本家那里租用，则对雇佣劳动的需求必然减少。因为从前当作工资支付的

① 见纽马奇所著《政治经济学》第四篇的附录。

② 无论如何根据大多数定义是如此。的确有些人把资本只限于“中间品”，因此，必须把那些旅馆、宿舍和工人住宅（总之，一俟它们被使用以后）不包括在内。但是在附录五的第四节中，已经指出对采用这种定义的严重非难。

部分,现在当作利润归中间人所有。[1]

也许可以反对的是,如果其他财富形式大规模地代替了产业资本,则用来辅助劳动或维持劳动所需要的东西就会感到不足。这也许是某些东方国家的真正危险。但在西方国家尤其是在英国,资本总额在价值上等于工人阶级许多年中所消费的商品总值。那些较之其他形式能直接适应工人阶级需要的资本形式,对它们的需求稍有增加,就会很快地使它们的供给增加,其中有的是由别的国家输入的,或有的是为了适应新的需求而特地生产的。因此,我们不必要为这点担心。如果劳动的边际效率保持得高,则它的纯产品高,从而,劳动工资也高。源源而来的国民收入将分割成几个相应部分,一部分总会提供足够的商品供给,以供工人直接消费之用,一部分把所生产的那些商品充作大量的工具储备。当供求的一般情况决定了其他社会阶级可以随便花用国民收入的那些部分时,当那些阶级的嗜好决定了有多少支出用于现在的满足而有多少支出又用于未来的满足时,那么,不管兰草是来自私人的温室或职业花匠的玻璃温室(因此,它是产业资本),这对工人阶级是无所谓的。

① 见本书下卷附录五第一节。此外,增用需要经常拂拭的铜器家具和日益需要许多室内外佣人的那种生活方式,对劳动需求的作用和使用手工制品以代替昂贵机器与其他固定资本制品的作用相同。雇用大批佣人也许在收入上是一种不智的巨大浪费,但是没有其他同样利己的用钱方法,它能如此直接地增加工人阶级所应得的国民收入份额。

附录十一

几种剩余

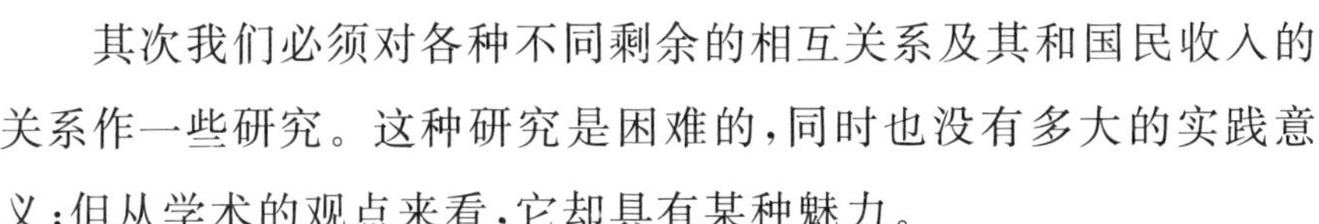
任何生产部门的实际成本总额以几种方式小于和它相应的诸边际成本，从特殊的观点看，其中每一种都可以视作剩余。但是只有那些在文中所讨论的剩余需要加以慎重研究

其次我们必须对各种不同剩余的相互关系及其和国民收入的关系作一些研究。这种研究是困难的，同时也没有多大的实践意义；但从学术的观点来看，它却具有某种魅力。

当国民收入按各种生产要素的边际价格全部配给它的所有者时，它一般还给他提供一种剩余，这种剩余有两个不同的虽然不是独立的方面。它给作为消费者的他所提供的剩余，是由商品的总效用超过他对该商品所曾支付的实际价值的差额构成的。对那些恰能引诱他买的边际购买额来说，二者是相等的。但是，那些他宁愿出较高的价格而不愿不买的购买额部分，给他提供了一种满足的剩余：这是一种作为消费者的他从他的环境或际遇给他提供的便利中得到的真正纯利益。如果他所处的环境改变了，以致使他不能再得到这种商品，并迫使他把用在买这种商品的资金转用在按它们各自的价格他不愿更多买的其他商品(其中的一种商品也许是增进安逸的)上,他就会失去这种剩余。

如某人因直接劳动或自己拥有积累的(亦即获得并储蓄起来的)物质财富而被视作生产者,则他从他的环境所得到的剩余的另一个方面就会看得更加清楚。作为一个工人,他获得工人的剩余,因为他的全部劳动是按那样一种工资率付酬的,在这种工资率下,他恰愿提供最后一部分劳动;虽然其中大部分劳动也许给了他很大的快乐。作为一个资本家(或一般作为任何种积累财富的所有者),他获得储蓄者的剩余,因为他的全部储蓄(亦即等待)是按那样一种利率付酬的,在这种利率下,恰能诱引他提供一部分储蓄。纵令他也许会再储蓄一些,一般说来,他也是按那种利率付酬的,而如果他被迫支付保管费,则他从这些储蓄得到的却是负利息。①

这两种剩余并不是互不相干的。计算它们时很容易把同一种剩余计算两次。因为当我们按照生产者从他的劳动或储蓄所取得的一般购买力的价值计算了他的剩余时,我们就暗中计算了他的消费者的剩余,如果他的嗜好和他所处的环境是既定的话。在分析上这种困难也许可以避免。但实际上要估计并把这两种剩余相加起来是绝不可能的。任何一个人从他的环境中所能得到的消费者的剩余,工人的剩余和储蓄者的剩余,都取决于他个人的嗜好。它们部分地取决于他对消费、劳动和储蓄各自所给予他的满意和不满意的一般感觉,部分地也取决于他的感觉弹性,这就是说,取

① 这点为戈森和杰文斯所强调。并参阅克拉克:《劳工的剩余收益》。

决于那种比率，在这种比率下，它们随着消费、劳动和储蓄各自的增加而变动。消费者的剩余首先和各个商品有关系，其中各部分都对影响获得商品之条件的际遇之改变有直接的感应：而这两种生产者的剩余总是以际遇给予一定数量购买力的那种一般收益来表示的。这两种生产者的剩余是独立的、累积的，在一个人为自己劳动和为自己储蓄的场合下，它们显得各不相同。这两种生产者的剩余和消费者的剩余之间的密切关系可以用下述事实来说明。即在估计鲁滨孙生活中的苦乐时，最简单的是，按照这样的方法计算他的两种生产者的剩余，以便包括他的全部消费者的剩余。

工人大部分的工资在性质上是对培养他能够工作所需要的操劳和费用的延期报酬；因此，估计他的剩余是很困难的。也许他的全部工作几乎都是愉快的；就他的全部工作来说，他也许得到优厚的工资。但是，在权衡人的苦乐时，我们还必须加上他父母和他过去所受的牺牲和劳作。但我们不能清楚地说有多少。在少数人的场合下，也许苦多乐少，不过，有理由认为，在大多数人的场合下，乐多苦少，而在某些人的场合下，乐更多于苦。这个问题既是经济的，又是哲学的；它因下列事实而更加错综复杂：即人的活动本身既是目的又是生产手段，同时清楚地区分人类劳作的直接（或主要）成本与它的总成本是很困难的；问题一定得不到完全解决而被丢下。[①]

当我们来考察物质生产工具的所得时，这个问题在某些方面就比较简单。提供物质生产工具的劳动和等待，提供上面所

① 见第六篇，第五章。

说的那种工人的剩余和等待者的剩余，此外，还提供一种剩余（或准租），即总货币收益超过直接费用的差额，如果我们只就短时期来说。但就长时期来说，在经济科学所有比较重要的问题特别是在本章所讨论的问题中，是不存在直接费用和总费用的区别的。在长时期中，各生产要素的所得按照它们的边际率只足以报酬生产它们所需要的劳作和牺牲的总和。如果小于这些边际率，则供给势必减少；因此，总起来看，在这方面一般是没有额外剩余的。

上面最后一个论点，在某种意义上适用于新开垦的土地；如果我们能追本溯源，则它很可能适用于早开发国家中的许多土地。但是，这种做法会引起历史、伦理学和经济学上的争论问题；而我们当前研究的目的是展望未来，而不是回顾过去；只要向前看，而不要向后看，同时不过问现存土地私有权的适当范围和公平与否，我们知道，作为土地报酬的那部分国民收入，是在其他生产要素的报酬不算作剩余的意义上的一种剩余。

从本章的观点来说明第五篇第八—十章中最后所讨论过的理论。一切生产工具，不论机器、工厂及其建筑用地，或农场，都同样给占有并使用它们的人提供超过特定生产行为之主要成本以上的大量剩余；在长时期的正常状态下，也不给他提供一种超过他购置和使用它们所用的劳作和牺牲及费用以上的特殊剩余（没有和他的一般工人的剩余和等待者的剩余相对立的特殊剩余）。但是，土地和其他生产要素有这样一种区别：从社会的观点来看，土地所提供的是一种永久的剩余，而人造的易坏的东西则否。保持任何生产要素的供给越是需要报酬，它的供给也越是这样的变动，以致它从国民收入中所能汲取的份额和维持该供给的成本一致。而在一个早开发的国家中，土地却处于例外情况，因为它的报酬不受这个原因的影响。不过，土地和其他耐久工具的区别主要是一种程度上的区别。而研究地租的主要兴趣，是由于它说明了一个贯串在经济学中的伟大原理。

附录十二[①]

李嘉图关于农业税和土地改良的理论

他的理论部分是根据潜在的不可能的假设进行的。它虽然在逻辑上站得住脚，但不适用于实际情况

我们关于李嘉图思想的精深及其表达的不完善已经谈了很多，特别是指出了那些使他制定报酬递减规律而不加限制的种种原因。我们这种意见，在他讨论土地改良和农业税的归宿的影响中也同样适用。他对亚当·斯密的批评是极不慎重的；如马尔萨斯所公正指出的(他的《政治经济学》第十节的结束语)，“李嘉图先生一般注意的是永久的最后结果，关于地租他总是采取相反的政策。而只有注意暂时的结果，他才能反驳亚当·斯密的这一论点：即种植稻米或马铃薯比种植小麦会提供较高的地租”。如马尔萨斯继续说：“实际上，有理由相信，地租甚至不会暂时下降，因为把小麦改种稻米必然是逐步的，”则他也许不会很错。

① 参考第六篇，第九章，第四节。

但是认为在一个不能输入很多小麦的国家中，很容易这样来调整田赋和阻碍土地改良，以致使地主阶级在短时间内大发横财，而使人民大众贫困不堪，在李嘉图的时代具有重大的实际意义，甚至现在认识这一点也是有莫大的科学兴趣的。毫无疑问，当人民贫病交加的时候，地主阶级的钱袋势必受到损害。但这个事实并不能削弱李嘉图的下述论点：即他一生中农业价格和地租的暴涨，表明了国家所受的损害比地主阶级所受的利益大得不能较量。但是，让我们来考察李嘉图的某些论证，而这些论证是他喜欢从定义明确的假设开始的，以便求出引人注意的精确结果；而这些结果读者可以自行综合，以便使它们能应用于现实生活。

我们首先假定，某个国家所种植的“小麦”是绝对必需的；也就是说，小麦的需求没有弹性，它的边际生产成本的任何变动，只会影响人们对它所支付的价格，而不会影响它的消费量。其次假定，小麦不进口。那么，对小麦征收十分之一的税的结果，就会使它的实际价值提高，直到和以前一样多的十分之九足以报酬边际投资量，从而，各宗投资量为止。因此，每块土地的小麦总剩余和以前一样；但是，十分之一的小麦既当作租税而被征用，所以，余下的只是以前小麦剩余的十分之九。因为它各部分的实际价值都按九与十之比上升，所以，实际剩余不变。

但是，农产品的需求绝对没有弹性的这一假设是一个反常的假设。其实价格上涨势必使某些农产品（如果不是主要粮食）的需求有所减少，因此，小麦价值（即总产量的价值）永不会和税额成正比例的上涨，而在一切土地耕作中所运用的劳动和资本将有所减少。从而，一切土地上的小麦剩余势必减少，但减少的比例却因地而异。既然十分之一的小麦剩余当作租税而被征用，同时它各部分的实际价值都按小于九与十之比上升，所以，实际剩余有双重的下降(本书上卷图 12—14 把这些推理同时译成几何学用语)。

在现代条件下，小麦的自由进口使租税不能大大提高它的实际价值，这种实际剩余会下降得很快；即使没有进口，如果小麦实际价值的上涨使人口减少，或至少很可能降低劳动人民的生活水准和效率，也会逐渐产生同样的结果。降低生活水准和效率的这两种影响对生产者的剩余也有类似的作用；二者使劳动对雇主很贵，而后者又使工人的实际计时工资低微。

李嘉图关于所有这些问题的推理，是很难理解的：因为他往往不加说明，当他不再讨论那些“直接的”并和人口的增长相较而属于“短时期”的结果，就转向那些“最后的”和属于“长时期的”结果，而在长时期中，农产品的劳动价值有时间大大地影响人口的数量，从而，影响农产品的需求。如果补充了这种解释，则他的推理很少有站不住脚的地方。

现在我们可以考察他就农艺改良的影响所提出的论点，他把农业改良分为两类。而特别饶有科学兴味的是他对第一类的讨论。所谓第一类的改良是指“我能用较少的资本获得同样的产量，而不破坏相续资本部分的生产力之间的差别”的改良；①当然，为了他的一般论证，可以忽略这一事实：即任何一种改良对一块地的贡献比对另一块地要大些(参阅本书第四篇，第三章，第四节)，和

① 《全集》，第二章，第 42 页。参阅凯南的《生产与分配》，1776—1848，第 325—326 页。李嘉图对两类改良的区别并不完全令人满意，这里无须加以讨论。

以前一样，李嘉图假定小麦的需求没有弹性，他证明，资本将从较贫瘠的土地（或从较肥沃的土地的较多的集约经营）撤回，因此，在最有利条件下投资所得的用小麦计算的剩余（即如我们所指的小麦剩余）和那些不是像以前处于耕作边际的土地相较，将是一种剩余；由于根据假设二次投资的生产力的差别不变，所以，小麦剩余势必减少，当然，这种剩余的实际价值和劳动价值下降得更多。

这点可以用右图来说明；图中曲线 AC 代表当作一个农场的全国土地对各宗资本和劳动的投资所提供的收益。各宗劳动和资本并不是按它们投资的顺序，而是按它们生产力的顺序来排列的。均衡时的投资量是 OD。小麦的价格是使收益 DC 适足以报酬一宗投资的价格；面积 $AODC$ 代表小麦的全部产量，其中 AHC 代表小麦剩余总额。（不妨指出，使该图代表全国而不代表一个农场在解释上的唯一变动是源于这一事实：即我们现在不能像过去那样假设所有各宗资本都是在同一邻区投放的。从而，同一种农产品的相等部分的价值也是相等的。但是，我们可以克服这个困难，办法是，把运输农产品到共同市场的费用算作它的部分生产费；每宗资本和劳动中有一定的部分充作运输费用。）

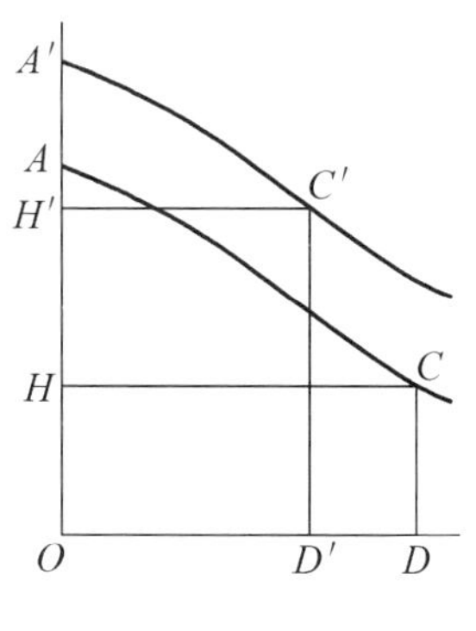

图(40)

李嘉图第一类的改良，将使在最有利条件下的投资量的收益从 OA 增加到 OA'，使其他投资量的收益也有所增加，但不按相同的*比例*而是按相等的*数量*增加的。结果是，新产量曲线 $A'C'$ 将是旧产量曲线 AC 的重复，但是比它高出 AA' 一段的距离。因此，如果对小麦的需求是无限的，以致仍能维持原有的各宗投资量 OD，而仍有利可图，则小麦剩余仍和改变以前一样。但实际上这样一种直接增产是不可能有利的；因此，这种改良势必减少小麦剩余总额，根据李嘉图在这里所作的假设：总产量完全没有增加，只有 OD' 的投资量，因 OD' 由 $A'OD'C'$ 等于 $AODC$ 这一条件所决定；则小麦剩余总额将缩减至 $A'H'C'$。这个结果不以 AC 的形状，也就是说，不以李嘉图为了证明自己的论点而采用的特定数字为转移。

这里我们可以顺便指出，数字例证一般只能可靠地用作说明，而不能用作证明。因为要知道这个结果是否暗含在证明该特定事例所用的数字之中，比独立决定该结果是真是假，还要困难得多。李嘉图本人没有受过数学上的熏陶。但是，他的直觉才能是无比的；有修养的数学家在最危险的推理过程中很少有像他那样安全可靠的。甚至穆勒那种锐利的逻辑才智也是不胜任这种工作的。

穆勒特地指出，一种改良使对不同种类的土地的投资的收益按相等的比例增加，比按相等的数量增加更加可能（参阅他的第二个例证，《政治经济学》，第四篇，第三章，第四节）。他没有注意，这样做他就取消了李嘉图严密论证的基础，而这个基础是，改良并不改变不同投资在利益上的差异。虽然他和李嘉图都得到相同的结果，但那只是因为他的结果已经暗含在他的说明数字中了。

右图有一种趋势表明，有一类经济问题是不能由那些既没有李嘉图的天才，又不借助于把关于报酬递减或供求规律的经济力量表现成一个连续整体的数学或图表的工具的人来解决的。此图中曲线 AC 的意义和上图中相同；但改良对各宗资本和劳动有增

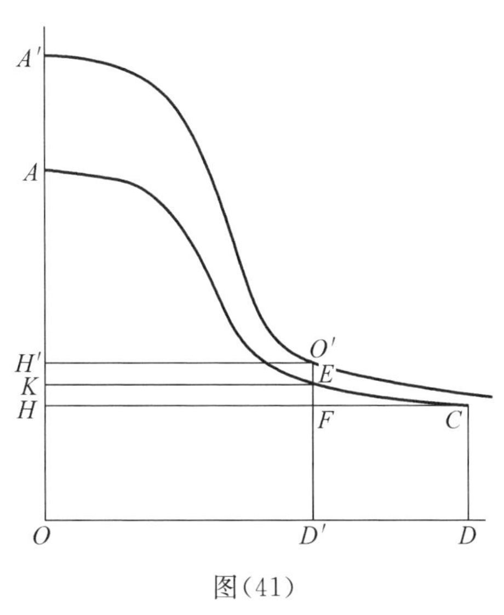

图(41)

加三分之一收益的作用,也就是说,增加的是一个相等的比例,而不是一个相等的数量。新产量曲线 $A'C'$ 位于 AC 之上,且曲线的左端比右端是高得多的。耕作只限于 OD' 投资量,代表新产量总额的面积 $A'OD'C'$ 和以前一样等于 $AODC$;而 $A'H'C'$ 和以前一样是新小麦剩余总额。那么,很容易证明,$A'H'C'$ 等于 AKE 的 $1\frac{1}{3}$,而 $A'H'C'$ 大于或小于 AHC 却取决于 AC 的特定形状。如果 AC 是一条直线或近于一条直线(穆勒和李嘉图的数字代表产量直线上的点),则 $A'H'C'$ 势必小于 AHC;而根据我们图中 AC 的形状,$A'H'C'$ 大于 AHC。因此,就结论来说,穆勒的论证是而李嘉图的不是取决于他们所假定的总产量曲线的特定形状的。

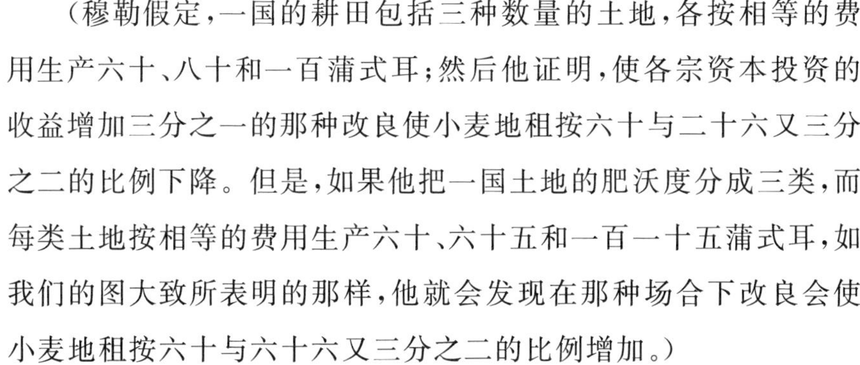
(穆勒假定,一国的耕田包括三种数量的土地,各按相等的费用生产六十、八十和一百蒲式耳;然后他证明,使各宗资本投资的收益增加三分之一的那种改良使小麦地租按六十与二十六又三分之二的比例下降。但是,如果他把一国土地的肥沃度分成三类,而每类土地按相等的费用生产六十、六十五和一百一十五蒲式耳,如我们的图大致所表明的那样,他就会发现在那种场合下改良会使小麦地租按六十与六十六又三分之二的比例增加。)

最后不妨指出，李嘉图关于改良对地租的可能影响的见解，既适用于农业土地，又适用于城市土地。例如，美国建造带有电梯的十六层高的钢筋百货大楼的计划，假如由于建筑技术、照明、通风设备和电梯制造的改进，立刻变得既有效率，又可提供经济和方便。如果真是这样，则各城中的商业区所占的土地面积就比现在要少些；而大批的土地就会转向报酬较低的用途方面；其最终结果也许很可能是城市地基价值总额的下降。

数学附录

注 1(本书上卷第三篇第三章第一节) 边际效用递减规律可说明如下:如果 u 是某商品 x 量在某时间内对某人的总效用,则边际效用$=\frac{du}{dx}\cdot\delta x$,而$\frac{du}{dx}$测量的是**边际效用度**。杰文斯和其他学者用"最后效用"来表示他在别处叫做最后效用度的东西。究竟哪种表示方法更加方便是值得怀疑的,但其中并不牵涉原则问题。$\frac{d^2u}{dx^2}$在文中所述的限制条件下总是负数。

注 2(本书上卷第三篇第三章第三节) 如果 m 是某人某时所拥有的货币或购买力的数量,μ 代表它对他的总效用,则$\frac{d\mu}{dm}$代表货币对他的边际效用度。

如果 p 是他对给他提供总快乐 u 的商品量 x 所恰愿支付的价格,则

$$\frac{d\mu}{dm}\Delta p=\Delta u;\frac{d\mu}{dm}\frac{dp}{dx}=\frac{du}{dx}。$$

如果 p'是他对给他提供总快乐 u'的另一种商品量 x'所恰愿支付的价格,则

$$\frac{d\mu}{dm}\cdot\frac{dp'}{dx'}=\frac{du'}{dx'};$$

因此 $$\frac{dp}{dx}:\frac{dp'}{dx}=\frac{du}{dx}:\frac{du'}{dx'}。$$

（参考杰文斯关于交换理论的那一章，第151页）

他的资金的每次增加减少货币对他的边际效用度；也就是说，$\frac{d^2\mu}{dm^2}$总是负数。所以，商品量 x 对他的边际效用不变，他的资金的增加使$\frac{du}{dx}\div\frac{d\mu}{dm}$有所增加；也就是说，它增加$\frac{dp}{dx}$，亦即一种比率，在这种比率下，他愿意买更多的商品。我们可以把$\frac{dp}{dx}$看作是 m，u 和 x 的函数；那么，我们的$\frac{d^2p}{dmdx}$总为正。当然，$\frac{d^2p}{dudx}$总为正。

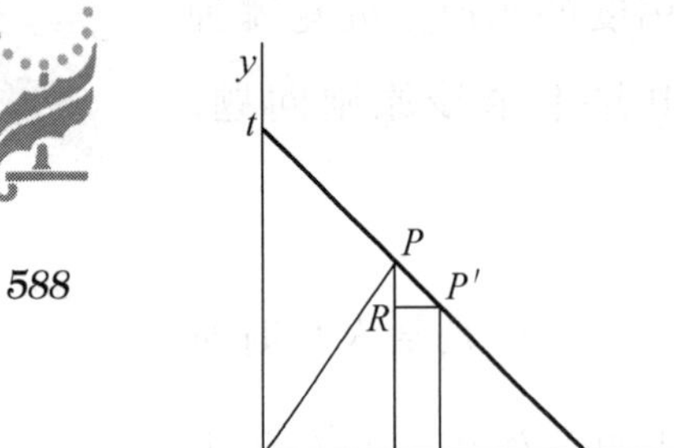

注3（本书上卷第三篇第四章第一节） 设 P，P'为需求曲线上的二连续点，作 PRM 垂直于 Ox，设 PP'交 Ox，Oy 于 T，t；因此，$P'R$ 是因单位商品价格减少 PR 而增加的需求量。

因此，P 点的需求弹性是由下列的公式测定的：

$$\frac{P'R}{OM}\div\frac{PR}{PM}，即\frac{P'R}{PR}\times\frac{PM}{OM}，$$

$$即\frac{TM}{PM}\times\frac{PM}{OM}，$$

$$即\frac{TM}{OM}或\frac{PT}{Pt}。$$

当 P 与 P'之间的距离无限缩小时，则 PP'成为一切线，从而，证明了该章节所述的命题。

显然，相互改变测量平行于 Ox 与 Oy 的距离的比例尺，并不能改变弹性的测量。但用平面图的方法很容易求得这个结果的几何证明。从分析上来说，很明显，作为测量弹性的分析式的 $\frac{dx}{x} \div \frac{-dy}{y}$，并不改变它的值，如果曲线 $y=f(x)$ 是按新的比例尺作图，从而，它的方程式成为 $qy=f(px)$；其中 p 与 q 均为常数。

如果就商品的所有价格来说，需求弹性等于一，则价格的任何下降将使购买量成比例地增加。因此，买主们购买该商品所支出的总数将不变。因此，这样的需求可以叫做**支出不变的需求**，而代表这种需求的曲线可以叫做**支出不变曲线**（a constant outlay curve），它是直角双曲线，以 Ox，Oy 为其渐近线。许多这样的曲线是由下图中有虚点的曲线来表示的。

看惯这些曲线是有好处的。因此当一个人看到一条需求曲线

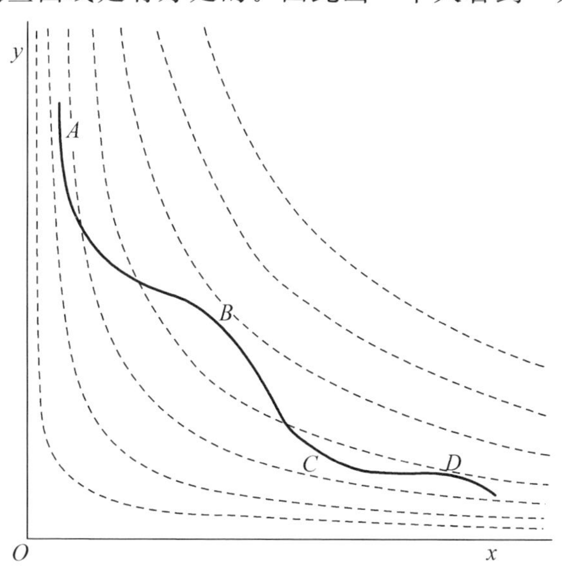

时，他就能立即辨别它是否在某点比通过该点的支出不变曲线部分以较大或较小的角度向 x 轴倾斜。在薄纸上画些支出不变曲线，再把纸置于需求曲线上，就可以得到较精确的结果。例如，用这种方法立即可以看到，图中需求曲线在 A，B，C，D 各点所代表的弹性约等于一：在 A 与 B 之间以及在 C 与 D 之间它所代表的弹性大于一，而在 B 与 C 之间它所代表的弹性却小于一。这种做法很容易发现关于某商品需求的性质的假设的性质，而这种假设是暗含在作任何形状的需求曲线之中；同时还可以提防无意识地引用不可能的假设。

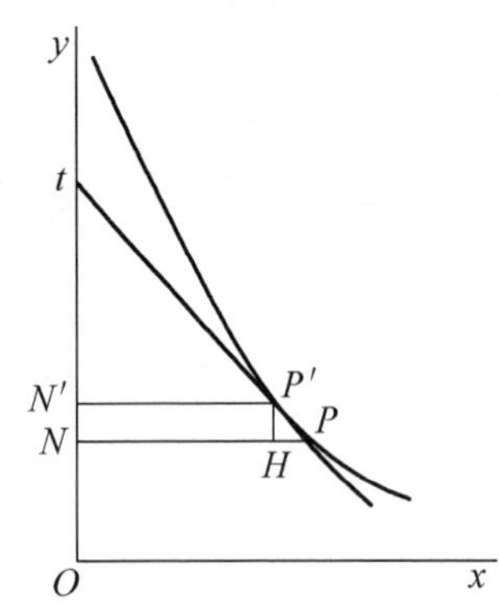

各点需求弹性等于 n 的需求曲线的一般方程式为 $\frac{dx}{x}+n\frac{dy}{y}=0$，亦即 $xy^n=C$。值得注意的是，在这样的曲线上 $\frac{dx}{dy}=-\frac{C}{y^{n+1}}$；这就是说，由于价格的微跌而需求量的增加部分和价格的 $(n+1)$ 的乘方成反比。在支出不变曲线的场合下，它和价格的平方成反比；或和数量的平方成正比，二者皆相同。

注 4(本书上卷第三篇第四章第五节)　因经过的时间是沿着 Oy 向下测量的；所记载的消费量是由和 Oy 的距离测量的；从而，P 与 P' 是代表消费量增长的曲线上的两个邻点，所以，在很小的单位时间 NN' 内的增长率为

$$\frac{PH}{P'N'}=\frac{PH}{P'H}\cdot\frac{P'H}{P'N'}\frac{PN}{Nt}\cdot\frac{P'H}{P'N'}=\frac{P'H}{Nt};$$

因为 PN 与 $P'N'$ 在极限上相等。

如果我们把一年作为时间单位，我们就求出年增长率为 Nt 年数的倒数。

如果 Nt 等于 c（曲线上各点的常数），则增长率不变，并等于 $\frac{1}{c}$。在这个场合下，对于所有 x 值来说，$-x\frac{dy}{dx}=c$；亦即此曲线的方程式为 $y=a-c\log x$。

注 5（本书上卷第三篇第五章第四节） 我们在正文中已经知道，对于未来快乐的折现率大多是因人而异的。设 r 为年利率，它必须与现在的快乐相加，以便使现在的快乐与未来的快乐相等（当未来的快乐出现时，它对于快乐的享有者具有相等的数量），则 r 对于某人也许是 50%，甚或 200%，而对于他的邻人却是一个负量。此外，有些快乐比另外一些快乐更当紧。甚至可以想象的是，某人也许随便地把未来的快乐折成现值，他也许情愿把某种快乐延期两年，几乎和延期一年一样；或反之，他也许极力反对延期很长，而几乎不反对延期很短。关于这种不规则性是否为经常现象，意见多不一致，这个问题是很难决定的；因为权衡一种快乐纯粹是主观的，即便确实出现了不规则现象，也是很难觉察的。在没有不规则现象的那种场合，折现率对于各种时间因素将不变，或换一句话说，它将遵守指数规律。如果 h 代表机遇率为 p 的未来快乐量，而这种快乐如果出现则出现于时间 t 内，如果 $R=1+r$，则快乐的现值为 pht^{-}，但绝不应该忘记，这种结果属于快乐论，而不属于经济学。

仍根据同一假设，我们可以论证说，如果 w 为某人因拥有（比

方说)一架钢琴而在时间因素 Δt 内所享有的快乐因素 Δh 的机遇率,则钢琴对他的现值为 $\int_{o}^{T} wR^{-t}\frac{dh}{dt}dt$ 。如果我们包括某事件在不论多长的时间内所产生的全部快乐,我们就必须使 $T=\infty$。如果用边沁的话来说快乐的来源是“不纯的”,则对 t 的某些值来说,$\frac{dh}{dt}$也许将为负数;当然,积分的全值也许是负数。

注 6(本书上卷第三篇第六章第四节) 如果 y 为某商品 x 量在某市场能找到买主的价格,$y=f(x)$为需求曲线方程式,则该商品的总效用的测定如下:

$$\int_{o}^{a} f(x)dx\text{,其中 } a \text{ 为所消费的数量。}$$

但是,如果该商品的数量 b 是维持生命所必需的数量,则对小于 b 的各 x 值来说,$f(z)$将为无限量,或至少是无限大。因此,我们必须假定生命的存在,而单独计算该商品超过绝对必需品的供给部分的总效用:当然,它为 $\int_{b}^{a} f(x)dx$。

如果有几种商品,它们将满足同样迫切的需要,例如,水和牛奶都能止渴,则我们认为,在一般生活条件下,必要的供给只取自最便宜的商品这一简单的假设,是不会有什么大错的。

必须指出,在讨论消费者的剩余时我们假定,货币对个人买主的边际效用始终不变。严格说来,我们应当计及这一事实,即如果他在茶叶上用的货币较少,则货币对他的边际效用不如现在那样大,他会从购买那些以现在不给他提供消费者剩余的价格的其他东西而获得消费者的剩余。但是,根据作为我们全部推理的基础的假设，即他用在任何一种东西如用在茶叶上的支出只占他全部支出的一个很小的部分，这些消费者的剩余的变动是可以忽略的（比较第五篇，第二章，第三节）。如果由于某种原因有必要计及他用在茶叶上的支出对货币对他的价值所发生的影响，则只须在上述积分中用 $f(x)$乘 $xf(x)$（即他已经用在茶叶上的货币量）的函数即可，这个函数代表他所拥有的货币减少该数量以后货币对他的边际效用。

注 7（上卷第三篇第六章第六节） 因此，如果 $a_1, a_2, a_3 \cdots$为几种商品的消费量，其中 b_1, b_2, b_3 是维持生命所必需的，如果 $y=f_1(x), y=f_2(x), y=f_3(x)\cdots$是它们的需求曲线方程式，如果我们可以忽略财富分配的种种不均，那么，在假定维持生存的条件下收入的总效用可以用下式表示：

$$\Sigma\int_b^a f(x)dx,$$

如果我们能找到一种方法，把满足同样需要的一切东西和它们的竞争品以及各类在服务上相互补充的东西（第五篇，第六章）列入一条共同的需求曲线中。但我们是不能这样做的。因此，公式只是一个一般的式子而已，没有实用价值。参阅本书上卷第三篇第六章第三节最后两个附注，及注 14 之后一部分。

注 8（本书上卷第三篇第六章第六节） 如果 y 是某人从他的收入 x 中所获得的满足，如果我们照伯努利假定，不论他有多少收入，他每增加百分之一的收入所增加的满足不变，当 K, C 皆为常数时，我们求得

$$x\frac{dy}{dx}=K, \quad \therefore y=K\log x+C。$$

我们再照伯努利假定，a 是用来购买生活必需品的那部分收入，如收入小于 a，则苦多于乐，如收入等于 a，则二者相等；于是我们的方程式就变成 $y=K\log\frac{x}{a}$。当然，K 与 a 因各人的性情、健康、习惯和所处的社会环境的不同而不同。拉普拉斯把 x 命名为物质境遇，把 y 命名为精神境遇。

伯努利似乎曾认为 x 与 a 是代表一定的财产数量，而不是代表一定的收入数量的；但是，我们无法估计维持生命所必需的财产，如果不知道它维持生命用多长的时间，也就是说，如果不实际上把它当作收入的话。

在伯努利以后最引人注意的一种臆测也许要算克拉姆尔的那个建议了，他说财富所提供的快乐可以看成是和它的数量的平方根成正比例而变化的。

注 9(上卷第三篇第六章第六节)　公平的赌博是一种经济上的错误这一论点，一般是根据伯努利的假设或其他一定的假设的。但它所需要的假设只不过是：首先，赌博之乐可以不计；其次，对 x 的一切值来说，$\phi''(x)$ 为负，而 $\phi(x)$ 为取自等于 x 的财富的快乐。

因为假定某特殊事件发生的机会为 p，某人以 py 和行将发生的 $(1-p)y$ 相赌。这样做，他就把他的快乐的预期从 $\phi(x)$ 改变到 $p\phi\{x+(1-p)y\}+(1-p)\phi(x-py)$。用泰勒定理展开后，这个式子变为

$$\phi(x)+\frac{1}{2}p(1-p)^2y^2\phi''\{x+\theta(1-p)y\}$$

$$+\frac{1}{2}p^2(1-p)y^2\phi''(x-\theta py);$$

假定对 x 所有的值来说，$\phi''(x)$为负，它总小于 $\phi(x)$。

的确，这种可能的快乐的损失未必大于从赌兴中所得的快乐，从而我们又回到用边沁的话来说赌博之乐是“不纯的”这个归纳上去了。因为经验表明，它多半产生一种急躁而狂热的性格，既不适于坚持不渝的工作，又不适于生活中日常高尚的快乐。

注 10(本书上卷第四篇第一章第二节)　依注 1 的同样原理，让我们用 v 代表一个劳动量 l 的负效用或不便利，则$\frac{dv}{dl}$为劳动的边际负效用度；在正文所述的限制条件下，$\frac{d^2v}{dl^2}$为正。

设 m 为某人所拥有的货币或购买力的数量，μ 是它对他的总效用，因此，$\frac{d\mu}{dm}$为它的边际效用。从而，如果 Δw 为诱引他提供劳动 Δl 所必须支付的工资，则 $\Delta w\frac{d\mu}{dm}=\Delta v$，与$\frac{dw}{dl}\cdot\frac{d\mu}{dm}=\frac{dv}{dl}$。

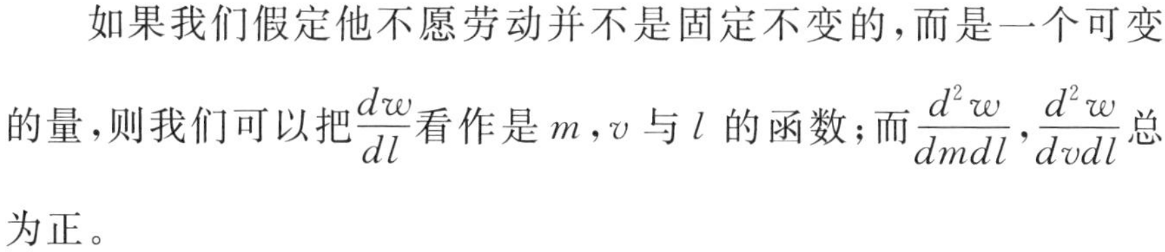

如果我们假定他不愿劳动并不是固定不变的，而是一个可变的量，则我们可以把$\frac{dw}{dl}$看作是 m，v 与 l 的函数；而$\frac{d^2w}{dmdl}$，$\frac{d^2w}{dvdl}$总为正。

注 11(本书上卷第四篇第八章第五节)　如果任何一种鸟类开始获得水栖习惯，则趾间的蹼的每次增长(不论由于天然淘汰的作用逐渐而来，或由于运动迅速而来)，将使它们更加适宜于水栖生活，并使它们繁殖的机会更取决于蹼的增长。因此，如果 $f(t)$是 t 时的蹼的平均面积，则蹼的增长率随着蹼的每次增长而增长(在一定的限度内)，从而，$f''(t)$为正，根据泰勒定律我们知道

$$f(t+h)=f(t)+hf'(t)+\frac{h^2}{1.2}f''(t+\theta h);$$

如果 h 是大的，因此，h^2 则更大，那么，即使 $f'(t)$是小的，而 $f''(t)$从来不是大的，则 $f(h+t)$也将比 $f(t)$大得多。十八世纪末和十九世纪初微积分用于物理学上所造成的进步与进化论出现之间的关系，远不是表面的。在社会学和生物学中，我们逐渐学会观察各种力量的累积影响，这些力量最初虽然很弱，但是，由于它们的影响的增长而愈来愈强；泰勒定律是一般的形式，而各种这样的事实是它的特殊体现；或如果一种以上的原因的作用同时加以考虑，就相应地有几个变数的一种函数。即使进一步的研究证实了孟德尔主义者所持的见解，即种的逐渐改变是由个体与一般类型的很大差异演化而来的，则上述结论也是站得住脚的。因为经济学是关于人类，关于特定国家，关于特定社会阶层的研究；它只是间接地涉及那些非凡天才家和穷凶极恶者的生活的。

注 12 甲(本书下卷第五篇第二章第一节)　如在注 10 中所述，如果 v 代表某人为获得他能享有快乐 u 的商品量 x 而必须提供的劳动量的负效用，则当$\frac{du}{dx}=\frac{dv}{dx}$时，更多的商品供应所产生的快乐将等于获得那些商品的痛苦。

如果把劳动的痛苦看作是负快乐，而我们用 $U\equiv -v$；则$\frac{du}{dx}+\frac{dU}{dx}=0$，即 $u+U=$劳动终止点上的最大量。

注 12 乙(本书下卷附录六)　埃杰沃斯教授在 1891 年 2 月的《经济学家杂志》(*Giornale degli Economisti*)所发表的论文中作

了如下的一个图，这个图代表我们在附录六所述的苹果与胡桃的各种交换场合。Ox 表示苹果，Oy 表示胡桃：$Op=4$，$pa=40$；a 代表 40 个胡桃与 4 个苹果交换的第一次交易的结束，在交易中，甲开始时占了便宜；b 代表第二次交易场合，c 代表最后一次的交易场合。另一方面，a'，b'，c'，d'各代表第一次，第二次，第三次以及最后一次的交易场合，其中乙开始时占了便宜。QP 是 c 与 d'必然位于其上的轨迹，埃杰沃斯教授称它为交易曲线。

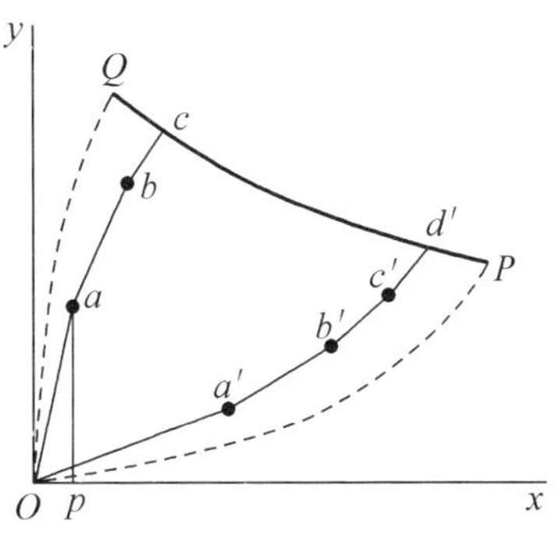

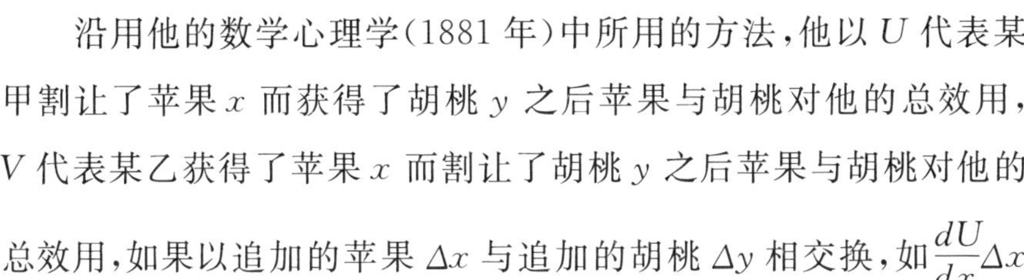

沿用他的数学心理学（1881 年）中所用的方法，他以 U 代表某甲割让了苹果 x 而获得了胡桃 y 之后苹果与胡桃对他的总效用，V 代表某乙获得了苹果 x 而割让了胡桃 y 之后苹果与胡桃对他的总效用，如果以追加的苹果 Δx 与追加的胡桃 Δy 相交换，如 $\frac{dU}{dx}\Delta x+\frac{dU}{dy}\Delta y=0$，则交换对某甲将可有可无，如 $\frac{dV}{dx}\Delta x+\frac{dV}{dy}\Delta y=0$，则交换对某乙将可有可无。因此，这两个方程式是图中无差异曲线 OP 与 OQ 的方程式；而作为对某甲和某乙同时都是无差异的交换条件的点的轨迹的交易曲线，具有这样的方程式：

$$\frac{dU}{dx}\div\frac{dU}{dy}=\frac{dV}{dx}\div\frac{dV}{dy}。$$

如果胡桃对某甲和某乙的边际效用都是不变的，则 $\frac{dU}{dy}$ 与 $\frac{dV}{dy}$

都不变；U 变为 $\phi(a-x)+ay$，而 V 变为 $\psi(a-x)+\beta y$；交易曲线变为 $F(x)=0$，或 $x=C$；亦即它是一条平行于 Oy 的直线，各无差异曲线所给予 $\Delta y:\Delta x$ 之值是 C 的函数；从而，证明物物交换不论从哪条路径开始，在交换苹果 C 的那点均衡行将出现，而最后的交换比率是 C 的函数；也就是说，它也是一个常数。运用埃杰沃斯教授用数学表述的物物交换理论来证明文中所得到的结果，最初是由贝利先生进行的，并把它发表在 1891 年 6 月的《经济》杂志上。

埃杰沃斯教授以 U 与 V 代表 x 与 y 的一般函数的方法，对于数学家有很大的吸引力；但是，就适应表述经济生活中的日常事实来说，它远不及把苹果的边际效用只看作 x 的函数，像杰文斯那样的做法。在这种场合下，如在所讨论的特殊事例中所假设的那样，如果某甲开始时没有胡桃，则 U 所采取的形式是

$$\int_o^x \phi_1(a-x)dx+\int_o^y \psi_1(y)dy;$$

V 的形式也相同。而交易曲线方程式的形式是

$$\phi_1(a-x)\div\psi_1(y)=\phi_1(x)\div\psi_2(b-y);$$

这个方程式是杰文斯所著《政治经济学理论》(第二版，第 108 页)中的交易方程式之一。

注 13(本书下卷第五篇第四章第一节)　用注 5 中所用的符号，让我们把开始建造房屋的日期作为我们时间的起点，并设 T' 为建造期间所占用的时间，则他对该房屋所预期的快乐的现值为：

$$H=\int_{T'}^{T}\tilde{\omega}R^{-t}\frac{dh}{dt}dt。$$

设 Δv 为他在时间 Δt 中(即在时间 t 与时间 $t+\Delta t$ 之间)建造房屋将出的劳作要素。则劳作总额的现值为：

$$V=\int_{o}^{T'}R^{-t}\frac{dv}{dt}dt。$$

如果需要劳作与否尚难逆料，则各种可能因素必须加以计算，并乘以需要劳作的机遇率$\tilde{\omega}'$；那么，V就等于

$$\int_{o}^{T'}\tilde{\omega}'R^{-t}\frac{dv}{dt}dt。$$

如果我们把起点移至竣工日期，则我们得出：

$$H=\int_{o}^{T_1}\tilde{\omega}R^{-t}\frac{dh}{dt}dt，与 V=\int_{o}^{T'}\tilde{\omega}R^{t}\frac{dv}{dt}dt。$$

其中$T_1=T-T'$；这个起点，虽从数学的观点来看，比较勉强，但从一般商业的观点来看，却更加自然。我们采取这个起点时，就知道，V是所受苦痛的预计总额；其中各自都实际上负有等待的累积负担，这种等待就是从所用的时间和开始收到成效的时间之间的等待。

杰文斯关于投资的讨论，因代表投资的函数是一次式这一不必要的假设，而受到了一些损害；当他讨论戈森的著作，而指出对他（和惠威尔）所用的以直线代替那些表示经济数量变异的真实性质的多样曲线的方法之反对意见时，这种损害就更加明显。

注14甲（本书下卷第五篇第四章第四节） 设$a_1,a_2,a_3\cdots$为某人按既定计划建造房屋所用的各种不同的劳动，如锯木、运石、掘土等的数量；$\beta,\beta',\beta''\cdots$为该房根据该计划所提供的各种不同的便利，如休息室、卧室和办公室等的数量；那么，按前注中的用法使用V与H时，V,β,β',β''皆为$a_1,a_2,a_3\cdots$的函数，而H既为β,β',β''之函数，所以，也是$a_1,a_2,a_3\cdots$之函数。因此，我们必须求出每种劳动对每种用途的边际投资。

$$\frac{dV}{da_1}=\frac{dH}{d\beta}\frac{d\beta}{da_1}=\frac{dH}{d\beta'}\frac{d\beta'}{da_1}=\frac{dH}{d\beta''}\frac{d\beta''}{da_1}=-\cdots$$

$$\frac{dV}{da_2}=\frac{dH}{d\beta}\frac{d\beta}{da_2}=\frac{dH}{d\beta'}\frac{d\beta'}{da_2}=\frac{dH}{d\beta''}\frac{d\beta''}{da_2}=-\cdots$$

上述方程式表示劳作与利益相等。在木工上稍用额外劳动对他的实际成本，适与他这样做而得到的额外休息室或卧室的利益相等。但是，如果他自己不劳动，而雇用木工来做，则我们必须用 V 代表的就不是他的劳作总额，而是他的一般购买力的支出总额。那么，他对木工追加劳动所愿支付的工资率，亦即他对木工劳动的边际需求价格，是由$\frac{dV}{da}$来测量的；而$\frac{dH}{d\beta}$，$\frac{dH}{d\beta'}$是用货币表示的额外休息室和卧室各自对他的边际效用，亦即他对它们的边际需求价格；$\frac{d\beta}{da}$，$\frac{d\beta'}{da}$为建造这些房间的木工的边际效率。这些方程式的意思是说，木工劳动的需求价格有等于额外休息室的需求价格，以及额外卧室等的需求价格各自乘以增建这些房间所用木工劳动的边际效率的趋势（各个要素都选用适当的单位）。

如把上述论点加以概括，以便包括市场上对木工劳动的各种不同的需求，它就等于：木工劳动的（边际）需求价格等于木工劳动在增加任何产品供应中的（边际）效率乘该产品的（边际）需求价格。或换言之，一个单位的木工劳动的工资有等于该劳动借以生产的，代表一个单位木工劳动的边际效率（就该产品而言）的那部分产品的价值的趋势；或用我们在第六篇第一章中将加以大力讨论的那句话来说，有等于木工劳动的“纯产品”的价值的趋势。这个命题至为重要，并且本身包含有分配论中需求方面的核心。

那么，让我们假定某营造商打算要建造某些房屋，并且考虑他要建造什么不同样的房屋；如住宅、货栈、工厂和零售商店等。将有两类问题需要他来决定：各种房他将建造多少，以及他用什么方法来建造它。例如，除了决定是否要建造有一定数量房间的乡村别墅外，他还须决定他将用哪些生产要素，并按着什么样的比例使用：例如，他是否将用瓦或石板瓦；他将用石头若干；他是否将用汽力来制造灰泥，或只用来担任起重工作；如果他在一个大城市的话，他是否将用专业工人搭架，还是用普通工人搭架等等。

设他决定建造别墅的数量为 β，货栈的数量为 β'，工厂的数量为 β''，等等，而且各按一定的等级建造。但是，不像以前那样假设他只雇用各种不同的劳动量 $a_1, a_2 \cdots$，让我们把他的支出分成以下三项：(1)工资，(2)原材料的价格，(3)资本利息；而他自己的工作与经营的价值构成第四项。

设 $x_1, x_2 \cdots$ 为他所雇用的各种不同种类的劳动（包括监督劳动在内）量；各种劳动量是由它的工作时间和劳动强度构成的。

设 $y_1, y_2 \cdots$ 为建造房屋所用的各种不同原材料的数量；而房屋可以被假定为自由出售，自由保有。在这种场合下，房屋的建筑用地，从现在的观点即从个人企业家的观点来看，只是原材料的特殊形式而已。

其次，假定 z 为建造各种房屋所封闭的或所用的资本数量，在这里我们必须把化为共同货币尺度的各种形式的资本计算进去，其中包括预付的工资，原材料的购买，以及他的各种设备的使用，并酌加磨损等等：他的车间和车间用地都按同样的原则计算。各种资本封闭的期间将有所不同；但是，它们必须按“复比例”，即按

“几何级数”化为标准单位，比方说，化为一年。

第四，设 u 代表他在各种工作中所出的劳动、操心和折磨等的货币等价。

此外，有几种因素也许可以另成项目，但是，我们可以假定它们和上述各项合并。例如，风险费可以由上述后两项共同负担。经营上的一般费用（“补充成本”，见本书下卷第五篇第四章第六节）将适当地分配给以下四项负担：工资，原材料，对当作一个发达的企业的组织（它的商誉等）的资本价值的利息，和对营造商本人的劳动、经营与操劳的报酬。

在 V 代表他的总支出，H 代表他的总收入的情况下；他竭力设法使 $H-V$ 成为最大额。据此，我们求出和以前相同的一些方程式，即：

$$\frac{dV}{dx_1}=\frac{dH}{d\beta}\cdot\frac{d\beta}{dx_1}=\frac{dH}{d\beta'}\cdot\frac{d\beta'}{dx_1}=\cdots$$

$$\frac{dV}{dx_2}=\frac{dH}{d\beta}\cdot\frac{d\beta}{dx_2}=\frac{dH}{d\beta'}\cdot\frac{d\beta'}{dx_2}=\cdots$$

……

$$\frac{dV}{dy_1}=\frac{dH}{d\beta}\cdot\frac{d\beta}{dy_1}=\frac{dH}{d\beta'}\cdot\frac{d\beta'}{dy_1}=\cdots$$

……

$$\frac{dV}{dz}=\frac{dH}{d\beta}\cdot\frac{d\beta}{dz}=\frac{dH}{d\beta'}\cdot\frac{d\beta'}{dz}=\cdots$$

$$\frac{dV}{du}=\frac{dH}{d\beta}\cdot\frac{d\beta}{du}=\frac{dH}{d\beta'}\cdot\frac{d\beta'}{du}=\cdots$$

这就是说，该营造商对第一类劳动很小的追加额 δx_1 所愿用的边际支出即$\frac{dV}{dx_1}\delta x_1$等于$\frac{dH}{d\beta}\cdot\frac{d\beta}{dx_1}\delta x_1$；也就是说等于他的总收入的增加额，这个增加额是因他使用第一类劳动很小的追加额而增加了别墅将要获得的。就货栈和其他各种房屋来说，它也将等于相同的数额。这样，他势必把他的资源在各种不同用途上作这样的分配：他不能因把任何生产要素（劳动，原材料，资本的使用）的任何部分或把他自己的劳动和经营从某等建筑转向另一等建筑而获利。他也不能因在自己企业的任何部门用一种要素代替另一种要素，或他增用或减用任何要素而获利。从这个观点来看，我们的方程式和第三篇第五章关于同一种东西在各种不同用途之间的选择具有相同的意义[参照埃杰沃斯教授向英国科学协会的演说词(1889)后最有趣味的一个注释(f)]。

关于解释任何生产要素，不论特种劳动还是任何其他要素的“纯产品”一词的困难，实有许多话可说（参阅第五篇，第十一章，第一节，与第六篇，第一章，第八节）；本注的其余部分，虽与上述部分相类似，也许留在后一阶段来读是较为方便的。营造商对第一类劳动最后的极小部分付以$\frac{dV}{dx_1}\delta x_1$因为那是它的纯产品；如果用它来建造别墅，则它给他带来$\frac{dH}{d\beta}\cdot\frac{d\beta}{dx_1}\delta x_1$的特殊收入。如果$p$为他出售别墅数量$\beta$而得的单位价格，从而，$p\beta$为他出售全部别墅$\beta$所得的价格；又为简单起见如果我们用$\Delta\beta$来代替$\frac{d\beta}{dx_1}\delta x_1$（即因追加劳动$\delta x_1$而增加的别墅）；那么，我们所求的纯产品就不是$p\Delta\beta$，而是$p\Delta\beta+\beta\Delta p$；其中$\Delta p$为负量，是因营造商所提供的别墅数量的增加而引起的需求价格的下降。我们必须对 $p\Delta\beta$ 与 $\beta\Delta p$ 这两个因素的相对量作一番研究。

如果营造商垄断了别墅的供给，则 β 代表别墅的总供给。当出售别墅量 β 时，如果它的需求弹性碰巧小于一，那么，由于增加他的供给，他会减少自己的总收入；而 $p\Delta\beta+\beta\Delta p$ 必为负量。但是，当然他不会使自己的生产恰恰进行到那样一种数量，在这种数量下，需求如此没有弹性。他给自己选择的生产边际势必是那样的边际，在该边际，负量 $\beta\Delta p$ 小于 $p\Delta\beta$，但不必一定要小得在比较时可以不计。这是第五篇第十四章所讨论的垄断理论中的一个很重要的事实。

对于任何生产者来说，那也是很重要的，这个生产者的顾客有限，而他又不能很快地增加他们。如果他的顾客已经向他买了他们所喜欢买的那么多的商品，从而，他们的需求弹性暂时小于一，那么，他因增用一个人来给他工作而会受到损失，即使那个人白给他工作的话。惟恐暂时破坏一个人的特殊市场的这种恐惧，在有关短时期的许多价值问题(参阅第五篇，第五，第七与第十一章)，特别是在我们将在第二卷中讨论的商业萧条时期和在那些正式与非正式的商业团体的章程中，起着重要的影响。在那些生产费用因产量的每次增加而迅速下降的商品的场合下，存在着类似的困难：但在这里决定生产限界的那些因素是如此之复杂，以致似乎不值得把它们用数学表示出来。

但是，当我们研究个人企业家的行动，以阐明决定对各种生产要素的一般需求的原因之正常作用时，似乎很明显，我们应当避免类似的种种场合。我们应当把它们的特点留在特殊的讨论中分别加以分析，而从那样一种场合作出我们的正常解释，在这种场合下，个人只是许多能（如果是间接的）接近市场的人中的一个。如果 $\beta\Delta p$ 在数值上和 $p\Delta\beta$ 相等，其中 β 是一个大市场上的全部产量；而个人企业家所生产的 β' 是 β 的千分之一；则因增用一个人所增加的收入是 $p\Delta\beta'$，亦即等于 $p\Delta\beta$；而从其中减去的只是 $\beta'\Delta p$，它是 $\beta\Delta p$ 的千分之一，可以不计。因此，为了阐明分配规律的一般作用之一，我们有理由认为任何生产要素的边际工作的纯产品价值是该纯产品按产品正常售价所出售的数额，也就是说，等于 $p\Delta\beta$。

不妨指出，这些困难并不取决于劳动分工和工资制度；虽然它们因用和这种制度相连的价格来衡量劳作和满足的那种习惯而显得更加突出。给自己建造房屋的鲁滨孙不会认为，增建以前房屋的千分之一，使他的安逸增加千分之一。他所增建的部分和其余的部分也许具有相同的性质；但是，如果有人把它按对鲁滨孙有相同的实际价值的比率计算进去，则此人必须要计及这一事实，新建部分使对原有部分的需要较不迫切，对他的实际价值也较低（参阅本书下卷第五篇第九章第二节的注）。另方面，报酬递增规律也许使他很难把它的实际纯产品限定在某半小时的工作上。例如，假定有些小草，既能调味，又便于运输，生长在他岛上半日里程的一个地方。有一次他曾到那里采了几小束。后来，因为没有重要的事能占用他半日的时间，他用了一整天的工夫，采了比以前多九倍的味草回来。那么，我们不能把最后半小时的报酬和其余时间的报酬分开；我们唯一的方法是把整日当作一个单位，并拿它在满足上的报酬和用在其他方面的日数所得的报酬加以比较；在现代工业制度下，我们有类似的，但更加艰巨的任务，即为了某种目的把

整个生产过程当作一个单位。

也许很可能，扩大我们所讨论的方程式体系的范围，并增加它们的细节，直至它们包括分配问题中需求方面的全局为止。虽然用数学阐明某些既定原因的作用的方式，本身也许是完全的，在其定义明确的范围内，也许是极其精确的，但是，企图用一系列的方程式来理解现实生活中一个复杂问题的全貌，甚或其中任何很大的一部分，却并不如此。因为许多重要事情，特别是和时间因素相关的那些事情，是不易用数学表示的：它们必须被全部删去，或是被削减得像装饰艺术上的鸟兽一般。因此，就产生了一种使经济力量赋有错误广度的倾向；因为最容易接受分析方法的那些因素是被极力强调的。无疑地，不仅把数学分析，而且把任何一种分析应用于现实生活的问题中，本身就含有这种危险。这是经济学家必须随时留意的、胜过任何其他危险的一种危险。但是，要完全避免这种危险，就等于放弃科学进步的主要手段：而在特地为数学读者所写的讨论中，大胆追求广泛的概括，无疑是对的。

在这些讨论中，例如，也许正确的是，把 H 看作由于经济原因使社会享有的满足总和，把 V 看作不满足的总和（劳作、牺牲等等）；为了使这些原因发生作用的概念简单化起见，我们采用和各种不同形式的下述理论中多少有意识地采用的假设是相同的；这一理论是，这些原因不断地向着使社会获得最大限度的满足（纯总量）这方面发生作用（见本书下卷第五篇第十三章第五、六、七节），或换句话说，有一种不断的趋势，使 $H-V$ 对全社会来说，是最大的数量。由此而来的像我们曾一直讨论的那同一类微分方程式。将被解释成价值在经济学的各个领域中是由效用组和负效用组，满足组和实际成本组的平衡来决定的。这类问题自有其讨论的余地:但在目前的讨论中,却不如此;因为在这种讨论中,数学只是用来以简练而更加精确的语言表述那些分析和推理的方法,而这些方法是一般人在日常生活中或多或少有意识地采用的。

不容否认,这类讨论和第三篇中对特定商品总效用所用的分析方法有某些相同之点,这两种场合的区别只是一种程度上的区别,但程度上的区别是如此之大,以致实际上归结为一种性质上的区别。因为在前一场合下,我们考虑的是和某特定市场有关的各种商品本身;我们仔细计及消费者在所述时间与地点所处的环境。因此,我们沿用财政部长和讨论财政政策时的普通人的办法,虽然我们也许更加谨慎。我们知道,少数商品主要是由富人消费的,因此,它们的实际总效用比那些效用的货币尺度所显现的要少些。我们同世人一道假定,在没有相反的特殊原因的情况下,主要由富人所消费的两种商品的实际总效用彼此之间的关系,照例是和它们的货币尺度的关系大致是相同的。这也适用于那些商品,它们是由富人阶级、中产阶级和穷人按相同的比例消费的。这种估计只是约略的近似而已;但各种特殊的困难,各个可能错误的根源,因我们用语的确定而更加突出:我们并没有引用那些日常生活实践中所不暗含的假设;同时我们也不企图担任那种日常生活实践中不能用较粗浅(但有益处)的方式来解决的任务;我们没有引用新的假设,而是阐明那些不可避免的假设。虽然在讨论和各特定市场有关的各特定商品时,这是可能的,但就处于包罗万象的最大限度满足的理论中的无数经济因素来说,那似乎是不可能的。供给的力量特别是不同质的、复杂的:这些力量包括来自所有各种工

业等级的人们方面的千变万化的劳作和牺牲。如果对最大限度满足的理论的具体解释没有其他障碍的话，则致命的障碍就在于这种暗含的假设，即儿童的培养教育费和机器的建造费能用同样的方法来衡量。

由于类似上述典型事例中所提到的那些原因，我们的数学注解，随着所讨论的问题的复杂性的增加，而涉及的范围也越来越小。下面的几个注解和垄断有关，它们提供了完全可以用直接分析来讨论的几个方面。但是，其余的绝大部分将用来说明连带与合成的供给和需求，而这些和下述注解的内容有许多共同之点：注21的最后一部分略论分配和交换问题的全貌（时间因素不予考虑），但只是在下述范围内进行的：即确保所用的数学例解倾向于一个方程式体系，这些方程式的数目比其中所用的未知数既不多，也不少。

注14乙（本书下卷第五篇第六章第一节） 在本章（第五篇，第六章）的各图中，各供给曲线都向上倾斜；当我们用数学表述它们时，我们将假定，边际生产费是以现实生活中所没有的那种确定性来决定的；我们将不考虑那种发展一个具有大规模生产的内部经济与外部经济的典型企业所需要的时间，我们将忽略和第五篇第十二章中所讨论的报酬递增规律相关的那些困难。采取任何别的途径，就会把我们引向极复杂的数学上去，这种复杂的数学虽不无用处，但不适合于我们的讨论。因此，本注和下面各注中的讨论只能看作是概略，而不能看作是全面的研究。

设商品 A 的生产要素为 $a_1, a_2\cdots$；设它们的供给方程式为 $y=\phi_1(x)$，$y=\phi_2(x)\cdots$设生产商品 Ax 单位所需要的生产要素的单位

数为 $m_1x, m_2x\cdots$；其中 $m_1, m_2\cdots$ 一般都不是常数，而是 x 的函数。从而，A 的供给方程式为：

$$y=\Phi(x)=m_1\phi_1(m_1x)+m_2\phi_2(m_2x)+\cdots\equiv\Sigma\{m\phi(mx)\}。$$

设 $y=F(x)$ 为成品需求方程式，则制造商品 A 的第 r 个要素，a_r 的派生需求方程式为：

$$y=F(x)-\{\Phi(x)-m_r\phi_r(m_rx)\}。$$

但在此方程式中 y 不是要素一个单位的价格，而是 m_r 个单位的价格；要求用固定单位表示的一个方程式，设 η 为一个单位的价格，并设 $\xi=m_rx$，则 $\eta=\frac{1}{m_r}\cdot y$，此方程式即成：

$$\eta=f_r(\xi)=\frac{1}{m_r}\left[F\left(\frac{1}{m_r}\xi\right)-\left\{\Phi\left(\frac{1}{m_r}\xi\right)-m_r\phi_r(\xi)\right\}\right]。$$

如果 m_r 为 x 的函数，比方说等于 $\psi_r(x)$；则 x 必须用方程式 $\xi=x\psi_r(x)$ 来决定（以 ξ 表示），因此，m_r 可以写成 $x_r(\xi)$；以此代之，我们求出 η 为 ξ 的函数。a_r 的供给方程式仅仅是 $\eta=\phi_r(\xi)$。

注 15（本书下卷第五篇第六章第二节）　设刀的需求方程式为：

$$y=F(x)\quad\cdots\cdots\cdots\cdots\cdots\cdots\cdots\cdots\cdots\quad(1)$$

设刀的供给方程式为：$y=\Phi(x)\cdots\cdots\cdots\cdots\cdots$ (2)

设刀柄的供给方程式为 $y=\phi_1(x)$ $\cdots\cdots\cdots\cdots$ (3)

设刀身的供给方程式为 $y=\phi_2(x)$ $\cdots\cdots\cdots\cdots$ (4)

则刀柄的需求方程式为：

$$y=f_1(x)=F(x)-\phi_2(x)\quad\cdots\cdots\cdots\cdots\cdots\quad(5)$$

(5) 的弹性为 $-\left\{\frac{xf_1'(x)}{f_1(x)}\right\}^{-1}$，

$$亦即-\left\{\frac{xF'(x)-x\phi_2'(x)}{f_1(x)}\right\}^{-1}$$

$$亦即\left\{-\frac{xF'(x)}{F(x)}\cdot\frac{F(x)}{f_1(x)}+\frac{x\phi_2'(x)}{f_1(x)}\right\}^{-1}。$$

越充分满足下列的条件，则弹性的值越小：(i)必然为正的$-\frac{xF'(x)}{F(x)}$很大，也就是说，刀的需求弹性很小；(ii)$\phi_2'(x)$是正数，而且很大；也就是说，刀身的供给价格随着供给量的增加而迅速增加，随着供给量的减少而迅速减少；(iii)$\frac{F(x)}{f_1(x)}$应当很大；也就是说，刀柄的价格应当是刀价的一个很小的部分。

如果生产要素的单位不是固定不变的，而是像前注中那样可以改变的，则同样的，更加复杂的研究可以得到大致相同的结果。

注 16(本书下卷第五篇第六章第二节)　假定生产一加仑啤酒用 m 蒲式耳蛇麻。在均衡时 x'加仑的啤酒以价格 $y'=F(x')$出售了。设 m 变为 $m+\Delta m$；因此，当出售的啤酒仍为 x'加仑时，设它们以 $y'+\Delta y'$的价格找到买主，则$\frac{\Delta y'}{\Delta m}$代表蛇麻的边际需求价格，如果它大于蛇麻的供给价格，则啤酒中多用蛇麻对酒商有利。或把这个事例说得更一般些，设 $y=F(x,m)$，$y=\phi(x,m)$为啤酒的需求方程式和供给方程式，其中 x 为加仑数，m 为每加仑啤酒中所用蛇麻的蒲式耳数。则 $F(x,m)-\Phi(x,m)$=需求价格超过供给价格的差额。均衡时它当然等于零。但是，如果有可能因改变 m 而使它成为正额，就会实行这种改变：因此(假定除了因蛇麻数量的增加而使啤酒的生产费有所变动外，再没有其他的显著变动)

$\frac{dF}{dm}=\frac{d\Phi}{dm}$：前者代表蛇麻的边际需求价格，而后者则代表它的边际供给价格；因此二者相等。

当然，这个方法可以推广到那些场合，在这些场合下，两种或两种以上的生产要素同时发生变动。

注 17（本书下卷第五篇第六章第三节） 假定一个东西，不论它是制成的商品还是一种生产要素，有两种用途，在总量 x 中有 x_1 部分用于第一种用途，x_2 部分用于第二种用途。设 $y=\phi(x)$ 为总供给方程式；$y=f_1(x_1)$，与 $y=f_2(x_2)$ 为第一种和第二种用途的需求方程式。那么，均衡时这三个未知数 x，x_1 与 x_2 是由这三个方程式 $f_1(x_1)=f_2(x_2)=\phi(x)$；$x_1+x_2=x$ 来决定的。

其次，假定想要独自求出该物在第一种用途上的供求关系，所根据的假设是，不论在它的第一种用途中有多大的变动，它的第二种用途的需求与供给仍保持均衡；也就是说，它在第二种用途上的需求价格等于实际上所生产的它的总量的供给价格，亦即 $f_2(x_2)$ 永远等于 $\phi(x_1+x_2)$。从这个方程式，我们能用 x_1 来决定 x_2，从而，用 x_1 来决定 x；因此，我们可以写成 $\phi(x)=\psi(x_1)$。这样，在第一种用途上的该物的供给方程式成为 $y=\psi(x_1)$；而这个方程式和我们已经知道的方程式 $y=f_1(x_1)$ 就给予我们所需要的关系。

注 18（本书下卷第五篇第六章第四节） 设 a_1，a_2…为连带产品，其中 m_1x，m_2x…由于其连带生产过程的 x 单位而被生产着，它的供给方程式为 $y=\phi(x)$。设

$$y=f_1(x),y=f_2(x)\cdots$$

为它们各自的需求方程式。那么，均衡时，$m_1f_1(m_1x)+$

$m_1 f_2(m_2 x)+\cdots=\phi(x)$

设 x' 为此方程式所决定的值;那么,$f_1(m_1 x')$,$f_2(m_2 x')\cdots$ 为各连带产品的均衡价格。当然,m_1,m_2 可用 x' 表示,如果必要的话。

注 19(本书下卷第五篇第六章第四节) 这一场合,如加必要的改变,则与注 16 中所述的那个场合相符。如果在均衡状态下每年以售价 $y'=\phi(x')$ 供给牛 x' 头;每头牛产肉 m 单位:又如果养牛户发觉通过改变牛的饲养管理可提高产肉力 Δm 单位(牛皮和其他连带产品平均不变),所引起的额外费用为 $\Delta y'$,则 $\dfrac{\Delta y'}{\Delta m}$ 代表牛肉的边际供给价格:如果这个价格小于销售价格,则实行这种改变对养牛户有利。

注 20(本书下卷第五篇第六章第五节) 设 a_1,$a_2\cdots$ 为适合完成几乎同样一种任务的东西,设它们的单位被选择得其中任何一个东西的一个单位等于任何别的东西的一个单位,设它们各自的供给方程式为 $y_1=\phi(x_1)$,$y_2=\phi_2(x_1)\cdots$。

在这些方程式中,设变数有所改变,并把它们写成,$x_1=\psi(y_1)$,$x_2=\psi_2(y_2)\cdots$ 设 $y=f(x)$ 为它们都能胜任的那种服务的需求方程式。那么,在均衡状态下,x 与 y 是由方程式 $y=f(x)$;$x=x_1+x_2+\cdots$,$y_1=y_2=\cdots=y$ 来决定的(这些方程式必须是这样的方程式,其中 x_1,$x_2\cdots$ 量不能有负值。当 y_1 已经降至一定的水平,x_1 变为 0,而对较低的值来说,x_1 仍为 0;它不能变为负数)。如在正文中所指出的,必须假定的是,各供给方程式都遵守报酬递减规律;也就是说,$\phi_1'(x)$,$\phi_2'(x)\cdots$ 总为正。

注 21(本书下卷第五篇第六章第六节) 我们现在可以把一

起出现的连带需求，合成需求，连带供给和合成供给的一些问题作一概测，以便证实我们的抽象理论有多少未知数，就有多少方程式，既不多，也不少。

在连带需求问题中，我们可以假定有 n 商品 A_1，$A_2\cdots A_n$。设 A_1 有生产要素 a_1，A_2 有生产要素 a_2 等等，因此，生产要素的总数为 $a_1+a_2+a_3+\cdots+a_n$：并使其等于 m。

首先假定，所有的生产要素都不相同，因此，没有合成需求；各要素各自有其独立的生产过程，因此，没有连带产品。最后假定，没有两种要素能致力于同一种用途，因此，没有合成供给。那么，我们就有 $2n+2m$ 未知数了。亦即商品 n 和生产要素 m 的数量和价格；要决定它们，我们就得有 $2m+2n$ 个方程式，即(i)n 个方程式，其中各个方程式把商品的价格和数量连起来；(ii)n 个方程式，其中各个方程式使该商品的任何数量的供给价格等于它的生产要素相应数量的价格总和；(iii)m 个供给方程式，其中各个方程式把要素的价格和它的数量连起来；最后(iv)m 个方程式，其中各个方程式表明生产该商品的一定数量所用的生产要素的数量。

其次，让我们不仅计及连带需求，而且也计及合成需求。设生产要素 β_1 是由同一种东西构成的，例如，具有一定效率的木工劳动；换言之，设木工劳动为 n 商品 A_1，$A_2\cdots$的生产要素之一。那么，因为不论在什么生产中使用的木工劳动被认为具有相同的价格，所以，这些生产要素中的各个要素都只有一个价格，而未知数的数目减少 β_1-1，供给方程式的数目也减少 β_1-1；其他场合依此类推。

再其次，此外，让我们考虑连带供给，设生产商品所用的东西 r_1 为同一个生产过程的连带产品。则未知数的数目不变；但供给方程式的数目减少(r_1-1)。不过,联结这些连带产品的一组新的方程式(r_1-1)补足这个缺额;余此类推。

最后,设所用东西之一有由竞争品货源 δ_1 所组成的合成供给:则在保留第一种这些竞争品的原有供给方程式的同时,我们有 $2(\delta_1-1)$的增加未知数,它们是由所余竞争品(δ_1-1)的数量和价格构成的。这些未知数包括在竞争品的供给方程式(δ_1-1)和竞争品 δ_1 的价格之间的方程式(δ_1-1)里面去了。

这样看来,尽管这个问题是复杂的,但我们能看到它在理论上是一个定量。因为未知数的数目和我们所求的方程式数总是完全相等的。

注 22(本书下卷第五篇第十四章第三节)　如果 $y=f_1(x)$,$y=f_2(x)$各为需求曲线和供给曲线的方程式,则提供最大限度垄断收入的产量是使$\{xf_1(x)-xf_2(x)\}$成为最大额的那个数量,这就是说,它是下列方程式的根或是诸根之一。

$$\frac{d}{dx}\{xf_1(x)-xf_2(x)\}=0。$$

这里供给函数不是像以前用 $\phi(x)$,而是用 $f_2(x)$来表示,一则是由于强调这一事实,即在这里供给价格和以前注解中所指的意义不完全相同;一则是由于适合避免混乱所需要的那种记号曲线体系(因曲线数目增加)。

注 23 甲(本书下卷第五篇第十四章第四节)　如果所征的税其总额为$F(x)$,为了求出使垄断收入成为最大数量的(x)的值,我们就有$\dfrac{d}{dx}\{xf_1(x)-xf_2(x)-F(x)\}=0$;很明显,如果 $F(x)$不变，像在牌照税那样的场合或因 $xf_1(x)-xf_2(x)$ 的不同而不同，像在所得税那样的场合，则此方程式和 $F(x)$ 等于零时所具有的根相同。

用几何讨论问题时，我们看到，如果加于垄断的一个固定的负担足以使垄断收入曲线完全落于 Ox 之下，并使 q' 为35图中正位于 L 下的新曲线上的一点，那么，这条新曲线将与许多直角双曲线（以 Oy 与 Ox 为其渐近线）之一相切。这些曲线可以叫做固定损失曲线。

此外，和垄断收入成正比例的一种税如 m 与该收入相乘（m 小于1），将以一条曲线来代替 QQ'，这条曲线的各纵坐标为 $(1-m)\times QQ'$ 上的相应点的纵坐标；亦即具有相同的横坐标的点。如平面图法所示，在 QQ' 原来位置和新位置上的相应点的切线，将交 Ox 于同一点。但具有相同渐近线的各直角双曲线的规律是，如果作一直线平行于一渐近线，与各直角双曲线相交，并在各交点作直角双曲线的各切线，则它们与另一渐近线将交于同一点。因此，如果 q_3' 为 QQ' 新位置上相应于 q_3 的一点，如果我们把 G 叫做直角双曲线的公共切线和 QQ' 与 Ox 相交的一点，则 Gq_3' 将为经过 q_3' 的直角双曲线的切线；亦即 q_3' 为新曲线上最大收入的那一点。

本注的几何方法和分析方法，可适用于正文第四节后一部分中所讨论的那些场合，在这些场合下，租税是针对垄断产量征收的。

注23乙（本书下卷第五篇第十四章第七节）　上述结果用牛顿的方法和用直角双曲线那人所共知的特点，很容易从几何上得到证明。它们也可以用分析来证明。如前设 $y=f_1(x)$ 为需求曲线方程式；$y=f_2(x)$ 为供给曲线方程式，而垄断收入曲线方程式

则为 $y=f_3(x)$，其中 $f_3(x)=f_1(x)-f_2(x)$；消费者的剩余曲线方程式为 $y=f_4(x)$；其中

$$f_4(x) = \frac{1}{x}\int_0^x f_1(a)da - f_1(x);$$

总利益曲线方程式为 $y_5=(x)$；其中

$$f_5(x) = f_2(x) + f_4(x) = \frac{1}{x}\int_0^x f_1(a)da - f_2(x);$$

当然这是可以直接求出的结果。折中利益曲线方程式为 $y=f_6(x)$；其中 $f_6(x)=f_3(x)+nf_4(x)$；消费者的剩余为垄断者以 n 倍其实际价值计算在内。

要求 OL（图 37），亦即提供最大限度垄断收入的销售额，我们所用的方程式是

$$\frac{d}{dx}\{xf_3(x)\} = 0;\text{即 } f_1(x) - f_2(x) = x\{f_2'(x) - f_1'(x)\};$$

此方程式的左端必为正，从而，右端也为正，用图表示也很明显，它表明如果延长 Lq_3 交供求曲线于 q_2 与 q_1，在 q_2（如果向下倾斜）的供给曲线与垂线的角必然大于该线与需求曲线在 q_1 点所成的角。

要求 OW，即提供最大限度总利益的销售额，我们用

$$\frac{d}{dx}\{xf_5(x)\} = 0;\text{即 } f_1(x) - f_2(x) - xf_2'(x) = 0。$$

要求 OY，即提供最大限度折中利益的销售额，我们用

$$\frac{d}{dx}\{xf_6(x)\} = 0;\text{即}\frac{d}{dx}\Big\{(1-n)xf_1(x) - xf_2(x) + n\int_o^x f_1(a)da\Big\} = 0;$$

即$(1-n)xf_1'(x)+f_1(x)-f_2(x)-xf_2'(x)=0$。

如果$OL=c$，则OY大于ON的条件，当用c代x时，是$\frac{d}{dx}\{xf_6(x)\}$为正；也就是说，因$x=c$时，$\frac{d}{dx}\{xf_3(x)\}=0$，所以如$x=c$，则$\frac{d}{dx}\{xf_4(x)\}$为正；即$f_1'(c)$为负。但是，不论$c$的值如何；这个条件总是可以满足的。这证明第五篇第十四章第七节所求出的两个结果中的第一个，而第二个结果的证明也同样(这两个结果及其证明的行文暗地假设，只有一个最大限度垄断收入点)。

除文中所述的结果，还可以求出另一个结果。设$OH=a$，则当a替x时，OY大于OH的条件是，$\frac{d}{dx}\{nf_6(x)\}$为正。也就是说，因$f_1(a)=f_2(a)$，所以$(1-n)f_1'(a)-f_2'$为正。既然，$f_1'(a)$总为负，从而，这个条件是，$f_2'(x)$为负。即供给遵守报酬递增规律，$\tan\phi$在值上大于$(1-n)\tan\theta$，其中ϕ,θ为供求曲线上A的切线与Ox所成之角。如$n=1$，则唯一的条件是，$\tan\phi$为负：亦即如供给曲线在A向下倾斜，则OW大于OH。换言之，如果垄断资本家把消费者的利益看成是自己的利益，他将使生产超过那一点，在该点供给价格(从我们在这里所用的特殊意义来说)等于需求价格，倘该点附近的供给遵守报酬递增规律的话：但如果供给遵守报酬递减规律，则他的生产将远不及那一点。

注24(本书下卷第六篇第四章第三节)　设Δx为他在时间Δt内可能生产的财富数量，Δy为他可能消费的数量，则他的未来服务的折现值为$\int_O^T R^{-t}\left(\frac{dx}{dt}-\frac{dy}{dt}\right)dt$，其中$T$为他最大可能的参数。根

据同样的方法，他过去的培养和教育费用为 $\int_{-T'}^{o} R^{-t}\left(\frac{dy}{dt}-\frac{dx}{dt}\right)dt$，其中 T'代表他的出生日期。如果我们假定，他对他终身居住的那个国家的物质福利无所取与，我们就求得 $\int_{-T}^{T} R^{-t}\left(\frac{dx}{dt}-\frac{dy}{dt}\right)dt=0$；以他的出生日期为始点，并 $l=T'+T=$他最大可能的参数；则上式采取了较简单的形式，$\int_{o}^{1} R^{-t}\left(\frac{dx}{dt}-\frac{dy}{dt}\right)dt=0$。

设 Δx 是他在时间 Δt 内可能生产的数量，也就是这一更加精确的表述的概括：设 p_1，p_2…为他在时间 Δt 内行将生产的财富因素 $\Delta_1 x$，$\Delta_2 x$…的机会，其中 $p_1+p_2+\cdots=1$；一个或一个以上的 $\Delta_1 x$，Δx…级数也许等于零，则

$$\Delta x = p_1\Delta_1 x + p_2\Delta_2 x + \cdots$$

人名对照表

三　画

门格尔　Menger,K.
马凯　Mackey
马提诺　Martinean
马尔萨斯　Malthus

四　画

韦斯科特　Westcott
韦季伍德　Wedgwood,Josiah
韦伯　Webb
瓦格纳　Wagner
瓦尔拉　Walras
戈森　Goessen
孔德　Comte
孔拉德　Conrad
巴本　Barbon
巴士特　Pasteur
巴师夏　Bastiat
巴罗奈　Barone
贝诺意　Bernoulli,Daniel
贝耳　Bell
贝里　Berry
冈讷　Conner

五　画

艾希利　Ashley
艾利生　Ellison
汉佛莱　Humphrey
边沁　Bentham
兰贝林　Lambelin
兰德利　Landry
古尔诺　Cournot
布克耳　Buckle
布思　Booth
布洛克　Bullock
布朗　Brown
布朗基　Blanqui
布林德利　Brindley
布伦塔诺　Brentano
申贝尔格　Schonberg
卡弗　Carver
卡塞尔　Cassel
卡莱尔　Carlyle

史密斯　Smith, H.
卢梭　Rousseau
包莱　Bowley
加马　Vasco de Gama
白塞麦　Bessemer
白哲特　Bagehot
皮特　Pitt
尼科尔森　Nicholson
圣西门　Saint-Simon
弗里德兰德　Friedlander

六　画

安格尔　Engel
安德森　Anderson
达芬南　Davenant
达拉斯，亚历山大　Dallas, Alexander
亚当斯　Adams, H. C.
亚伯兰　Abraham
亚里士多德　Aristotle
吉丁斯　Giddings
吉芬　Giffen
西尼尔　Senior
西博姆　Seebohm
西季威克　Sidgwick
考文垂　Coventry
考奇　Kautz
托因比　Toynbee
伊登　Eden
休谟　Hume
乔治，亨利　George, Henry
吕梅林　Rumelin

七　画

沙弗斯伯利　Shaftesbury
沃克　Walker
肖士华德　Southwood
庇古　Pigou
亨特尔　Hunter, W.
麦耶　Meyer, E.
麦克文　MacVane
麦卡洛克　McCullock
麦克里奥　Macleod
杜阁　Turgot
杜波伊　Dupuit
杜斯诺普　Dewsnop
坎悌恩　Cantillon
克拉克　Clark
克尼斯　Knies
克莱蒙　Crammond
克拉潘　Clapham
克拉姆尔　Cramer
克利索斯吞　Chrysoston
克朗普顿　Crompton
劳埃德　Lloyd
李卜诺　Liebenam
李斯特　List
怀特华斯　Whitworth
伯努利　Bernoulli
伯纳德　Bernard
伯特兰德　Bertland
利本　Lieben
希格斯　Higgs
希穆勒　Schmoller

希耳　Hill,Octavia
狄福　Defoe
纳斯密斯　Nasmyth
纽门　Neumann
纽马奇　Newmarch
杨格　Young,Arthur

八　画

金,格雷戈里　King,Gregory
法尔　Farr
法伊　Fay,C. K.
波尔顿　Bonlton
波流　Beaulieu
波拿　Bonar
波特　Porter
庞巴维克　Böhm-Bawerk
庞塔勒奥尼　Pantaleoni
拉斯金　Ruskin
拉萨尔　Lassalle
拉普拉斯　Laplace
杰文斯　Jevons
肯宁安　Cunningham
帕迟　Partsch
周维特　Jowett
图克　Tooker
罗德　Lot
罗森　Rawson
罗杰斯　Rogers
罗金汉　Rockingham
罗雪尔　Roscher
罗德戴尔　Landerdale
阿格尔　Argyll
阿克赖特　Arkwright
孟德尔　Mendel
孟德斯鸠　Montesquieu
英格拉姆　Ingram
范德比尔特　Vanderbilt
凯恩斯　Cairnes
凯南　Cannan
凯雷　Carey

九　画

南马克　Neymarck
洛克　Locke
洛贝尔图斯　Rodbertus
洛斯却尔德　Baron Rothschild
施洛斯　Schloss
胡克　Hooker
查普曼　Chapman
勃朗,路易　Blane,Louis
柯尔　Cole
哈里斯　Harris
哈里逊　Harrison
哈斯巴赫　Hasbach
哈佛菲耳德　Haverfield
哈格里夫斯　Hargreaves
拜比吉　Babbage
科克　Coke
科特　Cort
科胡恩　Colquohoun
科耳伯特　Colbert
威克斯提德　Wicksteed
威克斐尔德　Wakefield
威尔科克斯　Willcox

娄巴克　Roebuck
娄帕雷　Le Play
费特　Fetter
费希尔　Fisher
费尔鲍根　Feilbogen
歌德　Goethe

十　画

朗格　Longe
高尔顿　Galton
泰勒　Taylor
夏福尔　Schäffe
格林　Green,T. H.
格罗特　Grote
班斐尔德　Banfield
埃季沃斯　Edgeworth
埃德斯通　Edlestone
桑顿　Thorton
莫耐　Money
莱斯里　Leslie
诺思,达德利　North,Dudley
配第　Petty

十一画

培根　Bacon,Francis
勒瓦瑟　Levasseur
梅因　Maine
梅特兰　Maitland
累基　Lecky
脱惠士　Twiss,Travers
屠能　Thünen,J. H. von
陶西格　Taussig
菲尔　Sir G. Phear
维塞尔　Wieser
萨伊　Say
萨更特　Sargant

十二画

富勒　Fuller
道本尔台　Doubleday
普西　Pusey
普莱姆　Pryme
普赖斯　Price
普罗瑟罗　Prothero
琼斯　Jones,Richard
博迪奥　Bodio,Signor
斯特芬　Steffen
斯派塞　Spicer
斯宾塞　Spencer,Herbert
斯特季　Sturge,W.
斯图亚特,詹姆斯　Stuart,James
斯迈尔斯　Smiles
腊芬斯泰恩　Ravenstein
傅立叶　Fourier
奥格尔　Ogle
奥斯皮茨　Auspitz
葛德文　Godwin
韩克莱夫特　Haycraft

十三画

福维勒　de Foville
福拉克斯　Flux,A. W.

福克司威尔　Foxwell
塞姆　Syme
塞佛恩　Severn
塞利格曼　Seligman
蒙森　Mommsen,T.
詹金　Jenkin,F.
蒲鲁东　Proudhon
魁奈　Queney
鲍纳　Bonar

十四画

赛德勒　Sadler
豪威耳　Howell
裴登　Patten
赫恩　Hearn
赫尔曼　Hermann
赫克尔　Hackel
赫耳德　Held
赫斯特　Hirst
蔡耳德　Child,Josiah
蔡叶士　Zeyess

十五画

摩里斯　Morris,William
德伐斯　Devas
德鲁姆　Deloume

十六画

霍兰德　Hollander
霍布森　Hobson
穆尔　Moore
穆勒　Mill

十七画

戴维纳尔　Le Vicomte d'Avenel

图书在版编目(CIP)数据

经济学原理. 下卷/(英)马歇尔著;陈良璧译. —北京:商务印书馆,2017
(汉译世界学术名著丛书:120年纪念版:珍藏本)
ISBN 978-7-100-14133-8

Ⅰ. ①经… Ⅱ. ①马… ②陈… Ⅲ. ①经济学 Ⅳ. ①F0

中国版本图书馆CIP数据核字(2017)第137834号

汉译世界学术名著丛书
(120年纪念版·珍藏本)
经 济 学 原 理
下 卷
〔英〕马歇尔 著
陈良璧 译

商 务 印 书 馆 出 版
(北京王府井大街36号 邮政编码100710)
商 务 印 书 馆 发 行
南京爱德印刷有限公司印刷
ISBN 978-7-100-14133-8

2017年12月第1版 开本710×1000 1/16
2017年12月第1次印刷 印张40¼
定价:200.00元